분열하는 제국

분열하는 제국

11개의 미국, 그 라이벌들의 각축전

콜린 우다드 지음
정유진 옮김

글항아리

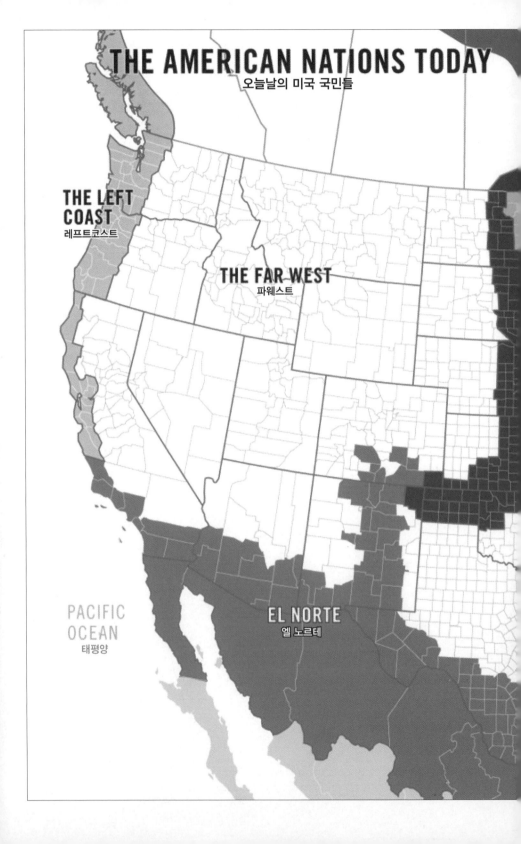

서문

몹시 무더웠던 2010년 8월 말의 어느 날, 유명 방송인인 글렌 벡은 링컨 기념관 계단에서 집회를 열고 있었다. 마틴 루서 킹 주니어의 '나에게는 꿈이 있습니다' 연설 46주년을 기념하는 행사였다. 벡은 킹 목사가 연설했던 계단 위에 서 있었다. 내셔널 몰의 '투영의 연못Reflecting Pool'을 따라 둥그렇게 둘러서서 그의 연설을 듣던 참석자 대부분은 중년의 백인들이었다. "솔직히 말해서 이 나라는 지금 저와 상태가 비슷합니다. 그리 좋은 상태는 아니죠." 그는 가벼운 농담을 던졌다. 그리고 이렇게 말했다. "우리는 미국을 스스로 분열시키고 있습니다. 하지만 우리가 믿는 가치와 원칙들 아래 우리는 다시 하나가 될 수 있습니다. 우리는 그 원칙을 반드시 재발견해야 합니다."

위기가 닥칠 때마다 지겹도록 들어온 말이다. 벡의 분석에 따르면 미국은 건국의 토대가 되었던 원칙, 즉 '신의 섭리에 대한 굳건한 믿음'과 '인간은 자신을 통치할 수 있다는 신념'으로부터 너무 멀어져버렸기에 분열될 수밖에 없었다. 그는 사람들이 다시 하나가 되면 본래의 가치 역시 회복될 거라고 주장했다. 20세기와 21세기 초, 이민자가 대거 유입되면서 사회가 혼란에 빠졌을 때 지식인들은 미국을 하나로 유지해온 '앵글로—프로테스탄트Anglo-Protestant' 문화와 '미국의 신조American creed 1994년 군나르 뮈르달에 의해 대중화된 말로, 미국인은 인종·종교·민족적으로 이질성을 띠지만, 그럼에도 뭔가 공통된 사회적 에토스 혹은 정치적 신조가 있다고 주장하며 이를 '미국의 신조'라 이름했다'를 잃을 위기에 처했다고 진단했다. 사회적 동요와 혼란이 가득했던 1960년대를 목도한 어빙 크리스톨 같은 보수주의자들은 진보 지식인과 박애주의자, 사회활동가가 유토피아를 꿈꾸는 사회공학자들 편에 서서 미국의 전통 자본주의 가치를 내팽개쳤다고 비난했다. 실제 진보주의자들은 전통적인 가치 대신 평등, 정의, 억압으로부터의 자유야말로 국가가 공유해야 할 기본 가치라고 역설했다. 2008년 미국이 레드 주(공화당 우세 주)와 블루 주(민주당 우세 주)로 갈라졌을 때 버락 오바마 대통령은 대영제국으로부터의 독립과 나치즘 격퇴, 남부의 인종차별 정책 철폐를 위해 모두가 연대했던 그때의 마음과 희망을 되찾아서 "두려움과 의심, 냉소의 정치를 끝내겠다"고 약속했다. 그는 아이오와 코커스공화·민주 양당이 대통령 후보를 지명하는 전당대회에 보낼 각 주州 대의원을 뽑는 일종의 지구당 대회에서 "우리는 두려움보다 희망을 선택했다. 우리는 분열보다 단결을 선택했다"고 말했다.[1]

　　그러나 다시 단결해야 한다는 이들의 주장은 중요한 역사적 사실을 간과하고 있다. 미국은 제임스타운동부 버지니아 주 마을로 북미 최초의 영국 식민지과 플리머스메이플라워호의 도착지의 시대 이래 단 한 번도 분열되지 않은 적이 없었다. 식민지 시절 북미로 이주해온 초기 정착민들은 영국인, 프랑스인, 네덜란드인, 스페인 사람 등으로 다양했고 민족, 종교, 정치적 특성 역시 모두 달랐다. 그들은 땅과 정착민, 자원을 둘러싸고 경쟁하는 사이였다. 심지어 때로는 서로를 적으로 여겼다. 제1차 영국 내전이 터졌을 때 버지니아 주 왕당파와 매사추세츠 주 청교도가 그랬고, 뉴네덜란드와 뉴프랑스가 영국 식민지의 군인 및 정치인, 상인들에게 점령당했을 때도 그랬다. 각양각색의 정체성을 지닌 이들이 서로 힘을 합쳤던 때는 런던(대영제국)이 그들 모두에게 공통적으로 위협이 되는 칙령을 내렸을 때가 유일했다. 다 같이 힘을 모아 영국에 반기를 든 그들은 혁명을 일으키고 공동 정부를 수립했다. 그러나 그들 대부분은 요크타운 전투(미국 독립 전쟁의 마지막 전투)가 끝난 이후 8년 동안 연방에서 탈퇴하는 방안을 심각하게 고려했고, 실제로 몇몇은 탈퇴하기 위해 1860년대에 전쟁을 일으키기도 했다. 그 시절의 오래된 유산은 지금도 여전히 살아 숨 쉬면서 각 집단의 배타적인 신념과 세력을 확장해나가는 데 영향을 미치고 있다. 미국은 결코 하나의 미국이었던 적이 없다. 그보다는 여러 개의 미국이 존재한다는 표현이 맞을 것이다.

미국의 근본적인 공동 가치를 '회복'시키려는 노력 앞에는 더 큰 장애물이 남아 있다. 건국의 주춧돌이 된 이들은 각자 자신만의 기본 가치를 지니고 있었는데, 심지어 그 가치들은 종종 서로 모순되는 관계였다. 18세기 중반까지 8개의 '유로-아메리칸Euro-American' 집단이 북미의 남쪽과 동쪽 가장자리에 정착했다. 시간이 지날수록 이들은 다른 집단과 단절된 채 자신만의 문화를 발전시켜나갔다. 특성, 관습, 방언, 신념 등 모든 면에서 차이점이 강화됐다. 어떤 공동체는 개인주의를 중요시한 반면 다른 집단은 유토피아적 사회 개혁을 주창했다. 어떤 집단은 신성한 섭리를 따라 살아야 한다고 믿었던 반면, 다른 집단은 양심과 탐구의 자유를 추구했다. 앵글로색슨 개신교도로서의 정체성을 수호하려 한 이들이 있었던 반면, 어떤 집단은 민족과 종교의 다양성을 지향했다. 평등과 민주적 참여의 중요성에 무게를 둔 사회와 달리, 전통적인 귀족사회의 질서를 고집한 곳도 있었다. 이들은 모두 오늘날까지도 각자의 근본이념을 계속 추구해나가고 있다. 미연방에는 분명 건국의 아버지들이 있지만, 진짜 아버지들은 독립 선언문에 서명하고 최초 2개 조항의 헌법 초안을 작성하기 위해 모였던 사람들이 아니라 그들의 할아버지, 증조할아버지, 고조할아버지다. 오늘날 미국이 위기에 부딪힐 때마다 건국자들로부터 소환하려 하는 단 하나의 '원형의 가치original intent' 따위는 없었다. 그들은 원형의 '가치들intents'을 가지고 있다.

미국의 가장 고질적인 분열은 레드 주와 블루 주, 보수와 진보, 자본가와 노동자, 백인과 흑인, 신앙인과 세속주의자 사이에서 발생한 것이 아니다. 오히려 미국이 결코 의견 일치를 본 적이 없는 11개 '지역 국민regional nations'의 전체 혹은 일부로 구성된 연방 국가라는 데서 기인한다. 주는 물론이고 나라 간 국경도 대수롭지 않게 여기는 이 지역의 국민은 캐나다와 멕시코의 국경을 마치 캘리포니아, 텍사스, 일리노이 혹은 펜실베이니아의 주 경계선만큼이나 아무렇지 않게 넘나들면서 피를 흘리며 싸웠다. 이들 중 6개 국민은 대영제국으로부터의 독립 운동에 함께 참여했고, 4개 국민은 영어를 쓰는 경쟁자들에게 정복당했지만 아직 그 명맥을 이어오고 있다. 19세기 후반 무렵에는 미 서부 개척자들에 의해 서쪽에서 2개 지역 국민이 추가로 탄생했다. 어떤 국민은 여러 문화가 뒤섞인 다원화 사회를 세웠고, 또 다른 국민은 프랑스, 스페인, 혹은 '앵글로색슨'의 유산을 아직도 간직하고 있다. 그러나 이들 중 그 어떤 국민도 미국이라는 한 나라의 일부로 융화됐다는 징후를 보여준 적은 없다. 오히려 1960년 이후, 국민 사이의 단층선이 훨씬 더 넓어지면서 더욱더 격렬한 문화 전쟁과 헌법을 둘러싼 다툼을 벌이고 있다. '하나'가 되기를 호소하는 간청만 입이 닳을 정도다.

나는 여기서 지역 문화 공동체를 가리키기 위해 '국민nations'이란 용어를 의도적으로 사용하고 있다. 이 공동체는 연방을 세우기 전까지 오랜 세월 동안 국가적 특성을 유지해왔기 때문이다. 이런 미국의 역사적 특수성 때문에 미국인은 종종 '주state'와 '국가'란 용어를 혼동하기도 한다.

미국인은 전 세계적으로 '국가적 지위nationhood'와 '주州(의) 지위statehood'를 마음대로 바꾸는 유일한 사람들이다. '국가'는 정치적인 독립체를 일컫는다. 영국, 케냐, 파나마, 뉴질랜드처럼 유엔에 가입할 자격이 있고, 랜드 맥널리가 만든 지도나 미국지리학협회의 분류 단위를 이루는 주체들이다. 그런가 하면 '국민nation'은 공통의 문화와 민족적 기원, 언어, 역사적 경험, 유물과 상징 등을 공유하는, 혹은 공유한다고 믿는 사람들의 집합체다. 어떤 '민족들nations'은 현재에도 나라가 없는 상태다. 쿠르드 족, 팔레스타인인, 퀘벡인 등이 그 예다. 그런가 하면 프랑스, 독일, 일본, 터키 등은 자기 민족의 이름을 나라 명으로 삼은 민족국가nation-state를 형성하고 있다. 반대로 하나의 민족으로 구성되지 않은 수많은 국가가 있다. 그중 일부는 연방 형태를 이루는데 벨기에, 스위스, 말레이시아, 캐나다, 그리고 미국이 이에 속한다. 북미의 11개 국민은 모두 독립적인 나라가 없는 경우다. 현재 최소 두 곳이 지금도 나라를 세우려는 열망을 불태우고 있으며 그 외의 나머지도 한번쯤은 건국을 시도했던 경험이 있다.

이 책은 11개의 국민에 관한 이야기다. 이를 통해 북미인이 누구이며, 어디에서 왔는지, 어디로 나아가게 될 것인지를 더 잘 이해하게 될 것이다.

이 책은 캐나다, 멕시코, 미국, 이 세 나라의 초창기 건국 단계부터 현재의 상황까지 아우르는 북미의 역사를 다룬다. 미국 혁명, 연합 규약, 헌법, 그리고 초기 미 공화국에 반발해 일어난 수많은 반란은 이 여러 국민의 의제가 충돌해 발생한 것이기도 했다. 모든 미국인이 남북전쟁 같은 큰 전쟁에 대해서는 잘 알고 있지만, 사실 그것은 전례가 없는 것도 아니었고(애팔래치아와 뉴잉글랜드는 미국 혁명 후 수십 년 만에 다시 분리 독립을 시도했다), 두 편으로 선명하게 나뉘어 싸운 것도 아니었다(사실 남북전쟁에는 서부의 미래를 놓고 6개 국민이 벌인 복잡한 외교전이 얽혀 있다). 지금의 미국 남서부 문화에 영향을 미친 북부 멕시코인은 수백 년 동안 자신들을 멕시코 중부 및 남부의 촌뜨기들과는 다른 존재라고 여겨왔기 때문에 1836년 멕시코 혁명을 비롯해 수차례 독립을 시도해왔다. 영어권 국가인 캐나다 역시 자신들의 정체성을 끊임없이 고민하고 있다. 놀랄 일이 아니다. 캐나다 연방은 힘이 센 퀘벡, 극북의 원주민, 그리고 북쪽 캐나다로 이주해간 미국의 4개 영어권 국민으로 구성돼 있다.

북미를 캐나다 13개 주, 멕시코 31개 주, 미국 51개 주의 3개 연방 국가로 무 자르듯 나눈 지도는 잠시 잊자. 그 지도의 경계선은 유럽 제국주의자들이 아프리카 대륙을 나눈 것처럼 매우 자의적이다. 지도에 그어진 선들은 유기적으로 연결된 문화 공동체를 가로질러 쪼개놓으면서 거대한 균열을 만들어낸다. 메릴랜드, 오리건, 뉴욕 등이 그 예인데 그곳 사람들은 바로 옆의 이웃보다 다른 주의 주민들과 공통점이 더 많다고 느낀다. 국내 정치를 분석할 때 쓰이는 '동북부' '서부' '중서부' '남부' 같은 의미 없는 '지역' 구분도 잠시 잊자. 그런 경계선은 이 대륙의 실제 역사와 파벌 구도를 전혀 감안하지 않고 그어진 것이다. 물론 주, 지역, 연방은 정치권력이 작동하고 구현되는 공식적인 장이란 점에서 중요하다. 그러나 지난 4세기 동안 일어난 현상을 주의 깊게 관찰해보면, 이런 행정 구역이 실제 힘의 역학 구도를 보지 못하게 막는 가림막에 불과하다는 사실을 깨닫게 될 것이다. 제멋대로 뻗어나가는 북미 대륙을 움직이는 진짜 힘은 11개로 나뉜 '나라 없는 국민들stateless nations'이다.

그렇다면 이 국민은 누구인가? 그들의 정체성은 어떻게 규정되는가? 이들은 대륙의 어떤 부분을 지배하고 있는가? 그들은 어디에서 왔는가? 내가 각각의 국민에 붙인 이름과 그들의 영향력이 미치는 범위를 간략히 소개하도록 하겠다.

'양키덤Yankeedom'은 매사추세츠 만灣 해안가에 세워졌다. 칼뱅주의자인 그들은 뉴잉글랜드의 황야에 종교적 유토피아인 새로운 '시온'을 건설하겠다는 꿈을 안고 그곳에 정착했다. 그들은 교육과 정치의 중요성을 믿고, 공동의 '대의'를 위해서라면 금욕도 불사하는 특징을 지니고 있었다. 양키덤은 정부가 인간의 삶을 향상시키는 데 긍정적인 역할을 할 수 있다는 굳건한 믿음을 지녔다. 그들은 정부를 시민의 힘이 확장된 형태라고 봤으며 외세와 기업, 귀족의 탐욕에 대항해 자신들을 보호해줄 필수적인 존재라 여겼다. 지난 4세기 동안 양키들은 비교적 활발한 시민의 정치 참여, 적극적인 외국인 동화 정책, 사회 공학을 통해 이 지구에 훨씬 더 완벽한 사회를 건설하기 위해 노력해왔다. 양키덤은 교육 수준이 높은 건실한 중산층 집단이었으며 지적인 성취를 중요시했다. 종교에 대한 열정은 시간이 흐르면서 퇴색됐지만, 더 나은 세계를 만들고자 하는 목표의식은 변하지 않았다. 학자들의 표현을 빌리자면, 그들은 "세속적 청교도주의자"로서 도덕적, 사회적 가치를 추구해나갔다.

양키 문화는 뉴잉글랜드에서 뉴욕 주 북부로 확산됐다. 펜실베이니아 북부 일부, 오하이오, 인디애나, 일리노이, 아이오와, 다코타 등 동부 일부도 양키의 영향권 아래 놓였으며 훗날 미시간과 위스콘신, 미네소타, 그리고 캐나다 연해주로까지 퍼져나갔다. 양키덤은 연방정부 지배권을 둘러싸고 디프사우스와 끊임없는 전투를 벌여왔다.

17세기 네덜란드의 식민지 도시였던 뉴네덜란드New Netherland는 비록 존재 기간은 짧았지만 그레이터 뉴욕 시티에 두고두고 변치 않을 문화적 DNA를 남겼다. 네덜란드의 도시와 이름이 똑같은 뉴암스테르담뉴욕의 옛 이름은 처음부터 국제 상업무역지구로 출발했다. 다양한 민족과 종교가 뒤섞이고, 투기적인 열망과 물질 만능주의로 불탔으며, 무엇이든 자유롭게 거래할 수 있는 요란 시끌벅적한 도시였다. 어떤 민족이나 종교도 실질적인 헤게모니를 쥐지는 못했으며, 아직 완벽한 민주적인 도시국가가 형성된 상태는 아니었다. 뉴네덜란드는 매우 폭넓은 수준의 톨레랑스와 어떤 경우에도 침해받지 않을 탐구의 자유를 보장했다. 당시 다른 유럽 국가들은 이를 체제 전복적인 요소라며 경계했다. 그러나 이 두 가지 혁신 정신은 결국 헌법 제정회의에서 미국의 다른 국민에게도 채택됐고 권리 장전수정헌법 1조에서 10조을 통해 오늘날까지 이어져오고 있다.

1664년 네덜란드는 영국에 패배했지만, 오래전 뉴욕을 서구 무역과 금융, 출판 분야의 세계적인 중심지로 만든 뉴네덜란드의 근본적인 가치와 사회적 모델은 그 영향력이 건재하다. 그들의 영토는 여러 세기가 지나면서 남쪽(델라웨어와 뉴저지 남부)은 미들랜드로, 북쪽(올버니와 어퍼 허드슨 밸리)은 양키덤에 흡수되면서 쪼그라들었다. 오늘날 뉴네덜란드의 영토는 뉴욕 시 내 5개 자치구와 허드슨 밸리 저지대, 뉴저지 북부, 롱아일랜드 서부, 그리고 코네티컷 서남부(양키 팬보다 레드삭스 팬의 숫자가 훨씬 더 많은 지역) 정도다. 세계 무역의 중심지였던 뉴네덜란드는 쏟아져

들어오는 이민자들이 통과하는 첫 관문이었고, 이 때문에 북미에서 인구 밀도가 가장 높은 지역이 됐다. 이 글을 쓰는 현재 이 지역의 인구는 1900만 명으로 웬만한 유럽 국가의 총인구보다 많다. 또한 미디어, 출판, 패션, 지적·경제적 삶 등의 측면에서 대륙 전체에 커다란 영향을 미치고 있다.

아마도 미국의 여러 국민 중 가장 '미국인'다운 특징을 보유하고 있을 미들랜드Midland는 영국 퀘이커교도에 의해 건설됐다. 그들은 델라웨어 만 기슭에 식민지 도시를 건설해, 자신들의 유토피아로 이주해오는 수많은 정착민을 반갑게 끌어안았다. 다원적이고 잘 조직화된 서민층으로 구성된 미들랜드는 미국 중서부 내륙의 농촌 문화를 형성했다. 그들은 인종·이념적 순혈주의를 배척했고, 정부란 존재는 환영할 수 없는 외부 침입자쯤으로만 여겼다. 정치에 대해서는 온건하다 못해 무관심할 정도였다. 미들랜드는 민족적으로 매우 다양한 사회였다. 1600년대부터 '앵글로색슨'이 아닌 독일계가 가장 많은 인구를 차지하게 된 미들랜드는 1775년 당시 북미의 영국 식민지 중에서 비영국계가 다수를 차지한 유일한 지역이었다. 미들랜드 사람들은 양키들처럼 국가는 일반 시민을 위해 존재해야 한다고 믿었지만, 유럽 군주제로부터 도망쳐 이주해온 선조들의 영향 때문인지 톱-다운 형식의 정부 개입에 대해서는 극도로 부정적인 시각을 지녔다. 미들랜드는 오랫동안 '미국 표준어'로 채택된 방언이 생겨난 곳이고, 미국 정치의 흐름을 점치기 위한 풍향계 역할을 했으며, 노예제 폐지부터 2008년 대선에 이르기까지 미국을 달군 모든 사안에서 캐스팅보트를 쥔 '부동층' 표밭이다.

펜실베이니아 동남부, 뉴저지 남부, 델라웨어와 메릴랜드 북부에서 출발한 미들랜드 문화는 오하이오 중부, 인디애나, 일리노이, 미주리 북부,

아이오와 대부분, 사우스다코타의 덜 건조한 동부의 절반, 네브래스카 그리고 캔자스 등 중서부로 퍼져나갔다. 미들랜드는 시카고(양키)와 세인트루이스(그레이터 애팔래치아) 등 중요한 '경계 도시'들을 다른 지역 국민들과 공유하고 있다. 또 많은 미들랜드 사람이 미국 혁명 후 같은 영어권 지역인 캐나다로 이주해, 캐나다의 심장부인 온타리오 남부에도 도시를 세웠다. 미들랜드는 자신들의 집단적 정체성을 굳이 의식하는 편이 아니지만, 여러 이웃의 극단적인 주장에 대해서는 부분적으로만 동의하는 태도를 견지함으로써 북미 정치에 매우 온건하면서도 강력한 영향력을 행사해왔다.

타이드워터Tidewater는 초기 공화정 시대와 식민지 시대까지만 해도 가장 강력한 사회를 형성했다. 이들은 근본적으로 보수성을 띠고, 권위와 전통에 매우 큰 의미를 부여하며 평등이나 일반 대중의 정치적 참여에 대해 우호적이지 않았다. 타이드워터가 영국 남부 젠트리의 후손이 세운 사회라는 점을 고려하면 그리 놀랄 일은 아니다. 젠트리는 영주들이 경제, 정치, 사회를 지배했던 영국의 반半 봉건사회를 이곳에 이식하고자 했다. 스스로를 '왕당파'로 규정한 이들은 버지니아 저지대, 메릴랜드, 델라웨어 남부, 노스캐롤라이나 동북부를 '젠틀맨gentlemen'의 파라다이스로 만드는 데 성공했다. 하인을 고용해 부렸고, 나중에는 노예가 농민의 역할 일부를 대신하기도 했다.

타이드워터의 엘리트들은 미국의 건국에 중추적인 역할을 했으며 귀족적인 요소들을 미 헌법에 집어넣은 당사자들이기도 하다. 직접선거가 아니라 의회가 임명하는 상원의원 제도와 선거인단 제도가 그 예다.상원은 21세기 초부터 직선제로 바뀌었다. 하지만 타이드워터의 세력은 1830~1840년대 들어 소멸하기 시작했고, 중요한 정치적 이슈가 생겨나면 디프사우스 농장주들의 뜻을 따랐다. 오늘날 이들은 영향력과 문화적 응집력을 잃어버리고 이웃한 미들랜드에 영토마저 잠식당해 급격히 쇠퇴하고 있다. 이들이 성공하지 못한 데는 지리적 요인이 크다. 타이드워터는 주변 경쟁자들에게 가로막혀 애팔래치아 산맥 너머 서부로 영향력을 확장하는 데 실패했다.

그레이터 애팔래치아Greater Appalachia는 북아일랜드와 북잉글랜드, 스코틀랜드 저지대 접경의 거칠고 호전적인 사람들이 18세기 초 전쟁으로 파괴된 고향을 떠나 북미로 이주해오면서 형성됐다. 작가, 기자, 영화 제작자, TV 프로듀서들은 이들을 '레드넥redneck 교육 수준이 낮고 정치적으로 보수적인 미국의 시골 사람을 일컫는 모욕적인 표현' '힐빌리hillbillies(두메산골 촌뜨기)' '크래커Cracker(남부의 가난한 시골 사람을 비하하는 뜻으로도 쓰임)' '하얀 쓰레기White trash(가난한 백인을 뜻하는 은어)'라고 조롱하기도 한다. 매우 배타적인 성향을 지닌 스콧-아이리시Scots-Irish, 스코틀랜드, 북잉글랜드 개척자들은 인디언, 멕시코인, 양키들과 싸우면서 남부 산악지대와 오하이오, 인디애나, 일리노이, 아칸소, 미주리 오자크의 남쪽으로 퍼져나갔다. 오클라호마 동부 3분의 2에 달하는 지역과 텍사스 힐컨트리Hill Country를 장악한 것도 이들이었다.

수많은 전쟁을 겪었던 영국 섬나라 출신인 까닭에 전사戰士와 같은 사고방식을 지녔고, 동시에 개인의 자유와 주권을 끊임없이 갈망했다. 이들은 귀족사회를 싫어한 것은 물론이고 사회개혁론도 신뢰하지 않았기 때문에 양키 선생과 타이드워터의 지주, 디프사우스의 귀족들을 모두 경멸했다. 남북전쟁 동안 이 지역의 대다수는 북부 편에 서서 싸웠지만, 버지니아 서부(훗날 웨스트버지니아가 되는 곳)와 테네시 동부, 앨라배마 북부는 분리 독립의 움직임에 동조하기도 했다. 남북전쟁 종료 후 재건 시기에 그레이터 애팔래치아는 흑인 노예들을 해방시키려는 양키들의 노력에 거세게 저항하면서, 어제의 적이었던 타이드워터와 미국 동남부 '딕시Dixie 남북전쟁 당시 남부연합 편에서 싸웠던 11개 주를 일컫는 말' 지역의 디프사우스 저지대 기득권층과 손을 잡았다. 이들의 전투적인 문화는 앤드루 잭슨, 데이비드 크로켓, 더글러스 맥아더 장군 같은 유명한 인물은 물론, 수많은 아프가니스탄 및 이라크 파병 군인을 배출해냄으로써 미국의 군사력에 지대한 공헌을 했다. 그들은 또 북미의 블루그래스기타와 밴조로 연주하는 미국의 전통 컨트리 음악와 컨트리 음악, 스톡 카(일반 차를 개조한 경주용 차) 레이싱, 기독교 복음주의의 형성에 커다란 영향을 미쳤다. 그레이터 애팔래치아인은 오랫동안 자신들의 문화적 뿌리를 별달리 의식하지 않았다. 스콧-아이리시를 연구한 한 학자는 그들을 "이름 없는 사람들"이라고 불렀다. 미국 인구조사원이 애팔래치아인들에게 국적 또는 민족 출신을 질문했을 때, 그들 대부분은 항상 '미국인', 심지어 '미국 원주민'이라고 답하곤 했다.[2]

　디프사우스Deep South는 바베이도스(서인도 제도 카리브 해 동쪽 섬) 노예 소유주들에 의해 세워진 서인도 스타일의 노예사회였다. 그들의 매우 잔인하고 횡포한 사회 제도는 동시대를 살았던 17세기 영국인들조차 충격을 받을 정도였다. 미국 역사에서 디프사우스는 백인 우월주의 및 귀족적 특권의 보루와 같은 존재였다. 고대 노예 국가를 모델로 한 고전적 공화주의 국가 같은 이곳에서 민주주의는 오직 선택받은 소수의 특권이었고, 노예제는 당연한 것으로 받아들여졌다. 북미의 수많은 국가 중 가장 민주적이지 않은 일당 체제 사회였으며, 이곳에서 사람들의 정치적 성향을 결정짓는 첫 번째 변수는 여전히 인종이었다.

　찰스턴 해안 교두보에서 출발한 디프사우스는 인종 격리 정책과 전제주의를 남쪽으로 확산시키면서 사우스캐롤라이나, 조지아, 앨라배마, 미시시피, 플로리다, 루이지애나, 테네시 서부, 노스캐롤라이나 동남부, 아칸소, 텍사스의 대부분을 장악했다. 남아메리카로 영토를 확장해나가려던 야심이 실패로 돌아가자, 그들은 자신들만의 국가를 세우려고 시도함으로써 1860년대 미합중국을 끔찍한 전쟁의 소용돌이로 몰아넣었다. 타이드워터와 애팔래치아 일부 외곽도 소극적이나마 디프사우스와의 연맹에 동참했다. 양키 주도의 점령 세력에 격렬히 저항했던 이들은 이후에도 주의 자치권 문제, 인종 분리, 노동·환경 규제 완화 등의 이슈에서 큰 목소리를 냈다. 흑인 문화의 마르지 않는 원천이 된 그곳은 흑인 참정권이 허용된 후 40년이 지나도록 여전히 인종에 따른 정치적 양극화 상태에서 벗어나지 못했다. 애팔래치아 및 타이드워터와 불안정한 '딕시' 연합 전선을 꾸렸던 디프사우스는 지금도 미합중국의 미래를 놓고 양키덤·레프트코스트·뉴네덜란드 연합과 장대한 전투를 벌이고 있다.

뉴프랑스New France는 행정 구역으로 독립하려는 퀘벡 주가 포함된 지역으로 국수주의적 성향을 가장 강하게 띠는 곳이다. 1600년대 초에 세워진 뉴프랑스는 앙시앵 레짐 시절의 프랑스 북부 소작농 민속 문화와 북미 동북부의 토착 원주민 문화가 결합돼 형성됐다. 현실적이면서 평등을 지향하고, 합의를 우선시하는 뉴프랑스인들은 각종 여론조사에 따르면, 최근 북미 대륙에서 자유민주주의적 성향을 가장 강하게 띠는 사람들로 여겨진다. 오랫동안 영국 출신의 지배자들에게 억압받아온 이들은 20세기 중반부터 캐나다 연방에 다문화주의와 협의를 우선시하는 태도를 전파했다. 뉴프랑스는 어떻게 보느냐에 따라 북미에서 가장 오래된 국민일 수도, 혹은 가장 최근에 생겨난 국민일 수도 있는 '퍼스트 네이션 First Nation'의 재출현에 간접적인 영향을 미치기도 했다.[3]

오늘날 뉴프랑스의 영토는 퀘벡 전체의 3분의 1 남단, 뉴브런즈윅의 북부와 동북부, 루이지애나 남부의 아카디아 혹은 '케이준Cajun' 소수민족 거주지 등을 아우른다(뉴올리언스는 경계 도시라서 뉴프랑스와 디프사우스 문화가 섞여 있다). 이곳은 독립 국가를 이룰 가능성이 가장 높은 지역이다. 물론 독립을 하려면 그 전에 퍼스트 네이션의 주민들과 퀘벡의 영토를 어떻게 나눠 가질 것인가를 놓고 협상부터 해야겠지만 말이다.

엘 노르테El Norte는 가장 오래된 유로—아메리칸 국민이다. 이들의 기원은 스페인 제국이 멕시코 북부의 몬테레이, 살티요 등에 식민지를 건설했던 16세기 후반까지 거슬러 올라간다. 오늘날 부흥하는 이 세력은 미국과 멕시코 국경을 중심으로 양방향 100마일에 걸쳐 확장되고 있다. 멕시코에서는 타마울리파스, 누에보레온, 코아우일라, 치와와, 소노라, 바하칼리포르니아 주가 여기에 해당되며, 미국에서는 텍사스 남부와 서부, 캘리포니아 남부, 임페리얼 밸리, 애리조나 남부, 뉴멕시코 대부분, 콜로라도 일부가 여기에 속한다. 이 지역에는 히스패닉이 압도적으로 많은데, 경제적인 이유로 멕시코시티에서 미국으로 이주하는 사람이 늘어나면서 오랜 세월에 걸쳐 유럽계 백인과 스페인계 미국인 사이의 혼혈이 많아졌기 때문이다.

미국인 대부분은 히스패닉이 언어와 문화, 사회 전반을 지배하는 미합중국의 남쪽 국경지대를 이질적이라고 여긴다. 그러나 정작 멕시코인은 미국과 접경한 북부 지역 사람들이 지나치게 '미국화'됐다고 생각한다. 노르테뇨(북부인)는 인구 밀도가 높고 계급사회의 특성을 띤 멕시코 중부 지역보다 독립적이고 자립적이며 적응력이 뛰어나고 성취욕이 강하다. 오랜 세월 민주 개혁과 혁명 사상의 온상이었던 멕시코 북부 주들은 이웃하는 다른 멕시코 지역보다 미국 남부 국경지대에 사는 히스패닉과 역사·경제·문화, 심지어 음식 문화에서도 훨씬 더 많은 공통점을 가지고 있다. 미국—멕시코의 국경지대는 '노르테뇨norteño'라는 하나의 문화권을 형성한다.[4]

그러나 국경지대의 무장 경계가 점점 더 강화되면서, 엘 노르테는 어떤 의미에서 냉전 시대의 독일과 비슷해져가고 있다. 같은 문화를 보유한 양측 사람들이 커다란 장벽에 의해 분리된 것이다. 워싱턴 DC와 멕시코시티의 지도자들은 결코 허락하지 않겠지만, 많은 노르테뇨는 그들끼리 제3의 국가를 건설하고 싶어한다. 뉴멕시코 대학에서 치카노(멕시코계 미국인) 연구를 하는 차를레스 트루시요 교수는 21세기 말 무렵에는 독립적인 주권 국가를 세우겠다는 이들의 꿈이 현실이 될 수도 있다면서 '라 레푸블리카 델 노르테'라는 이름까지 붙었다. 그러나 언젠가 자신들만의 나라를 건설하겠다는 의지와 상관없이, 이미 그들은 미국 내에서 점점 더 무시할 수 없는 영향력을 발휘하고 있다. 퓨 리서치 센터는 2050년 자신을 히스패닉이라 여기는 사람이 2005년보다 두 배 이상 급증해 미국 인구의 29퍼센트에 달하리라고 예측했다. 엘 노르테 지역의 히스패닉 숫자가 빠르게 증가하고 있기 때문이다. 이미 히스패닉이 인구의 과반을 차지하는 엘 노르테는 자신들의 지역을 넘어 미국 전역에 커다란 영향력을 행사하고 있다. 멕시코 작가인 카를로스 푸엔테스는 톨레랑스의 정신이 승리한다면 21세기에 이 국경지대는 다양한 문화가 융합되어 상호 의존적인 문화를 꽃피우는 곳으로 다시 태어날 것이라고 예상했다. 그는 "나는 이제까지 늘 이 지역을 가로지르는 선은 국경이 아니라 흉터라고 말해왔다"면서 "그러나 우리는 흉터에서 다시 피가 흐르기를 원치 않는다. 우리는 흉터가 치유되길 바란다"고 말했다.[5]

태평양과 캐스케이드, 코스트 산맥 사이에 끼어 칠레처럼 긴 모양으로 형성된 레프트코스트The Left Coast는 캘리포니아 몬테레이부터 알래스카 주노까지 아우르는 지역이다. 매우 진보적 성향을 띠는 샌프란시스코, 포틀랜드, 시애틀, 밴쿠버도 이곳에 속한다. 기후가 온화하고 숨이 막힐 정도로 아름다운 풍경을 지닌 이 지역은 두 부류의 정착민들이 개척했다. 뉴잉글랜드에서 온 상인, 선교사, 벌목꾼 무리(배를 타고 도착해 도심 부분을 장악)와 그레이터 애팔래치아 출신의 농부, 채굴업자, 가죽 무역상 등(화물 기차를 타고 도착해 시골 외곽에 정착)이 바로 그들이다. 양키들은 레프트코스트를 '태평양의 뉴잉글랜드'로 만들기 위해 헌신적인 양키 선교사들을 파견했다. 개인의 성취를 중요시하는 레프트코스트에는 지금까지도 뉴잉글랜드의 지성주의와 이상주의의 자취가 강하게 남아 있다.

레프트코스트는 양키처럼 정부를 신뢰하고, 개인의 자유로운 탐구와 발견을 뒷받침해줄 사회 개혁을 추구한다. 이 두 요소가 결합돼 이 지역에는 비옥한 아이디어의 토양이 다져졌다. 레프트코스트는 근대적 환경운동과 글로벌 지식혁명(마이크로소프트, 구글, 아마존, 애플, 트위터, 실리콘밸리)의 산실이자, 뉴네덜란드와 더불어 게이 권리운동이 처음으로 시작된 곳이며 1960년대 문화 혁명의 출발점이었다. 어니스트 칼렌바크의 1975년 SF소설인 『에코토피아』는 레프트코스트의 일부가 미연방에서 독립해 지속 가능한 생태국가를 창설하는 내용을 담고 있다. 실제 이곳에서는 현재 브리티시컬럼비아와 알래스카 남부를 아우르는 '생태지역 협동 영연방'을 건설해 캐스케이드 주권국으로 독립하자는 움직임이 일고 있다. 양키덤의 가장 큰 아군이기도 한 레프트코스트는 바로 이웃한 파웨스트의 '자유 기업론'에 맞서 끊임없이 대립하고 있다.

기후·지정학적 요인은 모든 국민의 형성 과정에서 빼놓을 수 없는 변수로 작용했다. 그중에서도 파웨스트The Far West는 환경적 요인이 민족성을 압도한 유일한 지역이다. 그레이터 애팔래치아와 미들랜드 등 다른 국민이 개발한 농사 기법이나 삶의 방식은 고지대, 건조한 기후, 외딴 서부 내륙의 척박한 환경 조건을 가진 이곳에서 아무 쓸모가 없었다. 이 광활한 황야지역은 극히 일부를 제외하면 철도, 중장비 채굴 기계, 광석 용광로, 댐, 관개 수로와 같은 대규모 산업자원을 동원하지 않고서는 식민지를 건설하는 것조차 불가능했다. 이 때문에 파웨스트의 식민화 과정은 멀리 뉴욕, 보스턴, 시카고, 샌프란시스코 등에 본사를 둔 대기업이나 영유권을 가진 연방정부 주도로 진행될 수밖에 없었다. 정착민들은 이곳에 진출한 대기업에 일자리를 얻어 생계를 유지하거나, 물자와 인력을 수송하며 시장과 공장에 물건을 들여오고 내보내기 위한 철도에 의존할 수밖에 없었다. 안타깝게도 이곳은 해안지역 국민의 이익을 위해 착취되고 수탈당하는, 일종의 내부 식민지 취급을 받았다. 제2차 세계대전과 냉전 시대를 거치면서 산업화가 급속도로 진전됐지만, 이 지역은 여전히 종속된 상태나 다름없었다. 이곳 정치인들은 끊임없이 연방정부에 손을 벌리면서도, 한편으로는 디프사우스처럼 정부란 존재를 남의 일에 간섭하는 참견꾼으로 매도한다. 그러나 이들은 기업 자본이 '도금 시대남북전쟁이 끝나고 1873년에 시작돼 불황이 닥치는 1893년까지 미국 자본주의가 급속하게 발전한 28년간을 일컫는다'만큼이나 파웨스트의 내정에 깊은 영향력을 행사하는 것에 대해서는 결코 반발하는 법이 없다. 오늘날 파웨스트는 서경 100도선을 기준으로 엘 노르테 북부 경계선과 퍼스트 네이션의 남부 경계선 사이 서부 내륙을 아우르고 있다. 애리조나 북부, 캘리포니아 내륙, 워싱턴, 오리건, 브리티시컬럼비아의 상당 부분, 앨버타, 서스캐처원, 매니토바, 알래스카, 유콘 일부분, 노스웨스트가 여기에 포함된다. 또 다코타, 네브래스카, 캔자스의 건조한 서부 절반과 아이다호, 몬태나, 콜로라도, 유타, 네바다 지역 역시 거의 전부 파웨스트에 속한다.

파웨스트처럼 퍼스트 네이션First Nation도 북방 산림, 툰드라, 북극 빙하 등 매우 척박한 환경에 둘러싸여 있다. 하지만 파웨스트와 달리 이곳을 점유하는 이들은 원주민이다. 이곳 원주민들은 이제까지 땅을 포기하겠다는 조약을 누구와도 맺은 적이 없으며, 척박한 환경에서도 생존을 가능케 해준 자신들만의 오랜 문화적 관습과 지식을 보존하며 살고 있다. 이들은 최근 자주권을 보장해달라고 목소리를 내기 시작했는데, 그 결과 알래스카와 누나부트 지역에서 상당한 수준의 자치권을 얻어냈다. 또 그린란드는 자치 정부를 수립하는 데 성공, 덴마크로부터 완전히 독립하기 위한 문턱에 서 있다. 이 새로운, 그리고 아주 오래된 국민인 퍼스트 네이션은 북미 원주민들이 문화, 정치, 환경적으로 다시 조명받을 기회를 잡아냈다.

이들은 파웨스트 북쪽 가장자리의 광대한 지역을 빠르게 장악해나가고 있다. 유콘과 노스웨스트, 래브라도, 누나부트와 그린란드 전체, 온타리오 북쪽, 매니토바, 서스캐처원, 앨버타, 브리티시컬럼비아 서북쪽 상당 부분, 퀘벡의 북쪽으로 3분의 2 지역 등이 퍼스트 네이션에 속한다.

이 11개 국민의 존재는 이제까지 미국 역사에서 잘 드러나지 않았다. 아마 언어학자들의 방언 지도나 문화인류학자들의 물질문화 지도, 문화지리학자들의 종교분포 지도, 선거 전략가들의 지역별 정치성향 지도, 역사학자들의 초기 정착민 분포 지도 등에서나 봤을 법한 분류일 것이다. 캘리포니아는 2008년 동성결혼 찬반 투표 결과를 그린 지도에서 매우 확연하게 3개로 나뉘었다. 오하이오 역시 2000년과 2004년 선거 당시 양키들이 정착했던 지역만 매우 두드러지게 구분할 수 있었다. 대부분의 주가 빨간색으로 칠해진 가운데 위쪽에만 파란색 띠가 형성됐기 때문이다. 인구조사국이 카운티별로 조상의 혈통을 조사해 작성한 분포지도를 보면, 오직 그레이터 애팔래치아의 거의 모든 카운티에서만 과반수의 사람이 자신들의 조상을 '아메리칸'이라고 명확하게 답했다. 2008년 갤럽은 미국인 35만 명 이상에게 종교가 일상생활에서 중요한 부분을 차지하느냐고 질문했다. 그렇다고 답한 상위 10개 주는 모두 국경지대인Boderlander 북아일랜드와 스코틀랜드 저지대 접경지역에서 전쟁을 피해 미국으로 이주해온 거칠고 호전적인 사람들을 일컫는 말, 혹은 디프사우스인들이 사는 주였다. 반면 하위 10개 중 8개 주는 모두 양키들이 장악하고 있는 주였고 매사추세츠, 북부 뉴잉글랜드에 있는 3개 주는 가장 종교적이지 않은 주로 꼽혔다. 미시시피(디프사우스)는 버몬트(양키덤)와 비교해서 '중요하다'고 답한 비율이 2배 이상 높았다. 2007년 교육 수준이 가장 높은 주(석사 이상 학위 소지자 비율 기준)는 양키가 많은 매사추세츠(16퍼센트)였고, 가장 낮은 주는 디프사우스에 있는 미시시피(6.4퍼센트)였다. 그밖에 상위에 오른 주는 뉴욕(5위), 양키들이 장악하고 있는 코네티컷(3위)과 버몬트(6위), 로드아일랜드(9위) 등이었던 반면, 교육 수준이 낮은 하위 주에는 애팔래치아인이 많이 사는 아칸소(48위)와 웨스트버지니아(46위) 등이 있었다. 그렇다면 온실가스 배출을 줄이기 위해 도입된 탄소배출권 거래 협정에 어떤 주가 가장 먼저 동참했을까? 양키들이 사는 주와 레프트코스트에 사는 사람들이었다. 또 어떤 주가 유니언숍(노조 가입 의무 조항)을 금지하는 법안을 제정했을까? 디프사우스 전체와 애팔래치아 대다수 지역이다. 태평양 서북부와 캘리포니아 북부 지역에서 어떤 카운티들이 공화당을 지지했을까? 파웨스트 지역에 있는 카운티들이다. 그렇다면 민주당을 지지한 카운티들은? 레프트코스트에 있다. 텍사스와 뉴멕시코의 어떤 지역에서 민주당 지지가 압도적으로 높을까? 엘 노르테 지역에 속한 곳들이다. 이렇듯 국민 사이의 유사성과 연관성은 우리가 아는 주의 경계선을 뛰어넘는다. 지난 수백 년 동안 늘 그래왔듯이 말이다.[6]

북미의 역사, 정치, 정부 형성 과정에서 지역 문화가 매우 중요한 역할을 했다는 사실을 깨달은 사람은 내가 처음이 아니다. 공화당 선거 전략가인 케빈 필립스는 1969년 지역 국민들 각자가 품고 있는 다양한 가치, 그리고 이 국민을 뚜렷이 구분 짓는 경계선의 존재를 알아차렸다. 그는 이를 바탕으로 지금도 정치판에서 고전 필독서로 꼽히는 『부상하는 공화당 다수Emerging Republican Majority』를 썼다. 그는 이 책에서 레이건 혁명 레이건 대통령 재임 기간을 일컫는 말의 시대가 열릴 것이라고 정확히 예견했다. 1981년에는 『워싱턴포스트』 편집자인 조엘 개로가 『북아메리카의 9개 국민The Nine Nations of North America』이라는 책을 펴내 베스트셀러가 됐다. 그는 북미가 경쟁관계인 여러 세력으로 나뉘어 있는데, 이는 기존의 국경, 주, 지역 행정 구역을 나누는 경계선과는 전혀 다르다고 지적했다. 그는 북미 국민들 사이에서 벌어지는 충돌과 경쟁이 미래를 결정지을 것이라고 내다봤다. 그러나 그의 책은 역사적인 고찰을 통해서 얻은 게 아니었기에 그저 당시의 상황만 담은 스냅숏에 불과했다. 개로는 이들 국민의 정체성과 형성 과정, 각 국민이 지녔던 이상향 등에 대해서는 정확히 알지 못했다.

브랜다이스 대학의 역사학자 데이비드 해킷 피셔는 1989년 그의 명저 『앨비언의 씨앗Albion's Seed』에서 양키덤, 미들랜드, 타이드워터, 그레이터 애팔래치아 4개 국민의 기원과 초기 형성 과정을 성공적으로 밝혀냈다. 그리고 20년 후 펴낸 『샹플랭의 꿈Champlain's Dream』에서는 뉴프랑스를 추가했다. 러셀 쇼토는 2004년 『세계의 중심인 섬The Island at the Center of the World』에서 뉴네덜란드의 핵심적인 특징을 묘사했다. 스콧-아이리시인 버지니아 상원의원 짐 웨브는 2005년 저서 『태생적인 싸움Born Fighting』에서 국경지대인들에게 한 민족으로서의 자각을 호소했던 반면, 텍사스 출신인 뉴아메리카 재단의 마이클 린드는 진보적 성향을 가진 힐컨트리의 애팔래치아인 편에 서서 텍사스 사람은 디프사우스의 전제적인 문화에서 벗어나야 한다고 호소했다. 이렇듯 지난 수십 년 동안 북미에 사실상 여러 국민이 존재한다고 눈치 챈 사람들은 조금씩 증가해왔다. 이 책의 목표는 이 국민들의 존재를 대중이 좀더 폭넓게 인식할 수 있도록 하는 데 있다.

서로 확연하게 다른 북미 국민의 정체를 제대로 알기 위해서는 다음 질문에 대답할 수 있어야 한다. 어떻게 수 세기 전에 형성된 국민이 오늘날까지도 자신들만의 고유한 정체성을 유지해오고 있는가? 북미는 이주민들로 이뤄진 대륙이고 국내 간 이주도 매우 활발하다. 그래서 수백만 명의 이주민이 애초 갖고 있던 문화와 인종, 종교적 신념은 시간이 지날수록 희석되고, 자신들의 원래 문화에서 갈라져 나와야 했다. 뉴욕 인구에서 네덜란드계가 차지하는 비중이 0.2퍼센트에 불과하다는 점을 고려할 때, 뉴욕 시의 독특한 문화를 네덜란드가 남긴 유산의 결과라고 보는 것은 그다지 설득력이 없지 않은가? 매사추세츠와 코네티컷은 양키덤에 속해 있지만 이 두 지역에서 가장 많은 인구를 차지하는 민족은 각각 아일랜드인과 이탈리아인이다. 북미 대륙의 국가들은 오랜 세월을 거치면서 융합돼 풍부하고 다원적인 문화의 용광로가 되었다고 생각하는 쪽이 자연스럽다. 그러나 앞으로 살펴보겠지만, 현실은 기대처럼 되지 않았다. 분명 북미는 이곳에 정착한 수없이 다양한 사람과 문화 덕분에 측량

할 수 없이 풍부해졌다. 나는 개인적으로 이 대륙의 다양성이 축복받은 것이라 생각한다. 그러나 동시에 이 사실도 주목해야 한다. 루터교 농부였던 내 증조부는 덴마크 핀 섬에서 아이오와의 서쪽으로 이주해왔다. 그들은 미들랜드 중서부의 문화 발전에 어느 정도 영향을 미쳤을지는 몰라도 결국엔 기존 문화에 동화돼갔다. 아일랜드 가톨릭교도였던 또 다른 증조부는 서부 내륙의 철광·구리 탄광에서 일했다. 그의 손주들은 자라서 파웨스트인이 됐다. 5대조 할머니의 가족 역시 훗날 그의 사촌 처남이 될 사람과 마찬가지로 아일랜드에서 이주해왔다. 그러나 그들이 일자리를 찾은 탄광은 퀘벡에 있었고, 그의 후손들은 자라서 프랑스어를 말하며 원주민의 설신을 신고 여행을 다닌다. 더 나은 삶을 위해 터전을 옮긴 그들은 기존 문화를 바꾼 것이 아니라, 여러 세대를 거치면서 그들을 둘러싼 문화에 동화돼갔다. 기존 지배 문화에 포섭되지 않는다면 남은 길은 그것을 거부하는 것뿐이다. 어느 쪽이든 간에 그들은 기존 문화를 없애고 자신들의 것으로 대체하지 못했다. 그들이 당시 맞섰거나 혹은 타협했던 문화는 '미국' 혹은 '캐나다' 문화가 아니었다. 그것은 우리가 앞서 살펴봤던 수많은 '국민들'의 문화 중 하나였다.[7]

문화지리학자들은 수십 년 전 비슷한 결론을 내렸다. 펜실베이니아 주립대학의 윌버 젤린스키는 1973년 '최초 정착민 독트린Doctrine of First Effective Settlement'이라고 명명한 핵심 이론을 만들었다. "주인 없는 땅에 처음 정착한 사람들, 혹은 원주민을 쫓아내고 그 땅을 점령한 사람들이 독자적이고 지속 가능한 사회를 건설하는 데 성공했을 경우 맨 처음 거주민의 특성은 이후 그 땅의 사회·문화지리 형성에 막대한 영향을 미치게 된다. 설령 그 최초의 정착민들이 아무리 소수였다 하더라도 말이다"라고 젤린스키는 기록했다. "장기간 지속되는 영향력을 봤을 때, 수백 명 혹은 수십 명에 불과한 초기 정착민들이 몇 세대 후 이주해온 수만 명의 새로운 이주민들보다 문화지리학적으로 훨씬 더 큰 의미를 지닌다"고도 했다. 그는 대서양 연안이 가장 좋은 예라고 본다. 허드슨 밸리 저지대에는 현재 네덜란드인이 거의 살지 않고, 그곳의 옛 지주 귀족들 역시 일찌감치 체서피크에서 영향력을 상실했지만, 그들이 남긴 영향력은 그럼에도 지금까지 이어져오고 있다.[8]

교통과 통신 기술의 발달로 북미 대륙의 기동성은 한층 더 좋아졌지만, 이는 국민 사이의 차이점을 약화시키기보다 오히려 강화시키는 결과를 낳고 있다. 2008년 언론인 빌 비숍과 사회학자 로버트 쿠싱은 『대분류Big Sort』라는 책에서 1976년 이후부터 미국인은 자신과 가치관 및 세계관이 비슷한 커뮤니티로 각자 헤쳐 모이고 있다고 주장했다. 그 결과 선거에서 특정 정당에게 압도적인 차이(20퍼센트 포인트 이상)로 몰표를 던진 카운티에 사는 유권자가 1976년 26.8퍼센트에서 2004년 48.3퍼센트로 증가했다. 이와 관련해 인구의 이동 흐름을 살펴보면 매우 흥미로운 양상을 발견할 수 있다. 과거 민주당이 승리를 거뒀던 카운티에서 공화당이 압승을 거둔 카운티로 이사를 간 사람의 순유출 숫자가 1990년에서 2006년 사이에만 1300만 명에 달했다. 반대로 이주민들은 공화당이 압승을 거둔 디프 레드 주에 사는 것을 기피한다. 2004년 디프 레드 주에 거주하는 이주민은 단 5퍼센트에 불과했지만, 디프 블루 주에서는 21퍼센트를 기록해 대조를 이룬다. 비숍과 쿠싱이 간파하지 못한 것은 민주당이 압승을 거둔 주가 모두 양키덤, 레프트코스트, 엘 노르테에 위치해 있다는 사실이었다. 반면 공화당은 그레이터 애팔래치아, 타이드워터를 장악하고, 파웨스트와 디프사우스에서는 거의 독점적인 지위를 누리고 있다(유일한 예외는 디프사우스와 타이드워터에서 흑인이 과반을 차지하는 카운티다. 그곳에서는 민주당이 압승을 거뒀다). 사람들이 자신과 비슷한 생각을 하는 커뮤니티로 헤쳐 모이면서, 미국은 생각이 비슷한 사람끼리 모인 여러 개의 지역 국민으로 재분류되고 있다.[9]

물론 이 책에 실린 지도를 보고 어떤 독자들은 특정 카운티나 도시가 이 국민이 아닌 다른 국민에 속해야 한다고 이의를 제기할 수도 있다. 그러나 문화적 경계선은 정치적 경계선처럼 칼로 무 자르듯 베어지지 않는다. 한 지역이 동시에 두 개 이상의 문화권 아래 놓일 수도 있다. 프랑스와 독일의 국경 지방인 알자스로렌, 그리스 정교와 튀르크 이슬람 사이에 걸쳐진 이스탄불, 뉴잉글랜드와 뉴욕의 중력장 사이에 낀 코네티컷의 페어필드 카운티 등이 그 좋은 예다. 이와 같은 사실을 잘 알고 있는 문화지리학자들은 문화적 영향력의 범위를 구역별로 나눴다. 문화의 원천이 되는 핵심 구역, 핵심 구역보다는 강도가 낮지만 해당 문화가 우세한 위치를 점하는 지배 구역, 그리고 충분히 알아챌 수 있을 만한 문화의 흔적이 광범위하게 남아 있는 영향권 구역. 이 모든 구역은 시간이 지나면서 많은 변화를 겪는다. 실제 지배 구역, 심지어 핵심 구역까지 빼앗기고 국민이나 민족으로서 더 이상 존재하지 못하게 된 비잔틴이나 체로키 같은 곳도 있다. 이 책 앞에 실린 지도는 2010년경 각 국가의 핵심, 지배 구역을 바탕으로 경계선을 구분한 것이다. 만약 각 국가의 영향권 구역까지 추가해 표시한다면, 아마 엄청난 겹침 현상이 일어났을 것이다. 특히 루이지애나 남부, 텍사스 중부, 퀘벡 서부, 볼티모어 등지에는 여러 국민의 영향권이 동시에 중첩됐을 것이다. 이러한 경계선들은 결코 화석처럼 굳어진 것이 아니다. 그것들은 이제까지 끊임없이 움직여왔고, 각 국민의 영향력은 앞으로도 의심의 여지 없이 흥망성쇠를 거듭할 것이다. 문화는 언제나 움직인다.[10]

어떤 지역이든 계속해서 깊숙이 파고들면 더 많은 소수 공동체, 심지어 또 하나의 초소형 국가Micronation까지 발견할 수 있을지 모른다. 모르몬교도들이 파웨스트 심장부에 이미 자신들만의 독립 국가를 세운 것이나 다를 바 없다고 말하는 사람도 있을 수 있고, 밀워키는 양키덤이 아니라 양키 중서부 한복판에 섬처럼 고립된 미들랜드의 도시라고 주장할 수도 있다. 또 켄터키 주 블루그래스 컨트리는 그레이터 애팔래치아가 아니라 타이드워터에 속해야 한다고 주장하는 사람도 있을 것이며, 나바호 족이 파웨스트에 이미 행정 구역을 세웠다고 주장하는 사람도 있을 것이다. 노바스코샤의 케이프브레턴 섬과 노스캐롤라이나의 케이프피어 반도에서는 뚜렷한 스코틀랜드 고지대 문화를 관찰할 수 있다. 누군가는 '양키 핵심 구역'인 메인과 매사추세츠의 문화적, 역사적 차이점에 대해 책을 한 권 쓸 수도 있을 것이다. 사실 이는 내가 2004년 『랍스터 해변Lobster Coast』이란 책에서 다룬 주제이기도 하다. 지역 문화를 계속해서 깊숙이 파고드는 것은 양파 껍질을 까는 것과 비슷하다. 그러나 나는 더 깊게 들어가지 않고 11개 국민으로 분류하는 데서 멈추려 한다. 이들 국민의 가치관과 태도, 정치적 성향이 해당 지역을 실제로 장악하고 있으며, 그들이 가진 의미가 이 지역을 더 세분화해서 분석하는 것보다 중요하다고 믿기 때문이다.

나는 또한 북미에 실질적인 영향을 미치는 집단이라 하더라도 그들의 문화적 핵심 구역이 현재 미국과 캐나다 국경 밖에 있으면 이 책에서 배제했다. 쿠바인들이 장악하고 있는 플로리다 남쪽 끝은 스페인어를 쓰는 카리브 해 지역의 금융, 교통 중심지다. 하와이는 대大폴리네시아 문화권의 일부이고 한때 그들만의 민족국가를 형성하기도 했다. 북미 대륙의 일부인 멕시코 중부와 중미에도 히스패닉계 아즈텍, 대大마야인, 앵글로—크리오요.서인도 제도에 사는 흑인과 유럽인의 혼혈 등 수십 개의 국민이 살고 있다. 일부 학자는 미국 흑인 문화가 크리오요 문화의 지류라는 주장을 설득력 있게 펼치기도 한다. 아이티를 거점으로 형성된 크리오요는 현재 카리브 해 유역까지 영역을 확장해 브라질로 뻗어나가는 중이다. 이들 문화 역시 분명 연구해볼 만한 가치가 있지만, 현실적인 제약으로 이 책에서는 다루지 않는다. 워싱턴 DC는 예외적인 곳이다. 북미의 모든 국민이 피 튀기는 싸움을 벌이는 거대한 정치 경기장이다. 한 팀이 타이드워터 교외에 주차하려고 하면 다른 쪽은 미들랜드에 차를 대려고 전쟁을 벌인다.

무엇보다 나는 어느 국가의 국민이 되느냐는 유전자가 아니라 문화에 의해 좌우된다는 점을 강조하고 싶다.■ 문화적 정체성은 머리카락, 피부, 눈 색깔처럼 유전적으로 물려받는 것이 아니라 유년 시절 혹은 이후 자발적인 동화 노력을 통해 후천적으로 습득되는 것이다. 심지어 유럽의 '혈통' 국가도 이 주장에 이의를 제기하지 않는다. (매우 민족주의적인) 헝가리 사람들은 오스트리안 독일인, 러시아 유대인, 세르비아인, 크로아티아인, 슬로바키아인의 후손이거나 혹은 그 민족 사이의 혼혈인들이다. 그러나 그 민족 출신이 아니더라도 헝가리어를 말하고 헝가리적인 특질들을 갖고 있다면 아르파드 왕의 마자르인 후손처럼 "순수한 혈통"의 헝가리인과 다를 바 없이 받아들여진다. 마찬가지로 프랑스 대통령 니콜라 사르코지는 아버지가 헝가리 귀족이고 외조부는 그리스에서 태어난 세

■ 어떤 민족 집단들은 특정 인종 혹은 특정 종교를 가진 사람을 받아들이지 않으려 거부하기도 한다. 이 글을 쓰는 지금도 독일은 독일에서 태어나 독일어를 사용하는 터키인이 과연 진짜 '독일인'인지 아닌지를 놓고 논쟁하고 있다. 반면 프랑스에서 태어난 서아프리카계는 상대적으로 쉽게 프랑스인으로 인정받을 수 있다.

파르딕 유대인이지만, 누구도 그가 프랑스인임을 부정하지 않는다.■ 이는 북미 국가들에도 마찬가지로 적용된다. 미들랜드인처럼 말하고 행동하고 사고한다면, 그는 부모와 조부모가 디프사우스, 이탈리아, 혹은 에리트레아 출신이건 아니건 상관없이 미들랜드인이다.[11]

이 책은 연대순으로 구성된 네 개의 부로 나뉜다. 제1부는 매우 중요한 식민지 시대를 다루며, '유로-아메리칸'의 8개 국민의 탄생과 그 근본적인 특질을 탐구한다. 제2부는 이 국민들 사이의 투쟁이 미국 혁명과 연방 헌법, 초기 공화국 시절 발생한 일련의 주요 사건들에 어떤 영향을 미쳤는지 살펴본다. 제3부는 이 국민들이 어떻게 상호 배타적으로 그들의 영향력을 확장해나갔는지, 그리고 연방정부를 통제하고 규정하는 방법을 둘러싸고 벌어진 이들 간의 싸움이 어떻게 남북전쟁을 촉발했는지를 보여준다. 마지막 부는 19세기, 20세기 후반, 21세기 초반에 일어난 사건들을 다룬다. '새로운' 국민의 형성과 이주민, '미국적인' 정체성, 종교, 사회개혁, 외교, 전쟁, 정치 등을 둘러싸고 강화되고 있는 이들 간의 차이점을 살펴본다. 마지막으로 에필로그에서는 앞으로 펼쳐질 미래를 가늠해볼 수 있는 몇 가지 실마리를 제공할 것이다.

그럼 지금부터 여행을 시작해보자.

■ 북아프리카계의 한 여성이 선거 유세를 하고 있는 사르코지에게 그의 뿌리에 대해 묻자, 사르코지는 자신의 국가적 정체성에 대해 명쾌하게 대답했다. "당신이 알제리인이 아니라 프랑스인이듯 나도 헝가리인이 아닙니다."

제1부

기원:
1590~1769

1장

**엘 노르테의
탄생**

미국인들은 유럽에서 이주해온 초기 정착민들이 매사추세츠와 버지니아 해안에 상륙한 후 태평양 쪽으로, 즉 동부에서 서부로 대륙을 개척해나 갔다고 배워왔다. 미국의 개척자들은 '신에게 선택받은 자'로서의 사명을 완수하기 위해 6세대에 걸쳐 대자연, 그리고 자연의 미개한 자식들인디언 을 가리킴과 싸워가면서 앵글로색슨의 혈통을 서부로 확장시켜나갔다. 선 함과 자유를 사랑했던 사람들은 그렇게 대서양에서 태평양까지 이어지 는 하나의 공화국을 세웠다. 19세기 양키 역사가들은 우리가 그렇게 믿 도록 가르쳤다.

그러나 이는 사실과 전혀 다르다. 유럽 문화는 동쪽에서 출발한 것이 아니라 스페인 제국 군인과 선교사들에 의해 남쪽에서부터 전파되기 시 작했다.

유럽인의 시각에서 보자면 이 대륙이 '발견'된 것은 1492년 스페인 탐 험대에 의해서다. 영국 최초의 이주민이 제임스타운에 첫발을 내디딘 것은 그로부터 100년이 지난 후다. 그때 이미 스페인 탐험대는 캔자스 평원을 누비고, 테네시의 그레이트스모키 산맥을 감상하며 그랜드캐니언 주변을 탐색하고 있었다. 그들은 라틴아메리카와 카리브 해 일대는 말할 것도 없고, 오리건 해안과 캐나다 연해주 지역까지 모두 파악해 지도를 작성해놓은 상태였다. 캐나다 펀디 만Bahia Profunda에서부터 아르헨티나 티에라델푸에고에 이르는 모든 곳에 하나하나 지명을 붙였다. 1500년대 초 스페인은 조지아와 버지니아 해안가에 짧은 기간이지만 식민지 도시를 세우기도 했다. 1565년에는 플로리다 세인트오거스틴에 미국에서 가장 오래된 유럽 도시를 건설했다.■ 16세기 말 이미 스페인인들은 멕시코 소노라와 치와와의 사막에서 수십 년째 살던 중이었고, 뉴멕시코에 세운 식민지는 벌써 50주년을 맞은 상태였다.

미국에서 가장 오래된 유럽 하위문화는 대서양의 코드 곶 해안이나 체서피크 남쪽 지역이 아니라 뉴멕시코 북부의 건조한 고원과 콜로라도 남부에서 시작됐다. 1595년 엘 노르테에 정착한 이래 지금까지 줄곧 자신들만의 문화를 간직한 채 사는 스페인계 미국인은 19~20세기가 되어서야 뒤늦게 이 지역에 진출한 멕시코계 미국인을 자신들과 한 덩어리로 취급하는 것에 대해 매우 큰 불쾌감을 느낀다. 자신들만큼이나 긴 역사를 가진 메이플라워호의 후손들과 계보를 따져보면서 미국 문화의 첫 횃불을 밝힌 주인공은 자신들이라 생각한다. 1610년 엘 노르테는 샌타페이에 총독 관저를 지었는데 이는 미국에서 가장 오래된 공공 건축물이다. 그들은 17세기 스페인의 전통과 기술, 종교 관습을 20세기까지 고스란히 보존해왔다. 나무로 만든 쟁기로 밭을 갈고, 투박한 중세 시대의 수

■ 그러나 수 세기 전, 세인트오거스틴은 문화적으로 디프사우스에 흡수됐다.

레로 양털을 실어 나르고, 사순절에는 중세 스페인의 관습을 따라 스스로를 십자가에 못 박는 의식을 치렀다. 현대 기술이 도입되면서 모습은 달라졌지만, 지금도 못 대신 밧줄로 묶어 십자가에 매달리는 등 그 흔적들은 남아 있다.[1]

엄청난 재력과 군사력을 바탕으로 16세기 당시 세계의 슈퍼파워로 군림하던 스페인은 주변 경쟁국들보다 식민지 개발에 한참 앞서나가고 있었다. 영국인들은 스페인이 개신교도들에게 매우 위협적인 존재가 될 것이라 여겼다. 실제로 교황 알렉산더 6세는 유럽의 수많은 군주국 중에서도 스페인을 '최고의 가톨릭 국가'라고 칭했고, 아직 미 대륙이 발견되기도 전인 1493년에 서반구 영토 대부분을 스페인에 하사했다. 교황의 선물은 실로 어마어마했다. 두 개의 대륙에 걸친 전체 땅의 면적은 스페인 영토보다 80배 이상 큰 1600만 제곱마일에 달했다. 당시 이 지역의 인구는 1억 명 정도로 추정되는데, 그중 일부는 이미 고도로 발달한 제국을 건설한 상태였다. 700만이 채 안 되는 인구를 가진 스페인은 인류 역사상 가장 큰 선물을 받은 셈이다. 교황 알렉산더가 선물을 주는 대가로 내건 조건은 딱 하나였다. 그는 스페인에 서반구를 갖는 대신 그 땅의 모든 사람을 가톨릭으로 개종하게 한 후 "도덕적 훈련"을 시키라고 명령했다. 교황의 명령은 스페인의 신대륙 정책에 지대한 영향을 미쳤다. 엘 노르테를 비롯해 미국 남부 3분의 2 면적에 해당되는 지역도 정치, 사회제도적으로 그 여파를 피해갈 수 없었던 것은 물론이다. 유럽 역시 이제까지 치른 모든 전쟁을 통틀어 가장 종말론적인 전쟁의 수렁으로 빠져들었다. 인구학자들은 당시 미 대륙에서 자행된 학살이 인류 역사상 가장 대규모 학살이었던 것으로 추정한다.[2]

역사는 미 대륙의 원주민들을 서부 드라마의 단순한 조연이나 배경

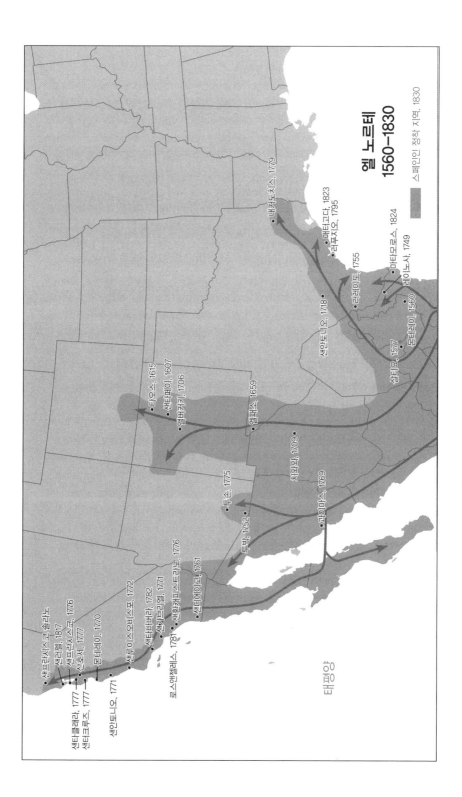

엘 노르테
1560–1830

스페인인 정착 지역, 1830

배커도치스, 1779

매타고다, 1823
라부지오, 1795
마타모로스, 1824
라레이도, 1755
라이노사, 1749
몬테레이, 1560

셀티오, 1718
셀티요, 1577

타오스, 1615
샌타페이, 1607
엘버카키, 1706

엘파소, 1659

자와와, 1709

루소, 1775

투박, 1752
피마스, 1769

태평양

샌프란시스코 솔라노
샌라펠, 1817
샌프란시스코, 1776
샌호세, 1777
몬테레이, 1770
샌타클래라, 1777
샌타크루즈, 1777
샌안토니오, 1771
샌루이스오비스포, 1772
샌타버버라, 1782
샌가브리엘, 1771
로스엔젤레스, 1781
샌후안카피스트라노, 1776
샌디에이고, 1761

정도로만 묘사하는 경향이 있다. 그 드라마에서 주인공은 언제나 유럽인이나 아프리카인 후손들의 몫이다. 이 책 역시 북미를 지배하게 된 민족문화 집단을 먼저 다루기 때문에, 어쩔 수 없이 그러한 패턴을 반복할 수밖에 없을 것 같다. 하지만 신대륙 원주민 문화에 대해 반드시 기억해야 할 사실이 몇 가지 있다. 이들은 이질적인 문화와 접촉하기 전까지만 해도, 유럽인보다 훨씬 더 나은 삶을 누리고 있었다. 우수한 위생 시설과 의료 시설 덕분에 훨씬 더 건강했고, 좋은 음식을 섭취해 영양 상태도 좋았다. 그들은 고도의 문명을 이룩했다. 농사를 지을 줄 알았고, 대륙 전체를 연결할 수 있는 무역망을 구축했으며, 일부는 매우 정교한 시가지를 세웠다. 스페인인들이 뉴멕시코에서 마주친 푸에블로인은 석기시대의 수렵꾼들이 아니었다. 그들은 마켓광장을 내다볼 수 있는 발코니와 지하실을 갖춘 5층짜리 어도비 하우스에서 살았다. 멕시코 중부 아즈텍의 수도인 테노치티틀란은 인구가 20만 명에 달하는 세계에서 가장 큰 대도시 중 하나였다. 테노치티틀란은 석조로 만든 수도 송수로를 갖췄으며, 그 거대한 궁전과 사원의 규모는 스페인 건축물을 보잘것없게 만들 정도였다. 당시 미 대륙에 살던 사람들은 세계 총인구의 5분의 1을 차지하고 있었다. 2500만 명이 거주하던 멕시코 중부는 당시 지구에서 인구밀도가 가장 높은 곳이었다.[3]

하지만 유럽과의 접촉으로 유발된 각종 전염병이 미 대륙을 휩쓴 데다 전쟁까지 끊이지 않고 발발하면서 1630년 이곳의 인구는 80~90퍼센트까지 감소했다. 미국 메인 주의 삼림부터 페루의 정글에 이르기까지 인디언 마을 곳곳은 온통 시신으로 뒤덮였다. 시신을 묻어줄 사람이 모자랄 정도였다. 유럽인들은 전염병의 창궐을, 하늘이 그들의 미 대륙 정복을 허락했다는 신호로 여겼다. 아즈텍과 마야를 상대로 전쟁을 이끈 스페인의 정예군인 베르날 디아스델카스티요가 "주의 자녀들이 전쟁으로 지쳐가자 신께서 천연두를 보내주셨다"고 말한 것이 이를 잘 보여준다.[4]

스페인 국왕은 아즈텍과 마야 제국을 손쉽게 정복한 후 은이 잔뜩 매장된 산맥과 금광을 발견하자 신이 단순히 자기편인 것을 넘어서 선지자들이 예언했던 '심판의 날'을 실현하기 위해 '세계 제국Universal monarchy'을 건설할 때까지 전쟁을 멈추지 말라는 계시를 내린 것이라 믿었다. 16세기 후반 스페인 국왕이었던 펠리페 2세는 유럽의 개신교도들을 모두 정복하기 위해 미 대륙에서 긁어모은 금은보화를 쏟아부어 거대한 해군 함대를 만들고 대규모 전투 준비에 나섰다.

스페인이 공격을 시작한 후 유럽은 한 세기 가까이 연이은 종교전쟁의 소용돌이에 휘말렸다. 이 전쟁으로 스페인의 국력은 약화됐으며, 수백만 명이 목숨을 잃었다. 전쟁 도중 국왕의 아들인 펠리페 3세는 세상의 종말이 빠르게 다가오고 있으니 터키를 정복하고 "아프리카, 아시아, 인도, 중국, 일본과 인근의 섬까지 내딛는 곳 모두를 장악할 때까지 전진하라"는 조언을 받았다.[5] 끔찍한 조언이었다. 30년 전쟁이 끝날 무렵인 1648년 개신교 세력은 이전보다 더 강해진 반면 스페인은 더 약해졌고 심각한 부채를 짊어진 채 영향력을 잃어갔다.

그렇다면 이 모든 사건이 엘 노르테와 무슨 상관인 걸까.

첫째, 스페인은 전 세계를 자기 발아래 종속시키려는 바티칸의 꼭두각시 노릇을 하고 있다는 생각은 전혀 하지 못한 채, 개신교도는 모두 타락한 자들이라고 철석같이 믿었다. 종교개혁 탄압에 앞장선 스페인은 영국, 스코틀랜드, 네덜란드의 증오의 대상이 됐고 이는 양키텀, 애팔래치아, 타이드워터, 디프사우스에 반反스페인 감정을 뿌리내리는 결과를 가져왔다. 인종 간 결합을 미개한 짓으로 간주한 19세기 빅토리아 시대의 인종차별적인 개념당시 영국에서는 다윈의 진화론을 악용해 백인만이 가장 우월한 인종이란 인식이 퍼졌다은 엘 노르테에 대한 반감을 더욱 증폭시켰다. 이와 같은 당시의 인식은 오랜 시간이 흐른 지금까지도 멕시코인 인종차별에 영향을 미치고 있다.

둘째, 스페인은 신대륙의 식민 제국을 북쪽으로 확장시키면서 집중해야 할 에너지와 자원을 유럽 개신교와 싸우는 데 탕진해버렸다. 그 결과 누에보 멕시코, 텍사스, 알타 캘리포니아, 소노라 북부 등지의 인력과 물자 부족이 심각해지면서 엘 노르테는 스페인의 다른 식민지와 비교하더라도 평균 이하의 빈곤에 시달리게 됐다. 독실한 가톨릭 신자 부부들은 성직자에게 지불할 돈이 없어서 혼인 신고조차 못 한 죄인이 되었다. 학교가 없으므로 글을 읽고 쓸 줄 아는 이는 극히 드물었다. 1778년 말, 엘 노르테에서 가장 번성한 도시 중 하나인 샌안토니오는 관저도 짓지 못할 만큼 사정이 악화돼, 총독이 교도소에서 살아야 할 정도였다. 스페인은 엘 노르테와 너무 멀리 떨어져 있고, 엘 노르테는 망해가는 제국이 방치한 국경지대의 식민지로 전락한 채 250년을 버텼다. 다른 유럽 문화와의 접촉도 없이 철저히 고립된 엘 노르테는 멕시코 중부의 문화와도 무척 다른, 자신들만의 독특한 문화를 발전시키기 시작했다.[6]

셋째, 스페인이 엘 노르테에서 가장 중요하게 여긴 과제는 개종이었다. 스페인은 북미 원주민들을 가톨릭으로 개종시킨 후 스페인 문화에 동화시키기 위해 특별 정착 구역에 거주하게 했다. 원주민들은 종교생활, 일, 의복, 행동 양식까지 모두 성직자의 감시를 받아야 했다. 이론적으로 따지면, 이는 영국의 식민 정책보다 계몽적인 방식이었다. 스페인이 북미 원주민들을 열등한 족속으로 여긴 이유는 인종 때문이라기보다 문화적 풍습 때문이었다. 스페인은 원주민을 '젠테 신라손Gente sin razon(이성이 결여된 사람들)'이라고 불렀지만, 10년 정도 교육과 훈육을 시키면 "이성을 찾은 사람들"이 될 수 있을 거라고 믿었다. 훈육 기간에 원주민들은 "초신자Neophytes"라고 불렸으며 일거수일투족이 감시와 통제 하에 놓였다. 스페인은 원주민 훈육을 위해 엄청난 노력을 쏟았다. 국경지대 도처에 선교 시설이 세워졌다. 이는 성당, 선교사가 묵을 안락한 주거지, 치안을 담당할 군인의 초소지, 초신자가 일을 배울 무두질 공장과 도자기 가마 및 방앗간, 남녀 기숙사, 외양간, 곳간, 말과 노새 등 가축을 키우는 별채까지 구비된, 자급자족이 가능한 복합 시설이었다. 수사들은 초신자를 탐욕스러운 정착민이나 적대적인 인디언으로부터 보호하는 역할을 했다. 일곱 살이 넘은 소녀는 군인의 강간 위험으로부터 보호하기 위해 해가 지면 막사 밖을 출입하지 못하게 했다. 초신자가 가톨릭을 온전히 받아들이고 스페인의 양식과 언어에 동화됐다고 판단되면, 선교단은 새로운 장소를 찾아 떠난다. 이것이 그들의 원래 계획이었다.[7]

스페인의 식민 정책은 신대륙의 인종 구성에 큰 변화를 가져왔다. 신대륙을 정복하러 온 스페인인 중 여성은 거의 없었다. 스페인 군인과 관료들은 아즈텍 여성을 아내로 삼았다. 이들 사이에서 인디언과 스페인인의 혼혈, 즉 메스티소 아이들이 태어났다. 1700년대 초가 되자, 메스티소는 지금의 멕시코와 엘 노르테 인구 대다수를 차지하게 됐다.[8] 스페인 식민사회는 순혈 백인이 피라미드의 정점을 차지하는 카스트 계급사회였지만, 계급의 엄격한 구분은 시간이 지나면서 조금씩 약화됐다. 특히 북쪽 국경지대에서는 유색 인종과 혈통이 섞이지 않은 사람을 찾는 것이 더 어려울 정도였다. 인디언들의 일부가 돼버린 식민 당국은 인종을 이유로 인디언을 폄하하지 않게 됐다.

사회가 완전히 재구성되면서 그 지역의 헤게모니를 장악하는 데 성공한 엘 노르테는 자신의 메스티소 사회를 미 서부로 확장하려 했는지도 모른다. 그러나 그들의 계획은 성공하지 못했다. 노르테뇨의 문화적 영향력은 캘리포니아에서 파나마 지협에 이르는 뉴스페인 정착촌 인근의 비교적 좁고 긴 땅덩이에 국한되는 데 그쳤다.

시도가 부족했던 것은 아니다. 스페인은 훗날 투손, 샌안토니오, 샌디에이고, 샌프란시스코가 되는 도시들을 세워나가는 과정에서 1598년부터 1794년 사이 뉴멕시코 주에 최소 18개의 선교 시설을 세웠고, 텍사스에는 26개, 애리조나에 8개, 알타 캘리포니아에 21개를 만들었다.[9] 그러나 그들의 선교 시스템에는 몇 가지 중대한 결점이 있었다. 초신자를 히스패닉과 분리해 격리 수용한 것은 인디언을 히스패닉의 삶과 동화시키려는 수사들의 노력을 더욱 어렵게 했다. 그리고 사실 이 시스템은 악용되기 쉬웠다. 초신자는 동화를 거부하는 것도, 원래 삶으로 돌아가는 것도 허락되지 않았다. 도주하다가 잡힌 인디언들은 광장에 끌려나와 채찍질을 당했다. 선교사들은 인디언들을 성당까지 억지로 끌고 가서 예배의식 도중 신 앞에 강제로 무릎을 꿇리기 위해 채찍을 휘둘렀다. 인디언들이 일하다가 쉬지 못하게 들판과 작업장, 무두질 공장에서도 채찍질은 멈추지 않았다. 캘리포니아의 샌 카를로스(현재의 카멜) 선교 시설을 방문한 한 프랑스인은 "그곳의 모든 것은 마치 서인도 제도의 노예 식민지를 연상케 했다……. 쇠사슬에 묶인 남녀, 차꼬가 채워진 사람들, 귓등을 때리는 채찍 소리……. 그 모습이 노예와 너무 비슷해서 다시 언급하는 것이 고통스러울 정도다"라고 말했다.[10] 초신자들은 돈 한 푼 받지 않고 일했기 때문에 성직자들은 손쉽게 돈을 챙길 수 있었다. 이 때문에 성직자들은 초신자의 문명화 훈육이 끝났다고 선언하길 꺼렸고, 선교 시설을 자신들의 사적 재산으로 빼돌리기도 했다. 게다가 영양부족, 천연두, 매독으로 인한 높은 사망률과 낮은 출산율 때문에 사회는 양적으로도 좀처럼 성장하지 못했다.[11]

선교 시설 밖의 노르테뇨는 어느 곳 못지않은 귀족사회를 형성했다. 이는 자신들의 영역을 확장해 미 대륙을 문명화시키겠다는 목표를 실현하는 데 큰 걸림돌이었다.

대부분의 히스패닉은 식민 제국과 가톨릭교단의 지시로 엘 노르테에 모여 살았다. 고립되고 매우 제한적인 커뮤니티여서 선교 시설, 요새, 시내 변화가 등 주요 건물은 대부분 정부가 파견한 원정대에 의해 건설됐다. 군인, 성직자, 농부, 목장주, 공예가, 하인, 가축 등은 정부가 가라고 지시하면 어디든 갔고, 앞으로도 정부 명령에 따라 살아야 하는 신세였다. 사람들은 다른 도시로 이동할 수 없었고, 정부의 공식 허가 없이는 새로운 곳을 개척하거나 목장을 만들 수도 없었다. 스페인 제국은 정착민들의 제조활동을 금지했으며, 모든 물품의 수입은 당국의 전매에 의해서만 이뤄졌다. 텍사스인은 걸프 코스트에서 자체적으로 물품을 수출입하는 것이 허용되지 않아, 수백 마일에 달하는 건조한 평원을 횡단해 베라크루스까지 나무 수레에 무거운 물품을 실어 날라야 했다. 게다가 소비세와 수송비가 수출 수익의 네 배에 달해 경제 발전의 동기 부여를 저해했다. 이 지역은 식민지 시대 내내 수탈 대상인 남부의 식민지 도시 그이상도 이하도 아니었다.[12]

엘 노르테는 자체 정부가 수립되지 않았고 선거도 치르지 않았기 때문에 주민들이 직접 정치에 참여할 기회가 없었다. 지역 군사령관이 총독 역할을 대행했고, 지역 협의회나 의회 같은 민주적인 제도는 전무했다. 샌타페이, 샌안토니오, 투손, 몬테레이 같은 몇 안 되는 도시에서조차 의회는 부유층 올리가키들oligarchy의 전유물이었다. 1700년대 말에는 그마저도 기능이 거의 마비됐고, 시정 운영은 지역 군 장교들의 손에 넘어갔다.[13]

일반 주민들은 그들의 생계를 돌봐줄 지역 후원자patron나 기득권층을 아버지처럼 여기며 충성을 바쳐야 했다. 후원자는 일자리를 제공하고 과부, 고아, 병약자들을 돌봤다. 또 종교 행사나 교회활동에 자금을 지원했다. 농장 일꾼들은 이에 복종하고 따랐다. 마치 중세 시대의 농노제를 떠올리게 하는 이런 시스템은 라틴아메리카 전역에서 아주 흔히 볼 수 있었고, 오늘날까지도 엘 노르테 지역의 정치, 사회에 영향을 미치고 있다.[14] 1960년대 후반의 정치 해설자들은 이 지역에서 투표란 마치 소 선물 시장처럼 사고파는 거래 대상으로 전락했다고 비판하곤 했다. 지역 사회에 미치는 영향력이 큰 후원자에게 뇌물을 바치기만 하면 90퍼센트 이상의 압도적인 지지율로 당선될 수 있었다. 1941년 텍사스 상원의원 선거에서 린든 B. 존슨은 그 지역 대부 격인 조지 파에게 전화 한 통을 건 것만으로 엘 노르테의 카운티 여섯 곳에서 90퍼센트 이상의 표를 싹 쓸이했다. 심지어 그 6개 카운티는 바로 직전에 열린 주지사 선거에서 존슨의 반대 진영에게 95퍼센트의 몰표를 던진 곳이었다. 존슨은 1948년 파의 카운티에서 99.6퍼센트라는 말도 안 되는 투표율 속에 99퍼센트의 '표'를 얻어 또다시 상원으로 당선됐다.[15]

엘 노르테는 뉴스페인의 정치적 잔재가 강하게 남아 있긴 했지만, 총독의 직접적인 통치를 받았던 지역과는 상당히 다른 특성 또한 지니고 있었다. 다른 대부분의 지역은 아열대 기후에 인구 밀도가 높고 봉건제 형태로 운영됐지만, 엘 노르테 지역에 살던 사람들은 적응력이 빠르고, 자급자족이 가능했으며, 근면 성실한 데다 진취적이었고, 압제에 강하게 반대했다. 실제 멕시코의 노르테뇨는 멕시코 혁명을 이끌었고, 부패한 제도혁명당PRI에 저항하기 위한 1980~1990년대 정치적 봉기에서 중추적인 역할을 담당했다. 19세기 뉴멕시코의 노르테뇨는 멕시코에서 독립해 민주 국가인 '멕시코 북부 공화국Republica Mexicana del Norte'을 세우기 위해 캘리포니아, 현재의 네바다, 애리조나, 콜로라도와 손을 잡았다. 텍사스의 노르테뇨는 1836년 텍사스 공화국을 세우려 했다. 텍사스 인근의 타마울리파스, 누에보레온, 코아우일라는 리오그란데 공화국을 선포했지만, 곧 무력으로 진압되었다. 권위 있는 멕시코 역사학자 실비오 사발라가 북부 지역을 가리켜 멕시코의 "자유의 수호자"라고 부를 만했다.[16]

노르테뇨의 이 같은 특성은 북부 국경지대의 특수한 상황과 맞물려 더욱 발전했다. 뉴멕시코, 텍사스, 캘리포니아는 식민 제국의 중심에서 너무 멀리 떨어진 위치에 있었다. 스페인 정부는 마을과 선교 시설이 생산한 것들을 모조리 걷어가버렸다. 인력, 서신, 연장, 식량, 종교 물품 등은 모두 재보급 절차를 거쳐야만 받을 수 있었다. 그러나 뉴멕시코의 경우 보급품은 겨우 3~4년에 한 번씩 도착했다. 보급품을 수송하려면 소가 끄는 포장마차로 멕시코시티에서부터 1500마일이 넘는 험준한 지형을 통과해 6개월이 넘는 긴 여정을 거쳐야 했다. 캘리포니아는 적의로 가득 찬 인디언들 때문에 다른 도시와 연결된 육로가 가로막혔고, 정부가 배로 실어 날라주는 소량의 보급품에 의존했다. 뱃길 역시 소노라 지역의 태평양 해안가 마을인 과이마스에서 출발해 1000마일 넘게 항해하는 긴 여정이었다. 북부 지역은 외국과의 무역 거래가 금지돼 있었고,

물품과 인력은 가까운 샌프란시스코, 매터고다, 텍사스에 항구가 있는데도 오직 베라크루스의 항구를 통해서만 스페인으로 수송해야 했다. 스페인 제국은 19세기 초 잠시 실험적으로 제국 전체 의회를 신설한 적이 있는데, 뉴멕시코의 의원은 그의 임기 3년 대부분을 스페인으로 이동하는 데 써야 했다. 심지어 텍사스는 사람 한 명을 스페인까지 보낼 여력조차 없었다.[17] 엘 노르테 내의 도시들은 서로를 도울 수 있는 형편이 아니었다. 사실 도시들을 연결하는 도로조차 없었다. 고립만으로도 이미 충분히 힘든 환경이었지만, 엘 노르테의 정착민들은 매우 적대적인 인디언(인디언으로서는 그럴 수밖에 없었다), 그리고 후에는 다른 유럽인들의 위협에 끊임없이 시달려야 했다.

그러나 노르테뇨는 제국의 중심에서 멀리 떨어져 있었기 때문에 멕시코시티 인근의 중부 지역에서는 꿈도 꾸지 못할 커다란 자유를 누릴 수 있었다. 이는 이 지역의 특성을 형성하는 중요한 요인이 됐다. 수사와 군인들의 폭압적인 감시에서 벗어나고자 했던 히스패닉은 외진 곳에 집을 지어 숨어 살았고 심지어 인디언들 틈에 섞여 살기도 했다. 당시는 서류 기록 체계가 매우 허술했기 때문에 메스티소, 물라토, 문명사회에 동화된 인디언은 자신들이 백인이라고 우기면서 카스트 제도의 굴레를 피해 갈 수 있었다. 18세기 중반, 한 예수회 선교사는 "스페인 사람이라고 말하는 이는 사실 모두 혼혈이다"라고 말하기도 했다. 이곳은 일꾼들도 상대적으로 더 큰 자유를 누릴 수 있었다. 농부들은 대지주에게 어느 정도의 자율권을 인정받은 소작농들이었다. 목장과 선교 시설의 목동들 역시 멀리 떨어진 곳에서 상급자의 감시를 받지 않고 오랜 시간을 보낼 수 있었다. 초신자가 아닌 목동들은 더 좋은 조건의 일자리를 찾아 이 목장에서 저 목장으로 이동하는 것도 가능했는데, 이들은 독립적이고 생활

력이 강했으며 기동성이 좋았다. 사실 이들이야말로 미 서부의 카우보이 전설을 만들어낸 주인공들이다.[18]

잘 알려지진 않았지만, 미국 하면 떠오르는 상징적인 장면들과 광활한 목장의 이미지는 사실 엘 노르테의 스페인 문화에서 비롯된 것이다. 건조한 평원과 고지대 사막, 지중해식 해안 등 스페인은 엘 노르테와 매우 유사한 환경을 가지고 있다. 광활한 초원에서 말 위에 올라타 소를 몰며 망을 보고 소에게 낙인을 찍는 바케로스Vaqueros(카우보이)는 스페인 남부에서 미 대륙 식민지로 이식된 문화다. 스페인인들은 말, 소, 양, 염소는 물론 의복, 연장 도구, 소를 치는 기술 등을 신대륙으로 전파했다. 스페인의 바케로스는 칠레의 우아소스Huasos부터 미 서부의 카우보이에 이르기까지 미 대륙 전역에 걸쳐 카우보이 문화를 형성했다. 멕시코 중부 걸프 코스트에서 시작해 북부 쪽으로 계속 확산돼나갔던 대규모 목장 사유지들은 1720년대가 되자 텍사스 지역까지 이르렀다. 이때 텍사스에 올가미, 가죽 바지, 카우보이 모자의 전신인 솜브레로챙이 넓은 멕시코 모자가 도입됐다. 카우보이들은 스페인 용어도 일부 차용해 썼다. 로데오, 브론코(야생마), 버커루(목동이란 뜻. 바케로스에서 유래), 무스탕(메스테뇨에서 유래), 밴덜리어(반도레라에서 유래. 멜빵이란 뜻), 스탬피드(에스탐피다에서 유래. 가축이 한쪽으로 우르르 몰리는 현상을 말함), 랜치(란초에서 유래) 등이 그것이다.[19]

의외로 여겨지겠지만, 카우보이 문화를 텍사스와 캘리포니아에 전파한 사람은 프란체스코회 수사들이었다. 당시 선교 시설에서 멕시코 내 다른 지역에 팔아 돈을 벌 수 있는 유일한 상품은 동물 기름과 가죽이었다. 동물 기름과 가죽을 얻으려면 소를 칠 목동이 필요했지만 노동력이 부족했다. 수사들은 인디언에게 말 타는 것을 금지한 스페인 법을 어기고 초신자를 목동으로 훈련시켰다. 캘리포니아 총독이 이와 같은 관행에 항의하자, 수사들은 "그 방법 외에 우리가 어디서 바케로스를 얻을 수 있겠소?"라고 대꾸했다. 미국 최초의 카우보이는 인디언이었다.[20]

스페인의 목장 기술은 18세기 말이 되자 더욱 발전했지만, 그와 동시에 노르테뇨는 북쪽과 동쪽에서 밀려오기 시작한 새로운 위협에 맞서야 했다. 엘 노르테는 이제 새 이웃을 맞이하게 됐다. 인력과 자원이 자신들보다 우세한 '유로–아메리칸' 경쟁자들이었다. 그 첫 번째 도전자는 미시시피 밸리 끝자락의 뉴올리언스에서 마주친 뉴프랑스였다. 뉴프랑스는 루이 17세 국왕과 똑같은 이름을 붙인 루이지애나의 광활한 지역에 흩어져 살았다. 거기서 북동쪽으로 좀더 올라가 루이지애나를 지나면 최근 대영제국으로부터 독립하는 데 성공했다는, 간단치 않아 보이는 국가 연합도 버티고 있었다. 인구가 많고 정신분열증 환자처럼 모순된 자아를 가진 그 국가는 자신들을 '미국'이라고 불렀다.

2장

뉴프랑스의
탄생

메이플라워호 항해가 시작되기 16년 전인 1604년의 가을, 한 무리의 프랑스인들이 뉴잉글랜드의 추위와 싸울 최초의 유럽인이 되려 하고 있었다.

그 시절의 기준으로 보자면, 엄청난 사건이었다. 79명의 남성이 예배당, 대장간, 방앗간, 막사, 2개의 해안 탐사선을 조립하는 데 필요한 부품을 가득 실은 두 대의 배를 타고 대서양을 건넜다. 미 대륙의 첫 번째 프랑스 전초 기지가 될 만한 장소를 찾아 지금의 노바스코샤, 뉴브런즈윅, 메인 동부를 샅샅이 정찰한 그들은 세인트크루아 강의 중간에 위치한, 메인 지역 동쪽 가장자리에 있는 작은 섬에 요새를 지었다. 그들이 원했던 모든 조건을 갖춘 완벽한 위치였다. 강으로 둘러싸인 섬은 다른 유럽 이주민들이 공격해오더라도 방어하기 유리한 지리적 이점을 지녔고, 강 건너 기슭에는 나무와 식수가 풍부했으며 경작할 수 있는 땅도 충분했다. 무엇보다 그 지역은 강물이 고속도로 같은 무역로路 역할을 했기 때문에 인디언이 많이 살았다. 무리의 지도자는 인디언들과 좋은 관계를 맺는 것이 프랑스의 북미 프로젝트를 성공시키는 데 중요한 열쇠가될 거라고 판단했다.[1]

프랑스 원정대는 매우 보기 드문 조합으로 구성돼 있었다. 피에르 뒤과 드 몽스는 성벽으로 둘러싸인 대저택에서 자라난 프랑스 귀족 출신으로 앙리 4세 국왕의 벗이기도 했다. 반면 서른네 살이었던 그의 부관사뮈엘 드 샹플랭은 소도시 상인의 아들로 태어난 평민이었다. 하지만샹플랭은 원할 때마다 언제든 왕을 개인적으로 알현할 수 있었고, 이해하기 어려운 일이지만 귀족 연금과 각종 특혜까지 누렸다(현재 많은 학자가 샹플랭이 앙리 4세의 숨겨둔 자식 중 한 명일 것이라고 추정하고 있다). 샹플랭과 몽스는 프랑스 서부 해안인 생통주로부터 불과 몇 마일 떨어진 곳에서 이웃사촌으로 자랐다. 생통주는 다양한 인종 구성과 타문화에 대한 톨레랑스로 유명한 지역이었다. 이들은 프랑스 종교전쟁에 참전했다가 그릇된 편견이 얼마나 끔찍한 비극을 빚어낼 수 있는지 경험을 통해깨달았다. 그런 비극을 두번 다시 반복하고 싶지 않았던 둘은 신대륙에톨레랑스가 살아 있는 유토피아 사회를 건설하고자 했다. 그들이 품었던희망은 뉴프랑스의 문화와 정치, 법뿐 아니라 21세기 캐나다에까지 깊은영향을 미쳤다.[2]

몽스는 프랑스 봉건사회를 이상적인 모델로 삼았다. 백작, 자작, 남작이 평민과 하인들을 다스리는 중세 계급사회를 만들고자 했다. 그 사회에 민주주의와 평등은 포함되지 않았다. 시민 대표, 시 정부, 언론과 표현의 자유도 고려되지 않았다. 평민은 늘 왕이나 귀족들이 시키는 대로움직여야 하는 존재였다. 하지만 뉴프랑스는 프랑스와 다른 점이 있었다. 가톨릭이 공식 종교이긴 했지만, 개신교에도 종교의 자유를 허락했다. 평민들은 사냥과 낚시를 마음껏 할 수 있었는데, 프랑스에서 사냥은 오직 귀족만 독점할 수 있는 권한이었다. 또 평민들은 논밭을 임대할 수 있었고, 더 높은 지위로의 신분 상승도 가능했다. 뉴프랑스는 분명 보수적인 군주사회였지만 프랑스보다 더 많은 기회를 주는 톨레랑스의 사회였다. 뉴프랑스 식민지 주민들이 훗날 뜻밖의 저항에 나선 것도 이러한 토대 덕분이었을 것이다.

샹플랭의 생각은 몽스보다 훨씬 더 급진적이었다. 북미 지역에 군주 봉건사회를 건설하려 했던 것은 몽스와 같았지만, 그는 북미 지역의 다른 국가들과 우호적인 연대를 맺어 공존하는 것을 꿈꿨다. 뉴프랑스는 인디언을 정복하고 노예로 만들었던 스페인이나 인디언을 쫓아냈던 영국과 달리 그들을 포용하려 했다. 그래서 의도적으로 인디언들과 가까운 곳에 터전을 잡아 그들의 풍습을 배우며 우호관계를 맺고, 공정한 무역 거래를 했다. 샹플랭은 북미 원주민들에게 기독교를 비롯한 프랑스 문명을 전파하고 싶어했지만, 어디까지나 설득과 시범을 통해서만이었다. 그는 인디언을 프랑스의 시골 주민들과 다를 바 없는, 이성을 가진 하나의 인격체로 대했다. 인디언과의 결혼을 통한 인종 간 결합은 용인하는 수준을 넘어 오히려 장려했다. 샹플랭의 계획은 매우 급진적이었지만, 생각보다 효과적이었다. 역사학자 데이비드 해킷 피셔는 이를 "샹플랭의 꿈"이라 부르기도 했다.[3]

그러나 두 프랑스 남성의 이상적인 사회는 시작부터 난관에 부딪혔다. 그들은 뉴잉글랜드 겨울의 추위를 너무 얕잡아봤다. 세인트크루아에는 10월 초부터 눈이 내렸다. 12월에는 펀디 만에서 밀려온 강한 조류 때문에 강의 얼음이 부서지면서 삐죽삐죽한 유빙에 가로막혀 물길을 건널 수 없었다. 작은 섬 안에 갇힌 정착민들은 땔감과 고기, 생선, 식수가 부족

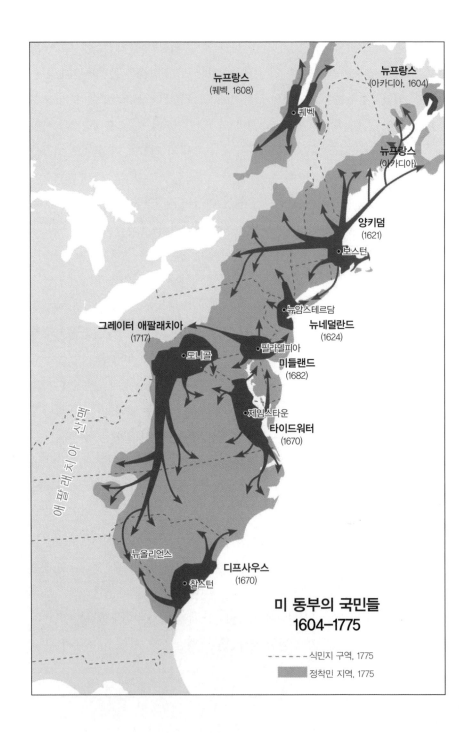

뉴프랑스
(퀘벡, 1608)

뉴프랑스
(아카디아, 1604)

퀘벡

뉴프랑스
(아카디아)

양키덤
(1621)

보스턴

뉴암스테르담

뉴네덜란드
(1624)

그레이터 애팔래치아
(1717)

도니골

필라델피아

미들랜드
(1682)

제임스타운

타이드워터
(1670)

애팔래치아 산맥

뉴올리언스

디프사우스
(1670)

찰스턴

미 동부의 국민들
1604–1775

------- 식민지 구역, 1775

정착민 지역, 1775

해졌다. 뼛속까지 얼어붙는 듯한 추위는 그들의 월동 준비를 무용지물로 만들었다. "겨우내 스페인 와인을 제외한 모든 술이 얼었다"고 샹플랭은 기록했다. "사과주는 파운드 단위로만 배급했다. 우리는 수질이 나쁜 물을 마시거나 눈을 녹여 식수로 사용했다." 소금에 절인 고기만으로 연명하던 정착민들은 비타민 C가 부족해 세포가 파괴되면서 괴혈병으로 죽어가기 시작했다. 아마 그들은 파사마쿼디 인디언들과 우호적인 관계를 맺어놓지 않았더라면 전멸했을 것이다. 인디언들은 얼음 조각 때문에 강을 건널 수 없는 그들을 위해 신선한 고기를 비상식량으로 제공해줬다. 그해 겨울, 사람들은 병에 걸려 절반 가까이 죽었고, 섬은 시신으로 가득했다(19세기가 되자 묘지는 강물에 침식됐다. 현지인들은 그곳을 해골 섬이라고 불렀다).[4]

프랑스인들은 그 비극적인 실패에서 교훈을 얻었다. 봄이 되자 몽스는 정착촌을 펀디 만의 반대편, 즉 지금의 노바스코샤 아나폴리스 로열에 있는 널찍한 항구로 옮겼다. 새로운 정착지인 포르루아얄은 이후 뉴프랑스에 세워질 다른 마을의 모델이 됐다. 그곳은 정착민들의 고향인 프랑스 서북부 지역 마을과 흡사했다. 농부들은 논밭을 일궈 밀과 과일나무를 심었다. 숙련된 일꾼들은 수력 방아를 만들었고, 귀족들이 시를 쓰고 유흥을 즐길 산장을 지었다. 귀족들은 가끔 피크닉을 즐기기 위해서만 논밭에 행차했다. 프랑스에서 추가 인력이 도착한 후에도 그들의 공동체는 여전히 남성 100명 남짓에 불과한 작은 규모였지만, 귀족들은 아래 계급 사람들에게 아무런 관심이 없었다. 귀족들이 당시 경험에 대해 남긴 엄청난 양의 기록에서 평민의 이름은 거의 찾아볼 수 없다. 겨울에 귀족들은 '진수성찬단The Order of Good Cheer'이라는 모임을 결성해 현지에서 잡은 사냥감과 해산물을 가지고 요리 경연대회를 열었다. 낯선 음식을 거부한 제임스타운의 초기 정착민들은 차라리 굶어 죽은 사람의 시신을 먹는 쪽을 택했지만, 포르루아얄의 귀족들은 "오리, 야생칠면조, 회백색 거위, 자고새, 종달새 (…) 무스, 카리부 순록, 비버, 수달, 곰, 토끼, 야생고양이(혹은 표범), 너구리, 그리고 원주민이 먹는 동물"은 가리지 않고 모두 재료로 삼아 만찬을 벌였다. 그러나 평민들은 이 만찬에 초대받지 못했고, "프랑스에서 수송해온 배급 식량"과 와인으로 위를 채워야 했다.[5]

오히려 귀족들은 평민보다 인디언을 더 동등하게 대했으며, 만찬과 유흥에 이들을 초대하기도 했다. 샹플랭은 인디언 부족장에 관해 남긴 기록에서 "그들은 식탁에 앉아 우리와 함께 먹고 마셨다"고 썼다. "식탁에서 그들의 모습을 보는 것은 큰 기쁨이었다. 반대로 그들이 모두 사냥을 떠나 서너 번 참석하지 못했을 때는 무척 슬펐다." 미크맥 인디언들은 식사에 대한 답례로 프랑스인들을 자신들의 축제에 초대했다. 프랑스인들은 인디언과 담화를 나누고 담배와 춤, 그들의 풍습을 함께 즐겼다. 샹플랭과 그의 동료들은 인디언 문화에 빠르게 적응했다. 처음에는 몽스가 신대륙으로 데리고 온 통역사의 도움을 받아야 했다. 마티외 드코스타라는 이름의 통역사는 교육을 받은 아프리카 노예였는데, 그는 미크맥의 영토에서 살았던 경험이 있어서 그들의 언어를 할 줄 알았다. 하지만 여기에 만족하지 않은 프랑스 귀족들은 미크맥 언어를 스스로 공부하기 시작했다. 세 명의 10대 청소년을 미크맥 인디언에게 보내 그들과 함께 살면서 인디언의 풍습과 기술, 언어를 직접 배워오게 했다. 청소년들은 자작나무로 카누를 만드는 법, 설신을 신고 무스를 추적하는 기술, 숲속에서 소리를 내지 않고 조용히 움직이는 요령 등을 전수받았다. 훗날 이들은 지금의 캐나다 연해주 대부분에 해당되는 아카디아 지방에서 지도

적인 인물이 됐다. 그중 두 명은 총독 자리에까지 올랐다.[6]

　타문화에 대한 열린 자세는 퀘벡(샹플랭이 1608년 발견한 지역)에서도 마찬가지였다. 아마 프랑스 식민지 시절, 뉴프랑스는 다른 모든 식민지에서 그와 같은 태도를 유지했을 것이다. 샹플랭은 주변에 사는 다양한 인디언 부족을 방문해 부족 회의를 참관하기도 했고, 심지어 이로쿼이 인디언과의 전쟁에 나가 함께 싸우다가 목숨을 잃을 뻔하기도 했다. 그는 젊은이를 휴런 족, 몽타네 족, 니피싱 족, 알곤킨 족에게 보내 그들의 풍습을 배워오게 했다. 예수회 선교사들 역시 뉴프랑스에 도착하자마자 인디언 마을에서 생활하며 그들의 언어를 배웠다. 그렇게 하는 편이 기독교 개종을 설득시키기에 훨씬 더 효과적이란 판단에서였다. 몽타네는 화답 차원에서 1628년 3명의 10대 소녀를 프랑스인들에게 보냈다. 소녀들은 지금의 퀘벡 시에서 '프랑스 국민과 똑같이 대우받고 교육'받았으며 어쩌면 그곳에서 결혼까지 했을 것으로 보인다. 샹플랭은 인종 간 결혼을 장려했다. 그는 몽타네 추장에게 "우리 청년들이 당신의 딸들과 결혼하면 우리는 하나가 될 수 있을 것"이라고 말했다. 샹플랭을 본받아 퀘벡의 프랑스 정착민들도 "노크나 인사 없이" 남의 집이나 건물에 그냥 들어가는 인디언의 낯선 풍습을 있는 그대로 받아들였다.[7] 어떤 프랑스인은 아예 인디언들과 살기 위해 숲으로 거처를 옮겼다. 17세기 당시 퀘벡에는 여성이 부족했기 때문에 사실 이는 정책적으로 장려되는 것이기도 했다. 인디언이 프랑스인들에게 전파한 카누, 설신 같은 도구와 곡식 재배 기술은 무거운 보트와 말, 밀보다 뉴프랑스의 삶에 훨씬 더 도움이 됐다.

　60여 가구의 프랑스 농부들은 아카디아의 펀디 만 초입에서 행복한 생활을 꾸려나갔다. 미크맥 인디언과의 결혼은 매우 활발히 이뤄져서, 한 예수회 선교사는 "나중에 이 두 민족은 따로 떨어뜨려 구분하는 게 불가능해질 것"이라고 예견하기도 했다. 미크맥 족은 예수회가 선교활동을 했던 다른 부족들과 마찬가지로, 기독교를 받아들이긴 했지만 여전히 토속 신앙도 믿었다. 그들은 두 종교를 상호 배타적인 것이라 여기지 않았다. 그들에게 예수회 수사들은 토속 신앙의 샤먼과 조금 다른 형태의 주술사일 뿐이었다. 이 같은 인디언들의 잡종 신앙은 사실 따지고 보면 아카디아인 농부들이 믿었던 현지 토착적인 가톨릭 신앙과 크게 다를 바 없었고, 루이지애나에 사는 아카디아인 후손인 케이준에게서 오늘날에도 찾아볼 수 있는 기원전 신앙과 비슷한 측면이 있다. 아카디아Acadia▪는 스페인 제국의 감시가 제대로 미치지 못하는 곳이었고, 그곳에서 프랑스와 미크맥 문화는 서로 뒤섞였다.

프랑스는 인디언을 평화로운 방식으로 그들의 문화, 종교, 봉건적 사회 체제에 동화시키려고 했지만, 실제로는 그들이 오히려 미크맥, 몽타녜, 파사마쿼디 인디언의 생활 양식과 기술, 가치관에 동화되고 말았다. 실제 뉴프랑스에는 프랑스 문화만큼이나 원주민 문화의 흔적이 강하게 남아 있고, 이는 캐나다가 원주민 문화를 받아들이는 데 도움이 되고 있다.

이처럼 뜻하지 않은 현상 때문에 북미 대륙에 봉건제 사회를 이식하려 했던 프랑스의 노력은 실패로 돌아갔다. 1663년 새해가 밝자 프랑스는 점점 원주민 색채가 강해져가는 뉴프랑스를 다시 루이 14세의 식민지로 되돌려놓기 위한 작업을 개시했다. 태양왕은 귀족들이 영토를 소유하고 평민들은 그 영토에 귀속되어 밭을 갈며 귀족의 명령에 따르는 사회를 원했다. 대화의 예절은 무엇이 적절한지, 계급에 따라 사용할 수 있

▪ 북아메리카 북동부의 옛프랑스 식민지를 부르던 이름. 캐나다 퀘벡 주 동쪽과 연해주, 그리고 지금의 미국 메인 주 등이 해당된다.

는 의복과 무기의 종류는 무엇인지, 누구와 결혼할 수 있는지, 글을 배울 자격이 있는 사람은 누구인지, 허용되는 경제활동은 어떤 종류인지 등 사람의 시시콜콜한 삶까지 규제하고 싶어했다. 실제로 프랑스는 결혼하지 않은 남성의 사냥과 낚시를 금지한 것은 물론, '자연으로 돌아가는 삶'을 택할 우려가 있다면서 심지어 숲에 들어가는 것조차 허락하지 않았다. 또 식민지 인구를 늘리기 위해 딸은 16세, 아들은 20세가 넘도록 결혼을 하지 않을 경우 그 부모에게 벌금을 물렸다. 세인트로렌스 밸리에서 교회 소유가 아닌 경작지 대부분은 좋은 귀족 가문 출신의 영주, 즉 세뇨르Seigniors가 나눠 가졌다. 개신교도들은 더 이상 환영받지 못했다. 프랑수아 그자비에 드라발 주교는 "캐나다에 개신교도의 숫자가 계속 늘어날 경우 혁명이 일어날 위험이 있다"고 말했다.[8]

　루이 14세는 '왕의 딸들Filles de ro'이란 이름을 붙인 774명의 젊은 여성이 포함된 수천 명의 이주민을 뉴프랑스로 파송했다. '왕의 딸들'이란 결혼 지참금이 없어서 퀘벡의 정착민들과 결혼하겠다고 자원한 가난한 여성들이었다(정부가 이들을 모집했고 왕이 캐나다까지의 여행 비용을 대줬기 때문에 '왕의 딸들'이란 그럴싸한 이름이 붙었다.[9] 베르사유가 고용한 모집원들은 북미 식민지로 건너가 일할 '계약 노예Indentured servant 식민지 시대 북미 지역으로 건너간 계약 노동자들. 고용 계약이 끝나면 자유인이 되는 사실상 한시적인 노예 상태였다'를 모집했다. 계약서에 서명한 노동자들은 세뇨르에게 3년간 헐값에 팔렸다. 17세기 무렵 캐나다로 보내진 사람들은 노르망디(20퍼센트)와 인근 해협(6퍼센트), 파리 외곽(13퍼센트) 출신이었으며, 특히 생통주와 비스케이 해안 인근 세 개 지방 출신이 30퍼센트를 차지해 가장 많았다. 이를 반영하듯, 퀘벡 시에서는 오늘날까지도 노르만 스타일의 석조 주택을 볼 수 있으며, 퀘벡 지방 사투리에는 지금은 더 이상 쓰이지 않는 프랑스 서북쪽 지방의 근대 초기 억양이 남아 있다(비스케이 해안 출신 이주민이 많은 아카디아 지방에는 비스케이에서 쓰이던 다른 사투리 억양이 관찰된다). 프랑스 동부나 남부 지역 출신 이주민은 찾아보기 어려운데 이는 동·남부 항구가 북미 대륙과 멀리 떨어져 있었기 때문이다. 북미로 이주하는 사람의 숫자는 꾸준히 증가했고, 1660년대가 되면서 정점에 달했다. 이주민은 대부분 혈혈단신이며, 3분의 2는 남성이었다. 연령대는 아주 어리거나 아니면 매우 높았고 농사일을 해본 경험은 거의 없었다. 이 때문에 1667년 퀘벡의 경제 관료인 장 탈롱은 어린애와 마흔 살 넘은 사람, "저능아, 장애인, 만성질환자, 구금 상태인 범법자들"은 "신대륙에 오히려 짐이 되기 때문에" 제발 보내지 말아달라고 베르사유에 호소하기도 했다.[10]

이주민들이 세뇨르의 영지에서 했던 노동은 출신 지역을 막론하고 모두에게 무척 고되고 힘든 일이었다. 계약이 끝난 후에도 그곳에 남아 계속 일하고 싶어하는 사람은 거의 없었다. 프랑스 정부가 어떻게든 귀국을 막아보려 했음에도 불구하고, 이주 남성 3분의 2가 프랑스로 돌아왔다. 환경이 너무 척박했고 이로쿼이 인디언의 습격도 잦았으며 결혼할 신부도 부족했기 때문이다. 뉴프랑스에 남기를 선택한 사람은 영지를 탈출해 인디언과 교역하는 모피 거래상이 되거나 혹은 "자연으로 돌아가" 원주민처럼 살았다. 이들 중 상당수는 원주민과 우호적인 관계를 맺기 위해 부족장의 딸과 결혼했다. 캐나다의 가장 유명한 사회참여 지식인 중 한 명인 존 랠스턴 솔은 이들이 일종의 '상승혼카스트제 사회에서 결혼한 배우자의 카스트로 이동할 수 있게 된 것을 말한다. 부족장의 딸과 결혼한 프랑스인이 안정적인 사회적 지위를 얻어 원주민 공동체에 편입하게 된 것을 빗댐'에 성공한 것이라고 묘사하기도 했다. 17세기 말 무렵, 계약 노예의 약 3분의 1이 숲에서 살았다. 심지어 괜찮은 집안 출신의 사람들마저 그들 뒤를 따르기 시작했다.

"그들은 (…) 목사, 아버지, 총독 등 그 누구도 자신의 삶에 간섭하지 못하도록 숲속에서 여생을 보내려 합니다." 자크레네 드 브리세 드 드농빌 총독은 1685년 상관에게 이렇게 설명했다. "저도 청년들이 야만인의 삶에 끌리고 있는 이유를 뭐라고 설명해야 할지 모르겠습니다. 아무것도 하지 않아도 되고, 그 무엇의 제약도 받지 않는 궁극의 자유를 누리면서 야만인의 풍습을 따라 하고, 옳고 그름의 구분을 뛰어넘어 사는 야만적인 삶에 매력을 느끼는 것 같습니다."[11]

당시 사람들은 숲에서 사는 사람을 나무꾼(혹은 모피상)이라고 불렀는데, 이들은 원주민 문화와 가치관에 부분적으로 동화된 1세대 이주민들이었다. 그들의 자식은 프랑스인이면서 동시에 미크맥, 몽타니에, 휴런 족의 후손이기도 했다. 이들은 메티스metis(캐나다 프랑스인과 북미 원주민 사이의 혼혈)라는 새로운 인종을 형성했다. 메티스는 스페인의 메스티소와는 달리, 유럽 정착민 문화만큼이나 원주민 문화에도 편안함을 느꼈다. 모피상들은 유목민이나 수렵인들처럼 자유와 독립을 누릴 수 있는 자신들의 삶을 자랑스러워했다. 가장 널리 알려진 모피상 중 한 명인 피에르-에스프리 라디송은 1664년, "우리에게 반대할 사람은 아무도 없다. 우리는 모두 카이사르다"라는 말을 남겼다. 이 새로운 카이사르 중 장뱅상 다바디 드 생카스탱이란 프랑스 남작이 있었다. 그는 아카디아의 행정수도인 포트 펜타고에(지금의 메인 주 캐스틴)에서 복무 중이었다. 1674년 네덜란드 해적이 항구를 파괴했지만, 3년 후 다시 포트 펜타고에로 돌아온 생카스탱은 항구 재건 작업에는 아무런 관심이 없었다. 대신 그는 페놉스코트 인디언 마을에 무역소를 세우고, 페놉스코트 부족장인 마도카완도의 딸과 결혼해서 메티스 가정을 꾸렸다. 인디언 문화 속에서 자라난 그의 아들, 조제프와 베르나르는 북미 대륙을 장악하기 위해 제국 전쟁을 일으킨 영국에 맞서 페놉스코트 인디언들을 이끌며 싸웠고, 뉴잉글랜드가 가장 두려워하는 사내들이 됐다.[12]

노동 인력의 상당수가 인디언의 세계로 도망가버리면서 세뇨르는 점점 가난해졌다. 어떤 세뇨르는 방앗간에서 일하던 일꾼이 징집된 후 자신이 대신 방앗간에서 일해야 했다. 또 직접 밭을 갈기에는 나이가 너무 많았던 어떤 세뇨르는 아예 땅을 수녀원에 기증해버렸다. 생우르와 베르세르 같은 명문가조차 루이 14세에게 연금과 임금, 모피 거래 허가증을 달라고 사정했다. "일종의 (…) 생계 수단을 보장해서 그들을 도와야 합니다"라고 드농빌 총독은 왕에게 서신을 보냈다. "만약 보장해주지 않는다면, 귀족 가문의 아이들이 먹고살 것이 없어서 반역을 꾀할 위험이 무척 높아질 것입니다."[13]

동시에 그 어느 때보다 높은 수준의 자유를 누리던 평민들은 계급에 대한 경멸감을 서슴없이 드러내기 시작했다. 평민들은 몬트리올 섬에서 사냥하고, 세뇨르의 저수지에서 낚시했다. 세뇨르 영지의 펜스를 훼손하거나 감독관을 위협하기도 했다. 아카디아인 농부들의 이와 같은 행동은 18세기 식민지 관료들을 분노케 했다. "나는 진심으로 아카디아인들이 미쳤다고 생각한다. 자기들이 세뇨르처럼 될 수 있을 거라고 생각하는 건가?" "아카디아인 농부들은 우리가 그들을 프랑스의 농노처럼 대하려 한다고 분노한 듯하다." 뉴프랑스에서 평등과 독립에 대한 열망은 구대륙의 봉건제를 압도하면서 점점 확산되어가고 있었다. 프랑스인들은 인디언을 동화시키려고 했지만, 그 과정에서 의도치 않게 메티스 사회를 만들어내고 말았다. 그 사회는 프랑스적인 요소만큼이나 북미 원주민들의 가치관과 문화가 많이 반영된 사회였다.[14]

18세기 중반 무렵, 뉴프랑스는 침입자의 공격을 막아내기 위해 이제는 공생관계가 된 북미 원주민들의 도움에 전적으로 의존해야 했다. 포르루아얄을 세운 지 한 세기 반이 흘렀지만 캐나다 퀘벡과 아카디아 지역에 사는 프랑스인은 6만2000명에 불과했고, 특히 미 내륙지역의 상당 부분을 차지하고 있던 루이지애나의 광활한 땅에는 겨우 수천 명의 프랑스인만이 살고 있었다. 그러는 동안 프랑스의 오랜 적들은 놀랄 만큼 빠르게 남쪽으로 세를 불려나가고 있었다. 체서피크의 타이드워터와 뉴잉글랜드는 공격적이고 혈기 넘치는 개신교 사회로 인종, 종교, "야만인"들의 영토에 대해 뉴프랑스와 매우 다른 시각을 지니고 있었다. 그들의 인구는 둘 다 합치면 75만 명이 넘었다. 대서양 해안 지방에도 영국 이주민 30만 명이 거주하고 있었다.[15]

그러나 이 영국인은 같은 유럽의 섬나라에서 왔음에도 서로 공통점이 거의 없어서 자기들끼리도 뚜렷하게 적대적 관계였다. 퀘벡과 아카디아의 지도자들은 그들이 계속 그런 상태로 머물러주기만을 바라는 수밖에 없었다.

3장

타이드워터의
탄생

용감한 탐험대를 이끈 늠름한 존 스미스 선장은 금광을 찾아 헤매면서 야만인들과 싸우고, 인디언 공주의 마음마저 사로잡았다. 요새를 건설한 탐험대는 추운 겨울과 맞서면서 대담하고, 호전적이며, 개인주의적인 "진정한" 미국 사회의 기초를 닦았다. 더 나은 삶을 찾아온 그들은 신대륙에 최초의 의회를 만든 위대한 민주주의의 서막을 연 주인공들이었다. 우리가 흔히 들어왔던 제임스타운 시절의 이야기는 이런 식이었다.

하지만 실상은 달랐다. 신대륙에 처음 세워진 영국의 식민지는 미국 개척사를 볼 때 창피할 정도로 최악인 시절이었다. 그들은 생존했다는 사실 하나만 빼고 어느 것 하나 제대로 한 게 없었다. 개인 자본가들이 신대륙에 투자 목적으로 건설한 식민지는 아무런 준비도 되어 있지 않고, 리더십도 엉망이었으며, 정착지 위치를 결정할 때도 바보 같은 판단을 내렸다. 미국 식민지 회사인 버지니아 컴퍼니는 미국의 드넓은 해안이 그들 앞에 펼쳐져 있는데도 말라리아 병원체가 들끓는 제임스 강 습지로 둘러싸인 저지대를 선택했다. 물이 고여 있는 습지대라서 정착민들이 버리는 배설물과 쓰레기는 흘러가지 않고 쌓여 거대한 세균 배양소가 됐다. 엎친 데 덮친 격으로 아무도 농사를 지을 줄 몰랐다. 탐험대의 절반은 거만한 귀족 모험가였고, 나머지는 런던 거리에서 신대륙까지 강제로 끌고 온 거지와 부랑자였다. 버지니아 컴퍼니 회장은 훗날 "지독한 선원 자식들은 멀미도 안 하더라"라고 말했다.

1607년 4월 104명의 이주민이 도착했다. 그러나 9개월 후 살아남은 이는 38명뿐이었다. 그해 봄, 새로운 이주민 무리와 함께 이곳에 도착한 존 스미스는 전임자가 티푸스에 걸려 죽는 바람에 온 지 채 몇 주도 안 돼 정착촌을 이끌어야 하는 처지가 됐다. 그러나 그는 불과 2년 후 자리에서 물러나야 했다. 정착민들에게 하루 6시간 동안 밭에서 일하게 하는 바람에 불만이 커졌기 때문이다("그들 대다수는 일하는 것보다 차라리 굶어 죽는 쪽을 택하고 싶어했다"고 스미스는 회상했다). 정착민들은 겨울 식량을 대비해 농작물을 키운 것이 아니라, 미카 광물을 캐내는 데만 열중했다. 그것을 금이라고 착각했기 때문에 아무짝에도 쓸모없는 광물을 가득 실어 보내기 위해 보급품을 전달한 후 영국으로 돌아가려 했던 선박의 출항을 석 달이나 연기시켰다. 선원들은 출항을 기다리면서 싣고 온 보급 식량의 상당 부분을 먹어치웠다. 그 결과, 1609~1610년 겨울 식량은 또다시 동이 나버렸다. 정착민들은 쥐, 고양이, 뱀, 심지어 구두와 말까지 닥치는 대로 먹었다. 심지어 죽은 시신을 무덤에서 파내 먹기도 했다. 한 남성은 임신한 부인을 살해한 후 소금을 쳐서 먹었다. 봄이 되자 220명 중 살아남은 이는 오직 60명에 불과했다. 모든 짐을 배에 실은 그들은 식민지를 버리고 달아나려 했다. 그러나 불행히도 제임스 강 입구에서 새로 부임하는 총독과 300명의 이주민을 태운 보급선과 맞닥뜨렸다. 엄격한 새 총독은 그들을 섬으로 되돌려 보냈다. 섬에는 여기저기 얕은 구덩이가 파여 있었다. 시신들은 얼굴을 바닥에 처박은 채 진흙 구덩이 속에 던져져 있었다. 그러나 이렇게 정신이 번쩍 들고도 남을 경험을 하고서도, 그들은 여전히 곡식을 키우는 대신 거리에서 크리켓 경기를 하면서 시간을 보냈다.[1]

최초의 버지니아인들은 정착지를 개발하는 데 완전히 무능력했다. 하지만 그들의 목적은 농사를 짓거나 새로운 사회를 건설하는 것이 아니었다. 스페인처럼 신대륙을 정복하고 통치하는 것이 목적이었다. 버지니아 컴퍼니의 설립자는 신대륙에 보낸 하수인들이 그곳에서 '정복자'처럼 군림하게 될 것이라고 생각했다. 겁을 먹은 인디언들이 자신들을 위해 금이나 은을 캐고 밭을 가는 노예가 될 것이라고 상상했다. 영국인들은 아일랜드에서 게일어를 쓰는 "야만인"들을 농장 노예로 부려먹었던 것과 똑같은 수법을 이곳에서도 쓰려고 했다. 제임스타운은 도시로 건설된 것이 아니었다. 그곳은 군사 방어 시설을 갖추고 군법에 의해 다스려지는, 사실상 기업 소유의 군사 기지였다. 인적 구성은 소수의 장교와 다수의 일반 사병으로 이뤄졌다. 농부가 포함되지 않은 것은 당연했다.[2]

하지만 버지니아 컴퍼니의 계획은 처음부터 잘못 끼워진 단추였다. 인디언들은 예상과 달리 영국에 겁을 먹지 않았고, 아즈텍인들과 달리 그들을 신으로 착각해 복종하지도 않았다. 그 지역의 인디언 부족장인 포와탄은 오히려 영국인들을 자신들보다 힘없고 약한 존재로 봤다. 영국인들이 가진 금속으로 만든 도구나 무기만 탐냈을 뿐이다. 포와탄은 체서피크 저지대에 흩어져 있는 30개 부족을 아우르는 인디언 연합국의 부족장이었다. 그가 다스리는 총인구만 2만4000여 명에 달했다. 그는 요크 강가에 세운 커다란 통나무집에서 수백 명의 아내를 거느리고 살았다. 40여 명의 경호원과 작은 규모의 사병부대가 늘 그를 호위했다. 그의 지배 아래에 있는 다른 부족장들이 모든 비용을 댔다. 제임스타운이 건설될 무렵, 60대였던 포와탄은 경쟁관계인 다른 부족장들을 하나씩 정복하며 연합국의 영역을 조금씩 확장해가고 있었다. 정복한 부족장들은 입양 의식을 거쳐 자기 아들로 삼았다. 그의 계획은 영국을 고립시켜 자신의 속국으로 만든 뒤 금속 무기와 연장들을 노획물로 획득하는 것이었다. 포와탄의 연합국과 버지니아인 사이에서 벌어진 전투는 타이드워터를 전쟁의 소용돌이 속으로 몰아넣었다.[3]

　뉴프랑스의 귀족들이 미크맥 부족장을 만찬에 초대했던 것과 달리, 먹을 것이 궁했던 버지니아인들은 포와탄의 인디언들에게서 옥수수를 갈취했다. 이는 폭력의 악순환을 낳았다. 인디언들은 습격대를 매복시켰다가 17명의 군인을 모조리 죽인 후 그들의 입안에 옥수수를 가득 쑤셔 넣었다. 그리고 영국인들이 시신을 발견할 수 있도록 잘 보이는 곳에 버리고 갔다. 존 스미스는 직접 병사들을 이끌고 포와탄을 잡으러 갔지만 자신도 매복에 당해 생포되고 말았다. 포와탄 앞에 끌려간 스미스는 인디언의 입양 의식을 치르게 됐다. 그것은 모의 처형식(이는 부족장의 열한 살 난 딸 포카혼타스에 의해 중단됐다)과 일종의 연극적인 의식으로 이뤄졌는데, 인디언들은 이를 통해 스미스 일행이 포와탄의 부하로 다시 태어났다고 여겼다. 그러나 스미스는 자신의 매력에 반한 어린 인디언 소녀가 부족장에게 자신을 해치지 말아달라고 애원해 살아날 수 있었다고 다르게 주장했다. 제임스타운으로 돌아온 스미스는 아무 일도 없다는 듯이 행동해서 인디언들을 어리둥절하게 만들었다. 양측 사이에는 이런 충돌이 끊이지 않았고, 결국 대형 참사로 이어졌다. 1610년 인디언 마을 전체를 학살한 영국인들은 어린애들마저 강물에 던진 후 게임을 하듯 총을

쌌다(포카혼타스는 1613년 붙잡혀서 정착민과 결혼한 후 영국으로 보내졌다. 그녀는 영국에서 몇 년 후 병으로 사망했다). 1622년 복수에 나선 인디언들은 정착촌을 기습, 버지니아 전체 인구의 3분의 1에 달하는 347명의 영국인을 도륙했다. 이듬해 봄, 인디언들에게 평화 조약을 제안한 영국인들은 조약 체결 기념식에서 음료수에 몰래 독을 타 그 자리에 참석한 인디언 250명을 모조리 죽였다. 전쟁은 수십 년 동안 이어졌다.[4]

제임스타운의 지도자들은 무능했지만, 소모전에서 계속 패배하는 쪽은 인디언들이었다. 버지니아 컴퍼니는 식민지 주민들을 끊임없이 체서피크 쪽으로 이주시켰다. 특히 체서피크에서 담배 작물이 잘 자란다는 사실을 알게 된 후에는 더욱 열을 올렸다. 1607년부터 1624년 사이 체서피크로 이주해온 주민은 모두 7200명에 달했다. 그중 살아남은 이는 1200명에 불과했지만, 버지니아 컴퍼니는 1명이 죽으면 2명을 다시 보내는 식으로 빈자리를 메꿨다. 그러나 인디언들은 전쟁과 전염병, 기아 때문에 사람이 죽어도 영국인처럼 빈자리를 메꿀 여력이 없었다. 1669년, 타이드워터의 인디언 인구는 원래 수준의 8퍼센트에 불과한 2000명으로 줄어들었다. 반면 영국인 인구는 4만 명으로 늘어나 타이드워터 전역으로 퍼져나갔다. 그들은 인디언들의 땅을 갈아엎고 담배 농장으로 만들었다.[5]

타이드워터의 운명을 바꿀 두 가지 사건이 발생한다. 이 사건은 오늘날까지 이어지는 타이드워터의 문화적 특성을 결정지었다. 첫 번째 사건은 1617년 포카혼타스의 남편인 존 롤프가 서인도에서 자라는 담배 품종을 체서피크의 토양에서 성공적으로 키워낸 것이다. 이는 기업 군사 기지였던 버지니아를 하루아침에 거대한 수출 농장사회로 변모시켰다.

둘째는 1640년대에 일어난 영국 내전이다. 이는 영국에서 거대한 엑소더스 현상을 촉발시켰고, 이때 몰려온 이주민들이 타이드워터의 귀족 문화를 형성했다.

담배는 돈이 되는 작물이었고, 영국까지 실어 나르기도 용이했다. 하지만 노동집약적인 재배 과정은 숙련된 기술까지는 아니어도 어느 정도 고된 노동을 요구했다. 모판을 만들고, 갈퀴질을 하고, 끊임없이 보살펴서 어린 묘목으로 키워내면 이를 밭으로 다시 옮겨 심었다. 무릎까지 오는 고랑을 파서 한 그루씩 심은 후 잡초를 뽑고, 매주 해충을 죽였다. 가지를 치고 수확해서 말린 다음, 배에 실으려고 일일이 수작업으로 포장하는 일도 해야 했다. 담배는 금세 토질을 고갈시키기 때문에 새로 경작한 땅에 심는 것이 가장 좋았다.

타이드워터의 지도자들은 제대로 먹지도 못할 만큼 가난해서 지푸라기라도 잡으려는 사람들을 대상으로 일꾼을 모집했다. 그런 이들은 런던뿐 아니라 다른 도시에도 넘쳐났다. 3년 동안 "백인 노예"로 일해주겠다고 약속하면, 버지니아나 메릴랜드까지 가는 여행비를 대주고 50에이커의 조그마한 밭뙈기도 불하해주겠다는 미끼를 던졌다. 가겠다고 나선 사람 대부분은 15~24세의 독신 남성이었다. 이들이 곧 타이드워터의 유럽계 백인 인구 대다수를 차지하게 된다. 학자들은 17세기에 타이드워터에 도착한 15만 명의 이주민 중 80~90퍼센트는 계약 노예 노동자였을 것으로 추정한다. 노예 계약 동안 살아남은 사람은 극히 드물었다. 당시 사망률은 연 30퍼센트에 달했다. 그러나 일단 살아남은 이는 계약 기간이 끝난 후 자유 농민이 될 기회를 얻었고, 그들 중 일부는 부를 쌓기도 했다.

타이드워터는 애초부터 소수의 가진 자와 다수의 없는 자들로 구성된 사회였다. 피라미드의 맨 위에 군림한 부유한 플랜테이션 농장주들은 타이드워터의 경제, 정치를 빠르게 장악해갔다. 반면 바닥에 위치한 노동자들은 어떠한 정치적 권리도 갖지 못했다. 그들은 시키는 대로만 해야 했고, 그렇지 않으면 육체적인 형벌을 받을 수도 있었다. 이러한 관행은 20세기까지 계속됐다.

바닥에 있는 이들에게 삶은 고달팠다. 계약 노예들(그들 중 일부는 영국에서 납치돼 끌려왔다)은 사고팔 수 있었고 가축과 다를 바 없는 취급을 받았다. 부자들은 더 많은 이주민을 데려오기 위해 식민지 통행허가권(고용계약을 포함)을 가능한 한 많이 확보하는 것이 이득이었다. 버지니아 컴퍼니는 부자들에게 이주민 한 명을 식민지로 데리고 올 때마다 25에이커의 땅을 불하해줬다. 노동력이 남아도는 '플랜테이션 제국'의 농장주는 다른 농장으로 계약 노예를 팔거나 경매할 수 있었다. 18세기 무렵 국경은 계속 내륙 쪽으로 확장돼갔고, 계약 노예들은 악명 높은, 일명 "솔 드라이버Soul driver"라 불린 노예 상인들에 의해 대량으로 거래됐다. '솔 드라이버'는 그들에게 족쇄를 채운 후 무장 감시하에 "양 떼를 몰고 가듯" 멀리 떨어진 법원 청사까지 끌고 갔다. 그곳에서 계약 노예들은 몸값이 매겨져 농장주들에게 팔려나갔다. 농장주들은 계약 노예를 사는 데 들인 비용을 뽑아내기 위해 최대한 가혹하게 일을 시켰다. 계약 노예를 때리는 것도 허용됐다. 버지니아의 귀족인 윌리엄 버드는 매를 맞은 어린 하인 소년이 침대에서 울기 시작하자 그에게 강제로 오줌을 먹였다는 사실을 자신의 일기에 남겼다. 만약 하인들이 저항하거나 명령에 불복종하고 도망간다면 주인은 그들의 노예 계약을 몇 년 더 연장할 수 있었다. 계약 노예들은 자신들이 학대당하거나 불합리한 대우를 받는다고 느껴도 타이드워터의 법정에 호소할 수 없었다. 법정 사람들은 모두 주인의 친구였기 때문이다.[6]

17세기 타이드워터의 계약 노예 대부분은 런던, 브리스틀, 리버풀 외곽에서 온 사람들이었지만, 흑인도 소수 있었다. 1619년 네덜란드 무역상이 데리고 온 흑인 20명의 후손들이었다. 1660년대까지만 해도 타이드워터는 디프사우스와 달리 흑인 노예를 백인 노예와 차별 없이 대했다. 흑인은 격리되지 않고 백인과 섞여 살았으며, 소수의 흑인은 일반 시민에게 주어지는 권리를 일부나마 누릴 수 있었다. 앤서니 존슨 같은 흑인은 스스로 노예 소유주가 되기도 했다. 존슨은 1650년대 무렵 250에이커에 달하는 버지니아 동부 해안가 땅과 몇몇의 흑인 노예를 소유했다. 타이드워터는 불평등한 사회였지만, 그때까지만 해도 인종에 따른 계급사회는 아니었다.7

계약 노예의 삶은 혹독했고 잔인했으며, 모욕적이었다. 그러나 평생 그렇게 살아야 할 운명은 아니었고, 노예 신분이 자식에게 대물림되는 것도 아니었다. 계약 기간을 버티는 데 성공한 노예들은 토지와 각종 연장도구, 그리고 자유를 얻었다. 앤서니 존슨처럼 그중 상당수는 지주가 되었고, 영국에서였다면 꿈도 꿀 수 없을 사회적 지위를 누렸다. 소수에 불과하긴 했지만 타이드워터로 오는 경비를 직접 지불할 수 있었던 이주민들은 좀더 쉽게 지주가 됐다. 그들은 버지니아에 상륙하자마자 50에이커의 땅을 받았으며, 친인척이나 하인을 데리고 왔을 경우 1명당 50에이커씩 더 받았다. 땅과 노예를 소유한 새 농장주들은 담배 재배와 수출을 통해 엄청난 돈을 벌어들일 수 있었다. 벌어들인 돈은 대농장주가 될 때까지 더 많은 땅과 노예를 사는 데 재투자됐다. 1634년 이후 신대륙으로 오는 이주민들은 메릴랜드에 100에이커의 땅을 불하받는 훨씬 더 좋은 조건으로 새 출발을 할 수 있었다. 야심 많은 농장주들이 메릴랜드 해안으로 몰려들었다. 건강한 몸과 인내심, 약간의 운을 타고난 소수의 사람은 자신들이 쌓은 부를 자식에게 물려줄 수 있는 제도를 만들었다. 그들은 여러 측면에서 고향 영국의 젠트리작위를 가진 귀족보다 계급은 낮지만 토지와 상업으로 부를 쌓는 데 성공한 사회 유력 계층를 닮아가고 있었다.

메릴랜드는 처음부터 과두제 사회로 출발했다. 이곳은 아버지의 뒤를 이어 두 번째 볼티모어 경이 된 세실리우스 캘버트의 봉건 영토였다. 지금도 메릴랜드 주의 깃발에는 볼티모어 가문의 문장이 남아 있다. 가톨릭으로 다시 기울게 된 찰스 1세 왕은 종교의 자유가 보장되는 가톨릭 식민지를 만들겠다는 캘버트의 제안을 마음에 들어했다. 찰스 1세는 캘버트에게 1200만 에이커의 영지를 하사했다. 정착촌은 제임스타운에서 8마일 올라간 세인트메리스 시티에 세워졌다. 초기에는 영국 가톨릭교도와 개신교도들이 섞여 살았지만 해안가의 정착민들이 점점 이곳으로 몰려오면서, 메릴랜드는 개신교도의 담배 식민지가 된 타이드워터 버지니아의 모습을 빠르게 닮아가기 시작했다. 계약 노예들은 지주를 위해 일했고, 신흥 귀족들이 이익의 대부분을 착취해갔다.[8]

앞으로 좀더 자세히 살펴보겠지만, 17세기 중반 존재했던 영국 식민지 중 타이드워터와 양키 뉴잉글랜드는 가장 극과 극의 관계였다. 가치관, 정치, 사회적 우선순위 등 모든 면에서 정확히 정반대였다. 1640년대 영국에서 내전이 일어났을 때, 그들은 각각 다른 편을 지지했다. 앞으로 두고두고 두 국민 사이에서 벌어질 미국 패권 다툼의 서막이었다.

영국 내전은 한 세기 가까이 이어졌다. 영국은 과거 중세의 전통을 고집하는 쪽과 권력, 무역, 종교적 정부 등에 대해 좀더 근대적인 개념을 받아들인 쪽으로 나뉘어 둘로 찢어졌다. 그중 후자가 런던과 영국 동부 지역 출신의 청교도 및 법률가들이 주축이 된 의회파였다. 의회파는 기존 권력질서를 공고히 하기 위해 종교적 이견을 억압하고 '자유 시장 개혁'을 막으려는 군주에 맞서 저항했다. 의회파의 반대편에는 국왕 찰스 1세를 비롯해 봉건 지주였던 영국 북부 및 서부 지역의 시골 귀족들로 구성된 '왕당파' 보수연합이 있었다. 영국 귀족의 절반 이상이 왕당파였고, 시골지역의 가난한 평민 절반 이상이 그들의 지배를 받았다. 1642년 전쟁이 발발했을 때 뉴잉글랜드의 청교도들은 의회파를 지지했던 반면, 타이드워터는 왕당파로 남았다.

당시 버지니아의 총독이었던 윌리엄 버클리 경은 단순한 왕당파가 아니었다. 그는 왕의 가장 가까운 벗 중 하나였다. 버클리 가문은 1066년 정복자 윌리엄과 함께 영국으로 건너온, 영국에서 가장 유서 깊은 귀족 중 하나다. 그들은 오늘날에도 여전히 11세기에 지어진 성에서 산다. 버클리 가문은 왕에게 변함없는 충성을 보냈다. 버클리의 형제 중 한 명은 왕의 군대를 이끌었고, 다른 형제는 왕의 자문관으로 활약했다. 버클리 역시 1644년 영국으로 돌아가 웨스트컨트리 일대에서 왕을 위해 싸웠다. 이후 그는 무기 저장고가 있는 타이드워터로 돌아왔다. 그는 버지니아에 살고 있던 청교도 소수파를 메릴랜드의 해안가 너머로 모두 쫓아냈다.▪ 왕당파가 패하고 왕이 처형되자, 버클리는 추방당한 왕의 아들인 찰스 2세에 대한 충성을 맹세했다. 버지니아 주 의회를 구성하고 있던 다른 귀족들도 버클리와 뜻을 함께했다. 그들은 찰스 2세의 권위에 도전하는 이는 죽음으로 죗값을 치러야 한다는 법안을 통과시켰다.[9]

▪ 버클리는 청교도들이 왕당파에게 위협적인 존재가 될 것이라고 생각했는데 이는 정확한 예견이었다. 메릴랜드에서 그들은 볼티모어의 왕당파 군대와 국지전을 일으킨 후, 일시적으로나마 식민지의 도심을 장악했다. 1655년에는 해군 전투에서 결정적인 승리를 거둬 캘버트를 10년 가까이 몰아내기도 했다.

버클리는 자신의 식민지를 상류층 왕당파들의 근거지로 만들려 했다. 버클리는 "고통스러워하는 왕당파" 수백 명을 버지니아로 불러들여 엄청난 규모의 토지와 고위직을 제공했다. 열혈 왕당파들이 타이드워터를 이끄는 명문가의 대다수를 차지하게 됐다. 대부분은 영주 귀족의 어린 아들이거나 손자였다. 그중에는 리처드 리(슈롭셔 지역 영주의 손자이자, 로버트 E. 리의 5대조 할아버지), 존 워싱턴(요크셔 영주의 손자이자 조지 워싱턴의 고조할아버지), 조지 메이슨(건국의 아버지인 조지 메이슨과 이름이 같은 그의 고조할아버지로 의회 내 왕당파 멤버)도 있었다.[10]

체서피크 지역 엘리트들의 목표는 초기 양키덤이나 미들랜드와 달리 종교적인 유토피아를 세우는 것도 아니고, 뉴프랑스처럼 인디언들과 우호적인 관계를 맺는 것도 아니었다. 상류층이든 자수성가를 한 사람이든, 대농장주는 모두 국가의 미래에 대해 극도로 보수적인 시각을 견지하고 있었다. 그들은 신대륙에 영국 시골 같은 상류층 지주사회를 건설하고 싶어했다. 그리고 역사의 우연 덕분에 그 바람은 생각보다 더 크게 이뤄졌다.

17세기 영국의 시골 지주인 젠틀맨영국의 신흥 자본가 계급. 대부분 작위를 세습받지 못한 귀족 가문의 차남으로 이뤄졌다. 대다수는 시골 지주였으며 상업 등을 통해 부를 쌓아 사회적 영향력을 확대하기도 했다은 자신의 영지에서 사실상 왕과 다를 바 없는 권세를 누렸다. 그들은 호화로운 영주의 저택 안에 들어앉아 영지 내의 노동자는 물론, 모든 소작농의 일과 삶을 좌지우지했다. 마치 자신들이 치안 판사인 것처럼 재판을 주재했고, 아들과 조카, 형제들은 마을 교회 목사직을 차지했다(그 교회는 당연히 영국 공식 성공회 교단인 '앵글리칸Anglican' 소속이었다. 혁명 후에는 '이피스코펄Episcopal'로 이름을 바꿨다). 젠틀맨 중 한 명은 영국 의회에 지역 대표로 참석하기도 했다. 이들은 자신보다 열등한 계급에 자비를 베풀고, 하인들의 결혼을 주관해주고, 빈곤한 자들의 장례식 비용을 대주고, 이웃을 따뜻하게 환대하는 것을 덕목으로 삼았다. 또 사냥은 귀족들이 가장 좋아하는 오락거리로 오직 귀족만 누릴 수 있는 권리였다. 귀족들의 영지는 음식, 마실 것, 가축 사료, 가죽, 수공예품 등을 직접 생산해낼 수 있는 자급자족이 가능한 곳이었다(초과 생산량은 영국의 시골과 도시에 팔았다). 영주가 죽으면 모든 것을 장자가 세습한 후 새로운 영주가 됐다. 딸들은 좋은 가문에 시집보냈다. 약간의 돈 외에 아무것도 물려받지 못하는 차남들은 군인, 목사, 상인 등이 되어 각자 살길을 찾아 떠났다. 한 젠틀맨은 이들의 운명이 한 배에서 동시에 태어난 강아지 새끼와 다를 바 없다고 말했다. "선택받은 한 마리는 무릎에 앉혀 가장 좋은 걸 먹이면서 돌보지. 그리고 나머지는 몽땅 익사시키는 거야!"[11]

　타이드워터의 성공한 담배 농장주와 왕당파 망명자들은 그러한 세계를 계속 복제해나가려고 애썼다. 그들은 우아한 벽돌 저택에서 기거했고, 소작농들은 영국의 시골집과 비슷하게 만든 집들이 모여 있는 마을에서 살았다. 농장 안에서 자급자족이 가능하도록 방앗간, 맥주 공장, 훈제실, 제빵 시설 등을 만들어 이를 운영할 줄 아는 기술을 보유한 노예들을 샀다. 이웃과 함께 성공회 교회 건물과 위풍당당한 법원 건물이 지어지고 있는 공사 현장을 감독하기도 했다. 그 건물들은 주로 접근이 편한 사거리 교차로에 들어섰다. 그들은 목사의 임용과 해고를 결정하는 교구제의실과 재판을 주재하는 치안판사실을 장악함으로써 교회와 법원 권력을 독점했다. 또 영국 의회를 본떠 버지니아에 그와 유사한 '식민지 의회House of Burgesses'를 세웠는데, 부유한 사람들만 의원이 될 수 있도록 자격을 제한했다(메릴랜드 의회 역시 이와 유사한 조항을 마련해두고 있었다). 그들은 일반 주민들에게 온화한 가장의 역할을 자임했다. 잉여 생산품은 영국의 도시로 보냈다. 하지만 그들이 영국의 젠틀맨과 달랐던 중요한 차이점이 한 가지 있었다. 그들은 유산을 물려줄 때 차남을 차별하지 않았다. 타이드워터의 젠틀맨 대부분은 재산을 물려받지 못한 영국 시골 지주의 차남이었다. 사실 미국까지 오게 된 것도 바로 그런 이유에서였다. 그래서 이들은 차남에게 강한 유대감을 갖고 있었다.[12]

타이드워터의 젠틀맨들은 도심도, 마을도 없는, 철저한 시골사회를 만들어냈다. 상업 항구가 따로 없었기 때문에 도시는 필요 없었다. 그곳은 체서피크 만에 손가락 모양처럼 붙어 있는 지형이었기에 대농장주들은 각자의 영토 안에 자신들만의 부두를 가질 수 있었다. 영국에서 바다를 건너온 배는 별도의 절차 없이 곧바로 각 농장에 들러 런던에서 유행하는 최신 책과 옷, 가구를 내려준 다음 담배 수출품을 실어갈 수 있었다(후에 노예들 또한 이런 방식으로 실어왔다). "영국에서 5마일 떨어진 다른 나라에 가는 것보다, 런던과 브리스틀 같은 도시에서 버지니아에 사는 젠틀맨들에게 물건을 실어 날라주는 것이 훨씬 더 쉽고 비용도 적게 들었다"고 그 시대의 한 영국인은 말했다. 영국에서 실어온 상품과 가격 경쟁이 가능한 식민지 수공업자들은 거의 없었기 때문에 현지 수공업과 산업은 발전에 어려움을 겪었다.[13]

17세기 말까지 도시라고 부를 수 있을 만한 지역은 형성되지 않았다. 제임스타운과 세인트메리스가 있긴 했지만, 이 두 쌍둥이 수도 역시 각각 주민 수백 명이 모여 살고 있는 마을에 불과했다. 젠틀맨은 가끔 의회를 개최하거나, 혹은 정말 드물지만 총독을 방문하기 위해 두 도시를 여행하곤 했다. 그 외에는 갈 일이 없었다. 두 수도는 지방 의회가 열리지 않는 기간에는 많은 집과 여관이 텅 비어서 버려진 도시처럼 보였다. 결국 윌리엄스버그와 아나폴리스로 수도를 이전하기로 했다. 하지만 그 두 도시 역시 행정 캠퍼스에 불과할 뿐, 공공시설을 갖춘 도심이라고는 할 수 없었다.[14] 뉴잉글랜드와는 달리 공립학교도 없고(젠틀맨의 아이들은 입주 교사에게 교육을 받았다), 시 정부도 없었다(지방 법원이면 충분했다).

1700년대 초반이 되자 타이드워터는 왕당파와 그 후손들의 영지 저택이 개울과 강가를 따라 여기저기 늘어선, 젠틀맨의 유토피아가 됐다. 앨버말 해협과 팜리코 해협이 둘러싸고 있는 노스캐롤라이나와 델라웨어 남부의 대서양 해안, 델마버 반도에도 젠틀맨의 농장이 우후죽순 들어섰다.

타이드워터에서 권력은 세습됐다. 주요 가문들은 영국과 미국, 양쪽 모두에서 혼맥으로 얽혔다. 그중에서도 특히 버지니아 일대를 지배하는 사람들은 서로 모두 친인척 관계였다. 식민지의 상원, 대법원, 행정 내각 역할을 한 것은 물론 토지의 분배까지 관장했던 버지니아 왕실 의회Royal Council는 1724년 의회의 모든 멤버가 혈연이나 결혼으로 얽힌 상태였다. 두 세대가 지난 후 미국 혁명이 일어나기 직전 의회를 구성하고 있던 멤버 또한 모두 1660년 의원이었던 이들의 후손이었다. 그들은 (크게 돈벌이가 되는) 세관장 자리를 장악한 후 한 세기 동안 공유지 대부분을 자기들끼리 나눠 가졌다. 젠틀맨들은 마치 자신들이 카운티의 치안 판사라도 된 양 사회 정의를 심판하고 관용을 베풀었다. 또 교구 제의실을 장악해 목사를 마음대로 고용하고 해고했다. 이들은 타이드워터 사회로 이주해 온 신규 이민자들에게 "우리는 모두 혈연이나 결혼으로 연결돼 있고 같은 이해관계를 갖고 있으므로, 누구든 식민지의 관행에 도전하거나 반대하는 이가 있다면 모두를 적으로 돌리는 것이란 사실을 알게 될 것"이라

고 경고하곤 했다.[15]

타이드워터 젠틀맨의 심기를 거스르는 것은 매우 위험한 짓이었다. 17세기 후반과 18세기 초반 이곳을 다녀간 사람들은 작은 모욕에도 격하게 분노하는 이들의 오만한 태도를 보고 깜짝 놀랐다. 양키 엘리트들은 분쟁이 발생하면 성문법에 의거해 중재했던 반면, 타이드워터의 젠트리는 결투에 의존했다. 평민들도 다를 바 없었다. 여관 같은 곳에서 시작된 별것 아닌 말싸움은 발로 차고 물어뜯고 목을 조르고 눈알을 후벼 파고 생식기를 도려내는 것마저 용인되는 끔찍한 싸움으로 이어졌다. 신분이 낮은 사람들은 잔인한 징벌이 두려워서 윗사람에게 결코 반항하지 않았다. 당시 젠틀맨은 아랫사람들이 조금이라도 말을 듣지 않으면 채찍을 휘둘렀다. 한 평민은 총독의 의견에 반대를 표했다는 이유만으로 법원의 명령에 따라 40명의 남성에게 매질을 당한 후 200파운드(당시 농부 한 명이 10년을 일해야 벌 수 있는 수입)의 벌금을 내고, 혀에 구멍이 뚫린 채 버지니아에서 영원히 추방을 당했다. 법원으로 오는 사건들은 젠틀맨이 판결을 내렸다. 그들은 사형 여부를 판단하는 중요한 사안에서조차 법전에 나온 판례보다 자신들만의 잣대로 판결을 내렸다. 당시 판결 기록을 보면 농장주와 남성에게는 관대하고, 하인과 여성에겐 가혹한 판결이 내려지곤 했던 것을 알 수 있다. 노예제가 완전히 확산되기 전에도 타이드워터는 폭력적이고 위협적인 계급 문화에 기반을 두고 있었다.[16]

어떤 사람들은 그렇게 폭압적인 사회가 어떻게 토머스 제퍼슨이나 조지 워싱턴, 제임스 매디슨 같은 위대한 공화주의자들을 탄생시킬 수 있었는지 궁금해할 것이다. 타이드워터의 젠트리가 받아들였던 것은 고대 그리스와 로마 공화정을 모델로 한 '전통적인' 공화주의였다. 그들이 닮고자 했던 고대 아테네 지식인들은 학식이 높았지만 동시에 노예를 소유하고 있었다. 고대 라틴사회의 계몽 정치철학인 리베르타스Libertas에서 파생된 자유 개념은 양키덤과 미들랜드의 정치철학에 영향을 미친 게르만 사회의 프라이하이트Freiheit에서 파생된 프리덤과는 근본적으로 다르다. 두 개념의 차이를 아는 것이야말로 타이드워터·디프사우스·뉴스페인이 왜 양키덤·미들랜드와 대척점에서 충돌할 수밖에 없는지를 이해하는 출발점이 된다.

노르웨이, 앵글로색슨, 네덜란드, 그리고 다른 북유럽의 게르만족들은 '자유'란 모든 사람이 태어날 때부터 가진 기본권이라고 생각했다. 사람마다 누릴 수 있는 사회적 지위와 부는 다를 수 있지만, 기본적으로 모든 사람은 "자유인으로 태어났다"고 여긴 것이다. 따라서 모든 사람은 법 앞에 평등하며, 추방당하지 않으려면 서로 존중하고 존중받아야 할 권리를 가지고 이 세상에 왔다고 믿었다. 이들은 인류 역사상 최초의 국회로 알려진 아이슬란드의 알싱기Althingi처럼 의회제를 통해 사회를 통치했다. 1066년 노르만 침입 전까지 영국의 앵글로색슨족도 이러한 철학을 공유했다. 노르망디 왕국이 영국에 영주봉건제를 이식시킨 후에도 앵글로색슨족과 (게일-노르웨이어를 쓰는) 스코틀랜드인들은 '자유'의 실현을 위한 사회 제도를 모두 폐지하진 않았다. 마을 의회, 영국 관습법, 하원 등의 제도가 존속됐고, 청교도들은 이러한 유산을 양키덤까지 가져왔다.

타이드워터의 젠트리가 받아들인 그리스·로마 정치철학은 그와 정반대였다. 인간은 모두 속박된 상태로 태어나며 자유는 특권처럼 주어지는 것이지 권리가 아니었다. 어떤 이들에게는 많은 자유가 허락되는 반면, 어떤 이들에게는 조금, 또 다른 사람들에게는 아예 주어지지 않는다. 로마 공화정은 오직 극소수의 원로와 정무관만이 언론의 자유를 누릴 특권을 가졌고, 높은 신분의 사람들이 결정한 사안에 대해 투표할 권리도 시민들에게만 주어졌다. 노예를 비롯해 인구 대다수를 차지한 나머지 사람들은 아무런 권리도 갖지 못했다. 자유는 극소수의 사람만이 누릴 수 있기에 가치 있고 소중한 것이었다. 다시 말하면, 이들에게 계급에 기반하지 않은 자유란 아무런 의미가 없었다. 그리스와 로마에서 공화주의와 노예제, 자유와 신분제는 전혀 상충되는 개념이 아니었다. 타이드워터의 지도자들이 철저히 수호했던 정치철학은 이런 것이었다. 높은 가문에서 태어난 그들은 자신이 "천한" 앵글로색슨의 후손이 아니라, 정복자인 노르만 귀족의 후손이라고 생각했다. 이들의 철학 속에 있는 인종차별적인 가치관은 훗날 미국을 복잡한 전쟁 속으로 몰아넣게 된다.[17]

타이드워터의 지도자들은 '리베르타스'의 철학을 온갖 삶 속에 접목시켰다. 그들은 자신을 각 영지의 "머리Heads"로 여겼고, 각종 의무는 그들의 "손Hands"과 그밖의 복속들이 지게 했다. 제임스타운과 세인트메리스가 몹시 황량하다고 느껴지자, 그들은 윌리엄스버그와 아나폴리스에 고대 로마 시대의 양식을 본뜬 새 행정도시를 조성했다. 윌리엄스버그에 들어선 총독 관저는 베르사유 스타일의 정원으로 둘러싸인 호화로운 '왕궁'이었다. 또 로마 시내에는 주피터 신전이 우뚝 서 있었는데, 이를 본떠 윌리엄스버그에도 주피터의 조각이 새겨진 우아한 신전Capitol(신전 외에도 '국회의사당'이란 뜻이 있지만, 타이드워터가 세운 것은 말 그대로 신전이었다)을 세웠다. 그들은 각 카운티와 도시, 그리고 식민지의 지명을 영국 왕실(프린스 조지, 프린스 윌리엄, 프린세스 앤, 제임스타운, 윌리엄스버그, 아나폴리스, 조지타운, 버지니아, 메릴랜드)이나 귀족(앨버말, 볼티모어, 보퍼트, 캘버트, 세실, 컴벌랜드, 캐럴라인, 앤어런들, 델라웨어) 등 고위층 인사의 이름을 따서 붙였다. 그들은 자유를 지키는 데 열정적이었지만, 단 한 번도 그것을 일반 시민들과 나누려 하지 않았다. 버지니아인인 존 랜돌프는 미국 혁명으로부터 수십 년이 흐른 후에도 이렇게 말했다. "나는 귀족입니다. 나는 자유를 사랑하지만, 평등은 싫어해요."[18]

젠트리는 여가(일로부터의 자유)와 독립(누구의 통제도 받지 않을 자유)의 즐거움을 누리며 그 어느 때보다 무한한 자유를 향유했지만, 계급 피라미드의 바닥에 위치한 사람들의 삶은 그와 정반대였다. 타이드워터의 반♯봉건사회는 수많은 사람이 영원히 농노로 매여, 죽도록 일해서 떠받쳐 줘야만 지속 가능한 시스템이었다. 그러나 1670년대가 되자 이 역할을 기꺼이 해줄 가난한 영국인을 찾기가 점점 더 어려워졌다. 계약 노예로 끌려온 사람들은 계약 기간이 끝나도 먹고살 길이 막막했다. 식민지의 농작물 수출 경제를 대형 농장들이 거의 다 독점해버렸기 때문이다. 계약 기간이 끝난 노예들은 농장주들에게 대항해 1663년과 1675년, 1683년에 반란을 일으키기도 했다.

노동력 부족에 허덕이던 타이드워터의 지주들에게 노예 중개상들이 한 가지 해법을 제시했다. 그 해법은 영국령 카리브 해 군도에서 개발된 것으로, 디프사우스는 이미 이 제도를 도입한 터였다. 바로 아프리카 사람들을 사서 그들의 자식과 손자까지 대대손손 사유재산으로 삼는 것이었다. 1700년 타이드워터 인구의 10분의 1을 차지했던 노예들은 1720년 4분의 1로 증가했고, 1760년에는 40퍼센트까지 늘어났다. 한 학자는 훗날 이렇게 기록했다. "노예제가 남부의 정체성을 규정지은 것이 아니다. 남부의 정체성을 영속시키기 위해 노예들이 끌려온 것이다." 앞으로 좀더 자세히 살펴보겠지만, 이 학자의 말은 '남부' 전체에 해당된다기보다는 타이드워터의 특이한 문화에 가장 잘 들어맞는 설명이다.[19] 그리고 이는 타이드워터를 파멸의 길로 이끌게 된다.

4장

**양키덤의
탄생**

역사의 장난인지 뉴잉글랜드 식민지를 세운 사람들은 타이드워터의 젠
트리와 거의 모든 면에서 정확히 대척점에 서 있었다. 지주 귀족, 귀족적
특권, 성공회, 왕당파에 적대적이었던 케이프코드Cape Cod의 필그림과 매
사추세츠 만의 청교도들은 완전히 새로운 사회를 건설하고자 했다. 교
회와 학교를 중심으로 각 공동체가 자치 공화국으로서 작동하는 도덕
국가를 꿈꿨던 양키덤은 미 대륙에 지워지지 않을 하나의 획을 그었다.

필그림, 더 나아가 청교도들은 미 대륙에 영국 시골 마을의 삶을 옮겨
심고 싶어서 신대륙으로 건너온 것이 아니었다. 그들이 세우고 싶어했던
사회는 완전히 다른 종류의 것이었다. 장 칼뱅의 가르침에 기반을 둔 개
신교 신정사회, 즉 종교적 유토피아였다. 그들은 뉴잉글랜드의 황무지에
새로운 시온을 건설하고자 했다. 험난한 시기를 겪고 있는 모든 세계에
빛이 되어줄 "언덕 위의 도시City on a hill"를 꿈꿨다. 자신들은 구약성서의
언약처럼 신에게 선택받은 자들이기 때문에 반드시 성공할 것이라 믿었

다. 신의 가르침대로만 살면 보답을 받고, 공동체 일원 중 누구라도 그의 말씀을 어기면 모두가 벌을 받게 될 것이라 생각했다. 한 사람, 한 사람이 각자 맡은 소임을 다해야만 공동체 전체가 구원을 받을 수 있다고 여겼기 때문에 초기 매사추세츠 정착촌에서 개인의 사생활 따위는 없었다.

미국 역사의 중심에는 영국에서 박해를 받던 이들이 미국으로 건너와 종교의 자유가 보장되는 양키덤을 세웠다는 신화가 존재한다. 이는 1620년 케이프코드에 정착한 몇백 명의 칼뱅주의자 필그림에게는 어느 정도 사실인지 몰라도, 매사추세츠 만에 정착한 후 곧이어 플리머스와 뉴잉글랜드의 다른 식민지를 장악해나갔던 청교도들에게는 전혀 해당되지 않는 말이다. 청교도들은 1630년대부터 대규모로 이주해오기 시작했다. 영국의 종교 정책에 불만을 품고 떠나온 청교도가 12년 동안 무려 2만 5000여 명에 달했다. 이들이 신대륙에 세운 사회는 북미의 여느 식민지들과 달리 신앙 테스트를 통과하지 못한 이주민을 받아들이지 않았다. 종교가 다른 이는 모두 추방했다. 퀘이커교도는 식별하기 쉽도록 콧구멍을 찢거나 귀를 자르고 얼굴에 '이단'을 뜻하는 H 글씨를 새겼다. 청교도들은 간통, 신성모독, 우상숭배, 동성애, 심지어 10대의 반항까지 중대한 규범 위반으로 여겨 사형을 시켰다. 그들은 안식일에 소를 돌보거나 시렁에 꿀을 얹고, 새를 사냥하는 농부들에게 벌금을 물렸다. 1656년 보스턴의 한 판사는 3년 만에 집에 돌아온 토머스 켐블 선장이 현관에서 아내에게 키스하자 "외설적이고 부적절한 행동"이라며 그에게 차꼬를 채웠다. 초기 양키덤은 그들이 떠나온 영국보다 종교적, 도덕적으로 더 불관용적인 사회였다.[1]

다른 한편 청교도들이 매우 혁명적인 사회를 건설한 것만은 사실이다. 그들은 속임수를 써서 국왕의 칙허장을 받아낸 덕분에 초창기 메릴랜드나 뉴프랑스와 달리 봉건 귀족의 지배로부터 자유로웠고, 버지니아 및 캐롤라이나와 달리 식민지 컴퍼니에 의존하지도 않았다. 청교도들은 찰스 1세 국왕에게 신대륙 식민지 개발 목적의 매사추세츠 만 컴퍼니 설립 칙허장을 받아내는 데 성공했지만, 실제 목적은 식민지에 청교도의 유토피아를 세우는 데 있었다. 뉴잉글랜드인들은 완전한 자치를 실현하고자 했다.

양키덤 초기 정착민의 절반가량은 영국 제도에서 경제적으로 가장 발달한 이스트 앵글리아영국 동남부 출신이었다. 이스트 앵글리아에 속하는 7개 카운티는 영국에서 인구 밀도가 가장 높은 도심지였고 교육 수준도 높아서 중산층이 빠르게 증가하는 곳이었다. 또 전제정치에 굴하지 않은 오랜 저항의 역사를 자랑했다. 당시 영국 해협 건너편의 유럽 국가 중에서 정치·경제적으로 가장 발달했던 나라는 네덜란드였는데 이스트 앵글리아는 칼뱅주의와 공화주의, 농업, 건축, 예술, 무역 등 여러 분야에 걸쳐 네덜란드의 영향을 크게 받았다. 튤립 정원과 박공집ㅅ자 모양의 지붕을 한 집을 쉽게 찾아볼 수 있었고 뛰어난 장인과 수공예업자, 자작농도 많이 양성됐다. 게르만식 자유Freedom의 가치를 수호하고자 했던 이스트 앵글리아인들은 타운미팅을 도입하고, 시정 업무를 담당할 도시행정위원을 직접 선출했다. 이 지역 사람들이 영국 내전 당시 의회파를 지지한 것은 자연스러운 현상이었다. 이스트 앵글리아의 이러한 특성은 뉴잉글랜드에 고스란히 전파됐다.

영국을 떠나 신대륙에 정착한 청교도들은 인구 구성 면에서 타이드워터, 뉴프랑스, 엘 노르테와 크게 달랐다. 양키 정착민들은 가족 단위로 왔고, 대부분이 중산층이었으며, 교육 수준이 높고 경제 수준 또한 고른 편이었다. 타이드워터의 정착민은 대부분 젊은 비숙련 남성 계약 노예로 이뤄진 반면, 뉴잉글랜드 이주민들은 숙련된 수공예자, 법률가, 의사, 자작농이었으며 계약 노예는 없었다. 이들은 빈곤에서 탈출하기 위해 더 나은 삶을 찾아온 것이 아니라, 오히려 고향에서의 안락한 삶을 포기하고 황무지의 불확실성을 선택했다. 가족 단위로 온 사람이 70퍼센트를 차지했기 때문에 성별, 연령 비율이 다른 국민이 세운 사회보다 매우 안정되어 있었다. 덕분에 상대적으로 전염병의 위험에서 벗어날 수 있었던 뉴잉글랜드는 빠르게 인구를 늘려나갔다. 1640년 이후 한 세기 동안 뉴잉글랜드에는 새로운 이주민이 거의 유입되지 않았지만, 이 지역의 유럽계 인구는 세대가 바뀔 때마다 두 배씩 증가했다. 1660년 뉴잉글랜드 인구는 그들보다 한 세대 먼저 정착촌을 형성했던 타이드워터보다 두 배 이상 많은 6만여 명에 달했다. 양키덤은 리오그란데 북쪽에서 가장 큰 인구 밀집지역이 됐지만, 그 많은 정착민이 같은 목적을 가지고 같은 시기에 이주해왔기 때문에 응집력이 가장 높은 사회이기도 했다.[2]

청교도 이주민들은 귀족이나 젠틀맨의 지배를 받지 않았다. 사실 양키덤에는 귀족과 젠틀맨 계급이 한 번도 존재한 적이 없다. 대신 학식이 뛰어난 엘리트들이 양키덤을 이끌었다. 프랑스 귀족인 알렉시스 드 토크빌은 1835년 "양키덤은 인구 비례로 따져보면 여느 유럽 국가보다도 많은 학자를 보유하고 있다"고 기록했다. "그들은 모두 예외 없이 훌륭한 교육을 받았다. 그들 중 상당수는 뛰어난 학식과 재능 덕분에 유럽에서도 유명했다."[3]

청교도들은 영국에 있을 때부터 왕정과 귀족적 특혜에 대한 반감이 무척 컸는데, 이는 미국에서도 마찬가지였다. 그들은 애초부터 지주 귀족, 특권의 대물림, 과시적 부를 거부했다. 여느 식민지와 달리, 양키덤을 이끈 지도자들의 친구나 가족, 측근들은 넓은 땅을 불하받아 지주가 된 것이 아니라, 사람들에게 땅을 구역별로 팔아서 부를 축적했다. 청교도들은 주민들의 승인 아래 위원회를 선출해 공공 도로와 교회, 학교, 마을 잔디밭 부지의 위치를 확정하고 각 가정에 땅을 어떻게 배분할 것인지 등을 결정했다. 대가족이고 부자일수록 땅을 더 많이 가지긴 했겠지만, 분배 과정은 놀랄 만큼 평등했다. 주민들은 정착촌에 그들의 고향인 영국 동부 지역의 지명을 붙였다. 서퍽 주의 헤이버힐, 입스위치, 그로턴, 에식스 주의 스프링필드, 몰든, 브레인트리, 노펵 주의 린, 힝엄, 뉴턴, 그리고 보스턴의 남부 링컨셔 항구 등의 지명이 그렇다. 주민들은 공동체의 공공재를 위해 협력해서 일했다. 토지나 재화를 놓고 다투는 것은 신이 주신 소명에 어긋나는 짓이라고 생각했다.[4]

뉴잉글랜드는 도시의 유무뿐 아니라 권력 구조에서도 타이드워터와 큰 차이점을 보였다. 선택받은 이들은 주교나 대주교는 물론 왕의 간섭을 받지 않고 스스로 통치할 수 있어야 한다고 믿었기 때문에 모든 청교도는 완벽한 자치 공동체를 형성했다. 종교적인 사안뿐 아니라 세속적인 문제들도 마찬가지였다. 각 도시는 법 집행, 학교 및 토지와 관련된 행정 업무, 세입과 세출, 국방 기관에 이르기까지 모든 것을 스스로 통제하는 하나의 작은 공화국과 같았다. 오히려 주州는 별다른 힘이 없었다. 모든 도시는 도시행정위원들로 구성된 각자의 작은 정부를 가지고 있었다. 교회 성인 남성 신도들에 의해 선출되는 도시행정위원회는 복수 행정부제Plural executive 행정부 수반을 복수로 선출해 서로 합의로 행정권을 행사하게 하는 제도와 같은 형태로 운영됐고, 투표권을 가진 주민들은 의회의 축소판과 같았던 타운미팅을 통해 목소리를 냈다. 뉴잉글랜드는 불관용적이고 여러 측면에서 권위주의적인 사회이긴 했지만, 인구 구성을 놓고 따져보면 놀랄 만큼 민주적인 사회이기도 했다. 성인 남성의 60~70퍼센트(성인 인구의 30~35퍼센트)는 투표권을 가지고 있었고, 부자나 명문가라 하더라도 법과 정치 앞에서는 똑같이 평등했다. 지방자치 정부, 직접민주주의의 전통은 양키 문화의 핵심으로 자리매김했다. 오늘날에도 뉴잉글랜드 전역의 지역 공동체는 여전히 연례 타운미팅에서 공공 지출원을 놓고 토론을 벌인다. 대부분의 시정 정책은 주민 대표의 간접 투표가 아니라 직접 투표를 통해서 결정된다.

양키들은 미국의 다른 지역과는 비교도 할 수 없을 만큼 정부에 대한 신뢰가 깊다. 뉴잉글랜드 사람들은 정부가 자본가들의 이기적인 계략으로부터 공익을 보호해줄 것이라고 믿었다. 정부는 바람직하지 않은 행동을 규제하고 금지해 사회의 도덕적 규범을 유지하며, 사회 인프라와 학교에 공공 지출을 함으로써 더 좋은 사회를 만들어줄 수 있는 존재였다. 양키들은 정부가 그들을 위해, 그들에 의해 운영되는 기관이라고 여겼다. 정치는 모든 사람에게 열려 있어야 하며, 만약 사적인 이익을 위해 정치가 왜곡된다면 그보다 더 분노스러운 일은 없었다. 양키의 이상주의는 결코 퇴색되지 않았다.

말씀을 읽음으로써 누구나 신성한 깨달음을 얻을 수 있다고 생각한 청교도적 믿음은 중요한 의미를 함축하고 있다. 모든 사람이 성경을 읽어야 한다는 말은 곧 모든 사람이 글을 읽을 줄 알아야 한다는 의미와 같기 때문이다. 뉴잉글랜드에서는 도시가 건설되면 가장 먼저 공립학교가 세워졌고, 봉급 교사가 채용됐다. 미국의 다른 지역에서는 17세기 중반까지도 학교라는 시스템이 출현하지 않았다. 교육은 가진 자들의 특권이었다. 그러나 뉴잉글랜드에서는 모든 아이가 학교에 가야 했고, 보내지 않으면 오히려 법적 제재를 받았다. 1660년 영국에서는 글을 읽고 쓸 줄 아는 남성이 극히 소수였지만 매사추세츠에서는 남성의 3분의 2, 여성의 3분의 1 이상이 자신의 이름을 쓸 수 있었다. 기본 교육이 보편화된 후에도, 고등 교육을 받은 이들은 다른 지역에서 명문 귀족들이 누리는 것과 비슷한 존경과 경외의 대상이 됐다. 뉴잉글랜드에도 권력 가문이 존재했고 이들은 서로 혼맥으로 얽혀서 정치와 종교를 지배했다. 하지만 이들은 재력이 아닌 학식을 기반으로 한 권력층이었다. 매사추세츠 만으로 이주해온 1만5000명의 최초 정착민들 중 최소 129명은 옥스퍼드나 케임브리지 졸업생이었는데, 이는 그 시대에 비춰볼 때 놀랄 만큼 많은 숫자였다. 지도자들은 모두 이런 식자층이었으며, 초창기 매사추세츠나 코네티컷에서 총독 역할을 맡았던 사람 중 귀족은 없었다. 그들 중 상당수는 영국 대학 출신이거나 혹은 청교도가 신대륙으로 이주해온 후 세운 하버드 졸업생들이었다(1645년 발행된 브로슈어에 따르면 하버드는 "배움을 증진해 이를 후대에 영원히 전달하고, 글을 읽고 쓸 줄 모르는 목사들을 교육하기 위해" 세워졌다). 보스턴은 처음 세워질 때부터 오늘날까지 미 대륙에서 언제나 변함없는 지성의 수도로 존재해왔다.[5]

만약 청교도들이 자신들의 사회에만 집중했다면, 이웃 사회도 그들에게 별다른 신경을 쓰지 않았을 것이다. 하지만 양키덤은 주변 세력으로부터 혐오의 대상이 됐다. 자기들 삶의 방식을 세상 모두에게 전파해야 한다는 그들의 선교 사명 때문이었다. 청교도들은 자신들이 단순히 신에게 선택받은 사람이라고 믿는 데서 그친 것이 아니라, 죄악으로 가득 찬 세상에 하나님의 뜻을 전파하는 것 또한 신이 부여한 의무라고 생각했다. 모든 양키 칼뱅주의자는 각자에게 주어진 천직이 있다는 '소명'의식을 가지고 있었다. 천직에 종사하는 것은 성직자들처럼 하나님의 일을 하는 것이라고 여겼다. 선교사, 상인, 구두 수선공에 이르기까지 모두가 자신의 천직을 위해 부단히 노력해야 했다. 게으름은 신을 믿지 않는다는 증거였다. 개인의 부는 하나님의 계획에 부합하는 세상을 이룩하기 위해 자선사업이나 직업을 위한 투자 등 좋은 일에 쓰도록 했다. 그러면 다른 사회와 문화권에 속한 사람도 "언덕 위의 불빛"을 보고 따르려 할 것이며, 따르지 않는 이들에게는 재앙이 내릴 것이라고 믿었다.

청교도들은 낯설고 이질적인 것을 배척하며 두려워하는 성향을 지녔지만, 정작 이웃들에게 가장 위험한 존재는 그들 자신이었다. 양키들은 특히 논밭 너머에 펼쳐진 무질서하고 충동적인 공간, 야생지역을 두려워했다. 그곳에 살고 있는 사탄이 공동체의 품에서 벗어난 사람을 유혹하기 위해 호시탐탐 기회를 노리고 있다고 생각했다. 숲속에 사는 사람들, 즉 뉴잉글랜드 지역의 원주민들은 그들이 보기에 절제할 줄 모르고 성적으로 문란했으며, 노출이 심하고, 정령을 숭배하면서 안식일을 지키지 않는 등 악마의 지배를 받고 있었다. 뉴프랑스의 정착민들과 달리 청교도들은 인디언을 기본적인 도덕적 의무조차 지키지 않는 "야만인"이라고 생각했다. 인디언들은 합의를 준수할 줄 모르는 데다 공정한 거래를 하지 않고 무고한 이들은 살육하지 않는다는 최소한의 원칙마저 저버리는 족속이었다. 1636년 양키사회에 불만을 품고 숲으로 들어간 한 무리의 청교도인들은 불법 거주자들이 살고 있던 정착촌을 발견했다. 그곳은 코네티컷이란 이름으로 불리고 있었다. 코네티컷의 존재를 알게 된 매사추세츠 당국은 피쿼트 인디언 말살 전쟁을 구실로 앞세워 불법 거주자들이 사는 땅을 빼앗고자 했다. 당시 코네티컷은 네덜란드 모피상들이 점유하고 있었다. 양키들과 토지 소유권을 놓고 분쟁이 생기자 모피상들은 피쿼트 인디언에게 정당하게 땅을 구입한 것이라고 주장했다. 영국인 개척자의 유입을 막고자 했던 피쿼트는 네덜란드 편을 들었고, 피쿼트와 앙숙이었던 나라간세트 인디언은 뉴잉글랜드 편을 들었다. 양키들은 군대를 끌고 피쿼트 마을을 습격해 잿더미로 만들었다. 피쿼트 전쟁은 전쟁이라기보다는 영국인들의 일방적인 인디언 학살이었다. 피쿼트 마을을 포위한 청교도들은 반항 한번 제대로 하지 못한 인디언들을 남성, 여성, 어린이 가릴 것 없이 눈에 띄는 대로 도륙하고 산 채로 태워 죽였다. 그들의 잔인한 행동은 청교도들과 일시적으로 연합관계를 형성하고 있던 나라간세트 족 인디언들까지 충격과 분노에 빠뜨렸다. 플리머스 총독인 윌리엄 브래드퍼드는 "불 속에 타고 있는 사람들, 그리고 그들이 흘린 피가 그 불을 꺼뜨릴 정도로 강을 이루며 흐르는 모습은 몹시 끔찍해서 차마 눈 뜨고 볼 수 없을 정도였다"면서도, "승리를 위한 달콤한 희생이었다. 신이 그들을 위해 놀라운 일을 행하셨다"고 주장했다. 인디언들과의 총력전은 식민지 시대 내내 이어졌다. 청교도들은 중립적이거나 우호적인 인디언 부족조차, 그들이 다른 인디언 부족과 전쟁을 벌이는 틈을 타 닥치는 대로 공격했다. 생포한 인디언 어린이들은 살해되거나 혹은 영국령 카리브 해의 노예상들에게 팔려나갔다. 청교도 목사인 윌리엄 허버드는 "한 배에서 태어난 수많은 어린 뱀 새끼들"을 포획한 것은 "하늘이 영국인 편"이라는 또 다른 증거라고 설파하면서 이러한 관행을 눈감아줬다.[6]

청교도들의 정복 야심은 인디언에게 국한되지 않았다. 영국 내전 기간과 그 직후에도 매사추세츠 군인과 청교도 성직자들은 메릴랜드 및 바하마에서 양키 쿠데타를 시도하는 한편 메인 지역의 왕당파 식민지를 자신들의 영토로 병합했다. 또 코네티컷, 플리머스, 뉴햄프셔를 '성서 연방Bible Commonwealth'의 위성도시로 만들었다. 40년 동안 보스턴은 로드아일랜드를 제외한 모든 양키 식민지가 가입한 뉴잉글랜드 식민지 연합United Colonies of New England의 수도 역할을 하며 그 일대를 지배했다. 청교도 법원은 뉴햄프셔에서 성공회 목사를 쫓아내고, 생활고에 시달리는 메인 지역의 어부들에게도 칼뱅주의 도덕 규범을 강요했다.[7]

미국 식민 제국 시대를 관통한 두 가지 정치적 이데올로기가 있다. 서로 긴밀히 연결된 그 둘은 '미국 예외주의American Exceptionalism'와 '명백한 운명Manifest Destiny'이다. 전자는 미국인이 신에게 선택받은 이들이라는 것이고, 후자는 미국인이 동부에서 서부까지 북미 대륙 전체를 지배하는 것은 신의 뜻이라는 주장을 담고 있다. 양키 청교도주의에 뿌리를 두고 있는 이 두 이데올로기는 뉴잉글랜드 자손들에 의해 더욱 진화하고 강화됐으며, 양키덤 내에서 큰 인기를 끌었다. 하지만 19세기 초반 무렵, 양키 문화가 뉴잉글랜드 외의 다른 국민을 지배하기란 현실적으로 어렵다는 사실이 명확해졌다. 양키들에게는 안타까운 일이지만, 다른 국민이 그들의 패권주의에 격렬하게 저항하기 시작했기 때문이다.

애초부터 양키덤은 귀족사회, '노르만' 정체성 등 타이드워터가 지향한 모든 가치와 정확히 대척점에 있었다. 영국 내전이 발발하자 수백 명의 청교도는 영국으로 돌아가 올리버 크롬웰의 신형 군New Model Army에 합류해 싸웠다. 급진적 개념에 입각한 신형 군은 사회적 신분보다 군사적 능력에 따라 계급을 결정했다. 그들은 왕당파 군대와의 전쟁을 600년 전 정복자 윌리엄과 노르만 침입자들에게 빼앗겼던 앵글로색슨 땅을 되찾아오기 위한 싸움처럼 느끼고 있었다. 병사들은 야영지를 찾아온 방문객에게 "영국의 귀족은 정복자 윌리엄의 졸개들"이라고 주장하기도 했다. 그들이 진정 노르만이 씌운 멍에로부터 벗어나고 싶다면 가장 먼저 내쫓아야 할 사람은 '정복자 윌리엄의 마지막 계승자'인 찰스 왕이었다. 찰스 왕을 쫓아내는 데 성공한 반란군은 역사에 길이 남을 '인민협정the Agreement of the People'을 체결했다. 인민협정은 모든 사람이 태어날 때부터 자유로우며, 법 앞에 만인이 평등하도록 귀족 특권을 폐지하고, 모든 교구가 성직자를 직접 선출할 수 있다고 명시했다. 신형 군 편에서 싸웠던 한 참전 용사는 "이제까지의 법은 모두 정복자에 의해 만들어졌던 것"이라면서 "드디어 우리는 자유를 약속받았다"고 말했다.[8]

영국 내전은 끝났지만 타이드워터와 뉴잉글랜드 사이에 감돌던 긴장감은 사라지지 않았다. 신형 군의 승리(그리고 이어진 군사독재)로 매사추세츠의 청교도들은 인근 땅을 합병해 영토를 넓혀나갈 수 있는 시간을 벌었다. 반면 왕당파는 대거 버지니아로 도피해 "왕당파 엑소더스"가 일어났다. 타이드워터 젠트리에게 왕을 처형하는 데 동참해 반역을 꾀한 뉴잉글랜드는 사회의 근간을 파괴하는 급진적 사상이 꿈틀대는 불온한 땅이었다. 반면, 양키들에게 타이드워터는 노르만 정복으로 시작된 영국인의 노예화를 영속시키려 하는 반동적인 영주들의 은신처일 뿐이었다. 1658년 크롬웰의 사망으로 왕정복고가 일어나고 웨스트민스터에 '왕당파 의회'가 소집되면서 뉴잉글랜드는 다시 급박한 상황에 놓였다. 버지니아의 젠틀맨과 메릴랜드의 캘버트 가문은 다시 런던을 등에 업었다. 청교도의 신생 사회는 절체절명의 위기에 직면했다.

미 대륙의 영국 식민지들은 첫 번째 혁명의 순간을 향해 달려가기 시작했다. 하지만 그들은 그전에 먼저 어떤 외국 이방인들과 겨뤄야만 했다.

5장

뉴네덜란드의
탄생

네덜란드인들이 뉴욕 시를 처음 만들었다는 것은 잘 알려진 사실이다. 그러나 뉴욕이 미 대륙에서 가장 활기차고 영향력 있는 도시가 될 수 있었던 이유가 바로 그 네덜란드인들의 영향 때문이란 사실을 아는 사람은 많지 않다. 뉴욕은 미국 내 어떤 도시와도 견줄 수 없을 만큼 독특한 문화와 정체성을 가진 곳이다. 믿기 어렵겠지만, 뉴욕이 보유한 현재의 특징들은 맨해튼이 아직 황무지였을 때부터 형성됐다. 지구에서 가장 큰 이 도시가 섬 남쪽 끝에 매달린 조그마한 마을에 불과했을 때부터 말이다.

뉴네덜란드는 메이플라워호 상륙으로부터 불과 4년 후인 1624년에 세워졌다. 청교도들이 매사추세츠 만에 정착한 것은 그로부터 6년이 흐른 뒤다. 뉴네덜란드의 수도이자 주요 정착지였던 뉴암스테르담은 나무로 만든 암스테르담 요새를 중심으로 세워졌다. 암스테르담 요새가 있던 위치에는 현재 아메리칸 인디언 박물관이 자리하고 있다. 과거 네덜란드인들이 우시장으로 사용했던 볼링 그린과 배터리 파크 바로 옆에 위치해 있다. 뉴암스테르담이 1664년 영국인들에게 정복됐을 때, 이 도시의 크기는 고작 월가까지였다(당시 월가에는 실제로 네덜란드인들이 세운 장벽이 쳐져 있었다). 주도로인 브레이더 베흐Breede weg(지금의 브로드웨이)는 장벽을 통과해 농장, 밭, 숲을 지나 북쪽 끝에 위치한 할렘 마을까지 이어졌다. 연락선은 이스트 강을 건너 '랑어 아일랜드Lange Eylandt' '브뢰컬런Breukelen' '플리싱언Vlissingen(플러싱)' '플라키 보스Vlacke Bos(플랫부시)' '뉴위트레흐트 New Utrecht(지금의 브루클린 주변)'의 인근 마을로 사람과 물건을 실어 날랐고, 항구 맞은편의 호보컨Hoboken과 스타턴 아일랜드Staaten Eylandt로도 운항했다. 당시 이 지역의 인구는 1500명에 불과했다.[1]

하지만 이 작은 마을은 그때부터 이미 북미의 어떤 지역과도 달랐다. 모피 교역소로 출발한 이 도시는 사회를 어떻게 단결시킬 것인지, 혹은 어떤 사회적 모델을 지향해야 할 것인지에 대한 고민이 모두 거세된, 그저 상업적인 목적에만 충실한 곳이었다. 도시의 행정은 글로벌 기업 '네덜란드 서인도 회사Dutch West India Company'의 관할 아래 놓였고, 실제로 처음 몇십 년 동안은 서인도 회사가 공식적으로 뉴네덜란드를 통치했다. 양키덤과 타이드워터 사이에 위치한 이 도시는 양쪽 모두가 이용하는 화물 집산지가 됐다. 이곳의 시장과 선박, 창고에는 버지니아 산 담배와 뉴잉글랜드에서 잡힌 소금에 절인 대구, 인디언들이 가져온 비버 가죽, 리넨, 접시, 영국에서 실어온 공산품들, 그리고 할렘과 브루클린의 농장에서 생산된 농산물들이 가득했다. 인구 구성도 무역품만큼이나 다양했다. 프랑스어를 하는 왈론인(벨기에 남부 사람들, 폴란드·핀란드·스웨덴에서 온 루터교도, 아일랜드와 포르투갈 출신의 가톨릭교도뿐만 아니라 성공회교도, 뉴잉글랜드의 청교도와 퀘이커교도들까지 북적였다. 뉴프랑스와 양키덤, 타이드워터는 모두 유대인을 거부했지만, 뉴암스테르담은 1650년대에 아슈케나짐Ashkenazim(중동부 유럽 출신 유대인)과 세파르딕Sephardic(스페인과 북아프리카계 유대인)의 정착을 허용했다. 그때 뉴암스테르담에 형성된 작은 유대인 마을은 오늘날 세계에서 가장 큰 유대인 공동체로 성장했다. 인디언들이 거리를 활보했고, 아프리카 흑인(노예, 자유인, 반노예)도 이미 전체 인구의 5분의 1을 차지하고 있었다. 모로코에서 온 무슬림은 이미 30년 전부터 장벽 밖에서 농사를 지으며 살고 있었다. 이 도시를 방문한 사람들은 종교와 민족, 언어의 다양성에 깜짝 놀라곤 했다. 뉴프랑스의 예수회 신부였던 이삭 조그는 뉴암스테르담의 인구가 500명인데, 그들이 사용하는 언어는 18개였다고 추산했다. "오만했던 바벨탑이 모든 인류에게 남긴 폐해"였던 셈이다.[2] 민족과 출신 국가가 다양하다보니 이들은 서로 주도권을 잡기 위해 늘 다툼을 벌였다. 심지어 네덜란드인조차 이 도시에서 다수를 차지하지 못했다. 이 지역의 엘리트들은 대부분 가난한 집안에서 태어나 무역과 부동산 투기로 자수성가한 사람들이었다. 무역을 발달시키는 것이 최우선 목표였던 정부는 민주주의의 도입을 거부하면서도 다양성은 포용할 수밖에 없었다. 그 마을이 지금의 뉴욕이 됐고, 당시의 특징들 상당수가 오늘날까지 이어져 내려오고 있다.

다양성과 관용, 계층 이동, 민간 기업 육성은 미국의 정체성을 대표하는 특징이 됐는데, 사실 그 모든 것은 뉴네덜란드가 남긴 유산들이다. 실제로 미국 혁명이 역사에 남긴 업적의 상당 부분은 그로부터 두 세기 전 네덜란드인들이 스페인 제국으로부터 독립하기 위해 벌였던 렉싱턴 전투에서 이미 이룩한 것들이다. 그들은 압제 정부에 대항해 1581년 독립을 선언하고 천부인권을 주장하면서 왕이 존재하지 않는 공화국을 선포했다.

1600년대 초반 무렵, 네덜란드는 지구상에서 가장 근대적이고 세련된 국가였다. 그들이 창조한 예술과 법, 상업적 관습, 제도는 서구사회의 표준이 됐다. 근대적 형태의 암스테르담 은행은 세계 각국의 어떤 동전이나 화폐도 네덜란드 플로린(옛 네덜란드 통화)으로 교환 가능한 세계 최초의 어음교환소였다. 1602년, 네덜란드 동인도 회사가 설립됐다. 수백 척의 배와 수천 명의 직원을 거느린 이 회사는 인도네시아, 일본, 인도, 남아프리카까지 누볐다. 부유한 상인부터 하녀, 일용직 노동자까지 다양한 사회적 계층이 주주로 참여하는 등 동인도 회사는 사회 전반의 전폭적인 지지를 받았다. 1600년 당시로서는 매우 세련되게 디자인한 해양 선박 1만여 척을 보유하고 있던 네덜란드는 북유럽의 선박 산업을 지배했다. 인도 회사가 뉴암스테르담을 세울 무렵 네덜란드가 세계 경제에서 담당한 역할은 20세기 후반의 미국에 견줄 정도였다. 그들은 국제 상업, 금융, 법의 표준을 만들었다.[3]

17세기 여느 유럽 국가들과 달리, 네덜란드는 탐구의 자유를 보장했다. 네덜란드의 대학들은 이성적 사고를 제약당했던 다른 나라의 사상가들이 가장 가고 싶어했던 곳이다. 네덜란드로 망명한 지식인 중에는, 지식의 탐구는 성경이나 고대 철학자의 권위에 기대기보다 '양식good sense'을 바탕으로 이뤄져야 한다고 주장했던 프랑스 철학자 르네 데카르트도 있었다. 근대 과학의 근간을 이룬 그의 철학은 『갈릴레오 담론과 두 개의 신新과학에 대한 수학적 입증Galileo's Discourses and Mathematical Demonstrations Concerning Two New Sciences』(1638)을 통해 네덜란드에서 맨 처음 발표됐다. 근대 물리학의 기초를 닦은 이 책은 이탈리아에서였다면 교황청의 검열 때문에 출판 자체가 불가능했을 것이다. 암스테르담에서 태어난 바뤼흐 스피노자는 랍비에게 파문을 당한 세파르딤 유대인이었다. 그는 성서 비판부터 전면적 생태 보호운동까지 다양한 사상을 담은 철학적 글로 명성을 얻었다. 존 로크는 암스테르담에서 망명생활을 하는 동안 교회와 국가의 분리를 주장한 『관용에 관한 서신A Letter Concerning Toleration』(1689)을 썼다. 네덜란드 과학자들은 망원경과 현미경의 발명을 통해 토성의 고리부터 정자 세포의 존재까지 밝혀냈다. 네덜란드 당국이 언론의 자유를 보장했기 때문에 이러한 사상과 발견은 전 세계로 전파될 수 있었다. 17세기에 출간된 전 세계 모든 책의 절반가량은 네덜란드에서 인쇄됐을 것이라고 학자들은 추정한다. 북해와 가톨릭 종교 재판 국가들 사이에 위치한 네덜란드는 지적 자유의 추구를 위한 조그마한 오아시스이자, 근대 세계를 탄생시킨 인큐베이터였다.[4]

네덜란드 공화국은 또한 유럽 곳곳에서 박해받는 사람들의 피난처이기도 했다. 스페인은 이단자를 화형에 처했지만, 네덜란드는 공화국 설립 당시 체결한 1579년 조약에 따라 "모든 이는 종교의 자유를 지니며, 누구든 종교를 이유로 박해받거나 심문당하지 않는다"고 명시했다. 프랑스와 영국은 유대인의 입국을 금지했지만, 암스테르담은 스페인과 포르투갈에서 추방당한 수천 명의 세파르딤 유대인을 끌어안았다. 네덜란드의 유대인들은 커다란 시나고그에서 예배를 드리고 뉴네덜란드와 동인도 식민지를 세운 무역 기업들에 투자도 할 수 있었다. 가톨릭, 메노파 교도, 루터교도는 인구 대다수를 차지하는 칼뱅주의자들과 평화롭게 어울려 살았다. 1607년 영국인 윌리엄 브래드퍼드가 이끄는 필그림이 찾아왔을 때도 네덜란드는 이들을 크게 반겼다. 이들이 네덜란드에 머물기 위한 조건은 "모든 법을 준수하고 정직하게 행동"하는 것뿐이었다. 외국인 난민이 인구의 3분의 1을 차지했던 대학도시 레이던에서 청교도들이 찰스 국왕을 비판하는 팸플릿을 만들어 배포했을 때도 네덜란드의 지방 공무원들은 이들을 처벌하지 않았다. 심지어 영국 왕실이 이들을 단속해달라고 요청했는데도 꿋꿋이 언론의 자유를 보장했다. 하지만 모두가 네덜란드의 종교적 다원주의를 좋아했던 것은 아니다. 브래드퍼드는 "네덜란드의 어린이들은 젊은이의 음탕함과 엄청난 유혹 때문에 나쁜 본보기를 보며 자라나고 있다"면서 "이 나라는 고삐가 풀린 것처럼 방탕하고 위험한 길로 빠지고 있다"고 생각했다. 네덜란드는 지나치게 자유로웠다. 청교도 필그림은 결국 신대륙의 황무지로 떠났고, 그곳에서 어린이들을 매우 엄하게 양육했다.[5]

하지만 네덜란드를 떠나 불확실한 대서양 너머로 건너간 사람들은 극히 소수에 불과했다. 네덜란드에는 계약 노예를 자원할 만큼 가난한 사람도 많지 않고, 정부가 종교적인 이유로 박해하지도 않았으니 자신의 신앙을 지키기 위해 더 관용적인 사회를 찾아 헤맬 필요도 없었다. 그래서 뉴네덜란드는 이주민 부족으로 어려움을 겪었던 뉴프랑스와 비슷한 처지에 놓일 수밖에 없었다. 뉴네덜란드를 찾아오는 이주민은 일확천금을 노리는 모험가들 아니면, 네덜란드와 연결 고리가 약한 외국인들이었다. 외국인들은 아마 청교도 필그림처럼 단순하고 쉽게 장악할 수 있는 사회를 찾아 이곳에 왔을 것이다. 뉴네덜란드가 건설되고 31년이 지난 1655년에도 주민의 숫자는 여전히 2000명에 머물렀다. 1664년 영국인이 뉴네덜란드를 정복했을 때도 이곳의 인구는 그들보다 늦게 세워진 뉴잉글랜드 식민지의 4분의 1 수준인 9000명에 불과했다.[6]

뉴네덜란드의 기업자본적 성향 역시 그들의 성장을 저해한 중요한 요인이었다. 네덜란드인들은 영국의 미 대륙 지배를 막기 위한 수단으로 식민지를 건설했지만 운영 비용은 최소화하고자 했다. 아시아, 아프리카,

브라질, 카리브 해 등 이미 활동 무대가 너무 넓었던 네덜란드는 북미에 많은 자원을 투자하고 싶어하지 않았다. 게다가 북미는 향신료나 설탕, 차같이 뚜렷한 경제적 수익 모델이 없어서 상대적으로 우선순위가 낮은 지역이었다. 그래서 네덜란드 당국은 북미 대륙의 식민지 건설 사업을 민간 부문으로 아웃소싱했다. 북미 네덜란드 식민지의 정치적 주도권은 서인도 회사로 넘어갔다. 뉴네덜란드인들은 종교적 관용과 엄청난 경제적 자유를 누렸지만, 공화주의 정부만큼은 절대 가질 수 없었다. 서인도 회사는 선출 기관의 견제 없이 식민지를 지배할 총독과 자문위원회를 마음대로 임명했다. 본국인 네덜란드와의 무역은 무조건 서인도 회사의 선박만 이용해야 했고, 가장 수익성 높은 품목인 비버 모피 무역도 이들이 독점했다. 그렇게 이익을 독차지했으면서도 서인도 회사는 맨해튼 너머로 식민지를 확장하는 개척 비용은 감당하지 않으려 했다. 대신 그들은 외부 자금을 끌어들이기 위해 당근책을 만들었다. 부유한 투자자들에게 뉴네덜란드로 오는 이주민의 뱃삯을 부담해주면 그 대가로 허드슨 밸리 상류에 귀족 영지를 조성할 수 있는 땅을 주겠다고 제안한 것이다. 영주, 혹은 '지주'가 되면 카운티만 한 넓은 면적의 땅을 불하받아서 영지 내 소작농의 생사여탈권을 좌우하고 판사와 배심원 역할을 하면서 민·형사 소송을 관장하는 것은 물론 중범죄의 사형 여부까지 직접 결정할 수 있는 막강한 권한이 주어졌다. 그러나 서인도 회사의 계획은 올버니 근처의 밴 렌셀라 영지만 제외하고 거의 다 실패했다. 누구나 경작할 수 있는 빈 땅이 널려 있어서 굳이 소작농이 되려고 하는 사람을 찾을 수 없었기 때문이다(뉴네덜란드의 지주들은 대부분 큰 부자였지만, 그 부는 상업을 통해 쌓은 것이다). 뉴네덜란드는 지주 귀족이 성장할 수 없었던 몇 안 되는 예외 지역이었다.[7]

그 덕분에 뉴네덜란드는 본국인 네덜란드만큼이나 관용이 넘치고 다양한 사회가 됐다. 1654년 브라질의 네덜란드 식민지에서 무일푼의 유대인 난민들이 뉴네덜란드를 찾아왔다. 반유대주의자였던 뉴네덜란드의 총독 페테르 스타위베산트는 "유대인은 정직하지 못한 인종"이라면서 적대적인 감정을 숨기지 않고 그들을 내쫓으려 했다. 그러나 암스테르담에 있는 그의 상관은 "비이성적이고 불공정한 행동"이라면서 스타위베산트의 계획을 저지했다. 그는 네덜란드의 유대인 주주들이 서인도 회사에 "어마어마한 돈"을 투자했다는 사실을 상기시켰다. 스타위베산트가 "듣도 보도 못한 괴상한 이단 집단"이라며 퀘이커교도들의 이주를 제한하려 했을 때도 플러싱의 주민들은 "사랑과 평화, 자유를 보장한 이 나라의 법은 유대인, 터키 무슬림, 그리고 이집트 집시들에게도 똑같이 적용된다. 그것이 바로 네덜란드 역외 국민인 우리에게 주어진 영광"이라고 탄원하며 항의 집회를 벌였다. 서인도 회사의 임원들은 편협한 총독에게 "사람의 양심을 힘으로 통제하려 하지 말라. 조용히 법을 지키면서 이웃에게 해를 끼치지 않고 정부에 순응하며 사는 모두에게 신앙의 자유를 허락하라"고 경고했다. 본국인 네덜란드에서 중요한 가치로 여겨졌던 관용은 식민지의 성공에도 중요한 요소로 작용했다. 그리고 이는 오늘날의 뉴욕 시를 존재하게 만든 핵심이기도 하다.[8]

뉴네덜란드는 인디언들과도 공평하고 우호적인 관계를 형성했는데, 이는 그들의 사고방식이 깨어 있기 때문이라기보다는 그편이 자신들에게 이익이라고 판단했기 때문이다. 동부 해안가의 경쟁자들과 달리 뉴네덜란드인들은 식민지 시절 내내 인디언에게 수적으로 열세였다. 만약 그들이 이로쿼이 인디언 5개 부족을 공격한다면 그것은 자살 행위나 다를 바 없었을 것이다. 무엇보다 이로쿼이 인디언이 뉴암스테르담의 모피 대부분을 공급하고 있다는 점에서 이는 사업적으로도 치명타가 될 것이 분명했다. 하지만 이로쿼이만큼 강하지 않았던 허드슨 강 하류의 알곤킨족 인디언은 경우가 달랐다. 그들에게는 1640년 이후부터 거래할 수 있는 비버가 거의 남아 있지 않았다 비버를 너무 많이 사냥하다보니 1640년 무렵부터는 허드슨 강에서 비버가 거의 자취를 감췄다. 반면 그들은 가장 비옥한 농토를 차지하고 있어서 뉴네덜란드의 식민지 확장에 걸림돌이 됐다. 땅을 둘러싼 갈등은 1640~1660년대에 벌어진 몇 차례의 피비린내 나는 전투로 확대됐다. 전쟁으로 양측 모두는 끔찍한 피해를 입었다. 뉴네덜란드인들은 인디언을 악마의 하수인으로 여기지 않았고 인디언과의 결혼도 전면적으로 허용했지만, 가장 중요한 것을 침해당했을 때는 가차 없었다.[9]

즉, 네덜란드인들의 관용은 이런 것이었다. 그들은 다양성을 축복이라 여겼던 것이 아니라 그저 '참고 견딘' 것이었다. 샹플랭의 고향인 생통주 마을 사람들처럼, 네덜란드인들은 많은 사람의 목숨을 앗아간 유럽의 종교전쟁을 겪으면서 다양성을 인정하는 것 외에 더 좋은 대안은 없다는 것을 깨달았다. 문화와 종교에 대한 획일적인 강요는 분쟁을 야기하고, 이는 무역과 사업을 망가뜨리는 자해와 다를 바 없었다. 다름을 수용한 이들의 태도는 오늘날 뉴욕 시의 특징을 형성했다. 뉴욕에서는 모든 문화와 종교와 계급이 뒤섞이고, 상업, 정치, 아이디어 시장에서 우위를 차지하기 위한 치열한 몸싸움이 벌어진다.

17세기 후반 무렵, 뉴네덜란드 지역을 지배했던 엘리트 가문에는 네덜란드의 특징에 걸맞게도 자수성가한 사람이 많았다. 군인 신분으로 뉴암스테르담에 왔던 밴 코틀랜트 가문의 설립자는 목수, 상인을 거쳐 부시장이 됐다가 나중엔 시장의 자리까지 올랐다. 프레더릭 필립스는 정육점 주인으로 출발하지만 전당포 주인, 그다음에는 모피 중개상이 됐다.

그는 개인 상선으로 사업을 하고 있던 부유한 미망인 마거릿 드프리스의 도움을 끌어내는 데 성공, 1679년에는 바베이도스 농장과 용커즈 저택을 보유한 뉴욕 최고의 부자로 변신했다. 얀 아르천 판데르빌트는 1650년 계약 노예 신분으로 뉴네덜란드에 왔지만, 스태튼 섬에서 태어난 그의 5대손 코닐리어는 훗날 밴더빌트를 역사상 가장 부유한 가문 중 하나로 일으켜 세웠다. 밴 뷰런도 원래는 렌셀라 영지에서 일하던 소작농이었지만, 아들 대에는 자작농으로 신분이 상승됐고, 심지어 그의 7대손은 미국의 대통령이 되었다.[10]

지배층 대부분이 네덜란드 서인도 회사와 관련 있었던 뉴네덜란드는 기본적으로 상업사회의 성격을 띠었다. 서인도 회사는 영국의 기업보다 도덕성이 더 결여돼 있었다. 이 회사는 수익성만 보장된다면, 인간도 개의치 않고 거래했다. 실제로 미국에 완전한 노예제를 도입한 것은 버지니아나 사우스캐롤라이나의 젠틀맨이 아니라, 맨해튼의 상인들이었다. 1626년 타이드워터의 흑인이 아직 계약 노예로 일하던 시절, 서인도 회사는 노동력 부족을 해소하기 위해 11명의 노예를 수입했다. 1639년에는 도시에서 북쪽으로 5마일 떨어진 곳에 노예 캠프가 세워졌다. 서인도 회사의 농장과 부두에서 일할 노동력을 공급하기 위해서였을 것이다. 1655년에는 이 회사의 노예선인 비터 파르트가 서아프리카에서 300명의 노예를 싣고 뉴암스테르담에 도착했다. 노예는 도시 인구의 10퍼센트를 차지했으며, 보통 공개 경매를 통해 거래됐다. 영국이 뉴네덜란드를 정복하기 전 마지막 10년 동안 뉴암스테르담은 북미에서 가장 큰 노예 시장으로 빠르게 커나갔다. 대부분의 노예는 타이드워터로 보내졌지만, 1670년 무렵에는 뉴암스테르담 인구의 20퍼센트가량이 아프리카계로 채워졌다. 그러나 뉴암스테르담의 흑인이 전부 노예였던 것은 아니다. 일부는 주인에게서 해방돼 완전한 자유를 얻는 데 성공했으며, 서인도 회사 소속 노예의 상당수도 결혼이나 여행을 할 수 있었고 심지어 주인에게 일정 비용을 지불하면 사유재산도 소유할 수 있는 "절반의 자유"를 얻었다. 뉴암스테르담이 뉴욕이 됐을 때, 이미 이 도시는 다인종 사회의 특징뿐 아니라 몇 세대에 걸쳐 이어져 내려온 노예의 역사도 가지고 있었다. 노예제는 1860년대까지도 뉴욕에 계속 존재했다.[11]

노예제로 더욱 번성한 뉴네덜란드는 1664년 8월 전성기를 맞이하려던 찰나에 영국 함선의 공격을 받았다. 뉴암스테르담은 불시에 정복당했다. 둘은 당시 전쟁을 하고 있지도 않았다. 뉴네덜란드는 항구 쪽을 공격한 함대뿐 아니라 도시를 약탈하기 위해 브루클린을 기습한 롱아일랜드 동부의 양키 반군 때문에 크게 열세에 몰렸다. 팽팽한 교착 상태에서 뉴네덜란드인들은 예상과 달리 항복을 택했다. 네덜란드의 가치와 기준을 지켜내기 위한 선택이었다. 이를 통해 뉴네덜란드인들은 그들의 사업과 상속법, 재산, 교회, 언어를 지켜냈고, 심지어 지방 관리들마저도 고스란히 자리를 보전했다. 네덜란드와의 무역도 계속 유지할 수 있었다. 이로써 뉴암스테르담은 네덜란드와 영국, 두 무역 왕국과 동시에 거래하는 세계 유일의 도시가 됐다. 무엇보다 중요한 점은 종교의 자유가 계속 보장됐다는 점이다. 뉴네덜란드는 뉴욕으로 이름이 바뀐 후에도 그들의 문화를 계속 유지해나갔다.[12]

그러나 불행하게도 새로운 정권은 뉴네덜란드 정부의 독재적인 특성까지 그대로 물려받았다. 영국에 정복당한 후 뉴욕은 찰스 왕의 형제이자 계승자인 요크 공작 제임스 경의 사유지가 됐다. 실제로 뉴네덜란드 기습 공격을 계획한 사람이 바로 제임스 경이었다. 찰스 왕은 군사 작전이 시작되기도 전에 이미 그 땅을 제임스 경에게 하사한 터였다. 군인이었던 제임스 경은 독재 제국을 건설하고자 했다. 그는 모든 행정, 입법권을 그가 임명한 총독에게 부여했다. "공작의 영지"로 전락한 뉴네덜란드에 선출 의회는 세워지지 않았다. (코네티컷에 충성을 맹세했던) 동부 롱아일랜드의 양키 정착촌은 그들이 바랐던 그렇지 않았던 간에 뉴욕 일부로 편입되었다. 제임스 경은 양키의 반발을 무시한 채 자신의 군인 동료 두 명에게 허드슨과 델라웨어 강 사이의 저인구 밀도 지역 영토를 하사해 새로운 식민지인 뉴저지를 만들었다. 1673~1674년 잠깐이었지만 네덜란드인들이 뉴네덜란드를 다시 수복한 사건이 발생하자, 제임스 경은 이후 모든 네덜란드인을 정부 기관에서 해고하고 법정에서 네덜란드어 사용을 금지하는 한편, 전 지역에 왕의 군대를 주둔시켰다.

제임스 경은 왕으로부터 전권 위임장을 받았기 때문에 식민지를 멋대로 통치할 수 있었다. 그리고 몇 년 후 그가 왕이 됐을 때, 북미를 통치했던 그의 독재는 미국 혁명의 가장 직접적인 원인으로 작용한다.[13]

6장

식민지들의
첫 번째 반란

북미의 영국 식민지들이 독재적인 영국 왕에게 저항해 반란을 일으킨 것은 모두가 잘 아는 사실이다. 하지만 그 시작이 1770년대가 아닌 1680년대라는 사실을 아는 이는 거의 없다. 미국 혁명은 새로운 국가를 건설하기 위해 미국인이 하나로 뭉친 사건이 아니다. 대영제국으로부터 자신들 고유의 문화와 정치적 시스템, 종교적 전통을 지켜내고자 개별적인 반란을 연달아 일으킨 것이다.

　1685년 제임스 2세가 왕좌에 등극하면서 위기가 닥쳤다. 제임스는 다루기 힘든 북미 식민지들을 엄하게 다스려 복종시키고자 했다. 프랑스 루이 14세의 절대 왕정을 본뜬 제임스 왕은 각 식민지에 독립적으로 존재하는 의회를 해산시키고 모든 식민지를 하나로 합친 후 군사 정권을 설치해 엄청난 세금을 부과하려 했다. 만약 그 계획이 성공했다면, 북미의 국민은 각자의 정체성 대부분을 잃어버린 채 동질화되어 뉴질랜드와 같은 고분고분한 식민지 사회가 되었을 것이다.

하지만 사회를 형성한 지 불과 2~3세대가 지났을 뿐인 이 신생 국민은 각자의 문화적 정체성을 지켜내기 위해 무기를 들고 반란을 일으켰다.

제임스는 곧바로 행동에 돌입했다. 그는 뉴잉글랜드, 뉴욕, 뉴저지를 하나로 합쳐 '뉴잉글랜드 자치령Dominion of New England'이라는 매우 큰 식민지를 만들라고 명령했다. 왕이 내려보낸 자치령의 총독은 대영제국 군대의 지원 아래 강력한 권한을 휘두르며 대표 회의와 타운미팅을 무용지물로 만들었다. 청교도가 소유한 양키덤의 재산권은 모두 무효가 됐고, 땅을 가지려면 왕실을 통해 다시 사거나 죽을 때까지 봉건 지대地代를 내야만 했다. 자치령의 총독은 케임브리지, 린, 그리고 다른 매사추세츠 지역 마을의 공유지를 독차지한 후 알짜배기 땅은 친구들에게 나눠주었다. 왕은 또한 타이드워터의 담배와 최근 정착촌이 형성된 찰스턴 인근 지역의 설탕에 과도한 세금을 물렸다. 이 모든 조치는 식민지 주민들의 동의 없이 이뤄졌다. 이는 마그나카르타가 모든 영국인에게 보장한 권리를 침해한 것이다. 새로 임명된 자치령의 판사는 이에 대해 항의하는 청교도 성직자를 감옥에 가두었다. 판사는 "식민지 사람들에게 더 이상의 특혜는 없다. 노예로 팔리지 않는 것만도 감사히 여겨야 할 것"이라고 말했다. 제임스 치하에서 영국인의 권리는 본토에만 해당되는 이야기였다. 식민지는 왕이 원한다면 무엇이든 마음대로 할 수 있는 곳이었다.[1]

처음에 식민지 주민들은 아무리 불만이 많더라도 감히 반란을 꾀할 생각은 하지 못했을 것이다. 영국 본토에서 왕정복고 반대 운동이 그처럼 확산되지 않았다면 말이다. 가톨릭으로 개종한 제임스는 관직에 가톨릭교도를 무더기로 임명하고, 가톨릭을 포함해 성공회가 아닌 다른 종교를 믿는 사람들도 자유롭게 예배를 드릴 수 있도록 허용했다. 그의 행동은 유럽 종교전쟁의 악몽이 아직도 뇌리에 생생하게 남아 있는 영국인들을 공포에 빠뜨렸다. 영국 성공회 개신교도 대부분은 이것이 교황의 음모가 아닐까 하고 두려워했다. 찰스 2세 때까지 영국에서 가톨릭교도는 공직에 임명될 수 없는 등 탄압을 받았다. 찰스 2세 사후 가톨릭교도인 제임스가 왕위에 오르자 영국에서는 교황이 제임스를 왕위에 앉히기 위해 찰스 2세를 암살했다는 소문이 빠르게 퍼져나갔다. 1685~1688년, 제임스를 왕위에서 끌어내리기 위한 세 번의 반란이 일어났다. 처음 두 번은 즉시 진압됐지만, 세 번째 반란은 성공했다. 직접 무기를 들고 싸운 것이 아니라, 네덜란드의 군대를 끌어들여 자신들 대신 싸우게 하는 전략을 쓴 덕분이었다. 윌리엄 오렌지 공이 해상에서 진격해오자 수많은 영국 고위층 인사가 환호했다. 그중에는 심지어 제임스의 딸인 앤 공주도 포함돼 있었다(아버지를 공격하러 온 외세 침략자를 딸이 환영한다는 것이 이상하게 보일 수도 있지만, 사실 윌리엄 공은 제임스의 조카이고 그의 딸인 메리 공주와 혼인했다). 친구이자 가족 같은 사람에게 허를 찔린 제임스는 1688년 12월 프랑스로 망명했다. 윌리엄과 메리는 영국인들의 유혈 쿠데타를 "영광스러운 혁명"으로 승화시키며, 영국의 왕과 여왕으로 취임했다.

쿠데타 소식이 신대륙 식민지까지 전해지는 데는 몇 달이 걸렸다. 1689년 겨울과 초봄, 정확한 소식을 듣지 못한 식민지 주민들 사이에서는 네덜란드가 영국을 침공한 것 같다는 소문만 무성했다. 사람들은 어려운 선택의 고민에 빠졌다. 가장 신중한 선택은 영국에서 어떤 일이 일어났는지 확인될 때까지 인내심을 갖고 기다리는 것이었다. 조금 더 대담한 선택은 윌리엄 공이 진짜로 영국을 침략해서 승리를 거뒀을 것이란 믿음 하에, 자신들도 식민지의 압제자에 맞서 분연히 떨치고 일어나는 것이었다. 그렇게 하면 윌리엄 공도 그들의 싸움을 높이 평가해줄 것이라 생각했다. 국민은 각자 자신에게 이익이 되는 쪽을 선택했다. 결국, 반란을 선택하지 않은 곳은 필라델피아와 찰스턴 일대의 식민지뿐이었다. 그곳은 정착촌이 형성된 지 얼마 되지 않아 주민이 수백 명에 불과해서, 봉기하고 싶어도 지정학적인 이유로 할 수 없는 상황이었다. 하지만 양키덤, 타이드워터, 뉴네덜란드는 각자의 삶을 지키기 위해 모든 것을 걸고 싸울 준비가 돼 있었다.

예상대로, 싸움의 선두에 선 것은 양키덤이었다.

자치 정부, 지방 자치 제도, 그리고 청교도적 삶에 대해 깊은 신념을 가진 뉴잉글랜드는 제임스의 정책으로 인해 가장 잃을 것이 많은 사람들이었다. 보스턴에 살고 있던 자치령 총독 에드먼드 안드로스 경은 뉴잉글랜드를 꺾는 것이 급선무였다. 그는 매사추세츠에 상륙한 지 몇 시간도 채 지나지 않아 바로 뉴잉글랜드의 정체성을 파괴할 법령을 선포했다. 청교도 교회를 개방해 성공회 교인들이 예배를 드리는 장소로 사용할 수 있게 하고, 보스턴 사람들이 "황야의 짐승으로부터 우리를 지켜주는 안전망"이라 여겼던 뉴잉글랜드 정부 헌장을 무효로 만들었다. 왕립군을 등에 업은 성공회교도와 가톨릭교도들은 정부와 군대에서 높은 자리를 차지했다. 당시 목격자들에 따르면, 상스러운 왕립 군인들은 뉴잉글랜드인들에게 "성매매와 술, 신성모독, 저주와 욕을 가르치기 시작했다". 청교도 성직자를 위해 세금을 쓰는 것도 금지됐다. 법정의 배심원들은 성공회교도들로 채워졌고, 청교도들은 법정 선서를 할 때 청교도 관례에 따라 오른손을 드는 대신 성경에 입맞춤을 하도록 강요받았다(청교도들은 이를 성공회의 '우상 숭배' 의식으로 여기고 있었다). 안드로스는 종교의 자유가 허용될 것이라고 말했지만, 바로 그 순간에도 보스턴의 공동묘지가 있던 장소에는 새로운 성공회 교회를 짓고 있었다. 신에게 특별한 언약을 받았다고 믿었던 사람들은 신의 뜻을 실현할 수 있는 수단을 하나둘 빼앗겼다.[2]

보스턴 주민들은 자치령 정책이 "교황의 음모" 중 일부임이 틀림없다는 결론을 내렸다. 그들에게 "조국"은 '뉴잉글랜드'였다. 그들은 "순수한 개신교 신앙과 진정한 직업 정신으로 무장한 뉴잉글랜드가 크게 주목을 받자, '주홍빛 창녀로마 가톨릭교회에 대한 멸칭'가 이곳을 부수어 망가뜨리려는 속셈"이라면서 "이곳 사람들은 극도로 착취당하는 비참한 현실에 놓일 것"이라고 생각했다. 신에게 선택받은 이들은 이런 일이 벌어지도록 도저히 내버려둘 수 없었다.[3]

1686년 12월, 매사추세츠의 탑스필드에 사는 한 농부가 훗날 '반란군의 소집'이라고 불리게 되는 모임을 만들어 이웃들을 선동했다. 그들은 자치령이 들어서기 전 예전의 뉴잉글랜드 정부에 대한 충성을 맹세했다. 이웃 마을들은 세금 징수원 임명을 거부했다. 안드로스 총독은 선동자를 체포해 벌금을 물렸다. 총독에게 맞선 매사추세츠 지도자들은 제임스 왕에게 직접 간청하기 위해 대서양 너머로 비밀리에 신학자 인크리스 매더를 급파했다. 매더는 런던 왕정에 호소했다. "만약 외국 왕이나 국가가 함선을 보내 뉴잉글랜드를 보호하고 원래 정부를 그대로 둘 수 있게 약속해준다면, 그것은 뿌리칠 수 없는 유혹이 될 것입니다." 그러나 대영제국을 저버릴 수도 있다는 매더의 협박은 제임스에게 통하지 않았다. 왕정 알현을 끝내고 나온 매더가 보고한 것처럼, 양키덤은 앞으로도 계속 "만신창이 상태"를 벗어나지 못할 운명이었다.[4]

1689년 2월 윌리엄의 영국 침공 소문이 뉴잉글랜드에 상륙하자, 자치령 당국은 소문이 더 이상 퍼져나가지 못하도록 안간힘을 썼다. 그들은 소식을 전한 여행자들을 "반역적인 소문을 퍼뜨린 명예훼손 혐의"로 가두어놓았다. 하지만 자치령 정부의 이런 대응은 교황 음모론에 광적으로 사로잡혀 있던 양키들을 더욱 자극할 뿐이었다. 그들은 뉴프랑스가 인디언과 손잡고 뉴잉글랜드를 공격할지도 모른다는 공포에 시달리고 있었다. 매사추세츠의 지도자들은 "정부가 저들의 손에 장악돼 있는 한, 우리는 그 어느 때보다 경계를 더 강화해야 할 때"라고 말했다.[5]

양키들의 반격은 모든 이의 지지 속에서 신속하고 기습적으로 이뤄졌다. 1689년 4월 18일 아침, 보스턴 비컨 언덕에 깃발이 게양되었다. 반란의 시작을 알리는 신호였다. 마을 사람들은 도시 경비를 맡은 왕립 해군 구축함 '로즈'의 사령관인 존 조지 선장을 기습해 구금했다. 무기를 든 50여 명의 남성은 자치령 정부가 쫓아냈던 예전의 도시 대표들을 호위해 의회 의사당으로 이동했다. 수백 명의 다른 남성들은 자치령 정부의 고관과 공무원들을 포위한 후 감옥에 가뒀다. 그날 오후 중반이 되자 도시로 진입해온 2000명의 남성은 안드로스 총독과 왕립 군이 주둔하는 요새를 에워쌌다. 28대의 대포가 탑재된 로즈함의 일등 항해사는 총독을 구하기 위해 선원들을 내보냈지만, 그들마저 해안가에 상륙한 직후 제압당했다. 쿠데타 지도자들은 "항복하고 우리의 정부와 요새를 돌려달라. 그렇지 않으면 강제로 빼앗겠다"라며 안드로스에게 경고했다. 총독은 결국 다음 날 항복했다. 그는 이미 감옥에 갇혀 있던 다른 부하들과 같은 신세가 됐다. 요새를 장악한 반군이 로즈함에 포탄을 조준하자, 임시 선장을 맡고 있던 항해사는 곧 항복을 선언하고 함선을 양키들에게 넘겼다. 자치령 정부는 불과 하루 만에 전복됐다.[6]

양키들이 반란을 일으켰다는 소식이 며칠 후 뉴암스테르담에 도착했다. 네덜란드인들은 흥분했다. 독재 정권을 종식시키는 데서 나아가, 영국에게 빼앗긴 그들의 나라를 되찾아올 기회가 생긴 것이다. 뉴욕은 다시 뉴네덜란드로 돌아갈 수 있을지도 모른다. 그러면 표현의 자유와 종교의 다양성을 박탈당한 이 나라의 모든 네덜란드인, 왈롱인, 유대인, 위그노교도들도 해방될 것이다. 식민지 자치령의 부총독인 프랜시스 니컬슨은 그동안 뉴요커들에게 "너희는 정복당한 민족이다. 영국인과 동등한 권리는 꿈도 꾸지 말라"며 마음 놓고 차별을 해왔다.[7]

반란을 선택한 뉴네덜란드인들은 모국의 군사령관이었던 윌리엄 오렌지 공에게 희망을 걸었다. 그에게라면 네덜란드 식민지를 영국으로부터 해방시켜달라는 설득이 통할지도 모른다고 생각했다. 뉴욕 시에서 열린 네덜란드인들의 회합에 참석한 사람들은 "윌리엄 공의 선조는 우리의 선조들을 스페인의 멍에로부터 해방시켜줬다. 이번에는 그가 영국을 가톨릭과 독재 정권으로부터 해방시켜주기 위해 다시 온 것"이라고 믿었다월리엄 공의 할아버지인 윌리엄 1세는 스페인과의 네덜란드 독립 전쟁을 성공적으로 이끈 후 1815년 신설된 네덜란드 왕국의 첫 번째 왕이 됐다. 실제 그해 봄, 정부에 맞서 무기를 들고 일어난 이 대다수는 네덜란드인이었다. 독일에서 태어난 네덜란드 칼뱅주의자인 야코프 레이슬러르가 그들을 이끌었다. 자치령 정부는 그들의 반란을 단순한 "네덜란드인들의 음모"로 취급하며 격렬히 비난했다.[8]

하지만 사실상 가장 먼저 반란이 시작된 곳은 동부 롱아일랜드의 양키 정착촌이었다. 코네티컷과의 통합을 염원했던 그들은 뉴욕의 일부로 묶이는 것을 결코 바란 적이 없었다. 프랑스인 가톨릭교도의 침략을 두려워했던 양키들은 반란을 일으켜 자치령의 지방 관리들을 쫓아냈다.

수백 명의 양키 민병대는 뉴욕 시와 올버니를 향해 행군을 시작했다. 요새를 점령하고 자치령 관리들이 수탈해갔던 세금을 되찾아오기 위해서였다. 그들은 "우리는 보스턴 주민들처럼 독재 정권 밑에서 신음해왔다"면서 "우리를 갈취해간 이들의 무릎을 꿇려야 할 의무가 있다. 그것은 신에 대한 의무이기도 하다"라고 주장했다. 롱아일랜드 사람들은 부총독 니컬슨이 그들의 지도자와 협상 테이블을 마련하기 전에 이미 맨해튼 14마일 부근까지 진격해온 상태였다. 부총독은 월급과 세금공제액을 돌려준다는 명목으로 집결한 민병대에게 거액의 현금을 쥐여줘서 달래는 데 성공했다. 양키들은 진군을 멈췄다. 하지만 자치령 정부가 입은 피해는 이미 컸다.[9]

롱아일랜드 양키들의 진군에 고무된 데다, 그동안 쌓인 불만이 폭발한 뉴욕 시의 민병대들도 결국 무기를 들었다. 상인들은 관세 상납을 거부했다. 뉴욕 시에 거주하던 한 무리의 네덜란드인들은 "아무도 저들을 말릴 수 없다. 그들은 식민지 행정장관에게 자신들을 오렌지 왕의 백성으로 선포해야 한다고 외치고 있다"고 기록했다. 니컬슨 부총독은 요새로 퇴각해 도시를 향해 대포를 조준하라고 지시했다. "지금 도시 안에 범죄자가 매우 많아서 거리를 걸어다니기 두려울 정도"라면서 그는 네덜란드인 중위에게 만약 봉기가 계속된다면 "도시를 향해 포탄을 쏘라"는 치명적인 지시를 내렸다.[10]

니컬슨이 내린 협박성 지시가 도시로 퍼져나갔다. 몇 시간 만에 반군을 불러 모으는 북소리가 들리기 시작했다. 무장한 도시 주민들은 요새를 향해 진격했다. 네덜란드인 중위는 문을 열어 그들을 안으로 들어오게 했다. "요새는 30분 만에 무기를 든 채 격분한 사람으로 가득 찼다. 그들은 자신들이 배신을 당했고 이제 믿을 것은 스스로밖에 없다고 외치고 있었다"고 한 목격자는 회상했다. 도시를 되찾은 네덜란드인들과 그의 동조자들은 과연 모국의 동포가 뉴네덜란드를 무덤에서 부활시켜 줄 수 있을지 초조하게 기다렸다.[11]

타이드워터는 겉보기엔 전혀 반란을 일으킬 것 같지 않은 지역이었다. 버지니아는 정치적으로는 왕당파이자 종교적으로는 성공회교로, 명백히 보수적인 지역이었다. 볼티모어 가문이 이전 중세 시대의 왕처럼 체서피크 영지를 다스리고 있던 메릴랜드는 보수적 성향이 훨씬 더 강했다. 특히 메릴랜드는 유일하게 가톨릭을 믿는 지역이었기 때문에 제임스 2세가 더더욱 마음에 들어했다. 왕은 미국 식민지를 자신의 계획에 따라 더 획일적으로 만들고 싶어했지만, 타이드워터의 젠트리는 그들의 귀족사회가 제임스 왕이 구상하는 미 식민지 계획에 부합할 것이라고 믿었다.

영국의 옛 기득권층이 제임스 왕을 공격하기 시작하자, 타이드워터의 상당수는 그들과 행동을 함께했다. 이유는 비슷했다. 영국에서 왕은 가톨릭교도들을 고위직에 임명하고 지주 귀족의 권력을 빼앗아 성공회의 힘을 약화시켰다. 제임스는 체서피크 지주들이 너무나 사랑해 마지 않았던 영국식 삶을 퇴색시키고 있었다. 한편 미국에서도 왕은 타이드워터 귀족들이 조직한 대표 회의를 인정하지 않고, 담뱃세를 지나치게 높게 매겨 농장주들의 재산을 위협했다. 왕이 교황의 음모와 결탁했을 것이란 공포가 점점 커지면서, 사람들은 가톨릭교도인 메릴랜드의 캘버트 경 역시 이에 연루돼 있을 것이라는 의심을 품게 되었다. 체서피크 만 양쪽 연안의 개신교도들은 이제까지 고수해온 삶의 방식이 포위당할 위기에 놓였다며 두려워했고, 메릴랜드의 개신교도들은 자신들의 목숨이 경각에 달렸다는 공포에 사로잡혔다.

1688~1689년 겨울, 영국의 상황에 대한 소식들이 점점 더 암울해지던 와중에 체서피크 지역의 성공회와 청교도들은 메릴랜드의 가톨릭 영주들이 개신교도들을 몰살시키기 위해 세네카 인디언들과 비밀리에 협상을 벌이고 있다는 사실을 알게 되었다. 그들은 충격과 두려움에 떨었다. 메릴랜드와 포토맥 강 하나를 사이에 두고 있는 버지니아의 스태퍼드 카운티 주민들은 혹시 모를 공격에 대비해 군인들을 배치했다. 버지니아의 한 관리에 따르면, 그들은 "정부에 맞서 싸울 준비가 돼 있었다". 메릴랜드의 통치위원회는 "사방 천지가 반란자들로 가득 차 있다"고 기록했다. 버지니아 반反가톨릭 세력의 집단적인 공포가 폭발하기 직전, 윌리엄과 메리의 대관식 소식이 전해졌다. 하지만 메릴랜드에서 점차 확산되고 있는 사회·정치적 불안을 진정시키기에는 충분치 않았다.[12]

캘버트가의 입맛에 맞게 가톨릭교도 위주로 꾸려진 메릴랜드의 통치위원회는 새로운 왕에 대한 충성을 거부했다. 대관식 소식이 타이드워터에 전해지고 두 달이 흐른 7월, 식민지 주민의 대다수를 차지하고 있던 개신교도들은 더 이상 기다릴 수 없다는 결론을 내렸다. 대부분 버지니아에서 이주해온 메릴랜드의 개신교도들은 캘버트가를 무너뜨리고 타이드워터 문화에 걸맞은 새 정부를 수립하기로 결심했다.

그들이 급히 결성한 반란군은 '개신교 조합Protestant Associator'이라 불렸는데, 그보다 더 어울리는 이름은 없었다. 전직 성공회 목사가 이끄는 반란군 수백 명은 세인트메리스로 행군했다. 식민지 정부가 조직한 군대는 의사당을 수호하라는 명령에도 불구하고, 반란군이 행군해오자 뿔뿔이 흩어져 도망쳤다. 볼티모어 경은 반격을 시도하려 했지만, 군인들이 아무도 모습을 드러내지 않았다. 개신교 조합은 불과 며칠 만에 볼티모어 경의 저택 앞까지 당도했다. 그들은 수도에서 포획한 영국 함선에서 떼어

내온 대포를 가지고 있었다. 저택 안에 숨어 있던 통치위원들에게는 항복하는 것 외에 다른 방법이 없었다. 캘버트가의 시대는 이렇게 종말을 고했다. 개신교 조합은 성공회를 차별하고 윌리엄과 메리 왕권에 반기를 들어 프랑스 예수회 및 인디언들과 공모한 볼티모어 경을 반역죄로 고발하는 성명을 발표했다. 그들은 모든 공직과 군에서 가톨릭교도를 쫓아내고, 대부분 버지니아에서 태어난 성공회교도들로 그 자리를 채웠다.[13]

반란군은 메릴랜드를 그들의 고향인 버지니아처럼 바꾸어놓는 데 성공했다. 체서피크 전역의 타이드워터 문화는 하나로 통합됐다.

1689년 미국의 "혁명들"은 그들을 위협하던 정권을 무너뜨렸지만, 원하던 모든 것을 얻어낼 수는 없었다. 반란군 지도자들은 윌리엄 왕이 그들이 이뤄낸 것을 축복해주길 바랐다. 하지만 새로운 왕은 타이드워터의 반군들만 치하하고 그들의 요구만 기꺼이 들어줬다. 제임스 왕의 조치를 취하해달라는 뉴잉글랜드와 뉴네덜란드의 요구는 무시됐다. 윌리엄의 제국은 제임스의 제국보다 조금 더 유연하긴 했지만, 식민지 주민들에게 많은 것을 양보해줄 생각은 없었다.

뉴네덜란드의 네덜란드인들이 가장 크게 실망했다. 새 조국의 백성을 실망시키고 싶지 않았던 윌리엄은 뉴욕을 네덜란드인의 품으로 돌려달라는 요청을 거부했다. 뉴네덜란드의 반군들은 서로 식민지의 주도권을 잡기 위해 민족적, 경제적인 이해관계에 따라 내부 분열을 거듭한 끝에 스스로 붕괴됐다. 반군의 임시 지도자였던 야코프 레이슬러르는 권력을 강화하기 위해 암투를 벌이다 실패하고 내부의 적들만 양산해냈다. 2년 후 영국 왕실이 임명한 새 총독이 도착했을 때 레이슬러르의 적들은 그를 반역죄로 처형하는 데 성공했다. 도시의 분열은 더욱 깊어졌다.

이후 부임한 한 총독은 "모두가 상대편을 무너뜨리는 데만 혈안이 돼 있었다"고 기록했다. 뉴네덜란드인들은 자신들이 네덜란드 시절로 돌아간 것이 아니라, 여전히 괴팍한 왕정 식민지 신세에서 벗어나지 못했다는 사실을 깨달았다. 네덜란드인들뿐 아니라 동부 롱아일랜드의 양키와 허드슨 밸리 상류, 뉴잉글랜드의 불만도 계속 커져만 갔다.[14]

특히 양키들은 다양한 자치 헌장이 가능했던 뉴잉글랜드 자치 공화국 시절로 돌아가길 간절히 바라고 있었다(뉴잉글랜드의 한 주민은 "매사추세츠의 헌장은 우리의 마그나카르타"라면서 "그것이 없으면 우리는 법이 없는 사회에 사는 것과 마찬가지다. 영국의 법은 오직 영국을 위해 만들어진 것일 뿐"이라고 말하기도 했다). 그러나 윌리엄은 입법 거부권을 행사해 매사추세츠와 플리머스의 합병 상태를 존속시키고 왕이 지명한 총독의 지배 아래 됐다. 양키들은 빼앗겼던 토지 소유권을 돌려받고 예전처럼 의회를 선출할 수 있게 됐으며 마을 정부도 제약 없이 운영할 수 있었다. 그러나 그들은 청교도 교회의 신자가 아닌 다른 개신교도 지주들의 투표권까지 허용해야만 했다. 코네티컷과 로드아일랜드는 이전처럼 자치권을 행사할 수 있었지만, 뉴잉글랜드의 핵심 세력인 매사추세츠 식민지는 계속 목줄이 죄어진 상태였다. 신에게 선택받은 이들은 유토피아 건설의 사명을 계속하고 싶다면, 또 다른 혁명을 일으켜 싸워야만 했다.[15]

7장

디프사우스의
탄생

바다를 건너와 디프사우스를 형성한 사람들은 1670년과 1671년 지금의 찰스턴에 닻을 내렸다. 타이드워터나 양키덤, 뉴네덜란드, 뉴프랑스와 달리 그들은 유럽에서 건너온 이주민이 아니었다. 역사가 좀더 오래된 식민지인 서인도 제도 바베이도스를 세운 자들의 아들과 손자들이었다. 바베이도스는 영국 식민지 중 가장 부유하면서도 가장 잔인한 사회였다.

그들은 찰스턴에서 영국 지방 영주와 같은 삶을 누리고자 한 것도 아니고, 종교적 유토피아를 만들고자 한 것도 아니었다. 그들은 그 시대에도 악명이 높았을 만큼 비인간적이었던 서인도 노예국가 제도를 이곳에 확장시키려 했다. 지배층에게 엄청난 부를 안겨주는 노예사회는 지금의 사우스캐롤라이나 저지대로 빠르게 확산됐으며, 조지아의 유토피아 식민지박애주의자였던 제임스 오글소프는 영국의 빈민들을 조지아로 데리고 와서 노예, 대지주가 없는 유토피아 사회를 만들고자 했다를 무너뜨렸다. 이어 미시시피, 앨라배마 저지대, 루이지애나 삼각주, 텍사스 동부, 아칸소, 테네시 서부, 플로리다 북부, 그리고 노스캐롤라이나 동남부 지역으로 뻗어나갔다. 디프사우스는 애초부터 부와 권력이 철저히 불공평하게 나뉜 사회였다. 소수 지배층이 공권력을 등에 업고 테러적 수단을 동원해 모든 이의 복종을 강요하는 곳이었다. 디프사우스 팽창주의자들의 야심은 양키와 필연적으로 충돌할 수밖에 없었고, 이는 오늘날까지도 미국을 괴롭히는 군사적, 사회적, 정치적 갈등을 야기하고 있다.

17세기 후반, 바베이도스는 가장 오래되고 부유한, 그리고 인구 밀도가 가장 높은 영국의 식민지였다. 이곳의 부와 권력은 탐욕스럽고 사치스러운 극소수의 농장주가 독점했다. 이들은 대영제국 내에서조차 비도덕적이고 오만한 태도와 지나친 과시욕 등으로 평이 좋지 않았다. 미국 건국의 아버지인 존 디킨슨은 훗날 그들을 "잔인한 사람들 (…) 노예들을 위풍당당하게 부리면서 식민지에 전제적인 권력을 휘두르는 소수의 지주"라고 비판했다. 바베이도스를 방문한 한 여행자는 "호화로운 집과 옷, 사치스러운 여흥 등 그들의 삶은 모국인 영국이 부럽지 않을 정도였다"고 말했다. 또 다른 사람도 "이곳의 젠트리는 영국의 젠트리보다 훨씬 더 풍족한 삶을 누리고 있다"고 했다. 그들은 돈을 주고 기사 작위를 샀으며, 영국 본토에도 땅을 구입해놓았다. 자식들은 영국의 기숙학교에 보냈다. 집에는 최신 유행의 가장 비싼 가구와 옷, 고가품들을 채워넣었다. 바베이도스에서는 투표권을 행사하려면 엄청난 재산 기준을 충족시켜야 해서, 대농장주들이 섬의 선출 의회와 위원회, 사법권을 독점할 수 있었다. 상당수의 지주는 영국에 사둔 영지를 다스리기 위해 두 나라를 자주 오가곤 했다. 영국 식민지 중 의회 로비에 가장 뛰어났던 바베이도스는 자신들에게 부과될 세금을 다른 식민지로 수

완 좋게 떠넘기곤 했다. 존 로크는 "바베이도스인들은 전 세계를 지배하고 싶어하는 야심을 지녔다"고 경고하기도 했다.[1]

바베이도스 농장주들은 제국주의 시대를 살던 동시대인들마저 충격적으로 여길 만큼 잔인한 노예제를 기반으로 막대한 부를 축적했다. 타이드워터처럼 그들도 처음에는 계약 노예를 고용했다. 하지만 지나치게 잔인한 처우 때문에 영국의 빈곤층마저 그곳에서 일하기를 꺼리기 시작했다. 농장주들은 올리버 크롬웰이 감옥에 가뒀던 스코틀랜드와 아일랜드 군인 수백 명을 배에 싣고 와 노예 대용으로 부렸다. 일할 사람이 부족하자, 어린이를 납치하기도 했다. 납치당한 사람이 너무 많아서, 17세기 후반에는 '바베이도스드Barbadosed'란 신조어까지 생겨났다. 이는 20세기에 생겨난 신조어인 '상하이드Shanghaied 중국 상하이 등지로 가는 무역선들이 뱃사람을 구하기 어려워지자 사람을 속여서 배에 태웠던 데서 유래한 단어'와 같은 의미로 쓰였다. 이들이 계약 노예를 무자비하게 다룬다는 소문이 퍼지자 결국 영국 관리들이 조사에 나설 수밖에 없었다. 특히 1647년에는 까딱하면 정권이 붕괴될 만큼 큰 폭동까지 일어났다. 사탕수수 농장으로 큰 재미를 보기 시작한 바베이도스의 농장주들은 무슨 일이 있어도 훨씬 더 싸고 고분고분한 노동력을 다시 찾아내야만 했다.[2]

농장주들이 찾아낸 해결책은 아프리카에서 노예들을 배에 한가득 태우고 오는 것이었다. 노예는 연장이나 가축과 다를 바 없는 고정 자산 취급을 받았다. 이들은 이렇게 대영제국의 노예재산제를 도입했다. 또 '갱 시스템gang labor system 노예가 작업 속도를 늦출 수 없도록 조별로 나눈 뒤 엄격한 감시하에 온종일 일하게 만드는 시스템'이라는 남미의 새로운 노예 제도도 도입했다. 이 제도하에서 노예들은 사탕수수밭과 작업장에서 죽을 때까지 일해야 했다. 바베이도스의 노예 사망률은 버지니아의 두 배에 달했다. 타이드워터의 노예 인구는 자연 증가했지만, 바베이도스는 죽은 노예들을 대체하기 위해 매년 수많은 노예를 새로 수입해와야만 했다. 수익성 높은 설탕 재배 사업으로 많은 이윤을 남긴 농장주들은 사탕수수밭에 더 많은 인력을 투입할 수 있었다. 1670년, 농장주들은 조그마한 바베이도스 섬의 마지막 남은 한 떼기의 땅덩이까지 모두 사탕수수밭으로 개발해버렸다. 농장주의 자식들이 자신의 농장을 갖기 위해 개발할 땅이 더이상 남지 않게 된 것이다. 바베이도스는 새로운 땅을 찾기 위해 리워드 제도와 자메이카, 그리고 아열대 기후인 북미 동남부 지역으로 세력을 확장해나갈 필요성을 느꼈다.[3]

이렇게 해서 찰스턴, 더 나아가 디프사우스 문화가 탄생했다. 북미의 여느 유럽 식민지와 달리, 사우스캐롤라이나는 애초부터 노예사회로 시작했다. 바베이도스 농장주들이 세운 '서인도 캐롤라이나Carolina in ye West Indies'는 정부 헌장에 따라 서인도 노예 소유주들이 식민지를 독식할 수 있도록 만들었다. 존 로크가 쓴 헌장에 따르면 식민지에 하인이나 노예를 데려온 농장주들은 두당 150에이커의 땅을 받을 권리가 부여됐다'사회계약설'로 유명한 철학자 존 로크는 아프리카 흑인 노예 거래에 참여해 돈을 버는 모순적인 행태를 보였다. 극소수의 바베이도스인이 사우스캐롤라이나 저지대 땅의 대부분을 차지했다. 이들은 고대 그리스 노예국가와 같은 과두제 사회를 형성했다. 부유한 농장주들은 엄청나게 많은 수의 노예를 끌고 왔다. 얼마나 많았던지, 노예가 거의 식민지 인구의 4분의 1을 차지할 정도였다. 끌려온 노예들은 영국으로 수출될 쌀과 인디고(마디풀과 식물) 재배에 투입됐다. 디프사우스는 플랜테이션 농업을 통해 서인도 제도를 제외한 모든 영국 식민지 가운데 가장 부유해질 수 있었다. 미국 혁명 바로 직전까지 찰스턴 지역의 1인당 소득은 2338파운드로 타이드워터의 4배가 넘었다. 뉴욕이나 필라델피아와 비교하면 거의 6배에 달했다. 부의 대부분은 사우스캐롤라이나의 토지와 무역, 노예를 지배하고 있던 특권층이 독식했다. 식민지 시대가 끝날 무렵 이곳 백인 인구의 4분의 1이 엄청난 부자일 정도로 수많은 대부호를 양산했다. 1773년 한 거주민은 "우리는 젠트리 국가"라며 "우리 중에 평민은 없다"고 선언했다. 물론 이는 백인 인구 나머지 4분의 3과 전체 인구의 대부분을 차지하고 있던 흑인 노예들을 무시한 말이다. 대농장주에게 자신들을 제외한 나머지는 중요치 않았다. 이들에게 디프사우스 정부와 평민들은 오로지 자신들의 필요와 욕망을 충족시켜주기 위해 존재할 뿐이었다.[4]

무더운 농장에서 빈둥거리며 시간을 보내고 싶지 않았던 농장주들은 더 세련된 삶을 즐기기 위해 도시를 세웠다. 독립 전까지 '찰스 타운 Charles Town'이라 불렸던 찰스턴은 즉시 동부 해안에서 가장 부유한 도시가 됐다. 이곳은 기와지붕으로 장식된 파스텔 톤의 세련된 타운하우스, 광장, 조개껍데기가 깔린 거리 등 바베이도스의 수도인 브리지타운을 빼닮았다. 농장주들은 실질적인 농장 경영을 고용 감독관에게 맡기고 대부분의 시간을 이곳에서 보냈기 때문에, 찰스턴은 윌리엄스버그나 세인트메리스와 달리 활력이 넘치는 도시였다. 그들은 도시에 극장, 칵테일 바, 여관, 사창가, 투계 노름판, 담배·술·만찬·경마 등을 즐기기 위한 사교 클럽, 런던의 최신 수입품을 파는 상점과 같은 다양한 유흥 시설을 세웠다. 그들은 여느 신흥 부자와 다를 바 없이 자신들의 사회적 지위를 과시하기 위한 물건을 사들이고, 최신 유행을 따르며 영국 젠트리 흉내를 내는 데 혈안이 돼 있었다. 그 정도가 몹시 지나쳐서 사람들이 깜짝 놀랄 정도였다. 한 주민은 "그들은 삶 전체를 끝없는 시합으로 여겼다. 모두를 자기 아래로 끌어내려야 하고, 자기 앞에 있는 이는 반드시 추월해야 하는 시합처럼 말이다"라고 말했다.[5]

타이드워터의 귀족들처럼, 이곳 농장주 대다수도 영국 내전 때 왕을 위해 싸운 가문 출신들이다. 그들은 영국 귀족의 상징과 표식을 따라 했고, 자신들이 수행해야 할 사회적 책임을 다했다. 영국에서 청교도 정권이 무너지고 찰스 2세 왕이 복권되자, 그들은 너무 기쁜 나머지 캐롤라이나와 찰스턴에 찰스 2세의 이름을 붙였다. 또 바베이도스에서 태어난 귀족들은 영국 기사 및 백작 가문과의 혈통관계를 과시하기 위해 프랑스 산 수입 도자기에 문장을 새겨넣곤 했다. 문장에는 보통 차남을 위한 상징도 포함돼 있었다. 맞은편에서 바라봤을 때 왼쪽으로 뾰족한 끝이 기울어진 초승달 모양이 그것이다. 이는 지금도 사우스캐롤라이나의 주 깃발에 남아 있다. 미국 혁명 기간에는 사우스캐롤라이나의 왕정 지지자와 독립파 모두 각자 자신의 제복에 이 문장을 새겨넣었다.[6]

농장주들은 종교적으로 그다지 신실하진 않았지만 영국의 다른 기득권층을 따라 성공회를 받아들였다. 로크가 썼던 정부 헌장은 수많은 세파르딕 유대인, 프랑스 위그노교도에게도 종교의 자유를 보장했다. 하지만 1700년 디프사우스의 지배층은 종교의 자유 조항을 폐지하고 성공회 교도가 교회와 정부 기관을 독차지하게 했다. 그들은 성공회를 받아들인 덕분에 런던의 고위층 사교계에 접근할 수 있었고, 영국의 명문 대학과 기숙사 학교를 자유롭게 이용할 기회를 누렸다. 청교도나 퀘이커 등 다른 종교를 믿는 사람들에게는 접근이 금지된 기회였다. 영국인이건 프랑스인이건 태생과 상관없이 디프사우스의 농장주들은 타이드워터의 젠트리와 마찬가지로, 자신들이 무식한 앵글로색슨과 켈트족의 후손이 아니라 그들 위에 군림했던 노르만 귀족의 후예라고 여겼다.[7]

이 지역에서 생산되는 부는 엄청난 숫자의 흑인 노예들에게 전적으로 의존하고 있었다. 백인 1명당 흑인이 9명일 정도로 흑인이 압도적으로 많았다. 농장주들은 자신들의 우월함을 주입하고 흑인을 효과적으로 통제하기 위해 바베이도스의 잔인한 노예 규율을 거의 토씨 하나 빠뜨리지 않고 그대로 옮겨왔다. 1698년 도입된 법은 흑인이 "야만적이고 몹시 사나운 야생 그대로의 상태"이기 때문에 "태생적으로 인간성이 결여된 측면이 있다"고 규정했다. 농장주들은 이를 근거로 흑인에 대한 엄격한 통제와 가혹한 처벌을 정당화했다. 법은 노예가 도망가는 것을 방지하는 데 초점이 맞춰졌다. 처음 도주를 시도한 이는 가혹하게 매질을 하고, 두 번째 시도한 이는 오른쪽 뺨에 R이라는 낙인을 찍었다. 세 번째는 가혹한 매질과 함께 오른쪽 귀를 잘랐으며, 네 번째는 거세했다. 다섯 번째에는 아킬레스건을 자르거나, 아니면 그냥 처형했다. 규정에 따라 처벌을 하지 않는 노예 소유주는 벌금형을 받았다. 도주하는 노예를 돕는 이는 백인이든 흑인이든 관계없이 벌금형을 받거나 심지어 죽임을 당할 수도 있었다. 특히 "주인의 소유에서 벗어나기 위해 다른 지역으로 도망치려 했던 자"는 그를 돕는 데 연루된 백인들까지 모조리 처형당했다. 또 백인을 불구로 만든 노예는 무조건 사형에 처했지만, 뚜렷한 이유 없이 잔인하고 무자비하게 노예를 죽인 주인에게는 50파운드의 벌금이 부과됐을 뿐이다. 50파운드는 당시 젠틀맨이 쓰는 가발 하나 가격에 불과했다. 그러나 노예를 죽인 이가 하인이라면 39대의 매질을 당하고 석 달간 징역살이를 한 후, 4년간 주인을 위해 계약 노예로 일해야 하는 등 훨씬 더 강력한 형벌이 내려졌다. 노예는 주인이 내준 허가증 없이 농장 밖으로 나갈 수 없었다. 빵 한 덩어리라도 훔치면 40번 채찍질을 당했고, 두세 번 반복해서 적발되면 귀를 잘리거나 콧구멍이 찢겼다. 그리고 네 번째 적발되면 사형을 당했다. 노예 규율에 자비라고는 없었다. 오직 노예 소유주에게만 유리한 내용들이었다. 만약 노예가 구금 중, 혹은 거세를 당하거나 매질을 당하다 죽으면 주인은 국고로 보상을 받을 수 있었다. 한편 노예 규율은 흑인에게 세례를 허용했는데, 이는 "우리가 믿는 기독교는 모든 이의 영혼이 잘되길 바라야 한다고 가르치기" 때문이었다. 하지만 동시에 노예 규율은 이 문구가 노예를 속박에서 풀어주는 등 재산을 변경시키기 위한 근거로 쓰여서는 안 된다는 점을 명확히 했다. 이러한 규정이 담긴 노예규율서는 남북전쟁이 일어나기 전까지 유지됐으며, 나중에 디프사우스 정부가 노예 규정을 수립하는 데 기초가 됐다.[8]

1670년 이후 노예제가 극성을 부린 곳은 물론 디프사우스만이 아니었다. 모든 식민지가 그와 같은 관행에 눈을 감아줬다. 하지만 대다수 다른 지역은 노예가 있는 사회였지, 노예사회 그 자체는 아니었다. 타이드워터와 디프사우스만 노예제가 사회의 경제적, 문화적 근간을 형성하고 있었다. 하지만 이 두 노예사회의 지배층은 가치관에서 미묘한 차이점을 보였고, 이 때문에 양쪽의 노예 제도에는 근본적으로 다른 부분이 있었다.[9]

타이드워터의 지도자들은 남녀 성별을 가리지 않고 농노 역할을 해줄 사람을 찾아 계약 노예로 고용했다. 계약 노예는 계약 기간만 끝나면 자유의 몸이 될 수 있었다. 하지만 타이드워터가 서인도 제도와 디프사우스식 노예제를 도입하면서, 1660년 이후 버지니아와 메릴랜드에 도착한 아프리카 흑인들은 점점 더 영속적인 노예처럼 다뤄지기 시작했다. 18세기 중반 무렵이 되자, 흑인은 '메이슨―딕슨 선Mason-Dixon line 식민지 시절 펜실베이니아와 메릴랜드의 영토 분쟁을 해결하기 위해 그은 선. 이 선은 펜실베이니아와 메릴랜드를 나누는 경계선일 뿐 아니라 오랫동안 남과 북. 노예 제도의 존재 여부를 나누는 경계선 역할을 해왔다' 이남 전역에서 바베이도스식 노예법의 적용을 받게 됐다.

그럼에도 불구하고, 타이드워터의 노예들은 디프사우스보다 전체 인구에서 차지하는 비중이 훨씬 더 적었고(노예와 백인의 비율은 5:1이 아니라 오히려 1:1.7에 가까웠다), 훨씬 더 긴 수명을 누렸으며, 안정적으로 가정을 이루고 살았다. 타이드워터의 노예 인구는 1740년 이후 자연적으로 증가했기 때문에 노예를 추가로 수입해올 필요가 없었다. 새로 유입되는 아프리카 흑인이 많지 않다보니, 타이드워터의 흑인 문화는 상대적으로 동질적이고 그들이 편입된 영국 문화의 영향을 크게 받았다. 1670년 이전 체서피크로 이주해온 흑인 후손들은 대부분 자유인 신분으로 성장했다. 땅을 소유하고 하인을 부렸으며, 심지어 공직에 종사하거나 백인 남편 혹은 아내를 얻기도 했다. 타이드워터에서는 흑인이 반드시 노예임을 의미하는 것이 아니었기 때문에, 흑인을 열등한 인종이라고 차별하기 어려웠다. 17세기 말까지 타이드워터에서 사회적 지위는 인종이 아니라, 계급에 의해 정해졌다.[10]

이와 대조적으로 디프사우스에는 흑인의 숫자가 압도적으로 많았고, 사망률 또한 매우 높았다. 죽은 자의 빈자리를 채우기 위해 매년 수천 명의 노예가 새로 끌려왔다. 디프사우스의 흑인들은 백인 거주지역과 격리된 흑인들만의 집단 거주지에서 살곤 했다. 배가 도착하고 새로운 노예가 들어올 때마다 노예 숙소는 온갖 언어와 다양한 아프리카 문화가 뒤섞이는 코스모폴리탄적인 공간이 됐다. 이런 문화의 용광로 속에서 흑인 노예들은 새로운 문화와 언어(걸러어, 뉴올리언스 크리오요)를 창조하고, 아프리카-카리브 해식 요리와 음악을 발명해냈다. 노예 숙소라는 지옥 같은 곳에서 디프사우스가 북미 대륙에 선물한 보석들이 태어났다. 마이애미부터 앵커리지에 이르기까지 모두가 즐겨 먹는 카리브 해식 바비큐 조리법, 블루스, 재즈, 가스펠, 로큰롤 등이 그것이다. 디프사우스의 기후와 환경은 영국보다 서아프리카와 훨씬 더 비슷했기 때문에 이 지역의 농업 기술을 견인한 것은 흑인 노예들이었다. 1737년 한 스위스 이주민은 "캐롤라이나는 백인들이 세운 사회라기보다는 흑인들의 나라처럼 보였다"고 말했다.[11]

디프사우스의 아프리카계 미국인들은 소수의 백인과는 전혀 다른 세상에서 살아야만 했다. 법과 근본 가치는 완전히 분리돼 있었다. 실제 디프사우스는 1670년부터 1970년까지 최소 300년 이상 카스트 사회로 유지돼왔다. 여기서 주목해야 할 점은, 카스트와 계급은 전혀 다른 개념이란 사실이다. 태어날 때 속해 있던 사회적 계급은 열심히 일해서건 아니면 비극적인 사건을 통해서건 바뀔 수 있다. 다른 계급의 사람과 결혼하거나, 자식만이라도 자신보다 더 나은 사회적 계급에서 삶을 시작할 수 있게 해주려고 분투한다. 그러나 카스트는 절대 벗어날 수 없으며, 자식 역시 태어날 때부터 속해 있던 카스트를 영원히 바꿀 수 없다. 다른 카스트와의 결혼은 엄격히 금지된다. 디프사우스에는 부유한 백인뿐 아니라 가난한 백인도, 가난한 흑인뿐 아니라 부유한 흑인도 있었지만, 아무리 돈 많은 흑인이라 하더라도 절대 주인의 카스트로 이동할 수는 없었다. 카스트 제도의 기저에는 흑인은 유전적으로 열등하고, 고차원적인 사고가 불가능한 하등 동물이며, 감정적이고 야만적인 행동을 일삼는다는 사고가 깔려 있다. 디프사우스의 백인들은 흑인들에게 유모, 요리사,

보모 등의 업무를 맡기면서도, 항상 흑인을 "불결하다"고 여겼다. 그들은 흑인들과 접시, 옷, 사회적 공간 등을 공유하는 것을 매우 꺼렸다. 최소 300년 동안 디프사우스에 존재해온 이와 같은 터부는 다른 카스트의 사람과 결혼하거나 흑인 남성과 백인 여성이 사귀는 것을 엄격하게 금했다. 인종 간 혼혈이 이뤄지면 카스트란 제도가 존재할 수 없기 때문이다. 터부를 위반했을지도 모른다는 아주 작은 의구심만 생겨도 흑인 남성은 죽음을 면치 못했다.[12]

그러나 항상 그렇듯이, 정작 그 제도를 만든 부유한 백인 남성들은 매우 편리하게 구멍을 빠져나갈 수 있었다. '쾌락'을 위한 목적일 때에만, 백인 노예 소유주가 노예 여성이나 소녀와 성관계를 갖는 것은 완전히 허용됐다. 타이드워터와 디프사우스의 수많은 지배층은 노예와 하녀를 성폭행하고 정부로 삼았다. 철저한 식민주의 분리주의자였던 버지니아의 윌리엄 버드(1674년 출생)부터 시작해 사우스캐롤라이나 상원의원이었던 스트롬 서먼드(2003년 사망)처럼 비교적 최근의 인물에 이르기까지 모두 마찬가지였다. 사우스캐롤라이나의 한 농장에 초대됐던 양키인은 1764년, "이곳에서 흑인 혹은 물라토 여성을 데리고 노는 것은 전혀 숨길 일이 아니다"라면서 "그들에게는 그런 행동을 하는 것에 대한 일말의 거리낌이나 우려, 수치심도 없었다"고 기록했다. 사생아로 태어난 아이들은 법에 따라 흑인 카스트에 속하게 되며, 자식으로서의 권리는 전혀 행사할 수 없었다. 그러한 관행은 지난 20세기까지 계속됐다. 하지만 많은 농장주가 사생아를 나 몰라라 하기보다는 하인으로 배치하거나, 흑인 학생 입학이 허용되는 양키덤의 학교로 보냈다. 이러한 특혜를 받은 물라토들은 흑인 카스트의 중상위 계층을 형성하면서 훗날 무역, 사업 등 다양한 분야에서 성공을 거두게 된다. 이는 아파르트헤이트의 정당성에 도전할

수 있는 근거로 작용했다.[13]

흑인보다 수적으로 대단히 열세였던 농장주들은 항상 노예가 반란을 일으킬지도 모른다는 공포에 떨었다. 그들은 스스로 기마 민병대를 조직해 봉기에 대비한 정기 훈련을 실시했다. 그리고 스스로 '대령' '소령' 같은 명예 계급도 부여했다. 그들의 공포는 현실이 됐다. 1737년 교황이 서아프리카 왕국으로 인허한 기독교 국가인 콩고 왕국의 군인 출신인 듯한 한 무리의 가톨릭 노예들이 스페인령이었던 플로리다에서 자유를 얻기 위해 그들 방식대로 전투를 시작한 것이다. 훈련받은 20~30명의 무리가 스토노에 있는 무기고를 턴 후 북쪽을 공격하고 현수막을 휘날리며 남쪽으로 행군했다. 수백 명의 노예가 그들에게 합류했다. 이들은 행군하는 길에 마주치는 농장주들을 모조리 살해했다. 그러나 반란군 대부분은 결국 민병대에 의해 진압됐다. 민병대는 찰스턴으로 돌아오면서 도로의 이정표마다 반군 노예들의 머리를 꽂아놓았다. 사우스캐롤라이나의 한 의원은 사건 직후 "이번 사건으로 모두의 가슴은 근심으로 가득 찼다"고 기록했다. "우리는 다른 인류처럼 평화를 즐길 수 없다……. 우리가 하는 산업은 삶의 달콤함을 앗아가고, 생명과 재산을 잃기 쉬운 일이기 때문이다."[14]

디프사우스는 군사화된 사회인 데다 카스트 구조로 이뤄져 권력에 대한 복종 문화가 강했다. 그뿐 아니라 매우 공격적인 팽창주의를 추구하는 사회이기도 했다. 농장주들은 사우스캐롤라이나 저지대에서 비슷한 지형을 가진 해안가 위아래로 영토를 넓혀나갔다. 북쪽에 위치한 노스캐롤라이나에는 강의 후미에 인구 밀도가 희박한 정착촌이 형성돼 있었다. 이곳은 곧 앨버말 사운드를 따라 동북쪽은 가난한 타이드워터 농부들이, 동남쪽은 디프사우스의 부유층이 사는 지역으로 양분됐다. 그러나 남쪽으로 내려가던 사우스캐롤라이나 농장주들은 조지아 서배너 강 하류에서 강한 저항과 맞닥뜨리게 된다.

조지아에 생겨난 신생 식민지는 디프사우스와 전혀 다른 성격을 가진 곳이었다. 1732년에 세워진 그곳은 영국 상류층 사회개혁가들의 고결한 박애주의가 낳은 산물이었다. 그들은 도시 빈민들을 북미 남쪽에 이주시켜 빈곤 문제를 해결하고자 했다. 박애주의자들은 "게으름뱅이" "가련한 자"들에게 직접 농사를 짓게 함으로써 게으름을 치료할 수 있을 것이라 믿었다. 그들은 조지아에 노예제를 일절 금했다. 노예제가 가난한 백인의 노동 의욕을 꺾을 수 있다고 생각했기 때문이다. 또 그들은 한 명이 가질 수 있는 밭의 크기를 최대 50에이커로 제한했는데, 이는 플랜테이션이 형성되는 것을 막기 위해서였다. 조지아의 후원자들은 심지어 술과 변호사도 도덕성을 저해할 위험이 있다면서 금지했다. 구원받은 조지아의 빈민들은 남쪽으로는 스페인의 공격을 막기 위한 완충지대를 형성하고, 북쪽으로는 사우스캐롤라이나의 노예가 자유를 찾아 스페인령 플로리다로 도망가려 할 때 중간에서 낚아채는 것을 도움으로써 대영제국에 이로운 존재가 될 수 있었다.[15]

그러나 이들의 꿈은 이뤄지지 못했다. 사우스캐롤라이나의 농장주들은 농장을 확장하기 위한 새 땅이 필요했다. 그리고 조지아의 빈민들은 하고 싶지 않은 천한 일을 대신해줄 노예를 갖고 싶어했다. 사우스캐롤라이나는 1740~1750년대에 조지아 정부를 점령하는 데 성공했다. 가장 좋은 땅은 자신들이 차지한 후 나머지는 친구들에게 나눠줬다. 바베이도스의 가혹한 노예제가 이곳에도 도입됐다. 플랜테이션이 해안의 저지대 전체로 뻗어나갔고, 서배너는 또 하나의 작은 찰스턴이 됐다. 조지아

저지대는 자작농의 유토피아는커녕 찰스턴에서 태동한 서인도 노예사회의 일부가 됐다.[16]

디프사우스는 계속 확장하는 중이었다. 타이드워터와 달리, 그들에게는 미시시피 너머로 뻗어나가는 길을 가로막을 만한 유럽의 경쟁자가 존재하지 않았다.

8장
—

미들랜드의
탄생
—

식민지 중 미국의 전형적인 모습에 가장 가까운 사회는 식민지 시대가 거의 끝날 무렵에 출현했다. 1680년대에 형성된 미들랜드는 다양한 문화와 언어가 뒤섞인 관용적인 사회였다. 독실한 신앙을 가진 평범한 서민층 가족들이 사회의 주를 이뤘다. 그들이 바라는 것은 그저 평화롭게 살 수 있도록 정부와 정치인들이 자신들을 내버려두는 것뿐이었다. 그후 300여 년 동안 미들랜드의 문화는 계속 서쪽으로 뻗어나가 필라델피아 주변과 애팔래치아 산맥을 넘어 미국 중부를 휩쓸었다. 미들랜드인들은 매우 중요한 특징을 가진 국민이다. 북미 대륙에서 가장 일반적이면서 표준적인 문화를 형성하고, 중요한 정치적 국면에서 종종 킹메이커 역할을 했던 것이 바로 이들이다.

그러나 아이러니하게도 이들의 시작은 평범함과는 거리가 멀었다. 미들랜드는 양키덤처럼 종교적 교리에 따라 운영되는 유토피아 사회를 건설하고자 했다. 그러나 이들의 종교는 당시 사람들에게 이단으로 여겨졌다. "평화와 질서"를 해치고 "종교와 교회, 국가를 파괴하는 불길한 씨앗을 뿌린다"며 손가락질을 당했다. 펜실베이니아는 이처럼 가장 논란이 많았던 종교를 믿는 사람들이 건설한 곳이다. 이해하기 어렵겠지만 17세기 후반 당시 퀘이커들은 급진적이고 위험한 세력으로 간주됐다. 아마 지금으로 치자면 사이언톨로지 종교와 히피운동이 결합된 것쯤으로 여겨졌던 것 같다. 그들은 그 시대의 사회적 관습을 거부했다. 윗사람에게 모자를 벗은 후 허리를 굽혀 인사하지 않았고, 예배라는 의식 자체도 부정했다. 교회의 수직적인 권위에 반감을 품었고, 여성과 남성은 영적으로 동등하다고 생각했다. 또 노예제의 정당성에 대해서도 의구심을 표했다. 퀘이커의 지도자는 겸손을 몸소 실천해 보여주겠다면서 나체로 도심을 활보하거나 오물을 몸에 바르고 성공회 교회 안에 들어갔다. 한 퀘이커교도는 예루살렘에 입성하는 예수의 모습을 재연하겠다면서 종려주일에 나체로 당나귀를 타고 잉글랜드 제2의 도시로 입성해 사람들의 눈살을 찌푸리게 했다. 그들은 종교적 황홀감 때문에 가끔 폭력적인 발작이나 전율quakes 상태에 빠지곤 했는데, 이는 퀘이커교를 믿지 않는 사람들을 두렵게 만들었다. 많은 퀘이커교도는 순교적 고통을 자발적으로 받아들였다. 자신에게 적대적인 이웃들을 끊임없이 찾아가거나 뉴잉글랜드 마을의 잔디밭에 서서 설교하면서 성직자의 권위에 도전하곤 했다. 그리고 그 대가로 감옥에 끌려가서 채찍질을 당했다. 혀가 뚫리는 고통을 입기도 했고, 심지어 처형을 당하기도 했다. 퀘이커 순교자였던 메리 다이어는 자신에게 사형 선고를 내리는 양키 총독에게 "신의 뜻이 이루어졌다"면서 "나는 기쁜 마음으로 저세상에 갈 것이다"라고 외쳤다.[1]

그들의 이런 자기 파괴적인 행동은 굳건한 신앙에서 비롯된 것이었다. 퀘이커교도들은 모든 사람의 내면에 성령을 모시는 "내적인 빛Inner

Light"이 있다고 믿었다. 그들은 성경을 통해 구원이 이뤄진다고 생각하지 않았다. 대신 신비로운 체험을 통해 신을 발견했다. 따라서 그들에게 목사나 주교, 교회는 불필요한 존재였다. 모든 인간은 근본적으로 선하며, 사람은 다른 이가 자신을 대해주길 바라는 그대로 자신도 다른 사람을 대해야 한다고 믿었다. 신 앞에서는 종파, 성별, 인종과 관계없이 모두가 평등하고, 모든 세속적인 정권은 궁극적으로 정통성이 없었다. 다른 사람보다 더 부자일 수도, 가난할 수도 있지만, 부유함이 다른 사람에게 특별한 권력으로 작용하지는 않았다. 퀘이커교는 폭력과 전쟁을 강하게 거부하고 평화를 추구했다. 그러나 퀘이커는 이 같은 교리를 너무나 경직되게 엄격히 적용한 나머지 반세기 후인 1690년대에 미들랜드에서는 영원히 지배력을 상실하게 된다.[2]

그렇다면 대중적 지지를 얻지 못한 한낱 컬트교가 어떻게 권위적인 가톨릭교단과 찰스 2세로부터 자신들만의 식민지 건설을 허락받을 수 있었던 것일까?

다른 많은 경우처럼, 이는 한 부유하고 존경받는 남성이 다른 사람들에게 꾸준히 호의를 베푼 덕분에 가능한 일이었다. 그가 베푼 호의의 대가는 그의 사후에 이단에 빠진 반항적인 청년을 위해 쓰였고, 그 덕에 펜실베이니아가 탄생할 수 있었다. 애드미럴 윌리엄 펜은 영국 내전 기간에는 의회파 편에서 싸웠다가 나중에는 왕정복고를 지지하는 등 정치적 바람을 잘 탄 자수성가형 인물이었다. 크롬웰은 몰수한 아일랜드 땅을 하사해 그를 부자로 만들었다. 하지만 그렇게 부자가 된 윌리엄 펜은 후에 찰스 왕에게 1만6000파운드를 빌려준다. 그는 아들 윌리엄을 존경받는 젠틀맨으로 키우기 위해 옥스퍼드에 입학시켰다. 하지만 젊은 윌리엄은 옥스퍼드의 성공회교를 비난해 퇴학을 당하고, 1667년 23세의 나이로 퀘이커교에 입단해 모두를 경악하게 했다. 그의 아버지는 아들을 제자리로 돌려놓기 위해 물불을 가리지 않았다. 매질과 채찍질은 물론 귀양을 보내기도 했다. 루이 14세의 베르사유 궁정에 좋은 일자리를 마련해주거나 아일랜드에 있는 가문의 영지를 맡기는 등 회유 전략을 쓰기도 했다. 펜 가문과 친분이 깊었던 새뮤얼 피프스는 "프랑스에서 돌아온 윌리엄은 눈살을 찌푸리게 할 정도는 아니었지만, 사치스러운 프랑스 의복과 프랑스식 어법, 프랑스인의 걸음걸이 스타일에 꽤 심취해 있었다"고 기록했다. 하지만 그 어떤 방법도 효과가 오래가지는 못했다. 그는 퀘이커 신앙을 포기하지 않았다. 자칭 '신의 친구들Friends of God'인 퀘이커교를 전도하기 위해 적극적으로 홍보물을 만들어 배포했다가 네 차례나 체포됐고 감옥에서 1년의 시간을 보냈다. 퀘이커교로 개종해서 감옥에 갇힌 사람을 풀어주기 위해 아버지의 왕실 인맥을 동원했고, 수중의 돈을 털어서 독일과 네덜란드로 퀘이커 선교여행을 떠나기도 했다. 그는 퀘이커교 창시자인 조지 폭스와 친한 사이였고, '신의 친구들'의 활동에 많은 도움을 줬다. 아버지가 1670년에 사망하자, 윌리엄 펜은 영국에서 가장 유명할 뿐 아니라 아주아주 부유한 퀘이커교도가 됐다.3

펜은 숨 막힐 듯 화려한 저택, 비싼 옷, 고급 와인, 하인을 거느리고 사는 화려한 삶을 좋아했다. 그러나 그에게 그보다 훨씬 더 중요한 일은 퀘이커교를 성장시키는 것이었다. 그는 "거룩한 실험Holy experiment"을 위해 퀘이커교를 위한 나라를 세우기로 했다. "전 인류가 오고 싶어할 모든 국가의 본보기"로 만들고자 했다. 1680년 그는 찰스 왕이 아버지에게 진 빚을 탕감해주는 대가로 4만5000제곱마일에 달하는 식민지 땅을 하사받았다. 볼티모어 경의 메릴랜드 영지와 요크 공작의 뉴욕 영지 사이에 위치한 땅이었다. 영국 전체 면적보다 넓은 그 지역은 선친의 이름을

따 펜실베이니아로 불리게 됐다. 윌리엄 펜은 그가 꿈꿨던 일을 실현할 수 있는 힘을 갖게 됐다.[4]

펜은 다양한 종교와 민족의 사람들이 조화롭게 살 수 있는 사회를 원했다. 퀘이커교는 인간이 태생적으로 선하다고 믿기 때문에 군대는 만들지 않았다. 인디언에게 토지 이용료를 내고 그들의 이익을 존중해주는 등 현지 원주민들과도 평화롭게 지냈다. 평민의 정치 참여를 엄격히 금지한 여느 식민지와는 달리, 펜실베이니아는 거의 모두에게 투표할 권리를 부여했다. 식민지 정부 내에서 퀘이커교가 특별한 지위를 차지한 것도 아니다. '신의 친구들'은 직접 실천해 보임으로써 사람들을 설득하고자 했을 뿐 힘으로 강요하려 하지 않았다. 또 정부가 마음대로 세금을 부과할 수 없도록 반드시 의회의 연례 승인을 거치도록 해서 권력을 제한했다. 델라웨어 강 유역에 위치한 펜실베이니아는 거의 최초로 중앙 도시 계획에 따라 건설된 수도였다. 도로는 격자형 구조를 갖췄고, 도로명은 체계적으로 지어졌으며, 건물 사이에는 일정한 간격이 유지됐다(훗날 '이웃애愛의 도시' 필라델피아는 미들랜드의 도시와 마을 설계를 위한 이상적인 모델이 됐다). 펜은 이후 델라웨어 만(지금의 델라웨어 주) 저지대를 따라 네덜란드인, 스웨덴인, 핀란드인이 여기저기 흩어져 살고 있던 웨스트 뉴저지(지금의 뉴저지 남부)와 메릴랜드 서북부(펜은 왕이 하사한 영토에 이 지역이 포함돼 있다고 착각했다)까지 펜실베이니아의 국경을 확대했다.[5]

펜의 식민지 확장 정책은 대단히 체계적이었다. 그는 정치·종교의 자유와 저렴한 토지 가격을 앞세워 펜실베이니아를 홍보했다. 홍보물은 영국과 아일랜드뿐 아니라 네덜란드와 독일에도 뿌려졌다. 그는 600명의 투자자에게 75만 에이커의 땅을 선판매해서 얻은 자금으로 초기 정착민을 먹여 살리고, 필라델피아를 건설했다. 그 돈이 있었기에 몇 년 동안 세금을 걷지 않고도 정부를 운영할 수 있었다. 1682년 펜은 2000명의 정착민들을 끌어모으는 데 성공했다. 정착민들과 각종 연장도구, 가축, 식량 등을 가득 실은 배 23척이 펜실베이니아에 도착했다. 4년 후 펜실베이니아 인구는 8000명으로 증가했다. 이는 타이드워터가 25년, 뉴프랑스는 7년이 걸려서야 겨우 달성한 인구 규모다. 정착민 대부분은 숙련 기술을 갖춘 장인과 서민층 농부였다. 그들은 가족 단위로 왔기 때문에 미들랜드는 금세 안정적인 마을을 형성할 수 있었다. 식량은 풍부했고 인디언과의 관계도 평화로웠으며, 정착민의 다수는 퀘이커교도였다. '거룩한 실험'을 위한 출발은 희망적이었다.[6]

펜의 성공적인 홍보 전략 덕분에 정착민들이 끊이지 않고 밀려왔다. 미들랜드는 다원적인 사회가 되면서 영국적인 특색이 눈에 띄게 희석됐다. 이는 미국이 미국적인 사고와 정체성을 형성하는 데 두고두고 영향을 미치게 된다.

두 번째 이민의 물결은 독일 팔츠에서 온 농부와 수공업자들로 구성됐다. 기근과 종교적 박해, 전쟁을 피해 도망쳐온 일종의 난민들이었다. 고향인 독일 남부는 여러 세대에 걸친 왕권 다툼과 종교전쟁 때문에 끔찍한 킬링필드로 전락한 터였다. 그들은 대부분 개신교도였으며, 대가족 단위로 이주해왔다. 심지어 마을 전체가 통째로 이주해오기도 했다. 이들은 기존에 형성돼 있던 미들랜드의 평범한 서민적 기풍을 더욱 강화했다. 아미시교, 메노파교, 그리스도 형제연합교처럼 자신들만의 특별한 삶의 방식을 고수하기 위해 이곳으로 온 이들도 있었다. 평화로운 환경 속에서 가족과 오순도순 사는 것 외에는 아무것도 바라지 않았던 루터교도와 독일 칼뱅주의자도 수천 명 이상이었다. 펜은 각 무리가 민족적 정체성과 종파적 특색을 유지할 수 있도록 끼리끼리 모여 사는 것을 허용했다. 이 계획은 놀라울 만큼 성공적이었다. 독일 팔츠 지역의 사투리에서 파생된 '펜실베이니아 독일어 방언Pennsylvania Deitsch'은 20세기까지도 이 지역의 '펜실베이니아 더치Pennsylvania Dutch 여기서 Dutch는 네덜란드와 아무 상관이 없다. 독일을 뜻하는 Deutsch가 잘못 전해져 내려오면서 굳어진 것뿐이다' 마을에서 일상적으로 사용됐다. 또 아미시교와 메노파교 역시 그들만의 독특한 삶의 방식을 오늘날까지 고수해오고 있다. 1683~1726년 한꺼번에 이주해온 5000명의 독일인은 미들랜드에 일찌감치 자신들만의 문화적 DNA를 새겨놓았다. 그리고 1727~1755년 또 다른 5만7000명의 독일인이 이주해오면서 펜실베이니아는 영국인이 과반수를 차지하지 않는 유일한 영국 식민지가 됐다.7

독일인들은 새로운 사회를 건설하려는 퀘이커교도들의 계획에 쉽게 적응하고 순순히 따랐다. 선거 때면 퀘이커교도 후보자를 지지했고, 퀘이커교가 내놓은 정책에도 지지를 표했다. 독일인의 소규모 농작 기술은 타의 추종을 불허했다. 그들은 양질의 토양을 골라내고, 윤작을 통해 토질을 보전하는 방법을 알았다. 또 선별적인 짝짓기를 통해 가축의 품종을 개선시켰다. 이후 200여 년 동안, 독일인 마을을 방문한 사람은 거의 예외 없이 깊은 인상을 받고 돌아갔다. 그들은 그곳의 잘 정돈된 밭과 나날이 번창하는 농작물을 다른 마을의 경작지와 비교해보곤 했다. 1753년 한 웨일스인 측량사는 "헛간이 궁전만큼이나 큰 우리 뒤편의 정착촌(독일인 마을)은 정말 보기 좋다"면서 "독일인들이 신생 식민지에 도입한 기술 덕분에 경제가 발전한 것을 생각하면 우리는 그들에게 얼마나 큰 빚을 지고 있는가"라고 말했다. 또한 뛰어난 손기술로 명성이 높았던 그들은 훗날 펜실베이니아로 병합되는 델라웨어 저지대에서 스웨덴인과 핀란드인들에게 통나무 산장 건축 기술을 배워 발전시키고, 그 유명한 코네스토거 왜건Conestoga wagon(서부 이주자가 썼던 큰 포장마차)도 개발했다. 이 왜건은 이후 수 세대에 걸쳐 애팔래치아 너머로 이주해가는 개척자들에게 유용하게 쓰였다. 독일인 대부분은 절약과 금주를 강조하는 엄격한 규율을 가진 종교를 믿었기 때문에 퀘이커교도 이웃들과 금세 친해질 수 있었다.[8]

또한 독일인과 퀘이커교도들은 둘 다 노예제를 싫어했다. 이는 미들랜드가 뉴네덜란드, 타이드워터, 디프사우스와 가장 달랐던 점 중 하나다. 가족농 형태로 일했던 독일인들은 사실 노예가 필요 없었다. 하지만 그것만이 이유의 전부는 아니었다. 노예제에 대한 뿌리 깊은 반감은 그들의 문화적 근본 가치 중 하나였다. 디프사우스(뉴번, 노스캐롤라이나, 뉴브라운펠스, 텍사스 등지)에 정착한 독일인과 영국인, 프랑스인 소농小農을 비교해봐도 독일인의 노예 소유 비율이 훨씬 더 낮았다. 실제 북미에서 처음으로 공식적인 노예제 반대 시위를 일으킨 사람들은 펜실베이니아 독일인 마을에 사는 퀘이커교도였다. 1712년 시위 참가자들은 "우리는 우리가 대접받길 원하는 만큼 남을 대접해야 한다"면서 "나이, 집안, 인종에 따라 사람을 차별해선 안 된다"고 선언했다. 펜을 포함해 부유한 퀘이커교도들은 처음에 펜실베이니아까지 노예를 데리고 왔지만, 10년도 지나지 않아 노예를 갖는 것은 황금률남에게 대접받고자 하는 대로 남을 대접하라는 기독교의 기본적 윤리관을 어기는 것이라고 다른 사람에게 조언해주는 신의 친구로 거듭났다. 심지어 1712년, 퀘이커교도가 이끄는 의회는 노예 수입을 금지하는 법을 제정했다가 영국 왕실 법정에 의해 제지당했다. 독일인들의 지지 속에 1773년 이 법의 제정은 다시 한번 시도됐지만 그때도 왕실이 거부권을 행사하는 바람에 무산되었다. 대부분의 퀘이커 노예 소유주는 노예를 해방시켜줬고, 일부는 노예에게 과거 임금까지 소급해서 보상해주려고 했다. 이러한 도덕적 기준 때문에 미들랜드는 훗날 양키덤 편에서 남부의 야욕에 맞서 싸우게 된다.[9]

초기 펜실베이니아는 경제적으로는 성공했는지 몰라도, 퀘이커교도들이 운영하는 정부는 완전히 재앙 수준이었다.

퀘이커의 교리는 정치와 맞지 않았다. 모든 사람이 예수를 닮아 태생적으로 선하다고 믿는 퀘이커교는 자율 규제와 황금률만으로도 충분히 자치를 할 수 있다고 여겼다. 하지만 이는 현실과 동떨어진 바람일 뿐이었다. 퀘이커교도들은 사사건건 권위와 관습에 도전하는 성향을 지녔기 때문에 공동체 지도자들은 교리를 놓고 끊임없이 말다툼을 벌였다. 정부는 공공 기록물을 제대로 보관하는 데 실패하거나 사법 체계 기능에 필수적인 법안조차 통과시키지 못해 혼란에 빠졌다. 정부 위원회 모임은 제대로 열리지 못했고, 초기 10년 동안 총독이 무려 여섯 번이나 바뀌었다. 델라웨어 만 저지대의 네덜란드, 스웨덴, 핀란드인들은 제대로 된 정부를 갖고 싶어 1704년 펜실베이니아에서 독립해 자신들만의 작은 식민지를 세웠다. 이에 펜은 런던에서 "우리의 명예에 먹칠하는 졸렬한 싸움이 중단될 수 있도록 기도합시다"라는 서신을 보냈다. "펜실베이니아에 대해서는 좋은 말만 오가는 반면, 그곳 사람들에 대해서는 그렇지 않습니다. 당신들의 끊임없는 내분이 펜실베이니아에 가려고 했던 정착민 수백 명의 발걸음을 돌려놓았고, 저에게 1만 파운드, 펜실베이니아에 10만 파운드의 손실을 안겨주고 있습니다." 절망에 빠진 펜은 그곳을 이끌 후임자를 외부에서 골랐다. 양키 청교도인 존 블랙웰과 무역으로 큰돈을 번 보스턴 출신의 성공회교도 에드워드 시펜 등이었다. 하지만 그들도 퀘이커교 지도자들이 공동체를 위해 책임감 있는 행동을 하도록 만드는 데 성공하지 못했다. 필라델피아의 퀘이커교도들은 식민지를 운영하는 데 책임을 다하기보다는 각자 자신만의 '내면의 빛'에 집중하는 것을 더 좋아했다.[10]

다른 문화권에서 온 이주민들이 '신의 친구들'처럼 될 것이라고 믿었던 퀘이커교도들의 기대 역시 실현되지 않았다. 1717년 초 필라델피아 항구에 상륙한 새로운 무리의 이주민들은 독일인과 전혀 달랐다. 그들은 유혈 사태가 끊이지 않는 영국 국경지대 출신의 전사들이었다. 그들의 가치관은 퀘이커와 정확히 대척점에 놓여 있었다. 그들은 인디언을 경멸하고, 문제가 발생하면 쉽게 폭력부터 휘둘렀으며, 인간은 태어날 때부터 악하다는 칼뱅주의를 믿었다. 병충해로 뒤덮인 스코틀랜드와 얼스터의 고향에서 도망쳐온 국경지대인들Borderlanders은 엄청난 규모로 펜실베이니아에 쏟아져 들어왔다. 1775년까지 10만 명이 넘는 사람이 몰려왔다. 그들 중 대다수는 언덕이 많은 중앙 펜실베이니아 국경지대 너머 애팔래치아 산맥의 허리 쪽으로 내려가 자신들만의 강력한 지역 문화를 형성했다. 고유의 문화를 형성하며 미들랜드에서 떨어져나간 그들과 달리, 수만 명의 다른 국경지대인은 그대로 펜실베이니아에 눌러앉았다. 이들이야말로 퀘이커가 식민지 통제에 실패하게 만든 원흉이었다. 한 식민지 관료는 근심에 차 "아일랜드가 그곳 사람을 모두 우리에게 보내버린 것 같다"고 기록했다. "그들이 지금처럼 계속해서 몰려오면, 이 땅은 곧 그들의 차지가 될지도 모른다며 모두가 우려하고 있다."[11]

국경지대인들은 인디언의 땅을 강제로 빼앗았고, 인디언 마을을 먼저 공격했다. 그들은 뉴프랑스와 우호적인 관계를 맺고 있던 평화로운 부족들도 밀어내려 했다. 뉴프랑스는 18세기에 제국 전쟁이 벌어지자 인디언들에게 총과 실탄을 공급하면서 적국인 영국을 공격하라고 부추겼다. 외곽 지역의 독일인과 스콧-아이리시제임스 1세는 1606년부터 가톨릭을 믿는 아일랜드를 무릎 꿇리기 위해 스코틀랜드 신교도 등을 북아일랜드 얼스터로 이주시키는 정책을 폈다. 스코틀랜드 후손인 얼스터의 아일랜드인을 스콧-아이리시라 부른다 정착민들을 보호막 삼아 상대적으로 안전한 곳에 있던 무능한 퀘이커 정부는 위기 상황이 점점 고조되는데도 별다른 대처 방안을 내놓지 않았다. 그저 인디언에게 회유책으로 선물과 보급품을 보내는 것이 전부였다. 심지어 프랑스 상인들이 델라웨어 만까지 휘저으며 필라델피아에서 불과 몇 마일 떨어진 농장을 약탈했는데도, 방어 대책 수립을 거부했다. 당시 필라델피아에 살고 있던 보스턴 양키 출신의 벤저민 프랭클린은 현 상태에 안주하려는 '신의 친구들'을 격렬히 비난했다. 그는 1747년, "자기방어, 즉 국방을 스스로 거부하다니 이는 인류 역사상 전례가 없는 일이라 아마 적들도 믿으려 하지 않을 것"이라면서 "적들은 끊임없이 강 상류까지 올라와 우리 선박을 점령하고 농장과 마을을 약탈한 다음 아무런 제지도 받지 않은 채 유유히 돌아가고 있다"고 기록했다. 평화주의에 함몰된 퀘이커교도들은 프랭클린이 식민지 경비대 조직 결성을 명목으로 돈을 끌어모으려는 속셈이라면서 그를 무시했다.[12]

1755년, 사태는 최악으로 치달았다. 델라웨어 족 인디언이 스콧-아이리시와 서부에 살고 있던 독일인들을 향해 전면전을 개시한 것이다. 그들은 정착촌을 휩쓸면서 사람들을 몰살하거나, 수백 명을 잡아 가두었다. 겨우 목숨을 건진 수천 명은 동쪽으로 도망갔다. 일부는 무기력하게 손을 놓고 있는 의회에 사태의 심각성을 알리고자 필라델피아로 달려갔다. 평화롭게 살아온 랭커스터 카운티의 독일 정착민들은 갑자기 전쟁의 한복판에 휘말렸지만, 스스로를 보호할 무기도, 실탄도 없었다. 사람들의 강력한 항의에도 불구하고, 퀘이커 정치인들은 끝내 무력 사용을 허락하지 않았다. 퀘이커 지도자인 대니얼 스탠턴은 이제까지 전쟁으로 죽은 '신의 친구들'이 거의 없다는 사실은 신께서 그들의 무력 사용을 원치 않음을 증명하는 것이라고 기록했다. 하지만 퀘이커교도 말고 그의 의견에 동의할 사람은 아무도 없었다. '신의 친구들'의 사상자가 이제까지 적었던 이유는 그들이 구석진 곳에 안전하게 몰려 살았기 때문이다. 이들의 무대응 방침은 런던에 살고 있던 퀘이커교도들의 간담까지 서늘하게 만들었다. 런던의 한 영향력 있는 퀘이커교도는 필라델피아의 신도들에게 편지를 써서 "당신들에게는 사람들을 보호해야 할 의무가 있다. 그러나 당신들은 지금 그들이 스스로를 보호하는 것조차 못 하게 막고 있다"고 지적했다. 이어 "앞으로 그 지역을 물들일 피가 당신들의 집 대문은 피해갈 것으로 생각하는 것인가"라고 비판했다. 사회를 지킬 것이냐, 교리를 지킬 것이냐의 갈림길에 선 퀘이커교의 핵심 간부들은 결국 자리에서 물러났다. '신의 친구들'은 다시는 미들랜드에서 공직을 독점할 수 없게 됐다.[13]

퀘이커가 다스렸던 미들랜드는 이후 프랭클린의 무리를 비롯해 여러 이해집단이 서로 경쟁하는 당파적인 사회로 바뀌었다. 미들랜드는 독립 혁명이 일어날 때까지 뚜렷한 지도자도 없고, 미국 독립의 대의도 믿지 못했으며, 심지어 자기 자신에 대한 확신조차 상실한 상태였다. 윌리엄 펜이 세운 유토피아는 다른 국민에게 영토의 상당 부분을 잠식당했다. 북쪽에서 쏟아져 들어온 코네티컷 양키들은 펜실베이니아의 와이오밍 밸리를 차지하는 데 필요하다면 전쟁이라도 불사할 태세였다. 서쪽에서는 새로운 세력이 부상하면서 고원지대를 넘어 남쪽으로 퍼져나가고 있었다. 국경지대인들이 세운 이 문명사회는 자신들만의 통일된 정부를 가지고 있지 않았고, 해안지역에 존재하는 어떤 식민지에도 속해 있지 않았다. 하지만 이들은 급격하게 북미의 판세를 뒤집어놓으면서 불가능하리라 여겼던 연방 국가의 탄생을 성사시키는 데 영향을 미치게 된다. 그리고 곧 이들도 연방 국가의 멤버로 합류하게 된다.

9장

그레이터 애팔래치아의
탄생

—

식민지 시대에 형성된 마지막 국민인 그레이터 애팔래치아인들은 등장
하자마자 가장 골칫덩이 같은 존재가 됐다. 영국의 국경 분쟁 지대에
서 이주해온 그들은 미들랜드 산간에 씨족을 기반으로 한 전사 문화
Warrior culture를 퍼뜨렸다. 미들랜드, 타이드워터, 디프사우스의 변방에
정착한 이들은 행정, 군사, 인디언 정책에 대한 기존 지배 세력의 독점
적 통제력을 산산이 깨버린 주체이기도 하다. 자존심이 강하고, 독립적
이며, 상상을 뛰어넘을 만큼 폭력적인 그레이터 애팔래치아의 '국경지대
인Borderlanders'들은 오늘날까지도 어디로 튈지 모르는 북미 대륙의 반항
적인 세력으로 남아 있다.

우리가 이제까지 살펴봤던 식민지는 하나, 혹은 여러 개로 나뉜 식민
지 정부의 관할 영토 내에서 그곳의 정치적 엘리트의 지배를 받는 형태
로 구성되어 있었다. 하지만 그레이터 애팔래치아는 원래부터 정부가 없
었다. 국경지대 사람들은 식민지 주식회사나 봉건 영주의 계획에 따라

필요한 노동력을 제공하기 위해 신대륙으로 건너온 이들이 아니었다. 그들은 황폐해진 고향을 떠나 피난 온 일종의 난민이었다. 식민지 정부는 이들의 이주를 장려하기는커녕 오히려 막고 싶어했다. 국경지대인들은 '외국인'의 지시에 복종하거나 원래 삶을 포기할 생각이 없었기 때문에, 멀리 외딴 변방으로 가서 자신들만의 사회를 꾸렸다. 그들은 그렇게 한동안 자신들이 떠나온 곳과 다를 바 없는 무정부, 무법사회 속에서 살았다.

애팔래치아를 건설한 사람들은 800년 전부터 거의 하루도 쉬지 않고 전쟁이 이어져온 스코틀랜드 남부, 북부 잉글랜드의 마르케Marches 잉글랜드와 웨일스 경계, 스콧-아이리시가 사는 북부 아일랜드 등 영국 북부의 분쟁지대에서 왔다. 그들의 조상 중에는 '브레이브 하트'로 불리는 윌리엄 월리스 및 로버트 더 브루스둘 다 잉글랜드에 맞서 스코틀랜드의 독립을 이끌어낸 영웅와 함께 싸우거나 혹은 반대로 그들을 토벌하는 데 동원된 사람들도 있었다. 미국에서 한창 식민지 개발 사업이 진행되고 있을 때, 그들이 살았던 국경지대는 더욱더 황폐해져만 갔다. 1617년 스코틀랜드를 살펴보고 돌아간 한 영국 스파이는 "나라 전체가 극도로 궁핍하고 비참해져서 수치심조차 잃어버린 거지와 부랑자들이 넘쳐나고 있다"고 기록했다. 북부 잉글랜드의 한 외교관도 1617년 "야만적으로 끊임없이 벌어진 전쟁 탓에 이 나라는 제대로 농사를 짓지 못해 무척 가난하고 가련한 상태에 놓여 있다"고 말했다.[1]

이런 상황에서 국경지대인들은 외국 군대나 아일랜드 게릴라 전사, 왕이 보낸 세금 징수원 같은 외부의 적들에 대항해 가족과 친인척을 보호하려면 씨족끼리 뭉쳐 서로를 의지하는 수밖에 없다는 것을 깨달았다. 상시적인 격변과 불안정한 일상에 시달린 국경지대인들은 칼뱅주의에 입각한 장로회 신앙을 받아들였다. 그들은 신의 선택을 받은 자가 됐다. 보혈의 피로 정화되어 성경이 약속한 주의 나라 백성이 되었고, 구약성서에 나오는 진노한 하나님의 보살핌을 받았다. 모든 외부 세력을 불신하는 국경지대인들은 개인의 자유와 명예를 중요시했다. 그것을 지키기 위해서라면 기꺼이 무기를 들었다. 엘리자베스 1세와 그의 후계자들은 북아일랜드 원주민들의 저항을 진압하기 위해 거칠고 호전적인 스코틀랜드 국경지대인들을 그곳으로 이주시켰다. 이들이 바로 얼스터 지역의 스콧-아이리시가 된다. 100여 년 후 호전적인 성향의 국경지대인들은 미국에서도 거친 인디언들과 싸우며 자신들의 개척지를 지켜냈다. 이들이 상대적으로 유순한 해안가 정착민들을 인디언들로부터 보호하는, 일종의 완충지대를 형성했다는 사실만큼은 높이 평가할 수밖에 없다.[2]

1717~1776년 국경지대인들은 다섯 번에 걸친 대이동을 통해 미국으로 이주해왔다. 그 규모는 뒤로 갈수록 더 커졌다. 모두 영국에서 벌어진 재난들 때문이었다. 먼저 얼스터에서 가뭄과 병충해로 양이 떼죽음을 당하면서 양털 수출이 급감했다. 게다가 장기 임대차 계약이 끝나자마자 아일랜드에 땅을 소유한 잉글랜드의 영주들은 소작농의 임대료를 어마어마하게 올려버렸다. 한 방문자는 1716년 영국 성공회 주교에게 "지금 상황에서 세금을 더 올리면 그들은 고기와 옷을 전혀 구할 수 없어 굶주리게 될 것"이라고 경고했다. "이미 그들은 영주에게 낼 임대료와 세금을 지불하기 위해 빵과 고기, 버터, 신발, 스타킹, 침대, 가구, 그리고 집까지 갖다 바치고 있는 상태다. 감자와 버터우유도 모자라 그들의 가죽과 살까지 벗겨가고 있는 우리가 무얼 더 그들에게서 빼앗아와야 하는지, 나는 도저히 눈을 뜨고 지켜볼 수가 없다." 계속 오르는 세금 때문

에 결국 그들은 임차권을 아예 포기하고 신대륙으로 떠날 수밖에 없었다. 임대료는 두 배로 치솟았는데 소 가격은 절반으로 뚝 떨어졌고 흉년이 들었다. 영국을 떠나 신대륙으로 향한 사람은 처음에는 수만 명이었지만, 나중에는 수십만 명으로 불어났다.[3]

1770년대 초반, 대이동의 규모가 너무 커지자 런던 당국은 아일랜드와 스코틀랜드 국경지대가 경제적으로 아예 붕괴해버릴까봐 두려워졌다. 아일랜드의 한 관료는 "사람들이 벌떼처럼 미국으로 이주하고 있다. 아일랜드 빈민들이 빵을 구할 수 있도록 조치를 취해야 한다. 소가 우유를 만들게 하려면 일단 배불리 먹여야 하는 법"이라고 경고했다. 스카이 섬(스코틀랜드 서북부에 있는 섬)의 한 부동산업자는 지주들의 영지가 "황무지"가 되어가고 있다고 말했다. 북아일랜드 데리의 주교는 대영제국 관료들에게 "지난 수년 동안 광적인 성향의 굶주린 아일랜드인 3만3000명이 이주해간 미국의 산간 지방은 지금 '모반'으로 들끓고 있다"고 말했다. 영국 전역의 신문과 잡지들은 앞으로 점점 황폐해질 왕국에 대한 우려로 가득했다. 미국에 혁명이 일어나는 순간까지도, 영국 관료들은 어떻게 하면 국경지대인들의 미국 이주를 효과적으로 막을 수 있을지 머리를 짜내던 중이었다.[4]

뉴잉글랜드, 디프사우스, 브리티시 캐나다에 정착한 국경지대인들은 극소수에 불과했다. 대부분은 미들랜드를 통해 북미로 유입됐는데, 그 규모가 1775년까지 10만여 명에 달했다. 이를 통해 알 수 있듯이 미들랜드가 통치하는 식민지는 그만큼 매력적이었다. 모든 나라 사람들을 가리지 않고 환영하며, 각자 자신의 신앙을 지킬 수 있도록 자유를 보장해준 퀘이커 때문이었다. 하지만 그런 그들도 국경지대인들의 거친 태도와 혈연에 대한 집착에는 학을 뗄 수밖에 없었다. 필라델피아 신문들은 그들의 악행을 비난하는 장문의 기사를 싣기도 했다. 정부가 만약 그들 중 한 명을 범죄 행위로 사형시켜야 한다면, 그가 지은 죄의 목록은 통화 위조, 살인, 여섯 살 난 어린이 강간, '정부 협박' 등 열거하자면 끝도 없을 것이라고 비판했다. 관료들은 그들을 마을 밖으로 쫓아내기 위해 최선을 다했다. 그나마 국경지대에서는 프랑스나 원주민들의 공격을 막는 완충 역할이라도 해줄 수 있을 테니 말이다.[5]

궁핍했던 데다 토지 소유욕이 강했던 국경지대인 대다수는 오히려 변방으로 가는 것을 더 행복해했다. 한 식민지 관료의 말에 따르면, 그들은 "한마디 질문도 없이 그저 눈에 띄는 빈 땅을 아무 데나 차지해서 자신의 것으로 만들었다". 영국에서 가져온 돈이 좀 남아 있는 사람들은 필라델피아와 가까운 정착촌 땅을 임대할 수도 있었지만, 그렇게 하지 않았다. 그들은 "영주에게 너무 큰 핍박과 괴롭힘을 당해 엄청난 상실감을 안고 영국의 압제로부터 도망쳐 자유를 찾아 이곳까지 온 것"이기 때문이었다. 대가족 단위로 온 스콧-아이리시들은 인디언이 다니는 좁은 통로를 몇 날 며칠 걸어간 끝에 지금의 남부-중앙 펜실베이니아에 있는 숲속 구릉지대를 찾아낼 수 있었다. 넓게 흩어져 정착한 그들은 통나무 집을 세운 후 작은 잔디밭을 조성했다. 초원에 펜스를 치지 않고 자유롭게 가축도 풀어놓았다. 국경지대인들은 수출 목적의 환금성 작물을 키우기보다 숲속에서 자급자족하는 생활을 택했다. 사냥, 낚시, 화전 농업을 하면서 토질이 쇠하면 몇 년에 한 번씩 옮겨다녔다. 그들은 영국에서의 경험을 통해 전쟁에 파괴되기 쉬운 고정 자산에 많은 시간과 재물을 투자하는 것은 현명하지 않다는 사실을 터득했다. 그래서 돼지, 소, 양 등 함께 이동하기 좋은 재산에만 투자했다. 돈이 필요해지면, 이동과 저장이 간편한 데다 매우 귀하게 쳐주는 옥수수 증류 상품을 만들었다. 바로 위스키였다. 200여 년 동안 위스키는 애팔래치아에서 현금과 같은 역할을 했다.[6]

그들은 빈둥거리면서 하고 싶은 대로 하며 살았다. 이 때문에 이곳을 방문한 외지인들은 "아무거나 키워도 잘 자랄 수 있는 좋은 땅을 차지하고서도 게을러서 가난하게 살고 있다"며 그들을 비난했다. 디프사우스의 한 성직자는 1768년 애팔래치아 남부에 대해 이렇게 기록했다. "그들은 가난하고, 게으르고, 더러우면서 끔찍한, 야만적인 삶에 만족하고 있으며 그것을 바꿀 생각이 없어 보인다." 실제로 국경지대인들은 재산을 삶의 우선순위에 놓지 않았다. 오히려 그들은 자유, 특히 외세로부터의 자유를 가장 중요시했다.[7]

처음에는 마을이라 할 만한 곳이 없었다. 하지만 언덕에 흩어져 살던 친족과 이웃 단위의 공동체가 점점 가까이 모여들었다. 그들은 애팔래치아 산맥 곳곳의 정착촌에 자신들이 떠나온 곳의 지명을 붙였다. 도니골, 갤러웨이, 런던데리(혹은 데리), 뉴스코틀랜드, 뉴캐슬, 더럼, 컴벌랜드 등이다. 이들은 외부와 크게 단절돼 있었고 어느 곳에도 소속돼 있지 않았다. 도로도 없었고, 무역은 오로지 물물교환으로만 이뤄졌다. 가장 가까운 법원도 며칠이 걸리는 거리에 있었기 때문에, 국경지대인들은 주민이 직접 재판을 하는 구시대의 관행 속에 머물러 있었다. 재판에 따라 형벌을 내리는 것이 아니라, 피해 당사자나 그 친족들이 직접 복수를 하는 형태였다. '모든 남성이 각자의 가정을 지키는 보안관'이란 말은 국경지대인들의 신조였다. 이는 스코틀랜드 관습인 '블랙메일Blackmail 오늘날 협박을 뜻하는 이 단어는 스코틀랜드에서 부족장에게 도둑이나 약탈자로부터 보호해달라고 요청하며 그 대가로 지불한 돈을 뜻했다', 가문의 복수(매코이 가문과 해트필드 가문 사이에서 되풀이된 복수가 가장 유명하다), 애팔래치아 국경지대인인 윌리엄 린치의 이름에서 유래한 '린치의 법' 등에 영향을 미쳤다. 린치는 무법 지역이었던 버지니아의 변방에서 범죄 용의자에게 직접 사적인 형벌을 가했던 자경단을 이끈 사람이다.힘 있는 사람이 힘없는 사람에게 가하는 폭력을 일컫는 단어인 '린치'는 여기서 유래했다. 불법, 그리고 불법적인 정의 구현, 인디언과의 분쟁 등으로 얼룩진 애팔래치아는 빠르게 악명을 얻어갔다. "북아일랜드에서 온 사람들이 행하는 폭력과 불법은 그들이 오기 전까지만 해도 이곳에서는 거의 찾아볼 수 없는 행동이었다"고 펜의 비서는 기록했다.[8]

국경지대인들은 외부 규제를 받는 것을 싫어했지만, 자기들끼리는 매우 단호한 문화적 잣대를 들이댔다. 지시에 반대하거나 순응하지 않을 때에는 이웃이든, 아내든, 어린이든 혹은 정치적 경쟁자이든 간에 잔인하게 응징했다. 국경지대인들은 공동체 내의 불평등도 당연하게 받아들였다. 상당수 지역에서는 인구 상위 10퍼센트의 부자가 땅 대다수를 차지했다. 반면 하위 50퍼센트는 아무것도 소유하지 못한 채 소작인이나 불법 거주자로 살았다. 운 좋은 상위 10퍼센트는 '좋은 가문'의 우두머리가 됐고, 사람들의 복종을 요구하는 카리스마적인 힘을 갖게 됐다. 그 힘은 그들이 추구하는 정책 때문이 아니라 개인의 인물과 성향, 가문의 인맥을 통해 얻어졌다. 사회적 지위는 부모에게서 상속된다기보다, 본인이 쌓은 업적이나 행위 등을 통해 획득됐다. 국경지대인들의 가족 범위는 위아래 4대까지 포함했다. 친족 간의 유대를 강화하기 위해 가장 가까운 사촌끼리 결혼하는 일도 흔했다. 한편 수렵, 채집생활로 목숨을 부지하던 사회 밑바닥 하층민들은 남의 농작물과 가축, 귀중품, 심지어 딸자식까지 몰래 훔쳐가곤 했다. 애팔래치아가 세력을 확장해가면서 이들의 존재는 점점 더 큰 정치적 이슈가 됐다.[9]

펜실베이니아 남중부 지역에 자리 잡은 국경지대인들은 옛 인디언들이 만들어놓은 '그레이트 왜건 로드Great Wagon Road'를 타고 산맥의 남쪽으로 퍼져나가기 시작했다. 800여 마일에 달하는 이 험준한 길은 랭커스터와 요크를 지나 헤이거스타운(현재 메릴랜드의 서부 팬핸들 지역)으로 이어졌다. 그리고 버지니아의 셰넌도어 계곡으로 내려가 노스캐롤라이나의 고원지대를 거쳐 지금의 조지아 오거스타에서 끝났다. 수만 명의 국경지대인들과 그들의 가축은 이 통로를 따라 아무도 개척하지 않은 바위투성이의 남부 산간벽지로 이주했다. 1730~1750년대에 영국에서 신대륙으로 건너온 국경지대인들의 이주 물결로 얼스터와 스코틀랜드 국경지대의 마르케가 텅 비어갈 무렵, 노스캐롤라이나의 인구는 두 배가 됐고 1770년 거기에서 또다시 두 배가 됐다. 버지니아 서남부의 인구도 1년에 9퍼센트씩 증가했다. 1760년대 사우스캐롤라이나 산간 지방 사람들은 거의다 펜실베이니아나 버지니아 내륙 지방에서 온 사람들이었다. 국경지대인들이 살던 땅은 엄밀히 말하자면 타이드워터와 디프사우스의 영토였다. 이들은 그곳에서 타이드워터의 젠트리 문화가 내륙 지방으로 확산되는 것을 차단하고, 서인도 노예 제도가 북상하는 것을 막아냈다. 그들은 혁명 직후까지도 공식 정부를 운영하지 않았다. 테네시, 켄터키, 웨스트버지니아로 불리는 곳도 그때는 아직 존재하지 않았다.[10]

국경지대인들은 원주민의 땅에 마음대로 들어가 살았다. 뉴프랑스인들처럼, 그들 중 상당수는 농사일을 버리고 "자연으로 돌아가" 원주민처럼 살았다. 사냥하고 고기를 잡고 모피를 두르고 인디언의 땅에서 인디언과 비슷한 옷을 입고, 인디언의 관습을 따라 살았다. 인디언 아내와의 사이에서 낳은 자식들은 나중에 자라서 유명한 인디언 지도자가 되기도 했다. 일부는 인디언 언어를 배워서 아주 깊숙한 원주민 영토까지 오가며 무역이나 보따리 장사를 했다. 또 다른 사람들은 사냥을 하거나 산간 마을에 몰래 숨어들어 범죄를 일삼는 떠돌이가 되어서 사람들의 눈총을 샀다. 한 사우스캐롤라이나의 주민은 "백인 인디언과 다를 바 없는 사람들"이라며 이를 갈았고, 버지니아 산간마을 주민들도 "야만인처럼 사는 족속"이라며 불만을 터뜨렸다. 그러나 이는 극히 소수인 이례적인 경우였고, 애팔래치아인 대부분은 델라웨어 족, 쇼니 족, 체로키 족, 크리크 족 등 인디언을 적으로 간주했다. 그들은 인디언과 산간 지방 땅을 놓고 다투는 경쟁관계였다. 국경지대인들이 인디언의 구역에서 사냥하거나 인디언 땅을 마음대로 개간하고 강제 점유하는 사태가 잦아지면서 둘 사이의 관계는 계속 악화됐다. 그리고 결국 양쪽 모두에 큰 인명 피해를 안겨준 참혹한 전쟁이 이어졌다.[11]

애팔래치아와 인디언의 전쟁, 그리고 국경지대인들의 폭력 행위는 다른 식민지, 그중에서도 특히 미들랜드에 큰 영향을 미쳤다. 우리는 이미 1750년대의 델라웨어 족 습격 때문에 퀘이커의 힘이 미들랜드에서 어떻게 급속히 쇠퇴하게 됐는지 살펴본 바 있다. 하지만 그것은 시작에 불과했다. 진짜 사태는 이제부터였다. 1763년 12월, 펜실베이니아 팩스턴 마을의 스콧-아이리시 무리들은 펜의 가문 영지 안에 위치한 인디언 정착촌을 공격하고 불태운 후 그 자리에서 6명을 죽였다. 살해당한 인디언들은 기독교로 개종한 온순한 원주민이었다. 무리는 랭커스터 감옥로 쳐들어가서 미들랜드인들이 숨겨둔 인디언 14명을 추가로 살해했다. 세 살 난 아이 두 명도 머리 가죽이 벗겨져 목숨을 잃었고, 한 노인은 감옥 마당에서 도끼로 토막이 난 채 죽었다. 일명 '팩스턴 보이'라 불린 이들은 무차별 살인을 저지른 다음 궐기대회를 열고 무장한 1500명의 스콧-아이리시와 함께 필라델피아로 행진했다. 펜실베이니아 설립자의 손자인 존

펜 총독이 필라델피아에서 보호하고 있는 평화로운 인디언들을 더 죽이기 위해서였다.

영국의 북미 식민지 중 가장 균형 있는 입장을 취해왔던 미들랜드의 도시 필라델피아와 국경지대인들 사이에 일촉즉발의 군사적 대치 상황이 벌어졌다. 1764년 2월, 비가 내린 어느 날 팩스턴 보이들이 필라델피아 외곽에 당도하자 이에 맞선 수천 명의 미들랜드인이 주청사를 지키기 위해 운집했다. 필라델피아의 도시 민병대는 요새 연병장에 산탄을 장전한 대포를 배치했다. 퀘이커교도 200여 명도 교리를 잠시 내려놓고 무기를 들었다. 모카신을 신고 담요 코트를 두른 팩스턴 보이들이 도시 외곽을 에워쌌다. "그들은 인디언의 포효를 흉내 내면서 흉측한 함성을 지르고, 평화로운 시민들을 폭행했으며 그들의 머리 가죽을 벗기는 시늉을 했다"고 당시 한 목격자는 말했다. 독일인들은 중립을 지켰고, 필라델피아의 스콧-아이리시 하층민들은 팩스턴 보이들에게 심적으로 동조하고 있어서 미들랜드는 풍전등화의 위기에 놓인 상태였다.[12]

그 운명의 날에서 미들랜드를 구해낸 것은 협상단원을 이끌었던 벤저민 프랭클린이었다. 그는 국경지대인들이 일단 집으로 돌아가면 그들의 불만을 해소시킬 방안을 마련하겠노라고 약속했다. 국경지대인 대표단은 도시 안에 있는 인디언 피난처를 사찰했지만, 그곳에서 인디언 전사는 한 명도 발견하지 못했다. 결국 국경지대인들은 집으로 돌아간 후 펜에게 요구 사항을 제출했다. 첫 번째 요구 사항은 자신들에게 정당한 인구 비율로 지방 의회 의석을 배정해달라는 것이었다(그 당시 미들랜드인들은 국경지대인들보다 카운티당 두 배 가까이 많은 의원석을 확보하고 있었다). 사람들은 두려움에 빠졌고, 총독은 이러지도 저러지도 못하며 망설였다. 필라델피아인들은 "국경지대인들이 더 무시무시한 힘으로 귀환하게 될

까봐 일상적인 위협에 시달리게 됐다." 퀘이커들은 런던에 도움을 요청하는 한편 미들랜드 역사상 처음으로 도시에 병력을 배치했다. 미들랜드는 먼 서부 지역의 인디언들까지 모두 미 연방에 항복한 후에야 예전처럼 정상화될 수 있었다. 팩스턴 보이 사건은 펜실베이니아와 다른 식민지의 문화적 차이점을 뚜렷이 드러낸 계기가 되었다. 이 차이점은 미국 혁명을 거치면서 더 뚜렷하게 수면 위로 떠오르게 될 터였다.[13]

애팔래치아의 다른 지역들 역시 격변기를 겪고 있었다. 1730년대에 펜실베이니아와 메릴랜드 사이에 국경 분쟁이 벌어지자 양쪽 지역에 살던 스콧-아이리시들은 각자의 땅을 지키기 위해 서로 다른 편이 되어 싸워야 했다. 이들은 무력을 사용해 독일인을 쫓아내는 일은 신이 나서 했지만, 서로를 향해 공격하는 것은 내켜 하지 않았다. 전쟁은 교착 상태에 빠졌다. 이번에도 '국민적 특성National background'이 '국가적 소속감State affiliation'보다 강하게 작용했다.

1750년대에 사우스캐롤라이나의 산간 지방 국경지대인들은 체로키 인디언을 공격해 그들의 구역에서 사슴을 밀렵했다. 그리고 체로키 인디언의 머리 가죽을 벗겨 이웃한 버지니아에 가지고 가서는 쇼니 족 인디언이라고 거짓말을 한 후 포상금을 챙겨갔다. 이런 포악한 행동들은 1759~1761년 피비린내 나는 전쟁의 원인이 됐다. 대영제국 군대가 개입해 억지로 평화협정을 성사시키기 전까지 양측 다 수백 명이 목숨을 잃었다. 몇 년 후에는 조지아 고지대에 사는 크리크 인디언이 "숲을 헤치고 다니는 국경지대인 사냥꾼이 우리 사냥감을 다 빼앗아가고 있다"며 불만을 터뜨렸다. 국경지대인들은 사냥 시즌이 끝나면 정착촌의 소와 돼지, 말 등을 훔쳐갔다. 갱단을 조직해서 산간 지방 정착민들을 폭행하거나 달군 쇠로 낙인을 찍고 발가락을 불에 태우는 등 고문을 가한 끝에 숨겨둔 귀중품이나 돈을 강탈해가기도 했다.[14]

계속되는 범죄 행각으로 정착민들은 재산을 모아야겠다는 의지를 상실했다. 한 사우스캐롤라이나인은 "열심히 일해서 번 돈 50파운드를 저축해놓는 사람들은 바로 그 행동 때문에 자신과 가족들을 위험에 빠뜨리게 될 것"이라고 말했다. 또 다른 정착민은 1769년 "팔기 위해서건 손님 접대를 위해서건 술을 사두기만 하면 그들이 문을 부수고 들어와 다 마셔버린다"고 기록했다. "시장에 내다 팔려고 품종 좋은 소나 말을 키우면 아무리 열심히 경비를 서도 그들이 다 훔쳐가버린다." 갱단은 꽤 큰 규모로 불어났다. 디프사우스 농장에서 도망친 노예들도 갱단에 가담했고, 아니면 아예 자체적인 갱단을 새로 조직했다. 갱단이 도망친 노예들에게 일종의 피난처 역할을 해줌으로써 디프사우스의 팽창을 막는 효과도 나타났다. 성공회 주교인 찰스 우드메이슨은 "아주 좋은 땅이 주인 없이 방치된 상태인데도, 부자들은 그 땅을 개간하기 위해 노예들을 그곳으로 보내는 것을 꺼리고 있다. 그곳에 가면 노예들이 갱단에 포섭될 수 있기 때문"이라고 말했다.[15]

사우스캐롤라이나와 조지아의 산간 고지대가 자신들이 떠나온 스코틀랜드의 무법적인 국경지대와 비슷한 상태가 되어가자, 애팔래치아의 세력가들은 그들만의 방식대로 대책을 세웠다. 직접 갱단 토벌에 나선 것이다. 스스로를 '자경단Regulators'이라고 명한 이들은 조지아부터 버지니아의 고지대를 샅샅이 뒤지고 다니면서 의심 가는 범법자들을 잡아 매질하고 인두질하며 린치를 가했다(대다수 갱단 조직원은 나무꾼이나 밀렵꾼이었지만, 일부 두목급 중에는 존경받는 가문 출신으로 체로키 전쟁 참전 용사도 있었다). 자경단은 이후 공동체 내부로 화살을 돌려 "불한당과 게으름뱅이 등 사회에 별 도움이 안 되는 사람들"을 소탕하기 시작했다. 이들이 보기에 게으르거나 비도덕적으로 판단되는 이들은 매질을 당한 후 추방되거나, '태형'을 받은 후 농사일을 해야 했다. 1768년 결성된 자경단은 이후 3년 동안 사우스캐롤라이나 내륙 지방을 완전히 장악했고, 디프사우스에서 파견한 보안관과 판사들이 자신들의 영역에 발붙이지 못하도록 쫓아냈다. 이들은 오히려 디프사우스 의회를 향해 적절한 수의 의석을 보장해달라고 요구했다. 당시 이들이 사는 산간지역은 디프사우스 전체 백인 인구의 4분의 3을 차지하고 있었지만, 의회 전체 48석 중에서는 오직 2석만을 차지하고 있었다. 산간지역의 한 주민은 "디프사우스의 백인들은 우리가 마치 자신들과 다른 인종인 양 여기는 것 같다"고 말했다. 디프사우스와 국경지대인들 사이의 분열은 매우 심각했다. 영국과의 분쟁이 격화되면서 관심이 그쪽으로 쏠리기 전까지도 별다른 진전은 없었다.[16]

타이드워터의 젠트리가 권력을 잡고 있는 노스캐롤라이나는 상황이 더 심각했다. 1760년대, 젠트리는 국경지대인들을 자신의 지배하에 두려고 시도했다. 타이드워터 의회는 산간지역보다 10배나 많은 의석수를 해안지역에 할당했고, 재산세를 지가가 아닌 면적 기준으로 매겨 부유한 농장주에게 갈 세금 부담을 가난한 국경지대인들에게 떠넘기고 있었다. 새 왕당파 총독인 윌리엄 트라이언 경은 1765년 호화찬란한 관저를 짓는 데 필요한 1만5000파운드를 충당하기 위해 세금을 크게 인상했다. 그러자 산간 지방 사람들은 '자경단' 확대로 응수했다. 그들은 1768년부터 그 후 3년 동안 무력으로 타이드워터의 영토를 장악해나가기 시작했다. 변호사를 폭행하고 법원 청사를 점령하고 세금 징수원을 쫓아냈다. 무서운 속도로 권력을 키워나가던 자경단은 1771년 앨러먼스 크리크에서 2000명의 병력이 타이드워터 민병대와의 접전 끝에 패배하면서 소멸했다. 자경단 소속 단원들은 나중에 테네시로 불리게 되는 깊숙한 오지로 도망가 피난생활을 했다. 대립을 거듭하던 애팔래치아와 해안 식민지의 관계는 몇 년 후 미국 혁명이 일어날 때 동맹관계로 돌변하게 된다.[17]

외세의 지배에 좌절한 일부 국경지대인들은 자신들만의 나라를 세우기로 했다. 식민지 건설에 필요한 영국 왕실의 칙허장과 인디언들의 토지 소유권은 무시했다. 한 무리의 스콧-아이리시인들은 펜실베이니아 북·중부에 자신들만의 '공명정대한' 정부를 세웠다. 그 근간이 된 것은 장로회의 민주적 원칙과 스코틀랜드 마르케 국경지역의 극단적인 개인주의였다. 40여 가구로 구성된 이들의 자치 독립 실험은 5년 동안 계속됐지만 주변에 정착촌이 너무 많이 들어서면서 1784년 자신들의 의도와는 달리 일반 대중의 무리에 흡수되었다.[18]

이들보다 더 큰 단위의 자치 실험이 훨씬 남쪽인 지금의 테네시 동부와 켄터키 중부에서 시작됐다. 수천 명의 국경지대인은 인디언의 땅 깊숙한 곳에 자신들만의 새로운 나라인 트랜실베이니아Transylvania를 세웠다. 이는 영국 왕실이 인디언과의 전쟁을 억제하기 위해 애팔래치아 서쪽으로 이주를 금지한 '1763년 선언Royal Proclamation of 1763'을 위반했을 뿐 아니라, 그 땅에 대해 노스캐롤라이나와 버지니아가 가진 법적 관할권과 영국 왕실의 재산권(영국 왕은 법적으로 북미 대륙에서 양도되지 않은 모든 땅을 관장할 수 있었다)을 침해한 것이었다. 그들은 누구의 허락도 없이 자신들만의 헌법과 정부, 법원, 토지 관리국을 세웠다. 스코틀랜드 저지대에서 이주해온 제임스 호그는 트랜실베이니아의 지도자 중 한 명이었다. 그는 대니얼 분을 파견해 산속에 200여 마일에 달하는 통로를 만들도록 했다. 주민들은 켄터키 중부까지 이어지는 이 통로를 이용해 분즈버러로 이동했다. 1775년 초 그들은 "우리 교회이자 주청사이자 시의회"라고 불렸던 분즈버러의 숲속 공터에 있는 커다란 느릅나무 아래서 "하원의회"를 소집했다. 다른 식민지들이 대영제국과의 갈등을 논의하기 위해 '대륙회의'를 소집하려 한다는 소식이 들리자, 트랜실베이니아는 호그를 필라델피아로 보내 자신들을 열네 번째 회원으로 받아달라고 요청했다.[19]

미국 식민지들이 영국과 치열하게 맞붙었을 때, 애팔래치아인들은 중요한 역할을 맡게 된다. 어떤 국경지대인들은 영국 편에서 싸웠고, 또 다른 국경지대인들은 영국에 맞서 싸웠다. 서로 입장은 달랐지만 선택의 이유는 하나였다. 미들랜드 상인과 타이드워터 젠틀맨, 디프사우스의 농장주, 영국 왕실의 위협 등 모든 종류의 외세에 맞서 가족의 자유를 지키기 위해서였다. 그것이 오늘날까지 애팔래치아를 규정짓는 특징이다.

제2부

불가능해 보였던 동맹:
1770~1815

10장
━

공동의
투쟁

━

우리가 미국 혁명이라 부르는 사건은 실제로는 전혀 혁명적이지 않았다.
적어도 그것이 진행되는 과정에 있어서는 말이다. 1775~1782년에 벌어
진 독립 투쟁은 표현, 종교, 언론의 자유가 보장되고 모든 사람이 평등
하게 대우받는 공화국을 세우기 위해 '미국인'들이 힘을 합쳐 싸운 것이
아니다. 오히려 그 반대로, 각 식민지의 문화와 특성, 권력을 지배하는
자들이 기득권을 유지하기 위해 느슨한 군사적 동맹을 맺어 함께 싸운,
매우 보수적인 행동의 발로였다. 반란에 동참한 식민지들은 결코 하나의
공화국을 세우고 싶어하지 않았다. 그들은 대영제국이 미 대륙을 효과
적으로 통제하기 위해 식민지를 섣불리 일원화시키려 하자, 공동의 위협
에 대항해 일시적인 연합을 형성했을 뿐이다. 게다가 미들랜드나 뉴네덜
란드, 뉴프랑스 같은 나라는 영국에 반기를 들지 않았다. 혁명에 동참하
지 않은 이들 나라는 자신들만의 자유를 위해 각자의 방식으로 싸웠다.
　반란을 일으킨 양키덤과 타이드워터, 그레이터 애팔래치아, 디프사우

스 네 나라는 우리가 이미 살펴본 것처럼 공통점이 거의 없고, 오히려 서로를 크게 불신했다. 도대체 그들은 어떻게 서로의 차이점을 극복하고 연합해 싸울 수 있었을까? 정확한 이유를 대기는 어렵다. 사실 혁명 중에도 그들이 항상 같은 편에서 싸운 것은 아니다. 애팔래치아의 목적은 영국이 아니라 미들랜드와 타이드워터, 디프사우스로부터 독립하는 것이었다. 심지어 디프사우스의 기득권층 상당수는 도중에 편을 갈아타는 등 이중적인 행태를 보였다(조지아는 전쟁이 벌어지는 와중에 다시 대영제국의 품으로 돌아갔다). 이들이 '혁명'에 동참한 주목적은 노예를 잃고 싶지 않아서였다. 결국 반란을 일으킨 나라들은 각자의 위협을 스스로 물리칠 수 있는 대안이 없자, 어쩔 수 없이 최후의 수단으로 서로 협력한 것이다. 그들은 적의 적과 손을 잡았다. 하지만 그 이상 가까워질 생각은 추호도 없었다.

식민지들의 반란은 1756~1763년 영국과 프랑스 사이에 벌어진 '7년 전쟁'에 의해 촉발됐다. 미국에서 '7년 전쟁'은 프랑스-인디언 연합군과의 전쟁으로 기억된다. 북미 대륙의 영국 식민지들은 뉴프랑스, 그리고 그들과 연합을 형성한 인디언 원주민들에 맞서 싸워야 했기 때문이다. 이 전쟁으로 북미의 세력 구도는 커다란 변화를 맞게 된다. 프랑스가 패배하자 뉴프랑스는 생피에르와 미클롱 섬을 제외한 모든 영토를 대영제국에 넘겨줘야 했다. 이는 북미 대륙에 두 가지의 중요한 의미를 지닌다. 첫째, 원주민이 유일하게 의지할 수 있었던 유럽사회가 정치적, 군사적 경쟁에서 밀려 사라졌다. 둘째, 이 사건을 계기로 승리에 도취된 대영제국은 북미 식민지를 자신들 마음대로 재편할 수 있을 것이란 오만함에 빠졌다. 이는 결과적으로 인디언과 영국 모두에게 좋지 않은 결과를 초래하게 된다.

제국주의 시대의 막이 오르고 미국에 영국의 식민지가 하나둘 생겨나기 시작한 17세기 무렵만 해도 영국은 스페인 제국이 먹다가 남긴 부스러기라도 차지하려 애쓰던 나라에 불과했다. 내전과 크롬웰의 독재, 명예혁명 등 내분으로 찢긴 영국은 식민지 개척을 그나마 정부가 다루기 편할 것 같았던 민간 기업과 부유한 귀족, 종교 세력에게 아웃소싱했다. 하지만 이는 의도치 않은 결과를 낳았다. 형성 초기부터 매우 뚜렷한 차이점을 지닌 앵글로-아메리카 문화들이 각자의 방식으로 발전하게 된 것이다. 1680년대가 돼서야 영국 왕실은 식민지들을 일원화하고 중앙집권의 통제 하에 두려고 했지만, 이미 너무 늦어버린 뒤였다. 식민지들 중 일부는 수 세대를 거치며 이미 자신들만의 전통과 가치관, 이해관계를 형성한 상태였다.

그렇다면 오랫동안 식민지를 내버려둬왔던 영국의 태도가 돌변하게 된 이유는 무엇이었을까. 그것은 바로 신흥 계급의 등장 때문이었다.

18세기 중반 무렵, 영국은 그 어느 때보다 강해진 위상을 뽐내고 있었다. 스코틀랜드와 아일랜드, 웨일스를 정복해 영연방이 됐고, 인도의 후텁지근한 해안지역부터 허드슨 베이의 추운 황무지까지 아우르는 '대영제국'을 건설했다. 청교도, 퀘이커, 왕당파, 바베이도스 사람들이 영국을 떠나고 수십 년이 흐른 뒤, 이 팽창하는 제국을 다스릴 새로운 사회적 계급이 모습을 드러냈다. 그들은 어찌나 거만했던지 자신들만의 '상류층' 악센트를 사용했다. 식민지 사람들과 영국의 하층 계급 사람들은 모두 이를 매우 가식적이고 허세 부리는 행동으로 여겼다. 이 신흥 계급은 같은 계급끼리만 결혼했으며 자식은 모두 이튼, 웨스트민스터, 해로 같은 명문 사립기숙 학교에 보내 특권층으로서의 동질감을 심어줬다. 또 잉글 랜드 은행과 영국 해군, 동인도 회사 같은 제도 및 기관을 만들어 안팎 으로 뻗어나가는 자신들의 권력을 영속시키고자 했다. 1600년대 초, 영 국을 지배한 것은 귀족이었다. 귀족들은 가문의 영지나 인근 소도시에 서 개인 가정교사를 고용해 교육을 받았기 때문에 정체성, 악센트, 관심 사 등에 있어 지방색이 강했다. 그러나 1763년 영국을 지배한 신흥 계급 은 특권 엘리트층만 모아놓은 기숙학교에서 교육을 받았다. 그들은 스 스로를 제국 엘리트 집단의 일원으로 여겼다. 7년 전쟁 후 그들은 제임 스 2세가 80년 전 하려다 실패했던 것을 다시 시도하려 했다. 미국 식민 지를 자신들의 입맛에 맞도록 영국의 제도, 관료 체계, 종교 아래 예속시 키는 것이었다.[1]

그들의 식민지 길들이기 전략은 전방위적으로 펼쳐졌다. 당시 미국 식 민지 거주자가 내는 평균 세금은 영국 시민의 26분의 1에 불과했기 때문 에 영국 정부는 사탕, 담배부터 종이 제품에 이르기까지 전 품목에 걸쳐 식민지에 새로운 조세를 부과했다. 일부 세금은 숨겨진 의도를 가지고 있었다. 영국은 식민지의 대학 졸업장과 변호사 자격증에 영국보다 훨씬 더 높은 세금을 매겼다. 이는 "낮은 계급 사람이 이들 기관의 명예를 더 럽히지 않도록" 하기 위해서였다. 영국은 식민지의 천한 사람들을 영향 력 있는 사회적 지위에서 배제하기 위해, 장로회가 노스캐롤라이나에 세운 애팔래치아 최초의 대학인 퀸스 칼리지마저도 "바람직하지 않은 종 교에까지 관용을 베풀라고 가르친다"는 이유로 설립 허가증을 취소해버 렸다. 또 세금으로 성공회 교회를 지원하는 한편, 제국의 관료들과 성공 회 교단에 힘을 실어주기 위해 장로회 성직자들은 결혼을 주관할 수 없 도록 금지했다. 아울러 미국에 영국 성공회 주교를 최초로 파견하고(이는 기존에 독립적으로 운영됐던 버지니아 성공회를 긴장하게 만들었다), "이교도"인 청교도를 개종시키기 위해 성공회 선교사들을 보스턴으로 파송했다.

영국은 7년 전쟁으로 막대한 부채를 떠안고 있었지만, 늘어난 세수의 상당 부분을 북미에 주둔시킨 1만여 명의 병력을 유지하는 데 썼다. 영국 고위 관리의 말을 빌리자면, 제국 군대의 '주요 목적'은 "식민지의 영국 예속을 강화하는 것"이었다. 이는 당시만 해도 미국에서 전례를 찾아보기 어려울 만큼 대규모 병력이었다. 이들은 식민지 개척자들이 애팔래치아 산맥 너머 인디언의 땅을 침범하지 못하게 한 1763년 선언 등 제국주의 법을 집행, 감시하는 임무를 맡았다. 영국 해군은 양키 상인들과 카리브 해 지역의 프랑스인, 네덜란드인의 거래를 봉쇄하는 무역법 단속에 주력했다. 단속을 피해 밀수를 하다 붙잡히면 배심원제 재판이 아닌 군법으로 다스려졌다. 반면 영국의 신흥 계급이 장악한 동인도 회사는 각종 규제에서 예외 적용을 받거나 식민지 상인들을 거치지 않고 북미에 직접 차를 내다 팔 수 있는 특별 허가권을 받는 등 온갖 혜택을 누렸다. 조세제도, 법, 점령군 주둔에 이르기까지 영국의 모든 정책은 식민지의 기득권층이나 선출 대표들의 동의 없이 일방적으로 시행됐다. 식민지는 자신들의 문화와 정체성이 영국에 흡수되어버릴지도 모른다는 공포감을 느끼기 시작했다.[2]

뉴프랑스 지역에 거주하고 있던 북미 원주민들 역시 그들의 문화가 멸종될 위기에 놓였다는 두려움에 빠졌다. 150여 년 동안 인디언과 뉴프랑스인들은 선물을 주고받는 의식을 통해 서로 만족스러운 관계를 형성해왔다. 하지만 영국의 군사령관인 제프리 애머스트 남작은 모든 선물 증정식을 취소하고 야만인들에게는 복종 아니면 죽음뿐이라고 선언했다. 1763년, 영국을 무너뜨리고 뉴프랑스를 재건하기 위해 오타와 인디언 부족장인 폰티악의 지휘 아래 수십 개의 주요 부족들이 대규모 반란을 일으켰다. 팩스턴 보이들이 인디언을 죽이기 위해 필라델피아에 진격했던 것도 이 사건의 여파 때문이었다. 전쟁으로 인디언들이 대량 학살됐고 펜실베이니아, 메릴랜드, 버지니아 애팔래치아 지역에 있는 식민지 개척자 2000여 명도 죽거나 생포됐다. "이 용서할 수 없는 종족을 완전히 제거해버려야 한다"고 선언한 애머스트 남작은 천연두 세균으로 오염된 담요를 인디언들에게 나눠주라고 지시했다. 그러나 세균전으로도 인디언들을 굴복시킬 순 없었고, 애머스트는 불명예스러운 오점만 남기게 됐다.[3] 폰티악은 애머스트의 후임자에게 이렇게 말했다. "당신들은 이 사실을 알아야 한다. 프랑스는 절대 우리를 정복하지 않았고, 우리 땅을 사들이지도 않았다. 오대호 지역을 교역소로 계속 유지하길 원한다면, 그에 적절한 대가를 지불하라." 인디언과 평화협정을 맺은 영국 정부는 이 전쟁을 통해 애팔래치아 산맥 서쪽에 경계선을 그어 이주민과 인디언을 분리해야겠다는 결론에 도달했다.[4]

이번에도 역시 반란의 선봉에 선 것은 양키덤이었다.

종교적, 민족적으로 가장 단결돼 있고, 한 국민으로서의 자각과 자치에 대한 신념이 그 어느 곳보다 강했던 양키들은 '뉴잉글랜드의 길'을 지키기 위해서라면 기꺼이 싸우다 죽을 각오가 돼 있었다. 그들은 이번 투쟁을 영국 내전과 명예혁명의 후속편으로 여기고 있었다. 이전의 투쟁들이 전제 정권의 폭정과 가톨릭 세력에 맞선 선한 칼뱅주의자들의 싸움이었다면, 이번에는 그 대상이 탐욕스러운 군주와 성상을 숭배하는 '가톨릭의 아류'인 성공회 교회로 바뀌었을 뿐이었다. 메인 주 동부에서 코네티컷 남부까지 모든 청교도 교회(지금의 조합 교회주의 신자들)는 독립파의 길을 택했고, 모든 신도에게 합류를 권했다. 금욕이 미덕인 청교도 교리는 영국의 사치품과 공산품을 보이콧하는 형태로 실천됐다. 로드아일랜드의 한 신문은 시민이 자유를 지키기 위해 "즐거움 중 하나를 포기해야 했다"고 기록했다. 혁명전쟁에 참전했던 한 퇴역 용사는 훗날 이렇게 말했다. "우리는 언제나 스스로 다스려왔고, 앞으로도 그럴 것이다. 우리는 결코 영국군의 지배를 받지 않을 것이다."[5]

1773년 12월, 한 시위대가 보스턴 항구에 정박한 동인도 회사 소속 배에 올라가 1만1000파운드어치에 해당되는 차 상자를 던져버렸다. 영국 의회는 그에 대한 보복으로 매사추세츠의 식민지 헌장을 취소하고 보스턴 항구를 폐쇄한 후 군법을 발동시켰다. 애머스트의 후임인 북미 군 사령관 토머스 게이지 장군이 총독으로 임명됐고, 필요하다면 민간 가정 집에까지 군인들을 주둔시킬 권한이 부여됐다.

이 가혹한 조치는 영국이 지배하던 모든 미국 식민지의 지도자들에게 위기의식을 일깨웠다. 식민지들은 즉시 외교 회합을 소집했다. 이것이 바로 1774년 9월에 열린 '제1차 대륙회의First Continental Congress'다. 각 식민지는 뉴잉글랜드에서 일어난 사건에 대해 제각기 다른 방식으로 대처했다.

양키는 그들답게 모든 사안을 공론화했다. 반란을 이끈 매사추세츠 지도자들은 즉시 새로운 '식민지 의회Provincial Congress'를 소집해서 도시별 대표를 선출해달라고 요청했다. 1775년 초, 사실상 자신들만의 독자 정부를 수립한 200명의 양키 대표들은 직접 세금을 징수하고 혁명군을 조직했다. 위기의 순간에조차 양키들은 공동체를 중심으로 행동했다. 투표라는 중요한 원칙을 준수했으며, 군사력은 대의 정부를 통해서만 움직였다. 뉴잉글랜드인들의 크게 단합된 저항운동 때문에 게이지 장군의 제국 정부는 보스턴을 제외한 모든 곳에서 사실상 기능이 마비됐다. 영국 군은 도로를 점령한 덕에 그저 그곳에 주둔하고 있을 뿐이었다. 무능하고 숫자만 많은 군대를 이끌던 게이지는 런던에 2만 명의 추가 병력을 요청했다. 이는 7년 전쟁 당시 뉴프랑스와 싸울 때 배치했던 병력과 맞먹는 규모였다. 본격적인 충돌은 불가피했다.[6]

타이드워터를 지배했던 귀족 젠틀맨은 단합과는 거리가 멀었고, 여론 따위엔 관심도 없었다. 양키처럼 제국의 새 정책에 반발했지만, 모반할 것이냐 말 것이냐를 놓고 의견은 양분됐다. 언제나처럼 체서피크 젠트리의 우선순위는 그들의 특권, 즉 '(리버티로서의) 자유'가 제약당하지 않도록 보호하는 것이었다. 여러 세대에 걸쳐 버지니아 저지대, 메릴랜드, 노스캐롤라이나 지역의 정치, 사법, 종교를 완전히 장악한 그들은 델라웨어로 영향력을 확산시켜가는 중이었다. 혈연관계로 연결된 영국의 젠틀맨과 자신들이 동급이라고 여겼기 때문에 영국인으로서 누릴 수 있는 자유권은 식민지 거주자에게 해당이 안 된다는 원칙도 자신들에게는 예외라고 생각했다. 그러나 영국에서 파견한 성공회 주교가 도착하면서 종교에 대한 그들의 지배력이 잠식되기 시작했다. 제국이 새로 부과한 세금은 농장 수익을 감소시켰다. 버지니아 타이드워터의 젠트리는 두 개 파로 나뉘었다. 토머스 제퍼슨, 제임스 매디슨, 조지 메이슨, 조지 워싱턴 등 피드먼트에 사는 젠틀맨은 애팔래치아 산간 지방과 지속적으로 접촉해왔기 때문에 산맥 너머 땅이 가진 엄청난 가치를 잘 알고 있었다. 그들은 태평양으로 진출하려면 반드시 통과해야 할 애팔래치아 산맥에 대한 소유권을 주장했다. 스스로 사회를 운영할 자신이 있었던 그들은 보스턴 차 사건을 높이 평가했으며, 자신들도 영국에 대항해 영국 채권자들에게 부채를 갚지 않겠다고 선언했다. 반면 래퍼해닉 강 이남의 타이드워터 정착촌에서 온 젠틀맨은 훨씬 더 조심스러웠다. 지역 민병대를 창설하는 것에 반대했고, 보스턴 차 사건은 사유재산을 침해한 것이라며 비난했다. 하지만 그들은 '식민지 의회 하원House of Burgesses'의 표결에서 패배했다. 타이드워터는 애팔래치아의 넓은 지역을 자신들의 영토에 포함시켰다. 당시 애팔래치아의 대표들은 영국 정부가 켄터키와 테네시 지역에 내린 정착촌 확장 금지령에서 벗어나고 싶어 안달이 난 상태였다. 그러나 젠트리의 단결력은 워낙 유명할 정도로 이미 형편없는 수준이었다. 타이드워터의 엘리트 중 대영제국과 체서피크 젠틀맨을 상대로 진짜 싸울 의지가 있는 사람은 거의 없었다. 한편 백인 평민들은 그저 위에서 정하는 대로 따를 뿐이었다.7

이는 그레이터 애팔래치아에서도 마찬가지였다. 국경지대인들은 '애국심Patriot'과 '충성심Loyalist', 둘 다 둘째가라면 서러운 사람들이었다당시 독립파는 Patriot, 반독립파는 Loyalist라고 불렸다. 애팔래치아의 각 지역 공동체는 누가 자신의 자유에 더 큰 위협이 될 것인가를 기준으로 식민지 지배계급과 영국의 신흥 계급, 둘 중 하나를 선택했다. 펜실베이니아의 국경지대인들은 마데이라 와인을 홀짝거리고 있는 필라델피아의 우유부단한 엘리트들을 끌어내리고 미들랜드를 전복시킬 명분만을 찾고 있었다. 그래서 이들은 열광적인 독립파가 됐다. 메릴랜드와 버지니아 산간지역 사람들도 영국을 가장 큰 적으로 여겼기 때문에 타이드워터의 피드먼트 귀족들과 운명을 같이하기로 했다. 반면 남부 농장주를 가장 증오했던 남쪽 지역의 국경지대인들은 지금이야말로 식민지 지배계급을 무너뜨리고 복수를 할 좋은 기회라고 여겼다. 몇 년 전 타이드워터의 젠틀맨에게 자경단을 완전히 진압당했던 노스캐롤라이나 국경지대인들은 특히 더 그랬다. 애팔래치아인들은 분열됐다. 그러나 어느 편에 서든 간에 그들의 목

적은 같았다. 압제자를 정복해야 한다는 것이었다.**8**

　미들랜드는 혁명 세력과 손을 잡고 싶어하지 않았다. 오히려 그들은 런던이 식민지를 중앙집권적으로 통치하는 것을 무척 반겼고, 이 충돌의 국면에서 발을 빼기 위해 최선을 다했다. 종교적 평화주의가 중요한 원인 중 하나였다. 아미시, 메노파, 그리고 독일에서 끔찍한 전쟁을 피해 이곳으로 이주해온 모라비아 교파 사람들 또한 전쟁을 원치 않았다. 한 발 떨어져서 지금처럼 조용히 살기를 원했던 대부분의 독일인들 역시 대영제국으로부터 독립을 원하지 않았다. 독립하게 되면 달갑지 않은 스콧-아이리시와 타이드워터의 권력만 훨씬 더 세질 뿐이라고 여겼다. 미들랜드에 여전히 적지 않은 영향력을 행사하고 있었던 퀘이커교도들 역시 윌리엄 펜에게 식민지 건설을 허락해준 영국 왕실에 대해 별다른 불만이 없었다. 다른 종교에 대해 관용적이었던 그들은 성공회의 영향력이 커지는 것에 대해서도 거부감이 없었다. 실제 퀘이커교도의 아들과 손자 상당수는 성공회 신자이기도 했다. 대영제국이 미들랜드를 통제하게 되면, 몇 년 전 팩스턴 보이들이 필라델피아로 쳐들어왔을 때처럼 어쩔 수 없이 무기를 들어야 할 일도 줄어들 터였다. 그들의 진짜 적은 영국이 아니라 편협함으로 똘똘 뭉친 양키와 펜실베이니아 인구 대다수를 차지하는 공격적이고 팽창주의적인 국경지대인들이었다. 대영제국이라면 미들랜드를 그들로부터 보호해줄 수 있을 거라고 여겼다. 혁명이 목전에 다가오자 퀘이커들은 중립을 선언했지만, 예전처럼 대영제국과 가까운 관계를 유지했다. 펜실베이니아 남부, 뉴저지 서부, 메릴랜드 북부와 델라웨어 등지의 미들랜드는 혁명 기간 내내 소극적인 왕당파Loyalist의 입장을 취해서, 필라델피아의 독립파들을 좌절케 했다. 영국에서 태어난 전 퀘이커교도 토머스 페인은 "퀘이커의 기본 교리는 사람들을 정부의 지배에

수동적으로 복종하고 침묵하게 만드는 경향이 있다"고 비판했다.[9]

뉴네덜란드는 왕당파의 가장 큰 근거지였다. 네덜란드인 정착 지역(지금의 브루클린, 퀸스, 스태튼 섬, 그리고 브롱크스, 웨스트체스터, 맨해튼으로 구성된 3개 카운티)의 여론은 반란에 대한 거부감이 압도적으로 높았다. 이 지역을 지배하고 있던 네덜란드인과 대영제국 엘리트들은 혁명이 일어날 경우 식민지 정권이 전복되고 뉴욕은 양키들 손에 넘어갈 것이라고 우려했다. 실제 이미 뉴네덜란드의 상당 지역은 양키들에게 넘어간 상태였다. 양키들이 정착한 롱아일랜드 동부와 웨스트체스터 북부, 올버니 카운티의 외곽, 그린 마운틴(뉴프랑스가 베르몽이라고 불렀던 지역) 동북쪽에 있는 7개의 카운티들은 양키덤을 좇아 반란을 지지했다. 반란이 현실화된다면 이 지역은 내전을 피할 수 없게 돼, 나라는 분할될 것이 자명했다.[10]

영국은 디프사우스의 노예 소유주들도 왕당파 편에 설 것으로 생각했다. 대농장주 대부분은 성공회였고 민주주의에 적대적이었으며, 설탕과 목화 수출에 대한 의존도가 높았다. 이들은 타이드워터의 젠트리처럼 자신들의 정체성을 노르만의 후예이자 왕당파로 규정했다. 이 모든 점은 그들이 영국 왕실을 지지할 가능성이 높다는 사실을 함축적으로 보여줬다. 게다가 그들은 사우스캐롤라이나 저지대와 조지아, 노스캐롤라이나의 가장 남쪽 지역까지 자신들이 원하는 모든 땅을 가졌다. 체서피크의 젠틀맨과 달리 이들의 인구는 노예 숫자의 3분의 1에 불과했기 때문에, 반란이 일어나면 재산을 보호하기 어려웠다. 디프사우스와 끈끈한 관계인 서인도 제도의 식민지에서도 영국에 모반을 일으킬 기미는 전혀 보이지 않았다. 기실 서인도 제도는 영국의 군사력이 나라 안팎의 안전을 책임지고 있었다. 하지만 디프사우스는 서인도 제도와 달리 섬이 아니었고, 이곳의 농장주들은 전략적으로 취할 수 있는 선택의 폭이 더 넓었다. 이들은 세금을 인상하고 식민지 정부의 권한을 제한하려는 제국의 방침에 반대했지만, '내부의 적'과 다를 바 없이 여겼던 노예를 관리해야 했기 때문에 반대 수위는 적정선을 넘지 않았다. 농장주인 헨리 로런스는 1775년 1월 친구에게 보낸 편지에서 대농장주의 입장을 이렇게 요약했다. "우리는 대영제국 안에서 그저 '합리적인 자유'를 누리고 싶을 뿐이네. 독립은 미국이 가야 할 길이 아니야. 냉철하고 실용적인 사람이라면 독립을 바라지 않을 걸세."[11]

그런 이유로 농장주들은 영국 상품 보이콧 운동에만 동참하고, 영국이 양보하길 기다리며 한발 물러서기로 했다. 찰스턴의 한 의사는 "보이콧을 통한 무혈 투쟁 정도가 사우스캐롤라이나가 취할 수 있는 행동의 전부이자, 그들이 치르고자 하는 희생의 전부였다"며 1775년 초의 사회 분위기를 회상했다. 농장주들은 현 상태 유지를 위해 극도로 보수적인 입장을 취했다. 그러나 그들의 지배를 받고 있던 디프사우스 주민들 상당수는 전혀 다른 생각을 하고 있었다. 산간 지방의 국경지대인들은 농장주의 독점 권력을 해체할 수만 있다면 어느 편에라도 설 각오가 돼 있었다. 노예들 사이에서 "식민지와 영국 사이에 싸움이 벌어지고 있는 지금이야말로 우리가 자유를 얻을 좋은 기회"라는 소문이 돌기 시작하자, 농장주들은 두려움에 몸서리를 쳤다. 이들은 사회에 큰 충격이 가해질 경우 독재적인 시스템이 버텨내기 어렵다는 것을 알고 있었기 때문에, 다른 국가가 전면전을 일으키지 않기만을 기도했다. 한 민병대 장교는 "우리의 가장 큰 약점은 우리에게 노예가 너무 많다는 것"이라고 기록했다.[12]

1774년 9월, 식민지 대표들이 처음으로 한자리에 모였다. 56명의 대표들이 참석한 가운데 필라델피아에서 열린 제1차 대륙회의였다. 이들은 서로의 지역 문화에 대한 좋지 않은 고정관념 때문에 협력하기가 결코 쉽지 않으리란 것을 알고 있었다. 뉴네덜란드와 타이드워터, 디프사우스는 평등을 주장하는 뉴잉글랜드를 신뢰하지 않았다. 매사추세츠 대표인 존 애덤스는 뉴욕 시 대표였던 존 리빙스턴이 "평등의 정신을 내세우는 뉴잉글랜드를 두려워하는 듯한" 인상을 받았다. 그런가 하면 퀘이커교도는 조상들이 청교도들에게 어떻게 고문받으며 죽어갔는지 생생히 기억하고 있었다. 많은 이는 양키가 북미 식민지 전체를 차지하려는 속셈을 숨기고 있는 것 같다고 우려했다. 사우스캐롤라이나의 농장주는 1773년 열린 한 디너파티에서 애덤스의 사촌인 조사이어 퀸시 주니어에게 "보스턴의 진짜 목적은 대륙 전체를 한 손에 넣는 거지. 날 속일 수는 없어"라고 말했다. 샘 애덤스존 애덤스와 함께 제1차 대륙회의에 참석한 매사추세츠 대표 중 한 명는 "다른 식민지들은 우리가 완전한 독립을 이룬 후 어느 순간이 되면 대륙을 지배하겠다고 나설 만큼 용감하고 강하다는 사실에 대해 질시하는 것 같다"고 기록했다. 퀸시는 디프사우스의 지배 계층에 대해 "사치스럽고 방탕한 생활, 아랫사람을 대하는 태도를 보면 인류에게 진정 이익이 되는 길을 무시하고 경멸하는 사람들이란 점을 알 수 있다"고 비판했다.[13]

애덤스는 훗날 "반란에 참여한 13개 식민지의 숫자만큼이나 각기 다른 생각들을 조율해야 했다"고 회상했다. "그들은 헌법의 성격이 크게 다른 정부 아래서 성장했고, 생활 방식과 관습 역시 비슷한 구석이 전혀 없었다. 교류가 뜸해 서로에 대해 아는 것도 거의 없어서, 그들을 하나의 원칙과 시스템으로 합치기는 무척 어려운 일이었다." 애덤스는 있는 사실 그대로를 기록했지만, 그중 하나만은 사실과 달랐다. 그는 13개 식민지를 대표하는 열세 가지 생각과 부딪쳤다고 했지만, 그것은 사실 여섯 가지였다. 그리고 여섯 가지로 갈라진 기준은 식민지의 경계선과 일치하지 않았다.[14]

사태가 벌어지는 동안, 뉴잉글랜드 4개 식민지의 대표들은 정확하게 서로에 대한 보조를 맞추었다. 양키들이 살고 있던 서퍽 카운티, 롱아일랜드, 오렌지카운티, 뉴욕의 대표들도 이들을 지지했다. 그들은 대륙회의에서 다른 식민지 대표들에게 영국의 모든 상품을 금수 조치하고, 영국으로의 수출 역시 즉각 중단할 것을 촉구했다. 또 자신들처럼 다른 식민지도 납세를 거부하고 독자적인 군대와 정부를 수립하길 원했다.[15]

양키의 가장 큰 우군은 타이드워터의 피드먼트 지역에서 온 대표들이었다. 리처드 헨리 리, 패트릭 헨리, 그리고 버지니아의 조지 워싱턴과 메릴랜드의 토머스 제퍼슨 등이 그들이었다. 독립 국가를 운영할 능력이 충분하다는 자신감으로 넘쳤던 이들은 양키와 공조하면서, 온건한 입장을 취하는 다른 타이드워터 동료들에게 반란에 합류할 것을 설득했다.

디프사우스의 대표들은 훨씬 더 양면적이었다. 조지아는 "우리는 자유와 안락함 사이에서 아직 입장이 계속 왔다갔다한다"며 대륙회의에 대표를 파견하지 않았다. 회의에 참석한 사우스캐롤라이나 대표 5명 중 4명은 대영제국으로부터 완전한 독립을 초래할 가능성이 있는 모든 행동을 두려워했다. 그들은 수출 금지를 반대했다. 그저 영국 수입품을 보이콧하면서 런던이 먼저 양보해주기만을 기다리고 있었다.[16]

뉴네덜란드는 그들에 대한 편견이 사실임을 입증이라도 하듯 대표단 내부의 분열 때문에 몸살을 앓았다. 9명의 대표 중 5명은 왕당파였던 반면, 나머지 4명은 독립파였다. 독립파 2명은 중산층 네덜란드인이었고, 1명은 양키 정착촌인 오렌지카운티에서 이주해온 변호사였으며 나머지

1명은 올버니 태생으로 예일대에서 교육받은 장로회 신자 필립 리빙스턴 이었다. 뉴욕과 뉴저지 대표단의 과반을 차지하고 있던 보수주의자들은 독립파를 상스러운 촌뜨기로 여겼다. 그들은 공공연한 반란을 일으켜서 영국으로부터 완전히 독립하는 것을 어떻게든 피하고 싶어했다. 북부 뉴욕 등 뉴네덜란드의 상당 지역에 이미 지나치게 많은 양키들이 이주해온 터라 보통선거를 치르게 된다면 자신들의 기득권을 유지하기 어렵다는 사실을 잘 알고 있었기 때문이다. 이들은 또한 뉴네덜란드의 경제적 기반이 원거리 무역인 만큼, 영국과의 무역을 중단하자는 제안에도 반대했다. 그러나 결과적으로 그들은 다른 식민지 대표에게 수적으로 밀려 표결에서 패배했다.[17]

미들랜드의 대표들은 펜실베이니아, 뉴저지, 델라웨어, 메릴랜드 등 지역을 가리지 않고 하나같이 소심했다. 13명의 미들랜드 대표 중 11명은 무장 투쟁에 반대했다. 그들은 영국이 세금을 부과하고 식민지를 통치할 권리를 지닌다고 믿었다. 대륙회의에서 보수주의자들을 이끌던 주동자는 미들랜드의 필라델피아 대표인 조지프 갤러웨이였다. 그는 식민지마다 법과 관습이 다르고 원하는 바도 달라서 협력은 불가능하다고 주장했다. 대신 양키의 계획에 맞설 다른 대안을 내놓았다. 지금처럼 대영제국의 일부로 남되, 영국 의회에 거부권을 행사할 수 있는 '미국 의회' 창설을 요구해 입법 권한을 나눠 갖자는 것이었다. 보수적인 뉴네덜란드는 찬성했다. 하지만 이 계획은 양키, 타이드워터, 디프사우스의 대표들에 의해 부결됐다. 이 세 식민지는 그들의 국가 통제권을 더 이상 영국 정부에 양도할 수 없다며 거부했다.[18]

가장 흥미로운 점은 펜실베이니아와 노스·사우스캐롤라이나의 인구 대다수를 차지하고 있던 여섯 번째 국민은 대륙회의에 참석할 자격을 얻지 못했다는 사실이다. 대륙회의는 애팔래치아의 엄청난 규모에도 불구하고 그들의 발언권을 박탈했다. 애팔래치아와 가장 가까운 입장을 대변했던 것은 필라델피아에서 온 얼스터-스콧 출신의 열렬한 독립 지지자, 토머스 매킨이었다. 델라웨어 북부를 대표했던 그는 다른 미들랜드 대표들의 독립 반대 주장을 끊임없이 비판했다. 국경지대인들이 인구의 상당수를 차지하고 있던 노스캐롤라이나에서는 총 3명의 대표를 파견했는데, 그중 2명은 1771년 산간 지방 국경지대인들의 자경단을 파괴하는 데 핵심적인 역할을 한 인물들이었다. 대륙회의에서 발언권이 배제된 애팔래치아인들은 자신들의 지역 대표가 취한 입장과 무조건 정반대 편에 섰다. 그래서 펜실베이니아의 국경지대인들은 소극적인 미들랜드 지배층과 반대로 열렬한 독립 지지자가 됐고, 캐롤라이나와 버지니아의 국경지대인들은 타이드워터 젠트리의 조심스러운 독립 지지 입장과 반대로 강력한 왕당파의 길을 택했다.

대륙회의는 5개의 국민 대표들을 한자리에 모아놓았지만, 이는 어디까지나 동맹 관계를 논의하기 위해서였을 뿐 하나의 국가 연합을 꾸리기 위한 것은 아니었다. 1774년 10월, 식민지 대표들은 이듬해 중순까지 영국이 양보하지 않는다면 영국 상품을 보이콧하고, 영국으로의 모든 수출을 중단하기로 합의했다. 그들은 영국 왕에게 그의 권한을 존중하지만 자신들의 괴로움도 해결해달라는 청원서를 보냈다. 대표들은 각자의 나라로 돌아가서 초조하게 영국의 반응을 기다렸다. 사우스캐롤라이나의 한 농장주는 그해 겨울, "우리에게 무기를 들고 싸울 힘이 없다는 사실을 신이 알고 계시는지 확인하기 위해 기다리는 중"이라고 기록했다.[19]

그러나 영국 정부는 식민지에 양보할 생각이 전혀 없었다. 식민지들이 합의한 영국으로의 수출 금지 조치가 발효될 무렵, 양키의 공동묘지에는 이미 영국과의 전쟁에서 목숨을 잃은 전사자들의 시신이 넘쳐나기 시작했다. 미국 독립 전쟁의 막이 오른 것이다.

11장
—

자유를 위한
여섯 번의 전쟁

—

역사학자 데이비드 해킷 피셔는 저서 『앨비언의 씨앗Albion's Seed』(1989)에
서 미국의 독립 전쟁은 단 한 번이 아니라 총 네 번의 전쟁으로 이뤄져
있다는 사실을 입증했다. 뉴잉글랜드의 민중 봉기, 남부 지역에서 일어
난 '젠틀맨의 전쟁', 산간지역에서 벌어진 치열한 내전, 그리고 비폭력적
인 미들랜드의 경제·외교적 투쟁. 피셔에 따르면, 연속적으로 일어난 이
네 번의 전쟁은 원하는 목적도, 싸우는 방식도 확연히 달랐다.

우리가 미국 혁명이라 부르는 것은 사실 대서양 해안가에 위치한 여러
식민지 내에서 제각각 벌어진 사건들이다. 그러나 한 번의 전쟁이 끝난
후 다음 전쟁이 시작되는 방식으로 정확히 분리할 수 있는 것은 아니다.
그보다는 6개의 독립 전쟁이 있었고, 이 전쟁은 서로 영향을 주고받으며
일어났다고 보는 편이 정확하다. 그중 일부는 동시에 벌어졌으며, 두 번
은 자기들끼리 싸운 것이다. 명목상으로는 '대륙 군대Continental army 대륙
회의에서 식민지 국가들이 공동으로 창설한 군대로서 초대 사령관에는 버지니아의 대농장

주 조지 워싱턴이 임명됐다'가 존재했지만 대부분의 전쟁은 민병대나 게릴라 부대가 자국민의 이익을 위해 각자 싸운 것이며, 상당수 전투는 영국군과 전혀 상관없는 것이기도 했다. 영국과의 전쟁뿐 아니라 혼란스러운 기회를 틈타 식민지 권력을 차지하려는 경쟁 세력 간의 내전이 뒤엉키면서 미국 독립 전쟁은 매우 추잡한 양상으로 전개됐다. 소수민족과 토착 엘리트 계층은 지배 체제가 바뀌면 자신들에게 어떤 변화가 닥칠지 몰라 불안했기 때문에 대부분 식민지 권력계급의 편에 섰다. 이는 미국 독립 전쟁 때도 마찬가지였다.

각 국가가 무엇을 얻어내기 위해 어떻게 싸웠는지 살펴보는 것은 대체 '미국 혁명'이란 게 무엇이었는지 그 실체를 이해하는 데 도움이 된다. 그리고 그 혁명이 탄생시킨 정체 모를 연방 국가의 한계를 살펴보는 데도 중요한 열쇠가 될 것이다.

첫 번째 전쟁은 양키덤에서 일어났다. 영국이 양키 자치 정부와 그들에게 중요한 문화적 제도들을 폐지하려고 하자 이에 반발한 민중이 봉기를 일으켰다. 양키들이 살고 있던 뉴잉글랜드와 뉴욕 및 펜실베이니아 일부 지역은 영국에 대한 반란의 열기가 가장 뜨거운 곳이었다. 1775년 양키는 이미 비밀 정보 통신 체계와 그림자 정부인 '국민 안전위원회', 1분 만에 전투 준비가 가능한 풀뿌리 군사 네트워크를 조직해놓은 상태였다. 양키들은 인간의 보편권이나 종교의 자유, 지배 계급의 기득권을 위해 싸운 것이 아니다. 그들은 지금까지 지켜온 삶의 방식을 유지하고, 앞으로도 자신들의 일을 스스로 결정할 수 있는 자치권을 보호하기 위해 무기를 들었다. 투표로 선출된 대표들이 운영하는 지역 정부(주가 아니라 마을 단위로 세워진 정부), 사회 중심에 있는 청교도 교회, 앵글로색슨으로서 폭압에서 벗어나 마땅히 누려야 할 자유로울 권리. "신의 선택받은 자들"은 자신들의 소명을 쉽게 포기하지 않았다.

독립에 대한 신념으로 똘똘 뭉친 양키들은 마을 단위로 시민군을 조직하고, 부대를 지휘할 장교를 투표로 선출했다. 새로운 시민군 조직이 만들어질 때마다 주민들은 '서약서'를 작성해 자신들이 완수할 사명에 대해 선서했다. 양키 병사들은 지휘관을 상급자라기보다는 공무를 수행하는 공복公僕으로 여겼다. 이 때문에 전쟁 초에는 병사들이 상사의 명령에 이의를 제기하는 일이 종종 발생했다. 애당초 양키는 다른 사람의 명령을 받지 않기 위해 전쟁을 일으켰던 만큼, 그들은 전쟁 중에도 위로부터의 명령을 수동적으로 따르지 않았다.

다른 지역 출신의 대륙군 장교들은 양키들의 이질적인 평등주의에 적응하기 어려웠다. 1775년 양키 군이 영국에게 점령당한 보스턴 포위 작전을 벌이고 있을 때 사령관으로 부임한 워싱턴 장군은 그들의 남루한 복장과 불복종하는 태도를 보고 깜짝 놀랐다. 게다가 양키들은 같은 부대에서는 양키끼리만 있으려고 했다. 다른 지역 출신의 지휘관들은 양키들을 움직이게 하려면 명령을 내릴 때마다 그에 따른 이유를 충분히 설명해줘야만 했다. "북미 연합군 내에서 각 식민지를 구분하고 차별하는 일이 있어선 안 된다"고 공개적으로 호소했던 워싱턴 장군은 지인에게 보낸 개인 서신에서는 양키들을 '형편없는 놈들'이라고 비판했다. 몇 주 후 보스턴 포위 작전에 투입된 타이드워터 버지니아 출신의 저격수들도 자신들의 옛 노예가 뉴잉글랜드 군부대에서 백인과 나란히 싸우고 있는 모습을 보고 경악했다.[1]

1775년 4월 19일, 영국군이 매사추세츠 콩코드에 있는 화약고를 점령하기 위해 보스턴 밖으로 행군을 시도하면서 전쟁이 시작됐다. 양키 시민군과 영국군은 렉싱턴에서 한 차례 교전을 주고받은 후 콩코드 다리에서 또다시 대치했다. 결국 시민군에게 밀려 퇴각을 결정한 영국군은 후퇴하는 과정에서도 인근 지역 시민군의 공격을 받아 큰 인명 피해를 입었다. 가까스로 강을 건너 보스턴으로 도망치던 영국군은 결국 수천 명의 양키 민병대에 포위됐다. 양키의 전투 소식은 곧 다른 식민지로 빠르게 퍼져나가기 시작했다.

영국은 보스턴의 포위망을 뚫지 못했다. 11개월 후 노바스코샤로 퇴각하던 영국군은 그 과정에서도 메인 동부 지역 양키들의 해상 공격으로 혼쭐이 났다. 양키덤은 1776년 3월 독립을 쟁취했다. 그 후 뉴잉글랜드는 워싱턴이 이끄는 대륙 군대에 식량, 보급품, 자금, 병력을 제공하는 최고의 후원자로 자리매김하면서, 다른 식민지의 독립을 지원하는 핵심 근거지가 된다. 물론 이따금 영국군이 해안지역의 정착촌을 공격해오는 등 양키들은 언제 서쪽에서 영국군이 다시 쳐들어올지 몰라 1년 넘게 경계를 늦추지 못했다. 하지만 1778년, 조지 3세는 결국 뉴잉글랜드를 되찾을 수 있을 것이란 희망을 포기했다. 아직 미국의 독립은 요원했다. 그러나 양키의 해방 전쟁은 승리했다.

양키덤이 자유를 위한 혁명의 근거지였다면, 뉴네덜란드는 독립을 반대하는 왕당파와 영국군을 위한 근거지로서 정확히 정반대 역할을 했다. 이곳은 다른 식민지의 왕당파 인사들이 망명을 오고 영국 육·해군이 식민지를 재탈환하기 위해 작전을 짜는 곳이었다. 1776년 9월부터 영국군에게 완전히 장악당한 뉴욕은 대영제국과의 무역을 거의 독점해 나날이 번성하는 도시 국가로 거듭나고 있었다.

뉴네덜란드가 반란에 동조하지 않았던 이유는 크게 세 가지다. 이들은 여느 주변 식민지와 달리 주권을 수호해야 할 필요성을 느끼지 못했다. 왜냐하면 뉴네덜란드는 한 번도 주권을 경험해본 적이 없는 나라이기 때문이다. 이곳은 줄곧 네덜란드 서인도 회사, 요크 공작, 영국 왕실 등의 지배하에 있었고, 주민들의 여론은 원래 중요치 않았다. 뉴네덜란드 인구의 5분의 1을 차지하던 네덜란드인들은 뉴욕이 영국에서 독립할 경우 양키의 수중에 들어갈 가능성이 높다고 봤다(양키는 이미 뉴네덜란드 내륙지역의 상당 부분을 잠식한 상태였다). 그렇게 되면, 뉴네덜란드의 종교적 관용과 문화적 다양성이 유지될 수 있으리라고 누구도 장담할 수 없게 된다. 뉴네덜란드를 구성한 모든 민족의 지배 계급은 독립이 그들에게 자유와 해방을 안겨줄 것이라 기대하지 않았다. 1775년 초, 제2차 대륙회의가 소집되자 뉴네덜란드의 식민지 의회는 표결을 통해 대륙회의에 대표를 보내지 않기로 결정했다. 반란에 동조하는 일부 지역의 대표에게는 아예 투표권조차 주지 않았다.

그러나 렉싱턴의 소식이 맨해튼에 전해지자 반란을 지지하는 소수파가 조직을 결성한 후 테러를 일으켜 정부와 왕당파를 밀어내고 권력을 장악했다. 항구에 정박 중인 영국 해군 구축함 '더처스 오브 고든Duchess of Gordon'으로 피신한 왕실 총독은 그곳에서 아무 실효성도 없는 칙령을 내리며 여러 달을 갇혀 지냈다. 왕당파의 핵심 인물들은 영국으로 도망쳤고, 일부는 성난 군중에게 조롱거리가 되어 "끌려다니면서" 두들겨 맞고 감옥에 갇혔다. 1776년 2월, 워싱턴이 이끄는 양키들의 부대가 도시를 점령했다. 하지만 그들은 환영받지 못했다. 뉴욕의 한 독립 지지자는 존 애덤스에게 보낸 편지에 "수백만 명이 우리에게 맞서 항의 시위를 벌였다"면서 "왕당파는 여전히 영국 지지 발언을 서슴없이 하고 있다"고 썼다.[2]

그러나 뉴네덜란드의 반란은 그리 오래가지 못했다. 1776년 여름, 30여 척의 전함과 400여 대의 차량, 2만4000여 명의 병사들을 이끌고 영국 함대가 도착했다. 영국군은 워싱턴 장군의 군대를 궤멸시킨 후 도시를 탈환했다. 그해 9월 말에는 뉴네덜란드의 원래 영토를 거의 다 수복하는 데 성공했다. 반군들은 뿔뿔이 도망쳤다. 환희에 찬 마을 주민들은 어깨에 영국 병사들을 태우고 도시를 누볐다. 독일 태생의 한 성직자는 "모두의 표정에 기쁨이 넘쳤다"고 기록했다. 도시 외곽에 은신해 있던 왕당파 인사들과 보스턴, 메릴랜드, 노퍽, 찰스턴, 서배너 등지로 도망쳤던 사람들도 뉴욕으로 되돌아왔다. 뉴욕이 다시 영국의 비호 아래 놓이자 군에 자원입대하려는 사람과 해상 무역상들이 몰려오는 바람에 이 도시의 인구는 2만2000명에서 3만3000명으로 늘어났다. 민간 정부도 다시 세워졌고 극장, 선술집, 커피숍 등이 번성했다. 망명에서 돌아온 선동가 존 리빙스턴은 북미 대륙에서 가장 영향력 있는 왕당파 신문인『로열 가제트』를 만들어 배포했다. 수천 명의 입대자를 끌어모은 왕당파 민병대와 뉴네덜란드 지역 방위대는 코네티컷과 뉴저지를 돌아다니면서 양키들과 국지전을 벌였다.[3]

해군 제독 리처드 하우가 이끄는 영국 함대와 하우 제독의 형제인 윌리엄 하우 장군이 이끄는 북미군은 뉴네덜란드를 사령 본부로 삼았다. 이곳은 양키덤에게 복수하고 중립을 지키고 있는 미들랜드를 점령하기 위한 가장 중요한 발판이었다. 하우 형제는 양키와 미들랜드의 문화적 특성을 바탕으로 그에 따른 맞춤형 전략을 짰다. 먼저 양키덤이 반란의 중심에 있다는 사실을 깨달은 이들은 허드슨 강 밸리에서 양면 작전을 펼쳐 그 일대를 고립시키고자 했다. 양키덤이 장악하고 있는 뉴욕 내륙지역만 점령하면, 뉴잉글랜드는 세 측면에서 동시에 공략해 들어갈 수 있었다. 또 이들은 미들랜드의 경우 양키와 달리 전쟁을 원하는 것이 아니라 그저 영국 정부와 협상을 하고 싶어할 뿐이라는 사실을 파악했다. 따라서 미들랜드에 대해서는 전면전을 불사하는 것이 아닌, 주민들의 마음을 얻는 데 주력했다. 영국군은 강력한 힘을 과시하며 양키를 북부 맨해튼으로 밀어내면서도, 다른 한편으로는 최대한 민간인 피해가 발생하지 않도록 조심스럽게 측면 공격을 펼쳤다. 심지어 그들은 성공을 거두진 못했지만 양키 군대를 평화롭게 해산시키기 위해 전함에서 디너파티를 열고 반군 지도자를 초대하기까지 했다.[4]

하우에게는 불행한 일이지만, 1777년 10월 뉴욕 새러토가에서 뉴햄프셔와 매사추세츠, 북부 뉴욕에서 온 양키 군에게 영국군이 패배하면서 계획은 틀어지기 시작했다. 이 전투의 결과는 돌이킬 수 없는 터닝 포인트가 됐다. 양키의 독립에 쐐기를 박았을 뿐 아니라, 이를 계기로 프랑스가 전쟁에 뛰어들면서 판세가 완전히 바뀌었기 때문이다. 곧 설명하겠지만, 하우의 미들랜드 전략도 그리 신통한 결과를 얻지 못했다.

1782년 영국은 요크타운에서 완전히 항복을 선언했다. 그러나 뉴네덜란드인들은 희망을 버리지 않았다. 영국이 '미합중국'이라 불리기 시작한, 아직은 미약한 수준의 연방 국가와 다시 평화협상을 맺어서 어떻게든 이 지역에 대한 주도권을 놓지 않을 것이라고 믿었다. 그러나 1783년 북미 대륙 13개 식민지가 하나도 남김없이 영국에서 독립하자 기대는 물거품이 됐다. 3만여 명의 사람이 뉴욕을 떠나 영국, 노바스코샤, 뉴브런즈윅 등지로 도망쳤다. 이는 당시 인구의 절반가량에 해당된다. 뉴네덜란드는 자유에 '맞서' 싸웠다. 그리고 크게 패배했다.[5]

평화주의자인 미들랜드는 중립으로 남기 위해 끝까지 최선을 다했다.

주민 대다수는 전쟁에 끼어들고 싶어하지 않았다. 렉싱턴과 콩코드 전투 후에도 제임스 윌슨, 존 디킨슨 같은 미들랜드의 저명인사들은 독립에 반대했고, 1776년 5월에 열린 펜실베이니아 식민지 의회 선거에서 압승을 거뒀다. 그러나 제2차 대륙회의에서 펜실베이니아 정부를 "완전히 진압"하기로 하면서 미들랜드의 중립은 무너졌다. 회의 표결 결과에 따라 양키덤, 타이드워터, 디프사우스는 미들랜드의 내정에 개입하기 시작했고, 그들이 세운 정부에 대한 쿠데타를 막기 위해 강력한 제재 정책을 펼쳤다.

그 결과 1776년 중반, 소수파인 강경 독립 지지자들이 펜실베이니아 정부를 장악하는 데 성공했다. 정부는 의회의 승인으로 법적인 구색만 겨우 갖췄을 뿐 민심은 거의 얻지 못했다. 당시 미들랜드 인구의 절반을 차지하고 있던 애팔래치아인들만 그들을 지지했다. 정부와 델라웨어의 독립파들은 전쟁에 반대하는 자는 누구든 잡아 가뒀고, "독립을 공개적으로 지지하지 않으면" 집을 강제로 수색했다. 1777년에는 펜실베이니아의 퀘이커교 지도자들이 인신보호영장도 없이 다른 신자와 격리된 채 버지니아의 애팔래치아 지역으로 이송된 후 강제 투옥됐다. 뉴저지는 무정부 상태에 빠졌다. 한 대륙 군대의 장군은 "정부가 없어서 온 사회가 혼란에 빠졌다. 미들랜드 장교 상당수는 영국의 보호를 받기 위해 그곳을 떠났고, 또 다른 이들은 나라 밖으로 피신했다. 이곳에는 우유부단해서 아직도 어느 편에 서야 할지 결정하지 못한 극소수의 사람만 남아 있다"고 기록했다.[6]

하우 장군은 미들랜드를 되찾기 위해 즉시 군사를 보냈고, 지역 주민들에게는 제국을 위해 맞서 싸우라고 촉구했다. 1776~1777년 영국군은 뉴네덜란드에서의 패배로 잠시 세가 약해졌던 워싱턴의 군대와 국지전을 벌인 끝에 해로를 통해 메릴랜드, 델라웨어, 펜실베이니아로 진입하는 데 성공했다. 저항하는 세력은 거의 없었다. 하우의 군대는 1777년 9월 필라델피아를 탈환한 후 대륙회의 대표자들을 애팔래치아 산간 지방으로 추방해버리고, 양키와 국경지대인들로 구성된 워싱턴의 군대에 그간 당한 수모를 아낌없이 갚아주었다. 이들은 주민들의 열렬한 환영 속에 도시 외곽에 지어진 따뜻하고 안락한 군인 막사에서 그해 겨울을 날수 있었다. 반면 영국군에게 쫓겨난 워싱턴의 군대는 북쪽으로 20마일가량 떨어진 밸리 포지에서 비박을 해야 했다. 그들은 미들랜드 농부들이 영국군에게 보급품을 제공하는 이유는 영국군이 현찰을 주기 때문이란 사실을 알게 됐다. 일부 독일인 평화주의자들은 반군에게도 다친 곳을 치료해주거나 인도적 차원에서 생필품을 나눠줬다. 하지만 전쟁에 직접적으로 참여하는 것은 여전히 꺼렸다. 그사이 정부를 장악한 전 의회 대표 조지프 갤러웨이는 필라델피아에 왕당파 군대 조직을 창설해 밸리 포지의 대륙군 보급선을 습격했다. 갤러웨이는 자신이 예전에 제안한 바 있는 '미국 의회' 구상을 여전히 포기하지 않았다. 그는 영국과 평화협상이 가능하다는 희망을 전파하기 위해 필라델피아를 영국 왕실의 자애로움을 선전할 수 있는 장소로 만들고자 했다. 필라델피아는 무도장, 공연장, 극장 등 다채로운 삶을 즐길 수 있는 도시가 되어갔다. 새러토가에서 영국군이 양키에게 패배했다는 소식이 들려온 것은 바로 그때였다. 갤러웨이에게는 재앙과도 같은 소식이었다. 프랑스 해군의 공격을 두려워한 영국은 1778년 여름, 미들랜드를 포기하고 모든 병력을 뉴욕과 서인도로 철군시켰다.7

영국군이 철수하자 미들랜드는 펜실베이니아의 애팔래치아인들이 주축이 된 대륙 군대가 장악했다. 랭커스터로 피난 갔던 독립파 망명 의회는 펜실베이니아로 돌아와 자신들에게 반하는 어떤 글이나 연설도 금지하는 법을 발효시켰다. "미국의 대의에 반하는 적"이라고 판단될 경우 누구든 재판 없이 바로 감옥에 가뒀다. 혁명 정부의 집행 기관인 혁명 최고 집행위원회는 산간 지방에서 온 국경지대인들이 장악했다. 이들은 의도적으로 자신들이 의석을 독점할 수 있도록 위원회를 구성했다. 그 결과, 국경지대인들은 마음에 들지 않으면 어떤 사람이든 국가에 불충한다는 혐의를 씌워 재산을 빼앗거나 처형해버릴 권한을 갖게 됐다. 법은 적군뿐 아니라 평화주의자들까지 똑같이 탄압했다. 종교적인 이유로 국가에 대한 충성 서약을 거부한 메노파 교도는 재산을 몰수당한 후 극도로 궁핍하게 살아야 했다. 점령 세력은 미들랜드의 다원성과 관용적인 문화를 파괴했다.[8]

렉싱턴 전투 전까지만 해도 디프사우스의 지배층은 자유를 위해 싸우는 것을 망설이고 있었다. 이곳의 문화가 계급, 맹종, 특권, 귀족에 기반을 두고 있다는 점을 생각하면 그리 놀랄 만한 일은 아니다. 사실 그것은 당시 영국의 지배 계급이 원하는 것과 정확히 일치했다. 백인 하층민은 정치에 참여하는 것이 허락되지 않았고, 그들의 삶은 지주이면서 동시에 그들이 생산한 상품의 구매자이자 재판관 노릇까지 하는 농장주에게 철저히 종속돼 있었다. 이 때문에 영국에 대항해 무기를 들려는 아래로부터의 움직임도 없었다. 농장주들은 사회가 불안정해지면 노예가 봉기를 일으킬 가능성이 커지기 때문에, 이를 초래할 만한 어떤 행동도 하고자 하지 않았다. 하지만 아이러니하게도 그들은 곧 현재의 기득권을 지킬 수 있는 유일한 방법은 영국의 속박으로부터 해방되는 것뿐이라는 사실을 깨닫게 된다.

렉싱턴에서 영국과 첫 교전이 벌어졌다는 소식을 듣고 경악을 금치 못한 남부 디프사우스의 노예 소유주들은 하룻밤 사이에 생각이 바뀌었다. 대륙회의 대표였던 헨리 로런스는 디프사우스의 백인들이 '두려움'과 동시에 '뜨거운 열정'에 휩싸였다고 기록했다. 그들은 영국이 항복할 것이라고 크게 기대하면서 대륙회의의 보이콧 정책을 지지했다. 영국에 자신들의 힘을 입증해 보여야 할 때였다. 농장주들은 세계가 완전히 뒤집히는 것을 목격했다. 여기저기서 음모론이 떠돌기 시작했다. 이 무렵, 영국이 디프사우스의 노예들에게 몰래 무기를 공급해 큰 소요를 일으키려 한다는 소문이 들려왔다. 한 지역 신문은 영국이 식민지를 굴복시키기 위해 총검이 장착된 7만8000자루의 총을 배로 싣고 들어와 흑인, 가톨릭교도, 인디언, 캐나다인들에게 나누어주려 한다고 보도했다. 찰스턴 요새에 있었던 한 의사는 이렇게 기록했다. "폐하의 사제와 신하들은 노예의 반란을 일으켜서 농장주들의 목을 벨 생각인 것 같다." 디프사우스 주민들은 일요일 교회에 예배를 드리러 갈 때에도 노예 반란이 일어날 경우를 대비해 총을 휴대하도록 권고받았다. 농장주들은 조금만 의심이 가도 노예들을 한자리에 모아놓고 매우 느리고 끔찍한 방식으로 공개 처형했다. 왕의 총독인 아치볼드 캠벨은 누가 봐도 무죄인 것이 명백한 노예를 풀어주려 했다가, 만약 그렇게 하면 이 지역의 행동대원들이 그 노예를 다시 붙잡아 총독의 집 앞에 목매달아놓을 수도 있다는 경고를 받았다. "쿠퍼 강의 모든 물로도 끌 수 없을 만큼 분노가 활활 타오를 것"이라는 소리를 듣자, 겁에 질린 총독은 입장을 바꿔서 침묵하기로 했다.[9]

그때까지만 해도 디프사우스의 지도자들은 결코 일정한 선을 넘지 않았다. 그들은 영국 정부를 불신하긴 했지만, 한 번도 전복시키려 한 적은 없었다. 그저 영국 정부를 고립시키고 무시하려 했을 뿐이다. 하지만 노예의 반란 음모 소문이 귀에 들어오자마자, 농장주들은 식민지 의회와 새로 만든 '안전위원회'를 통해 군사적인 저항을 조직했다. 1775년 6월, 안전위원회는 영국과 싸우기 위한 민병대를 양성했다. 사실상 디프사우스에서 독립파는 어떤 고민이나 토론도 없이, 전쟁 한번 치르지 않고 권력을 잡았다. 캠벨 총독의 존재는 어디까지나 그가 위협적이지 않은 선에서만 용인해줄 수 있었다. 하지만 그가 자신들의 적인 그레이터 애팔래치아와 접촉하기 시작하자, 농장주들은 그를 제거하기로 마음먹었다. 계획이 탄로 난 캠벨은 9월 영국 소형 군함인 '타마르'로 도망쳤고, 1776년 2월에는 사우스캐롤라이나 민병대가 전략적으로 중요한 섬을 점령하면서 항구에서마저 쫓겨났다. 그러나 농장주들은 그런 상황까지 갔는데도 독립 선포를 끝까지 망설였다. 그들은 새로 수립한 정부는 "영국과 식민지 사이의 분쟁이 해결되기 전까지만" 일시적으로 효력을 갖는다고 선언했다. 임시 헌법도 영국령이었을 때의 헌법과 같은 내용이었다. 농장주 윌리엄 헨리 드레이턴은 영국이 디프사우스에 "노예냐, 독립이냐"라는 몹시 어려운 선택을 남겨줬다고 말했다. 실제로 디프사우스의 농장주들은 노예를 지키기 위해 어쩔 수 없이 독립을 선택했다.[10]

조지아 해안지역의 상황도 매우 비슷했다. 그곳 농장주들은 영국과의 관계를 끊어내는 데 더욱 주저했다. 반독립 정서가 아주 강해서 제1차 대륙회의 참석을 거부한 데 이어서, 제2차 대륙회의 때도 조지아 내 청교도 소수 밀집지역의 양키 딱 한 명만 보냈다. '건국의 아버지'에 포함돼도 손색이 없을 조지아 사람인 제임스 우드는 전쟁을 지지하지 않은 농장주들의 태도에 크게 실망해서 자신이 태어난 펜실베이니아로 돌아가 그곳의 민병대에 합류했다. 훗날 조지아 대표로 대륙회의에 참석한 존 주블리는 명확한 표현으로 디프사우스의 입장을 역설했다. "공화 정부란 악마의 정부보다 나을 것이 없다." 그러나 영국이 노예 반란을 지원한다는 소문이 돌았을 때는 이들도 동요하지 않을 수 없었다. 왕의 총독인 제임스 라이트는 "엄청나게 무서운 후폭풍"을 우려했다. 하지만 그들의 행동을 지켜본 총독은 결국 조지아의 농장주들이 "지나치게 흥분한 사우스캐롤라이나 사람들의 목소리에 잠시 휘둘렸던 것일 뿐"이라는 결론을 내리게 됐다.[11]

1778년 말 '남부 수복 전략'에 돌입한 영국은 디프사우스를 손쉽게 재탈환했다. 양키덤을 포기한 영국은 디프사우스가 독립에 별다른 뜻이 없다는 사실을 알게 되자 조지아와 캐롤라이나를 확보하는 데 주력했다. 계획대로 잘만 진행된다면, 뉴욕부터 플로리다(당시 인구 밀도가 낮았던 이 지역은 영국이 지배하고 있었다)까지 이어지는 영국령 북아메리카 식민지를 건설함으로써 그 중간에 낄 버지니아를 양측에서 압박할 수도 있었다.[12] 1779년 1월 영국은 3500명의 소규모 병력만으로 총 한 방 쏘지 않고 서배너를 탈환한 데 이어 몇 주 후에는 조지아 해안지대를 완전히 장악했다(우유부단한 조지아는 반란에 동참한 식민지 중에서 영국 편으로 갈아탄 유일한 국가였고, 전쟁이 끝날 때까지 계속 영국을 지지했다). 사우스캐롤라이나의 찰스턴은 1779년 영국의 첫 포위 작전을 성공적으로 막아내지만 1780년 초, 두 번째 포위 작전이 시작되자 결국 굴복하고 말았다. 헨리 미들턴 같은 일부 '독립파' 주동자들은 재산을 몰수당하지 않기 위해 왕에게 충성을 서약했다. 그러지 않은 사람들은 왕당파에게 총살을 당했다. 디프사우스의 반란은 잦아드는 듯했다. 영국이 조지아와 캐롤라이나 지역의 애팔래치아인들과 손을 잡지만 않았더라도, 그들의 남부 전략은 거의 성공할 뻔했다.[13]

양키덤을 제외한 상당수 영국 식민지들이 독립에 대해 양면적이거나 반대하는 입장이었다면, 그들은 대체 어떻게 독립을 하게 된 것일까? 그것을 가능하게 해준 두 가지 요인이 있다. 첫째는 개인의 이익을 위해 독립을 간절히 바랐던 타이드워터 젠트리의 적극적인 동참, 그리고 둘째는 자신들 위에 군림하려는 자는 누구와도 맞서 싸울 준비가 돼 있던 펜실베이니아, 캐롤라이나, 조지아 지역의 애팔래치아인들이었다.

외떨어진 산간지역에 위치한 데다, 가난하고, 하나의 정부로 통합되지도 않았던 그레이터 애팔래치아는 독립 전쟁에서 가장 복잡한 변수였다. 외부의 간섭을 받기 싫어했던 국경지대인들은 '혁명'을 핑계 삼아 판을 뒤엎고자 했다. 하지만 앞서 언급했던 것처럼 국경지대인들이 취한 행동은 지역마다, 심지어 때로는 마을마다 크게 달랐다.

펜실베이니아의 국경지대인들은 혁명의 돌격대였다. 그들에게 혁명이란 미들랜드의 필라델피아 지배층으로부터 권력을 빼앗을 수 있는 절호의 기회를 의미했다. 이 지역의 독립군에 스콧-아이리시의 숫자가 너무 많다보니 한 영국군 장교는 이곳을 '아일랜드 전선'이라고 부르기도 했다. 조지 3세 왕은 미들랜드와의 싸움을 '장로회교도가 일으킨 전쟁'으로 받아들였고, 호러스 월풀영국의 역사학자이자 정치인은 의회에서 "우리 사촌 형제인 미국이 우리에게서 장로교 교인들을 빼앗아가고 있다"고 말했다. 월풀은 존 위더스푼 같은 영국의 훌륭한 사상가나 학자 출신 장로회 교도가 독립파에 서서 영국에게 반기를 든 것을 안타까워했다. 한때 밸리 포지에서 양키와 추위에 벌벌 떨던 펜실베이니아의 스콧-아이리시는 1776년 미들랜드의 헌법 초안을 만드는 위치에 오르게 됐다. 이 법으로 애팔래치아인들은 사실상 미들랜드를 장악할 수 있게 됐다. 전쟁이 끝날 무렵, 그들은 영국과 미들랜드로부터 동시에 해방된다.[14]

타이드워터가 지배하던 메릴랜드와 버지니아 지역의 국경지대인들 역시 스콧-아이리시가 주를 이루고 있었는데, 그들도 영국을 가장 큰 위협으로 여겼다. 애팔래치아 산맥 너머를 개척하고 싶었던 그들은 타이드워터의 젠트리와 목표를 공유하게 됐고, 젠트리는 그들에게 적정한 수준의 의석수를 허용해줬다. 이 지역의 왕당파는 독립파의 득세 속에서 갈 길을 잃은 미들랜드의 소수 문화 공동체인 독일인 마을 출신이 많았다.

이와 대조적으로 노스캐롤라이나의 국경지대인들은 타이드워터 젠트리를 영국보다 더 큰 압제자로 여기고 있었다. 그들은 몇 년 전 젠트리가 자경단을 짓밟은 사건을 복수하기 위해 무기를 들었다. 존 애덤스는 "식민지의 산간지역 정착민들은 자기들끼리도 서로에 대한 적개심이 몹시 커서, 1775년 전쟁이 발발했을 때 같은 편에서 싸우지 않았다"고 기록했다. 이들은 영국 총독의 지원을 받아 1776년 젠트리가 이끄는 반란군과 맞서 싸웠지만 결국 패배한다. 그동안 다른 산간지역의 국경지대인들은 스코틀랜드의 깃발을 내걸고 영국과 맞서 싸웠다. 일부는 깃발에 라틴어로 스코틀랜드의 모토인 "Nemo me impune lacessit"를 써넣기도 했다. 이는 거칠게 번역하면 "나를 밟지 말라"는 뜻이다. 1780년 콘월리스가 이끄는 영국군이 도착했을 때 국경지대인들은 서로를 공격하면서 마치 선조 시대의 영국 국경지대에서처럼 공포스러운 내전 상황에 빠져 있었다. 왕당파들은 부모가 보는 앞에서 어린 소녀들을 강간했고, 독립파들은 적과의 내통이 의심되는 자는 무조건 채찍질을 하고 고문을 했다. 게다가 무장 갱단까지 날뛰면서 누구든 가리지 않고 먹잇감으로 삼았다. 몸값을 노려 어린아이를 납치하거나 가정집을 약탈하고 적들을 암살했다.[15]

다른 이유에서였지만, 사우스캐롤라이나와 조지아 산간지역 또한 내전에 빠져들었다. 디프사우스 정부를 장악하고 있던 과두제 집권층은 일반 서민들과 권력을 나누려 하지 않았다. 사우스캐롤라이나 산간 지방은 그 지역 백인 인구의 4분의 3을 차지하고 있었던 반면 식민지 의회 48석 중에서는 단 2석만을 차지하고 있었다. 이 때문에 "농장주들이 국민의 절반을 노예 신분으로 전락시켰다"는 비판이 터져나왔다. 여기서 노예는 흑인이 아니라 국경지대인들을 가리킨다. 소수의 '왕당파' 국경지대인들은 영국이 좋아서가 아니라 영국군이 그들의 적인 디프사우스 농장주의 적이기 때문에 영국 편에 섰다. 반면 다른 산간지역 마을에서는 영국을 더 큰 압제자로 여겼다. 결국 국경지대인들은 농장주와의 싸움에 더해 같은 국경지대인끼리도 내전을 겪게 됐다. 일단 전쟁이 시작되면 사람들은 지나치게 잔인해졌다. 기습 게릴라전부터 시작해 감옥에 갇힌 수감자들을 처형하고, 민간인에 대한 고문과 강간, 약탈도 예삿일이었다. 한 영국 장교는 캐롤라이나 산간지역 사람들이 "인디언들보다 더 야만적이다"라고 말했다. 또 대륙군 장교 로버트 E. 리의 아버지인 헨리는 조지아 산간지역 사람들이 "약탈, 살인, 비도덕적인 잔인함 등에 있어서 고트족이나 반달족보다 더하다"고 말했다.[16]

영국이 디프사우스 탈환에 성공한 후 사태는 더 악화됐다. 콘월리스 경은 매우 현명하지 못한 지시를 내렸다. 영국군, 독일 헤센 출신의 용병들, 뉴네덜란드 자원병, 그리고 애팔래치아 민병대가 혼합 구성된 군단을 보내 산간지역을 "진압하기로" 한 것이다. 이들은 감옥에 쳐들어가 수감자들을 칼로 죽이고 마을을 불태우는 등 국경지대인들의 전략을 똑같이 따라 했다. 독립파 국경지대인들은 그에 대한 보복으로 온갖 잔인한 방식을 동원해 전원 지역을 초토화했다. 내전이 격화되자 왕당파인 프랜시스 킨로흐는 전임 총독에게 영국은 사우스캐롤라이나의 마음을 얻기 위한 싸움에서 이미 오래전에 패배했다고 말했다. "한때 영국의 백성이었던 저 하층민들은 혹독한 고통을 겪고 수없이 기만을 당했다. 그 탓에 영국의 적은 원래 이곳에 하나뿐이었지만, 지금은 수백 개의 적을 갖게 됐다."[17]

전쟁 때문에 캐롤라이나는 완전히 황폐해졌다. 당시 이 지역을 여행한 사람들은 "모든 밭과 농장이 파괴되고 폐허가 됐다. 길에서 사람 한명 구경하지 못했다"고 기록했다. 또 다른 사람도 "말, 소, 돼지, 사슴과 같은 동물을 찾아보기 어려운 것은 물론이고 다람쥐나 새마저 사라졌다"고 기록했다. "살아 있는 생명체는 눈에 띄지 않는다. 총이나 칼에 맞아 나무 사이에 버려진 불쌍한 자의 백골을 쪼아대고 있는 몇 마리의 콘도르를 제외하면 말이다."[18]

애팔래치아인들은 공동의 정부를 세우지 않고 수천 마일 떨어진 지역에 흩어져 살았던 탓에 정치적인 동질감이 형성되지는 않았지만, 하는 행동만큼은 매우 유사했다. 그들은 자유를 위협하는 외부의 적을 만나면 무기를 드는 데 주저하지 않았고 모든 수단을 동원해 싸웠다. 북부 지역의 애팔래치아인들은 펜실베이니아뿐 아니라 지금의 켄터키, 웨스트버지니아까지 정복하면서 빠르게 정치적 힘을 키워나갔다. 하지만 덜 발달한 남부 지역 애팔래치아의 경우, 승리는 요원했고 그곳은 그들의 부모 세대가 떠나왔던 영국의 국경지대와 비슷해져갔다. 자유를 위한 이들의 전쟁은 패배했다.

타이드워터는 전쟁의 마지막 순간까지도 직접적인 전투의 무대가 되진 않았다. 대신 그들은 수많은 장교와 병력을 다른 지역에서 벌어진 전투 현장으로 파병했다. 명령을 내려 사람을 복종시키는 데 익숙한 젠트리는 자신들이 대륙군의 지휘봉을 잡게 될 것으로 생각했다. 양키덤과 애팔래치아는 제대로 교육을 받지 못한 자들이니 그 역할을 할 사람들은 자신들뿐이라고 여겼다. 그러나 비록 조지 워싱턴이 사령관이었어도, 대륙군의 장군 대다수는 헨리 녹스, 존 스타크, 윌리엄 히스 같은 평민 태생의 양키였다. 이와 같은 사실에서 유추할 수 있듯이 일반 병사의 대다수는 뉴잉글랜드 출신이었다. 타이드워터 젠트리는 버지니아 저격수 부대에 하인들을 배치해 보스턴에서 조지아까지 누비며 군사 작전을 펼쳤다. 그러나 전체적으로 보면 체서피크 지역 출신의 일반 사병은 숫자가 많지 않았다. 게다가 타이드워터 출신의 장교들은 전투에서도 명예와 예절을 앞세우면서 18세기 기사도 규범에 집착했다.

　타이드워터는 상대적으로 별다른 희생을 치르지 않고 일찌감치 독립에 성공했다. 버지니아 영국 총독인 존 머리는 왕권을 수호하기 위해 노예에게 무기를 쥐여주겠다고 협박했지만 성과를 거두지 못했다. 1775년 6월 윌리엄스버그에서 쫓겨난 그는 체서피크에 정박시킨 군함으로 피신했다. 몇 달 후 그는 미국 전역의 왕당파에게 자신을 위한 봉기를 촉구하면서, 영국 왕실을 위해 무기를 든 노예가 있다면 그들에게 자유를 허락해주라고 요구했다. 그러나 이 제안은 오히려 타이드워터가 그에게서 등을 돌리게 하는 역효과를 가져왔다. 머리 총독을 위해 봉기한 수백 명의 노예 중 일부는 노퍽 근처의 그레이트 브리지 전투에서 타이드워터 민병대와 싸우다가 목숨을 잃었다. 머리는 패배했고, 체서피크를 포기한 채 남은 "흑인 왕당파"를 데리고 떠나야 했다.[19]

　1780년 영국이 버지니아 타이드워터 탈환 작전을 펼치자, 영국군에 합류하기 위해 주인에게서 도망쳐 나온 1만여 명의 노예들은 가장 든든한 왕당파 세력을 형성했다. 한 농장주는 "노예들이 모두 숙소에서 뛰쳐나가 영국군에게 달려갔다"고 한탄했다. 그러나 노예들에게 청천벽력 같은 사태가 벌어졌다. 요크타운에 있는 작은 담배 수출입 항구에서 프랑스 함대와 대륙군에 포위된 콘월리스가 1781년 10월 항복을 선언한 것이다. 전쟁은 끝났고, 타이드워터의 독립은 확정됐다. 그리고 25만 명의 노예들은 자유의 희망을 잃었다.[20]

북미의 식민지 국가들은 공동의 위협과 대치하고 있을 때조차 단합과는 거리가 멀었다. 이들은 각자 자신들만의 해방 전쟁을 벌였다. 뉴네덜란드, 미들랜드, 남부 애팔래치아는 패배한 편에 섰다가 1781년 정복당했다. 승리한 자들은 양키덤, 타이드워터, 디프사우스, 그리고 북부 애팔래치아였다. 승자들은 전쟁 중 연합 전선을 펼칠 때 맺었던 합의 조건을 따져가며 전쟁의 과실을 놓고 다투기 시작했다.

12장

―

독립 혹은
혁명

―

독립 전쟁이 끝날 무렵, 동부 해안에 형성된 6개 국민들은 그 어느 때보다 돈독해진 관계를 구축했다. 이들은 군사동맹을 맺어 자신들의 정체성과 문화적 관습을 위협하는 세력을 물리치고 미들랜드의 평화주의자와 뉴네덜란드의 왕당파를 정복하는 데 성공했다. 하지만 각자의 개별적인 문화를 지키고자 시작된 이 노력은 예기치 않았던 두 가지 결과를 낳았다. 첫째는 국가적 지위의 특성을 가진 느슨한 정치적 연대체가 생겨난 것이고, 둘째는 각 국민의 지도자들이 위기의식을 느낄 만큼 '민주주의'를 요구하는 움직임이 거세졌다는 점이다. 전후 시대에 그 두 가지 상황을 해결하기 위해 내놓은 입장들은 저마다 달랐다. 그들이 서로 다른 입장을 조율하고 합의해 시행한 절충안이 지금의 미국을 형성하는 데 큰 영향을 미쳤다.

전쟁이 시작될 무렵, 식민지 사이에 구축된 협의체는 외교 기구인 '대륙 의회Continental Congress'뿐이었다. 대륙 의회는 기본적으로 참여국 과반수의 찬성을 통해서만 결의안을 통과시킬 수 있는 국제 조약 기구였다. 결의안을 이행하지 않는 회원이 있다 하더라도 다른 회원은 군사적인 제재를 가하지 않는 한, 이를 강제할 방법이 없었다. 그래서 대륙 의회는 군사적 제재는 물론 영국의 위협에 더 효과적으로 맞서기 위해 지금의 북대서양조약기구(나토)와 비슷한 성격의 연합군을 창설했다. 그것이 바로 '대륙군Continental Army'이다. 그들은 수많은 입씨름을 거친 끝에 대륙군의 최고 사령관으로 조지 워싱턴을 임명했다.

전쟁이 계속될수록 군사적 역량을 강화할 필요성이 커지고, 더 중요하게는 회원국 간의 평화로운 관계를 유지하기 위해서라도 이 조약기구에 훨씬 더 많은 권한을 부여해야 한다는 목소리가 높아졌다. 1776년 7월, 펜실베이니아 대표인 존 디킨슨은 뉴잉글랜드가 여느 식민지와 달리 독자 행동을 할지도 모른다고 우려했다. 만약 그렇게 되면 식민지 연합은 붕괴할 것이 뻔했다. 그는 연합이 깨어지면, "다시 영연방 식민지가 생겨나고 범죄와 인명 피해가 급증할 것"이라면서 "앞으로 수 세기 동안 이곳의 식민지들은 서로를 질투하고 증오하면서 전쟁을 반복하다 황폐해질 것이고, 기력이 다한 식민지는 어느 운 좋은 정복자의 차지가 되어 노예로 전락할 것"이라고 경고했다. 북부 뉴저지(뉴네덜란드)의 존 위더스푼도 같은 달, "분열은 우리에게 가장 큰 위험"이라고 의회 동료에게 경고했다. 버지니아(타이드워터) 대표인 리처드 헨리 리는 '내부의 평화'를 확실히 하기 위해서는 공식적인 연방제가 필수적이라고 주장했다. 위더스푼은 식민지가 전쟁 후 각자 찢어진다면, "식민지들끼리 더 길고, 더 큰 피해를 야기하는 무의미한 전쟁을 벌이게 될 것"이라고 말했다.[1]

미국 최초의 헌법인 '연합 규약Articles of Confederation'은 이러한 두려움

속에서 탄생했다. 이 규약은 전쟁 중 초안이 작성되어 1781년 발효됐다. 서로에 대한 불신이 컸던 이들은 단일한 국가나 통일된 연방제를 만들려 했던 것은 아니다. 그보다는 각 주권국가가 공동의 행정 기구에 일정한 권한을 부여하는 자발적 연대체인 21세기 초 유럽연합ED과 비슷한 정치 기구를 만들고자 했다. 이러한 보수적인 성향을 반영하듯, 공동의 행정 기구에는 예전 영국 왕실이 담당했던 것과 비슷한 수준의 외교적 역할과 전쟁을 개시하고 결정할 권한만 부여됐다. 연방의 회원이 된 주에게 새롭게 주어진 의무는 없었으며, 그저 이제까지 해왔던 것처럼 각자 스스로의 정부를 다스릴 권한이 유지됐다. 대륙 의회는 영국 의회(혹은 오늘날 유럽 의회)의 역할을 넘겨받아 외교와 전쟁에 관련된 연방법을 통과시킬 권한만을 가졌고, 대부분의 다른 권한은 각 주에 그대로 존속됐다. 각 주는 동의하지 않는 연방의 정책에 언제든 거부권을 행사할 수 있었으며, "각자의 주권과 자유, 독립성"을 보장받았다. 유럽연합처럼, 연방 기구는 국민에게 복무하기 위해 생겨난 조직이 아니라, 각 주 의회로 대표되는 회원국을 위해 복무하는 기구였다.[2]

헌법의 초안이 마련되고 이를 승인한 후조차 대륙 의회는 지역별 성향에 따라 완전히 분열돼 있었다. 1777년 8월에서 1787년 5월까지, 양키 뉴잉글랜드는 타이드워터와 디프사우스가 중심인 남부와 사사건건 충돌했다. 10년이 넘는 동안 두 진영은 서로의 지역 대표가 발의한 법안에 단 한 번도 찬성표를 던지지 않았다. 중부(초기 정착촌이 형성된 동부 해안가를 기준으로 삼았기 때문에 당시에는 뉴욕, 뉴저지, 펜실베이니아, 델라웨어, 메릴랜드를 뜻했다)에서 온 대표들은 둘 중 어느 한쪽과 연합을 형성하며 킹메이커 역할을 했다. 학자들은 보통 이들을 무당파로 묘사했지만, 좀더 자세히 들여다보면 뉴네덜란드, 미들랜드, 애팔래치아는 언제나 일정한 패턴으로 움직였다. 예를 들어 뉴저지는 대륙 의회와 새로 신설된 주 의회 양쪽 모두에서 언제나 두 개로 편이 갈렸다. 한쪽 편은 북부 뉴네덜란드와 연합을 형성했고, 다른 쪽은 남부 미들랜드와 편을 이뤘다. 그들은 '같은 뉴저지 동료'보다 뉴욕 혹은 남부 펜실베이니아와 더 많은 문화적 공통점이 있었다. 심지어 전쟁 중에도 의회는 펜실베이니아를 놓고 애팔래치아 스콧-아이리시 편(헌법주의자Constitutionalists)과 필라델피아 퀘이커·성공회 교도 편(공화주의자Republicans)으로 나뉘어 싸웠다. 애팔래치아 쪽은 언제나 예외 없이 양키 편이었고, 미들랜드 쪽은 대개 남부를 옹호했다.[3]

대륙 의회에서 갈등을 빚은 사안들은 대부분 경제적 요소에 의해 좌우되는 것들이었지만, 기본 가치를 놓고 대립하기도 했다. 1778년 의회에서는 일반 사병을 빼고 대륙군 장교에게만 기존 봉급의 절반에 해당되는 연금을 보장해주기 위해 세금을 인상할 것인가 말 것인가를 놓고 표결이 벌어졌다. 양키 대표들은 이 조치에 거세게 반발했다. 이는 가난한 자들에게 세금을 걷어 부유한 장교 계급에 특권을 주는 것과 마찬가지여서 비도덕적이라고 여겼기 때문이다. 그러나 타이드워터와 디프사우스, 뉴네덜란드의 귀족들은 이 제안을 열렬히 지지했다. 사회는 특권층을 위해 존재하는 것이라는 이들의 세계관에 정확히 부합했기 때문이다. 미들랜드 대표와 펜실베이니아 지역의 애팔래치아인들은 연금을 지급함으로써 장교들의 전투 의욕을 고취할 수 있다면 그리 손해 보는 장사는 아니라고 생각했다(펜실베이니아를 제외한 다른 지역의 애팔래치아인들은 대의권을 박탈당했고, 이 때문에 동부 해안지역 국민에 대한 이들의 분노는 점점 커졌다). 1782년 밀린 봉급을 받지 못한 용병들이 재정난에 처한 대륙 의회를 상대로 반란을 일으키려 한다는 소문이 돌면서 의회 내의 분열 양상은 더 심해졌다. 양키는 부유한 용병과 각종 특혜를 누리고 있는 장교들의 요

구를 거부해야 한다고 주장했지만, 남부연합과 미들랜드, 뉴네덜란드는 이를 기각시켰다.[4]

지역별 갈등이 심해지자 1778년 미국을 정탐하던 영국의 비밀 요원 폴 웬트워스는 미국에 하나의 공화국이 존재하는 것이 아니라, "독립적인 동부 신정 공화국(양키덤)" "관용적인 중부 신정 공화국(뉴네덜란드와 미들랜드)" "대영제국과 흡사한 남부 혼합 정부(타이드워터와 디프사우스)" 3개의 나라가 관찰된다고 보고했다. 그는 이들 사이의 간극이 유럽 국가들 사이의 간극보다 더 크다고 분석했다. 이후에도 "연방은 13개의 독립적인 지역으로 나뉜 채 각자 자신의 의회에서 다루는 주제 외에는 어떤 것에도 따르려 하지 않는다. 전시 상황의 필요 때문에 대륙 의회에 권한을 주긴 했지만, 이미 전쟁은 거의 끝난 상태이기 때문이다"라는 보고서들이 런던에 속속 올라왔다. 영국은 미국 식민지들이 스페인의 손쉬운 먹잇감이 될까봐 우려했다. 전후 영국 스파이인 에드워드 밴크로프트는 미국 연방이 쪼개질 수밖에 없다고 확신했다. 단지 남은 문제는 "13개의 국가로 쪼개질 것이냐, 아니면 뉴잉글랜드와 중부, 그리고 남부 3개의 새로운 연합으로 쪼개질 것이냐일 뿐"이었다.[5]

하지만 이들 지역의 지도자는 대륙 의회 밖에 있는 또 다른 적과 싸워야 했다. '민주주의'라는 새로운 개념이 전쟁을 거치는 와중에 예상치 못하게 대중의 급격한 지지를 얻기 시작한 것이다. 이 상황이 자신들의 권력에 중대한 위협이 될 것이라 우려한 각 지역의 지도자들은 좀더 긴밀한 협력관계를 맺는 한편 중앙 통제 권한을 더 강화할 필요를 느끼게 됐다.

양키덤을 제외한 대부분의 다른 국민은 정치에 참여해본 경험이 없었다. 그들은 법적 재산 기준을 충족하지 못해 투표권에서 배제돼 있었다(여성과 흑인은 어느 나라에서도 투표나 공직 진출이 금지됐다). 심지어 재산 기준이 낮은 덕에 전체 성인 남성의 80퍼센트에게 투표권이 주어진 뉴잉글랜드에서조차 유권자는 유력 지식인이나 사업가에게 자신의 표를 위임했고, 이들이 사회 전체의 공직을 거의 꽉 잡고 있었다. 같은 가문이 여러 세대에 걸쳐 의원직과 고위직을 독차지했다. 특히 자신을 귀족이라 칭하는 타이드워터와 디프사우스에서 이 같은 경향은 더 심했다. 게다가 거의 모든 식민지 국민들은 오직 하원의원 선거에만 투표할 수 있었다. 주지사나 시의원, 다른 고위 공직자는 하찮은 대중이 '잘못된 선택'을 할 위험 때문에 의원이나 왕에 의해 임명됐다.[6]

영국과의 갈등이 시작된 초기부터 미국 식민지 지도자들은 이 틈을 타 아래로부터 봉기가 일어날까봐 우려했다. 뉴햄프셔의 양키는 "신은 모든 인류에게 태어날 때부터 자유를 선사했다"면서 "돈 있는 자가 자유인을 지배할 수 있는 지금의 사회를 후손에게 물려줘선 안 된다"고 일갈했다. 이런 사상은 특히 애팔래치아 지역에서 큰 호응을 얻었다. 1776년 초, 버지니아 타이드워터의 지주인 랜던 카터는 워싱턴에게 "식민지의 무지함을 틈탄 '야심'이 기회를 노리고 있다"고 경고했다. 그는 무지몽매한 대중 사이에서 "독립을 하면 가진 자들로부터 자유로워져 모두가 원하는 정부를 구성할 수 있게 될 것"이란 기대가 퍼져나가고 있다고 말했다. 메클런버그 카운티 고지대와 노스캐롤라이나의 국경지대인들은 헌법 제정 회의에 참석할 대표들에게 "민주주의, 아니면 최대한 그와 비슷한 것"을 얻어내기 위해 싸우고 "가난한 자들을 억압하는 귀족과 소수의 부자, 고위층에게 유리한 것은 무엇이든 반대하라"고 당부했다. 펜실베이니아의 애팔래치아인 민병대 자원병들은 "나라를 수호하기 위해 목숨을 걸고 싸운 이라면 국민으로서 마땅히 모든 권리와 특권을 누릴 수 있어야 한다"고 의원들에게 요구했다. 어느 곳에서든 요구 사항은 비슷했다. 민주 정부를 구성해 모든 백인 남성에게 투표할 권리를 보장하고, 모든 입법 의원은 직접선거를 통해 선출하자는 것이었다.[7]

식민지 지도자들은 전쟁에 사람을 동원하기 위해 영국과의 전쟁을 독재 및 압제와의 싸움으로 포장했다. 그들은 평민들에게 민병대에 합류하고 대규모 회합에 참석해 지도자들이 설명하는 결의안을 열렬히 지지해 달라고 당부했다. 그리고 행동대를 구성해 결의안을 지키지 않는 사람들은 곤봉이나 노로 구타하거나 뜨거운 타르를 끼얹은 후 온몸에 깃털을 붙이는 공개 처벌을 가하라고 지시했다. 이런 과정은 오히려 평민들로 하여금 자신들도 정치에 참여할 수 있다는 사실을 자각하게 만드는 효과를 가져왔다. 민주주의에 관한 글을 쓰거나 읽는 사람들이 생겨나기 시작했다. 토머스 페인이 쓴 「상식」과 1776년 미국의 독립 선언은 이러한 열망에 불을 댕겼다. 식민지 전역에서 혁명적인 변화에 대한 요구가 높아져만 갔고, 독립 전쟁으로 그 목소리는 더욱 커졌다. 보스턴의 평민들은 1776년 돈 있는 자들이 독립 선언 초안의 내용을 자신들의 입맛에 맞게 변경하려 한다는 사실을 알고 "독재는 누가 하든 독재일 뿐"이라고 외치며 폭동을 일으켰다. 펜실베이니아 산간의 스콧-아이리시 군인들이 1781년 상관을 쫓아내고 밀린 봉급의 지급을 요구하며 필라델피아로 행군하자, 워싱턴은 그들의 포탄이 의회 건물로 날아올까봐 서둘러 요구를 들어줘야 했다. 타이드워터 버지니아의 가난한 백인들은 동료 민병대 군인들에게 자신들이 싸우는 이유는 평민들에게 요만큼의 관심도 없는 "젠틀맨의 무자비함 때문"이라고 말했다. 보스턴에서 찰스턴에 이르는 모든 지역의 자유 흑인들도 시민권을 요구하기 시작했고, 노퍽에서는 흑인에게도 법정 증언을 할 자격을 허락해달라는 목소리가 커졌다. 매사추세츠에서는 7명의 시민이 뭉쳐 의회에 투표권을 보장해달라는 청원을 제출했다. 전쟁 중이었던 만큼 지배층은 결국 이들에게 일정 부분 양보할 수밖에 없었다. 투표에 참여할 수 있는 법적 재산 기준은 크게 완화됐다. 펜실베이니아 지역 애팔래치아인들이 운영하는 혁명 정부는 이를 완전히 폐지했다. 메릴랜드 의회는 조세 제도를 개정해 노예를 소유한 농장주들에게 훨씬 더 무거운 세금을 매기기로 했다. 뉴네덜란드의 허드슨밸리 저지대에서 신음하던 소작농들과 대륙군에 재입대하기로 한 양키, 애팔래치아, 미들랜드 군인들은 농장을 불하해주겠다는 약속을 받아냈다. 뉴저지에서는 여성도 투표를 할 수 있게 됐고(비록 짧은 기간이었지만), 타이드워터의 지배층은 자유 흑인에게 참정권을 허용해야 한다는 압력에 시달렸다. 메릴랜드에서는 흑인의 공직 참여를 허용해야 한다는 요구가 거세졌다. 한편 매사추세츠 서부 지역에서는 정부가 전쟁에 참가한 농부들에게 보상하기는커녕 집을 압류하려 하자, 빈곤에 허덕이던 참전 용사들이 무기를 들고 반란을 일으켰다. 이들은 스프링필드에 있는 연방 정부의 무기고를 장악했지만, 결국에는 연방군에 의해 진압됐다.[8]

'하층민'들이 통제 불능이 되어간다는 우려가 높아지자 각 지역의 지도자들은 권력을 유지하고 안전을 도모하기 위해 훨씬 더 강한 연대를 맺어 각 지역의 독립하려는 움직임과 민의를 수시로 살펴볼 필요가 있다고 여기게 됐다. 존 애덤스는 양원을 단일화해서 모든 의원을 직접선거로 뽑자고 하는 페인의 「상식」을 읽고 큰 충격을 받았다. 그 주장은 "지나치게 민주적"인 데다 "자제하려는 아무런 노력도 없고, 심지어 부유층의 이해관계를 고려하는 최소한의 균형 감각조차 빠져 있어서 큰 혼란과 좌절을 가져다줄 것"이기 때문이었다. 뉴욕의 알렉산더 해밀턴은 지금의 국가 연합은 "이름뿐인 연방정부"에 불과하다면서 이 상태에 머문다면 곧 영토와 경제적 이권을 둘러싸고 "국가States 간에 전쟁"이 일어날 것이라고 예상했다. "그렇게 되면 국민의 절반이 굶주리고 정부는 기능을 상실해서 한 발자국도 제대로 떼기 어려운 최악의 상황이 닥쳐올 것이다." 워싱턴 역시 1786년 "나는 모든 연방에 영향을 미칠 수 있는 응집된 권력이 생겨나지 않는 한, 우리가 오랜 시간 하나의 국가로 유지될 것이라 생각하지 않는다. 그 권력은 각 주 정부가 각자의 주에 행사하는 것과 비슷한 수준의 힘이어야만 한다"고 기록했다.[9]

매사추세츠 서부에서 반란이 일어난 후, 각 지역의 부유한 지도자들은 대륙 의회에 현 시스템을 개혁하기 위한 특별 회의 개최를 요구했다. 1789년 필라델피아에서 열린 헌법 제정 회의에서 양키덤과 타이드워터, 디프사우스에서 온 대표들은 일명 '버지니아 플랜'으로 무게 중심을 옮기기 시작했다. 이 계획은 타이드워터 사회를 본뜬 것으로 임명제인 대통령과 상원, 강력한 중앙 정부 등을 특징으로 한다(뉴욕의 알렉산더 해밀턴은 한발 더 나아가 복잡한 지역 이해관계에서 자유로울 수 있는 강력한 군주제를 주창하기도 했다). 그러나 이 계획은 '뉴저지 플랜'을 들고나온 미들랜드와 뉴네덜란드의 반발에 부딪혔다. 뉴저지 플랜은 지금의 유럽연합에서 약간 변형된 것에 지나지 않았다. 그날 의회에서 승리를 거둔 쪽은 버지니아 플랜이었다. 메릴랜드의 대표들 표는 정확히 미들랜드와 타이드워터로 양분됐지만, 결국 버지니아 플랜이 7 대 5로 승리를 거뒀다.

그 후에도 대륙 의회는 양원의 의석 비율을 놓고 치열한 논쟁을 이어갔다. 결국 하원은 인구 비율대로, 상원은 모든 주에 똑같이 의석을 배분하기로 합의가 이뤄졌고, 이 안은 5 대 4로 의회를 최종 통과했다. 이해하기 어렵겠지만, 이 안건을 둘러싼 표심은 큰 주와 작은 주로 나뉜 것이 아니라, 오히려 양키와 디프사우스를 중심으로 갈라졌다. 뉴네덜란드는 양키를 지지했고 타이드워터와 미들랜드는 서부에 영토가 있는 주와 없는 주에 따라 의견이 갈렸다(서부에 영토가 있는 주는 없는 주보다 인구가 더 많아질 것으로 예상했기 때문에 이해관계가 달랐다). 평상시처럼 논의에서 배제된 애팔래치아는 제임스 윌슨이라는 단 한 명의 펜실베이니아 대표만 참석시킬 수 있었다. 이 모든 논의 과정에서 애팔래치아를 배제한 것은 신생 미국에 크나큰 불행이 된다.[10]

이 같은 내용의 헌법안이 대륙 의회를 통과하긴 했지만, 이를 각 주 의회에서 승인받는 것은 전혀 별개의 문제였다. 1787~1790년, 찬반 의견이 분분한 가운데 모든 주가 이 안건을 놓고 투표를 벌였다. 각종 연설과 팸플릿, 신문 기사가 난무했고 일부는 분노에 찬 주장을 펼치기도 했다(반대자들은 헌법의 문구를 잘 따져보면 교황이 대통령으로 임명되고 나라의 수도를 중국으로 옮기는 것도 가능해진다며 반발했다). 뉴네덜란드인들은 네덜란드가 1664년 식민지를 영국에 양도할 때 '뉴네덜란드 반환에 대한 항복 문서'에 명시했던 시민의 자유와 관련된 부분이 헌법 수정안에 반영되지 않는다면 투표를 거부하겠다고 선언했다. 멀리 떨어져 있는 유럽 국가의 지배를 받은 덕에 비교적 자유롭게 살아온 뉴네덜란드인들은 새로 들어설 제국이 종교와 탐구의 자유를 짓밟지 않을 것이란 확약을 받고 싶어했다. 대륙 의회가 권리 장전을 통해 이들의 요구를 들어주지 않았다면, 미국은 아마도 열 번째 생일을 맞을 때까지 버티기 어려웠을지도 모른다.[11]

각 주의 투표 결과를 지리적으로 분석해보면, 국민의 분포 양상에 따라 결과가 확연히 구분되는 것을 알 수 있다. 펜실베이니아 북부, 롱아일랜드 동부를 포함한 양키 지역의 대표들은 대체로 헌법 수정안을 지지했다. 뉴네덜란드, 미들랜드인, 디프사우스, 타이드워터도 지지하는 입장에 동참했다. 반대한 사람들은 주로 애팔래치아인들이었다(버지니아를 제외한 모든 지역의 애팔래치아 대표들은 헌법 승인을 거부했다). 매사추세츠 서부에서 봉기를 일으켰다가 진압당한 뉴햄프셔의 스콧-아이리시 농부들, 불만에 가득 차 있던 북부 뉴욕의 양키와 스콧-아이리시가 그들이었다. 뉴욕에서의 투표는 박빙이었다. 뉴네덜란드인들은 만약 양키가 밀집해 있는 내륙의 카운티들이 헌법 수정안을 승인하지 않는다면 따로 분리 독립해서 독자적으로 연방에 가입할 것이라고 엄포를 놓았다. 한 언론사 논설위원은 인준이 부결될 경우 "맨해튼, 롱아일랜드, 스태튼 섬에는 감당할 수 없는 결과가 생길 것"이라면서 "만약 스태튼 섬이 뉴저지와, 뉴욕의 섬들과 롱아일랜드가 코네티컷과 손잡으면 이 두 개의 주와 새로운 연방은 그들을 보호하고자 나설 수밖에 없다"고 말했다. 뉴네덜란드의 협박은 통했다. 1788년 7월 26일 뉴욕은 30 대 27로 수정안을 인준했다. 그리고 새로운 연방이 생겨났다.[12]

　미국 헌법은 결국 서로 경쟁관계인 국민 사이에서 벌어진 골치 아픈 타협의 결과물이다. 우리는 타이드워터의 젠트리와 디프사우스로부터 평범한 시민의 직접 투표가 아니라 '선거인단'에 의해 선출되는 강력한 대통령제를 물려받았다. 뉴네덜란드는 양심과 표현, 종교와 집회의 자유를 보장하는 권리 장전을 물려주었다. 오늘날 미국이 영국식 의회 모델을 따라 강력한 단일 국가를 형성하지 않은 것은 남부의 폭정과 양키의 간섭에 대항할 수 있도록 각 주의 주권을 보장해달라고 요구한 미들랜드 때문이다. 양키는 인구 비례대로 의석을 배정하기 원했던 타이드워터와 디프사우스를 상대로 싸워 이겨서 작은 주들도 상원에서 동등한 발언권을 가질 수 있도록 만들었다. 양키는 또한 의석을 배분하기 위해 인구를 셀 때 노예는 5분의 3만 포함하도록 절충안을 내고 이를 밀어붙였다. 투표권이 없는 노예들은 대표될 수 없으므로, 의원 수를 배정할 때 이 점을 반영해야 한다는 것이 양키의 논리였다.[13]

새로운 연방이 세워졌지만, 이들의 연합 전선은 여전히 불안정했다. 그리고 곧 연방을 해체할 뻔한 두 번의 강력한 분리 독립 운동이 벌어지게 된다. 제일 먼저 분리운동을 일으킨 나라는 애팔래치아였고, 두 번째는 양키덤이었다.

13장
—

북부의
국민

—

미국인이라면 누구나 한번쯤은 캐나다가 어떻게 생겨난 건지 궁금해한 적이 있을 것이다. 미국 혁명 당시 왜 북미의 18개 식민지가 아니라 13개 식민지만 반란을 일으킨 것일까. 왜 노바스코샤의 신생 식민지는 조지아보다 더 영국에 순종적이었던 것일까. 그리고 혁명 전 영국에게 정복된 뉴프랑스인들은 왜 정복자를 몰아내고 독립적인 주권국을 세우려고 노력하지 않았던 것일까. 이번에도 해답은 그들 각자의 문화에서 찾아야한다. 그들은 자신의 생존에 가장 유리한 쪽을 택했을 뿐이다.

사실 지금의 캐나다 연해주노바스코샤, 뉴브런즈윅, 프린스에드워드 섬에 살고 있던 주민들이 반란을 일으키지 않은 것은 아니다. 반란을 일으킨 사람들은 연해주 지역을 자신들 영토의 일부로 여기던 뉴잉글랜드에서 이주해온 정착민들이었다. 1775년 노바스코샤와 뉴브런즈윅에 살고 있던 2만3000여 명의 유럽계 정착민들의 절반은 양키였다. 그들은 그곳에 강력한 권한이 집중된 마을 정부를 세우고 땅을 균등하게 분배하는 등 또 하나의 뉴잉글랜드를 건설하고자 했다. 노바스코샤의 서쪽 끝에 있는 세이블 곶의 양키 어부들은 메인 해협 너머에 있는 보스턴의 영향권 아래 있었고, 핼리팩스의 새로운 정착촌이 영국령이란 사실조차 제대로 알지 못했다. 노바스코샤 역사가인 존 바틀릿 브레브너의 말을 빌리면, "노바스코샤에 변치 않을 문화적 토대를 형성한 양키 덕분에 이 지역은 왕당파가 이주해온 후에도 온타리오처럼 왕당파의 피난처로 전락한 것이 아니라 뉴햄프셔 혹은 메인과 비슷한 성격을 유지할 수 있었다". 미국 혁명이 일어나자 같은 청교도와 싸우기를 거부한 노바스코샤의 양키들은 노바스코샤 의회에 군 복무 면제를 청원해 승인을 받았다. 동부 파사마쿼디 만(지금의 뉴브런즈윅) 정착민들은 자신들도 혁명 연방의 일원으로 받아들여달라고 대륙 의회에 요청했고, 세인트 존 밸리의 사람들 역시 매사추세츠에 합병 보호를 청원했다. 노바스코샤의 양키 대표들은 식민지 의회 참석을 거부하기 시작했다. 영국 장교들은 상관에게 이곳 인구의 상당수가 반란을 지지하고 있다고 보고했다. 메인과 연해주 지역의 양키들은 조지 워싱턴에게 지원 병력을 요청했지만, 당시 보스턴 포위 작전을 벌이고 있던 워싱턴 장군은 많지 않은 병력을 분산시키고 싶어하지 않았다. 1776년 영국이 핼리팩스에 거대한 원군을 파견하면서 결국 반란은 패배로 끝났다. 그러나 지금까지도 연해주 지역의 문화를 지배하는 것은 양키다.[1]

뉴프랑스의 상황도 매우 비슷했다. 7년 전쟁이 시작되자마자 영국은 아카디아 지역을 지도에서 지워버리고 프랑스계 인구 대다수를 추방해버렸다. 이 때문에 이들은 어떤 반란에도 동참하기 어려웠다(당시 쫓겨난 수천 명의 프랑스인은 아직 프랑스의 영향권 아래 남아 있었던 남부 루이지애나 습지대로 이주했다. 오늘날에도 이곳에 사는 케이준프랑스인의 후손으로 프랑스어 고

어의 한 형태인 케이준어를 사용하는 루이지애나 사람은 뉴프랑스의 문화적 특성을 그대로 이어오고 있다). 그러나 퀘벡 지역의 프랑스인들은 아카디아 지역과 달리 인구가 너무 많아서 깨끗이 밀어내버리는 것이 불가능했다. 영국은 결국 1763년 퀘벡과 평화 협정을 맺으면서 7만여 명에 달하는 퀘벡인들에게 프랑스어로 말할 자유와 가톨릭 신앙의 자유를 허용해줄 수밖에 없었다. 그 덕에 뉴프랑스의 문화적 정수는 영국에게 정복된 후에도 살아남을 수 있었고, 수 세기가 흐른 지금까지 고스란히 보존되고 있다. 미국 혁명이 발발하면서, 퀘벡이 계속 영국 편에 남아 있을지는 누구도 장담할 수 없게 됐다.[2]

지원 요청을 거절했던 노바스코샤와 달리 퀘벡은 워싱턴 장군에게 중요한 전략적 가치를 지니고 있었다. 보스턴 탈환에 성공한 대륙군은 빠르게 성장하고 있던 퀘벡을 다음 목표로 삼았다. 1775~1776년 겨울, 양키가 중심이 된 대륙군은 두 개의 전선을 형성해 퀘벡 공격에 돌입했다. 영국의 지배를 받고 있던 뉴프랑스는 식민지 방어에 나서기는커녕, 수천 명의 인파가 몰려들자 뉴잉글랜드 해방자들을 환영했다. 미국 군인들이 도시에 진입하자 몬트리올 사람들은 "우리의 멍에가 풀렸다"고 외쳤다. "오랫동안 기다려온 영광스러운 자유가 왔다. 독립 세력과 하나가 될 수 있어 얼마나 기쁘고 행복한지 다른 식민지들에도 알려주고 싶다." 수백 명의 퀘벡인이 독립 반군에 자원해 캐나다 2연대를 구성했다. 그중 한 연대는 독립 전쟁 내내 반란군과 함께 싸웠고, 심지어 멀리 남부에서 펼쳐진 군사 작전에도 동참했다. 트루아리비에르에 있는 주철공장은 박격포와 대포를 대량으로 찍어내서 대륙군의 퀘벡 시 포위 작전을 도왔다. 그러나 퀘벡인들에게는 불행하게도 1776년 5월 영국의 지원군이 추가로 도착하면서 양키 군은 결국 무릎을 꿇고 후퇴해야 했다. 그들은 퇴각 도

중 캐나다 주민들에게 총검을 들이대거나 휴짓조각과 다를 바 없는 종이돈을 쥐여주며 보급품을 강탈했다. 이 때문에 뉴잉글랜드에 반감을 갖게 된 퀘벡인들은 대륙군이 그 지역에서 완전히 빠져나갈 무렵 더 이상 그들을 아쉬워하지 않게 됐다. 뉴프랑스는 영국으로부터 독립하는 데 그로부터 200여 년을 더 기다려야 했다.[3]

캐나다 탄생 이후 1970년대까지, 캐나다인들은 줄곧 '왕당파 신화'를 주입받아왔다. 미국 독립 전쟁이 끝날 무렵 캐나다로 도망쳐온 2만8000명의 왕당파가 이 나라의 정체성을 형성했다고 말이다. 왕과 조국을 배신하라고 강요하는 폭력적이고 천박한 미국 모리배들의 협박에 끝까지 굴하지 않고 가족을 지키고자 캐나다로 도망쳐온 왕당파는 영웅적이고 명예로운 폐하의 신하로 묘사됐다. 오랜 고난 끝에 캐나다에 도착한 그들은 계급적 질서를 바로잡고 사회 질서에 순종적인 문명사회를 이룩했다. 자신들이 대영제국의 일부라는 사실을 자랑스러워했던 왕당파들은 북미 식민지가 원래 마땅히 그러해야 했듯이 예의 바르고 법을 준수할 줄 아는 사회를 만들었다. 가장 거칠고 힘센 사람이 모든 것을 차지하는 곳이 아니라, 좀더 숭고한 공익을 위해 헌신할 줄 아는 사람들이 모인 사회였다. 왕당파 신화는 캐나다의 뿌리가 미국이 아닌 영국이란 사실을 자랑스럽게 묘사한다. 그러나 첫 번째 주장은 완전히 틀렸고, 두 번째 주장 역시 진실이 아닌 부분이 많다.

역사적 사실은 이렇다. 왕당파는 캐나다에 자신들의 문화적 DNA를 심는 데 성공하지 못했고, 뉴프랑스도 전혀 해체하지 못했다. 그들은 캐나다 연해주에 영국 제국의 유토피아를 만들고자 했지만, 그보다 앞서 그곳에 정착한 양키와 뉴프랑스인들을 밀어내는 데 실패했다. 특히 뉴잉글랜드 및 퀘벡과 가까운 곳에 있어 그곳으로부터 지속적으로 깊은 영향을 받은 지역은 더욱 그랬다. 그들의 계획은 온타리오에서조차 실패했는데, 이는 그 지역으로 이주해간 '왕당파' 대다수가 영국인이 아니라 미들랜드와 뉴네덜란드 출신의 독일인과 퀘이커교도, 네덜란드인이었기 때문이다. 제국 관료들이 앵글로-캐나다의 정치적인 부분을 장악하긴 했지만 정작 그곳을 지배한 문화는 퀘벡의 동쪽으로는 양키, 서쪽은 미들랜드였다.

왕당파의 계획은 성공할 뻔했다. 엄청난 수의 피난민이 연해주로 몰려와 노바스코샤 일부 지역을 왕당파의 피난처로 삼았다. 그들은 노바스코샤까지 원정 공격을 온 대륙군을 물리치는 데도 성공했다. 왕당파 피난처는 조지 3세를 기리기 위해 그의 가문 이름(하우스 오브 브런즈윅)을 따서 뉴브런즈윅으로 붙여졌다. 왕당파는 노바스코샤가 여전히 양키와 공화주의자의 영향 아래 놓여 있다고 생각했기 때문에 뉴브런즈윅을 따로 만들었다. 토머스 던다스 남작은 1786년 세인트존에서 "노바스코샤의 거주민들은 그 어떤 미 식민지 주민들보다도 영국 왕실에 대해 반역적이다. 그들 때문에 왕당파 이주민들은 온갖 피해를 보았다"면서 "정말 역겨운 놈들"이라고 그의 상관에게 보고했다. 왕당파는 양키들을 숫자로 누를 수 있을 거라 믿었다. 실제 1783년 1만3500명의 왕당파가 노바스코샤로 이주해 그곳의 인구를 두 배로 만들었다. 뉴브런즈윅에는 1만4500명이 몰려왔는데 이는 그 역겨운 놈들보다 다섯 배 많은 숫자였다. 그러나 양키는 왕당파가 갖지 못한 것을 가지고 있었다. 그것은 바로 유기적으로 단합된 문화였다. 세인트크루아 강과 메인 만을 건너면 바로 접근 가능한 매사추세츠와 메인이 이들의 문화를 든든히 뒷받침해주고 있었다. 뉴브런즈윅 북쪽과 동쪽에 남아 있던 1600명가량의 프랑스 아

카디아인들도 퀘벡과 지리적으로 가까웠기 때문에 양키와 비슷한 이점을 갖고 있었다.[4]

반면 왕당파는 문화적으로 단합돼 있지 않았다. 그들 중 대다수는 1783년 후반 영국이 왕당파의 중심지였던 뉴네덜란드를 포기하면서 한꺼번에 도망쳐온 피난민이었다. 당시 왕당파의 유일한 피난처였던 뉴욕에는 독립파에게 쫓겨난 각 식민지의 왕당파들이 가족 단위, 혹은 군부대 단위로 다양하게 뒤섞여 살고 있었다. 뉴브런즈윅의 이주민 70퍼센트는 뉴네덜란드 아니면 미들랜드 출신이었다. 필라델피아의 퀘이커교도, 맨해튼의 성공회 상인, 뉴저지의 농부와 무역상, 펜실베이니아 독일인 마을에서 온 평화주의자 등으로 다양했다. 노예를 함께 데리고 온 체서피크와 디프사우스 저지대 사람들도 7퍼센트를 차지했다. 나머지 22퍼센트는 뉴잉글랜드인이었는데 이들은 정치적 성향을 제외하면 다른 왕당파보다 이곳의 '원래 거주민'과 공통점이 훨씬 더 많았다. 뉴브런즈윅에서 유일하게 문화적으로 단합된 정착촌은 메인 주에서 파사마퀴디 반도와 섬으로 이주해온 양키 마을뿐이었다. 노바스코샤의 왕당파들도 다양하게 뒤섞여 있기는 마찬가지였다. 게다가 이곳 이주민 중에는 해방되고 싶으면 왕을 위해 싸우라는 영국군의 요구에 부응했던 흑인 노예 3000명도 포함돼 있었다. 원래부터 응집력이 없었던 데다 이들을 이끌어줄 리더십마저 부재한 상황에서 왕당파는 종교, 직업, 계급, 민족에 따라 갈라지고 흩어졌다. 이들은 기존의 양키 문화를 흡수하기는커녕 멀리 떨어져 있는 런던보다 가까이 있는 보스턴으로부터 더 큰 영향을 받기 시작해 문화, 무역, 생활 양식 면에서 양키에게 광범위하게 동화되어 갔다. 실제로 1812년 영국과 신생 미국 사이에서 전투가 벌어졌을 때, 뉴브런즈윅 서남부 지역의 사람들은 메인 동부에 사는 이웃, 사촌, 친구와 싸우는 것을 거부했을 뿐 아니라 7월 4일(미국 독립기념일) 불꽃놀이가 취소되지 않도록 화약을 빌려주기도 했다.[5]

왕당파가 오대호 지역에 직접 건설한 식민지도 시작은 좋았다. 어퍼 캐나다Upper Canada 지금의 온타리오 남부에 존재했던 식민지. 기존에 살던 프랑스어권 정착민과 뒤늦게 이주한 영어권 정착민이 융화되지 못하자. 영국 의회는 퀘벡 지역을 영어권 정착민이 사는 어퍼 캐나다와 프랑스계 주민이 사는 로어 캐나다로 분리했다는 왕당파가 연해주와 퀘벡에서 가질 수 없었던 것을 제공했다. 바로 다른 유럽계 미국인들과 경쟁하지 않아도 되는 완전히 깨끗한 백지상태의 식민지였다. 후에 온타리오라고 불리게 되는 이곳은 영국을 본뜬 웨스트민스터와 비슷한 형태의 국회를 설립하고, 캐나다 연방정부가 들어서며, 자동차 번호판에 영국 왕실을 상징하는 왕관을 새겨넣게 된다. 온타리오의 도시는 킹스턴, 런던, 윈저, 요크 등 영국 제국의 일원에 걸맞은 지명으로 채워졌다. 하지만 문제는 그곳으로 이주해간 왕당파 자신들에게 있었다. 이들보다 먼저 정착한 북미의 다른 경쟁자는 없었지만, '왕당파'는 정작 자신들끼리 공통점이 없었을 뿐 아니라 정치적으로도 매우 달랐다.

1783~1784년 온타리오로 이주해간 '진정한' 왕당파의 규모는 크지 않았다. 뉴욕 북부 출신의 양키 농부 6000명과 군대가 해산되면서 갈 곳을 잃은 영국 군인 및 헤센 용병이 고작이었다. 하지만 이곳에는 곧 1만여 명의 '후발대 왕당파'가 1792년에서 1812년 사이에 계속해서 밀려오게 된다. 영국은 이 후발대가 영국 군주를 사랑하는 훌륭한 백성이 혐오스러운 미 공화국을 피해 10~20년에 걸쳐 도망쳐온 것이라고 말하고 싶을 것이다. 후대의 신화도 이들을 그렇게 묘사하고 있다. 하지만 실제로 그들은 영국이 이주민을 끌어모으기 위해 당근으로 제시한 값싼 땅과 낮은 세금에 혹해 새로운 기회를 찾아온 가난한 이주민일 뿐이었다.

미들랜드에서 먼 길을 떠나 캐나다에 도착한 이주민의 4분의 1은 농부였고, 5분의 1 미만은 수공업자였으며, 나머지 대부분은 가난한 노동자나 선원이었다. 젠틀맨은 250명 중 1명꼴에 불과했다. 1798년 뉴욕 북부와 온타리오를 방문했던 한 여행객은 "캐나다로 이주해온 정착민들은 기대보다 더 볼품없는 사람들이었으며, 대부분은 정부가 제공하는 농토에 관심이 많은 빈민들이었다"고 기록했다. 하지만 이들은 진짜 왕당파와 달리 공통된 문화를 보유하고 있었다. 바로 미들랜드의 문화였다. 다양한 문화에 대해 관용적인 자세를 가진 미들랜드의 유산은 이후 오대양 북부 연안을 지배하는 문화가 된다.[6]

이 시기 남겨진 영국의 기록에 따르면, 이주민의 90퍼센트는 뉴저지, 뉴욕, 펜실베이니아 등 '중부'에서 온 사람들이었다. 비슷한 시기에 남겨진 다른 기록 역시 이들 대다수가 델라웨어 밸리에서 평화주의 종교를 믿던 사람들이라고 말하고 있다. 독립 전쟁 당시 무기를 들고 싸우기를 거부해 박해를 받았던 수천 명의 퀘이커와 독일인 메노파 교도 및 던커(형제교회)교도들은 그들끼리 평화롭게 살 수 있는 장소를 찾아 이곳까지 왔다. 그들과 달리 미국에 남은 미들랜드인들은 1790년대에 이로쿼이 부족 동맹과의 격렬한 싸움 끝에 오하이오 밸리의 서부 내륙을 개척하며 미국의 중부 내륙에 미들랜드 문화를 확산시킨다. 하지만 이와 대조적으로 온타리오는 평화로웠다. 30여 년 전 뉴프랑스를 정복하면서 그들로부터 외교적인 방법을 학습한 영국은 인디언들을 소중한 전략적 파트너로 대했다. 영국은 또한 미들랜드인들에게 자치를 허용해 일상적인 부분은 거의 개입하지 않았다. 1812년 전쟁이 터지기 전까지 수천 명이 온타리오로 이주해 같은 민족끼리 정착촌을 형성했다. 숫자는 많지 않았지만 뉴네덜란드 출신의 네덜란드인이나 뉴잉글랜드의 양키들, 산간 지방의 스코틀랜드인 등도 이곳에 정착했다. 온타리오의 초기 미들랜드 이주민들은 고향에 있는 친구들에게 "마치 독립 전쟁이 일어나기 전의 펜실베이니아와 비슷한 장소를 찾았다"고 편지를 썼다. 관용적이고, 다양하고, 다른 세계에 무관심한 온타리오의 초기 정착민들은 영국 관료들이 정치를 비롯한 골치 아픈 업무들을 대신 처리해주는 것에 행복해했다. 1820년대에 아일랜드인, 영국인, 얼스터 스코틀랜드인이 영국에서 이주해왔을 때 온타리오는 이미 자신들의 문화를 형성한 터였다. 이 광활한 땅의 남부 인구 밀집 지역은 오늘날까지도 기본적으로 미들랜드의 문화를 이어오고 있다.[7]

18세기 후반과 19세기, 이 지역을 누가, 어떻게 통치할 것인지를 결정한 것은 런던에 있는 영국 정부였다. 미국 혁명에 충격을 받은 그들은 이 식민지가 독자적인 정치 체계와 가치, 관습을 형성하지 못하도록 조치를 취했다. 타이드워터의 모델을 따르되, 젠트리의 역할을 대신할 통치자는 제국이 직접 임명했다. 투표권은 매우 제한적으로 주어졌고, 언론도 강한 통제를 받았다. 식민지 선출 의회가 내린 결정은 왕이 종신으로 임명하는 귀족 위원회와 총독, 런던에 있는 제국 행정부의 허가를 받아야 했다. 또 총독은 언제든 의회를 해산할 권한이 있고, 그의 예산은 의회의 감사도 받지 않았다. 영국 정부는 총독을 반드시 영국인으로 임명했으며, 식민지 주민은 절대 총독이 될 수 없었다. 온타리오에 부임한 초대 총독에 따르면, 이러한 시스템은 "민주주의를 요구하는 전복 세력을 철저히 파괴하고 무장해제 시키기 위한" 목적으로 도입됐다.[8]

온타리오, 퀘벡, 연해주는 문화적으로 크게 달랐다. 하지만 그들 사이에 한 가지 공통점이 있었으니, 그들을 지배한 권력은 대서양 너머 멀리 떨어진 곳에 있었다는 사실이다. 이들이 자신들의 운명을 스스로 결정할 수 있게 되기까지는 또 다른 한 세기가 필요했다.

14장
—
첫 번째
분리주의자들
—

우리는 1789년 헌법 비준이 미국 혁명의 분수령이 되었다고 배워왔다. 하지만 당시 미국에 살고 있던 사람들 대부분은 그렇게 생각하지 않았다.

타이드워터와 디프사우스를 제외한 다른 식민지 사람들의 상당수는 헌법이 반혁명적이며 교묘하게 민주주의를 억압한다고 여겼다. 또 소수의 지역 엘리트와 신흥 은행가, 금융 투기꾼, 그리고 같은 인종과 문화를 가진 국민에게 아무런 충성심도 없는 지주의 손에 권력을 집중시켜줄 뿐이라고 생각했다.

실제 존경받는 건국의 아버지들은 이 같은 목적을 감추려 하지 않았다. 그들은 선거를 치르지 않는 의원인 상원을 높이 평가했다. "건방진 민주주의를 억제하고"(알렉산더 해밀턴), "민주주의의 어리석음과 불안정함을 막아줄 수 있는"(에드먼드 랜돌프) 제도였기 때문이다. 또한 "민주주의의 불편함을 막기 위해 연방 선거구는 클수록 좋다"(제임스 매디슨)고 생각했다매디슨은 직접 민주주의에 유리한 소규모 집단은 파벌이 생겨나기 쉬우므로, 어

리석은 이들이 쉽게 다수를 점하지 못하도록 선거구가 클수록 바람직하다고 여겼다.[1]

양키덤은 연방 국가의 탄생을 반기지 않았다. 독립 전쟁이 벌어지는 와중에 뉴욕 동북부의 양키는 버몬트 독립 공화국으로 분리 독립해 노예제와 선거권 재산 기준을 폐지하는 헌법을 제정하려고 시도했다. 뉴욕 땅 투기꾼의 교묘한 계략과 돈 많은 전쟁 채권 투기꾼들을 위해 가난한 이들에 세금을 물리려는 연방의 정책에 진저리를 쳤던 버몬트의 지도자들은 연방 가입을 거부했다. 전쟁이 끝난 후 그들은 연방정부로부터 자신들을 보호해달라며 심지어 영국과 동맹을 협상하기도 했다. 매사추세츠 서부와 코네티컷 서북부 지역에 사는 농부들도 독립 움직임에 합류하기 위해 버몬트와 합병을 시도했다. 알렉산더 해밀턴이 뉴욕의 지주들에게 압력을 가해 그들의 요구 사항을 관철한 후에야 버몬트는 마지못해 미연방의 일원으로 가입했다.

헌법에 가장 크게 저항했던 것은 그레이터 애팔래치아였다. 새 헌법은 국경지대인들이 믿었던 천부의 자유권을 침해하고, 그들이 펜실베이니아에 도입했던 급진주의적인 1776년 헌법을 뒤집는 결과를 가져왔다. 대륙 의회와 제헌 협의회 어느 쪽에도 자신들의 대표를 제대로 파견할 수 없었던 애팔래치아인들은 두 협의체에 대해 커다란 불신을 품고 있었다. 당시 의회에 참석한 애팔래치아인은 그들이 유일하게 실질적인 정치권력을 행사하고 있던 펜실베이니아의 대표들뿐이었다. 펜실베이니아 대표들은 서부 카운티에 거주하는 사람들이 헌법 내용을 제대로 전달받지도 못한 상태에서 미들랜드가 전체 투표를 강행하려 한다는 사실을 알게 되자 헌법 비준을 반대하며 의회를 뛰쳐나갔다. 그러자 젠틀맨으로 구성된 '자원봉사자' 무리는 의회 정족수를 채우기 위해 펜실베이니아 대표들을 침대에서부터 의회 홀까지 강제로 질질 끌고 온 후 의원석에 내동

댕이쳐 앉혔다. 미들랜드 우체 당국이 헌법에 반대하는 모든 신문과 소책자, 편지를 배달 도중 가로채 없애버린 끝에 펜실베이니아에서도 헌법이 비준됐다. 투표율은 18퍼센트에 불과했으며, 그나마 투표한 사람 대부분은 미들랜드인이었다. 다른 주의 경우에도 애팔래치아 지역에는 투표소를 거의 설치해주지 않아서 기득권층이 장악하는 타이드워터나 디프사우스 지역보다 투표율이 낮을 수밖에 없었다. 1789년 애팔래치아인들은 엘리트들이 장악하는 강력한 권한을 지닌 연방정부의 탄생에 단호히 반대했다. 연방정부를 바라보는 이들의 시각은 지금도 크게 다르지 않다.[2]

사람들은 국경지대인들이 세금의 장점이나 부채 상환의 중요성을 이해하지 못할 만큼 무식한 산간지역 불한당이라서 폭력적인 반란을 일으킨 것이라며 오랫동안 무시해왔다. 하지만 국경지대인들은 조세나 신용 대출 개념 자체를 반대했던 것이 아니다. 그들은 2000년대 월가 금융인들과 맞먹을 수준의 부패와 탐욕, 후안무치한 책략에 저항했던 것뿐이다.

힘겨운 독립 전쟁 시절, 재정이 바닥난 대륙 의회는 군인들에게 월급을 지급할 수도 없고, 식량과 가축을 징발한 농부들에게 보상금을 지불할 여력도 없었다. 그래서 의회는 돈 대신 정부 차용증을 써줬다. 이러한 관행은 은행가 로버트 모리스가 대륙 의회의 재정 관리자가 되기 전까지 여러 해에 걸쳐 계속됐다. 모리스는 비윤리적이기로 악명 높은 금융가였다. 펜실베이니아 주 정부는 그의 지시하에 앞으로는 차용증을 세금 납부 수단으로 인정하지 않겠다고 발표했다. 돈이 없는 산악 지방의 가난한 사람들은 가지고 있던 차용증을 내다 팔 수밖에 없었다. 부유한 투기꾼들은 차용증을 액면가의 6분의 1에서 40분의 1에 불과한 가격으로 사들였고, 곧 펜실베이니아 전쟁 채권의 96퍼센트가 400여 명의 손에 집중되는 결과가 나타났다. 그중에서도 절반가량은 로버트 모리스의 친구 혹은 사업 파트너 28명이 독점하고 있었다. 연방 재정을 장악하게 된 모리스와 그의 제자 알렉산더 해밀턴은 사심 가득한 정책을 새로 마련해 친구들이 가지고 있는 종잇조각과 다를 바 없던 전쟁 채권을 은이나 금으로 교환해주기 시작했다. 모리스와 해밀턴의 지휘 아래 연방정부는 채권 액면가 전액에 6퍼센트의 이자까지 쳐서 이를 귀한 금속으로 바꿔줬다. 여기에 필요한 비용은 아무짝에도 쓸모없었던 차용증의 원래 소유자인 서민층에게 불리하도록 설계된 새 조세 제도를 통해 거둬들인 수입으로 충당했다.

여기서 끝이 아니었다. 애팔래치아인 대부분은 오랫동안 현금을 본적이 없었다. 국경지대인들에게 현금과 가장 비슷한 역할을 한 것은 상하지 않고 시장에 내다 팔기 쉬우며 휴대 가능한 위스키였다. 이 사실을 알고 있었던 모리스와 해밀턴은 이를 비웃기라도 하듯 연안지역 상인들의 세금은 눈감아주면서 애팔래치아인들에게 가장 중요한 위스키의 세금은 대폭 인상했다. 또 국가 통화 공급 정책도 친한 금융인들과 함께 멋대로 주물렀다. 모리스가 소유한 뱅크 오브 노스아메리카에서 상당량의 화폐를 찍어낸 것은 말할 것도 없다. 일이 잘못될 경우 이를 감당해야 하는 것은 연방 세금 납세자들이었다. 모리스와 해밀턴이 민족이나 지역에 아무런 소속감이 없는 이민자들이었다는 점도 눈여겨볼 만하다. 각각 영국과 서인도 제도에서 태어난 모리스와 해밀턴은 영국 정부가 그랬던 것처럼 북아메리카를 우유를 짜내기 위한 젖소로만 여겼다.[3]

하지만 1929년 대공황이나 2008년 세계 금융위기 때와 달랐던 점은, 피해자들이 지금 무슨 일이 벌어지고 있는지 알고 있었다는 사실이다. 연방 엘리트들이 만들어놓은 덫에 가장 강하게 저항했던 것은 애팔래치아인들이었다. 그들이 일으킨 가장 큰 반란은 '위스키 반란'이라는 다소 조롱 섞인 이름으로 알려졌다. 하지만 이는 나라에 봉급을 떼어 먹힌 참전 용사들이 세금 때문에 정부 차용증을 빼앗기고, 그것도 모자라 탐욕에 눈먼 냉혈한들이 남의 불행을 악용해 5000퍼센트에 달하는 차익을 가져갈 수 있도록 무거운 세금까지 내야 하는 현실 앞에 강하게 저항한 사건이다. 정부는 세금을 금이나 은으로 내라고 했지만, 산악지역 사람들은 오랫동안 금과 은을 구경조차 하지 못했다. 세금을 낼 수 없게 되자 이들의 농장과 재산은 강제 처분됐고 이는 모리스와 해밀턴, 그의 투기꾼 친구들을 더욱 부자로 만들었다.[4]

국경지대인들은 자신들의 농장과 신에게 부여받은 주권을 싸우지도 않고 포기할 사람들이 아니었다. 연방정부가 세금을 징수하고 재산을 압류하려 하자, 이들은 연방에서 탈퇴하기 위해 무기를 들었다. 애팔래치아인들의 저항운동은 10년 넘게 불타올랐고 그들의 문화적 심장부인 펜실베이니아는 물론 메릴랜드, 버지니아, 노스캐롤라이나, 지금의 웨스트버지니아와 켄터키, 테네시의 애팔래치아 지역으로 번져나갔다. 1784년 타이드워터의 착취에 신물이 난 노스캐롤라이나 서부 지역(지금의 테네시 동부) 사람들은 오로지 국경지대인들만의 세상을 만들기로 했다. 그들은 누군가의 허가에 따라서가 아닌 스스로의 힘으로 프랭클린 국가를 세웠다. 변호사, 성직자, 의사의 공직 출마를 금지하는 헌법 초안을 만들고, 그린빌 마을에 정부를 수립했다. 사과 브랜디나 동물 가죽, 담배를 법정 통화로 사용할 수 있도록 하는 법안도 통과시켰다. 그들은 심지어 대륙 의회에 정식 회원국으로 받아들여달라고 신청했다. 7개 국가는 찬성표를 던졌지만, 타이드워터와 디프사우스를 중심으로 반대표가 3분의 2로 과반수를 차지해 결국 부결됐다. 타이드워터는 곧바로 노스캐롤라이나 병력을 동원해 프랭클린을 침공했고, 애팔래치아 정부를 위협할 경쟁 정부를 세운 후 1788년 지금의 테네시 주 존슨시티 외곽에서 애팔래치아 민병대를 패퇴시켰다. 프랭클린의 지도자들은 스페인이 지배하고 있던 남부 미시시피 밸리의 외국군에게 지원을 요청하는 방안을 모색했다. 하지만 체로키 인디언과의 전쟁이 터지면서 국경지대인들은 결국 노스캐롤라이나의 보호 아래로 돌아갈 수밖에 없었다. 그들의 독립 정부 실험은 그렇게 끝이 났다.[5]

프랭클린 국가가 해체되자, 서부 펜실베이니아 국경지대인들은 그들의 지역을 바깥세상과 철저히 차단하는 방법을 택했다. 10여 년 동안 그들은 세금 징수원, 보안관, 연방 관료들이 마을 안에 발붙이지 못하도록 쫓아내는 데 총력을 기울였다. 배수로를 파고, 나무를 쓰러뜨리고, 강둑을 터뜨리고, 눈사태를 일으키는 등 온갖 방법으로 도로를 봉쇄했다. 한번은 기름으로 4피트 높이에 달하는 벽을 쌓기도 했다. 정부 관료들은 미납 세금을 받아내기 위해 안달이 났다. 그러나 애팔래치아인들은 직접 갱단을 조직해 보안관, 세금 징수원, 재판관 등을 습격했다. 채권자가 압류해간 가축과 가구, 연장 등을 되찾아 오고 채무자 감옥에 갇힌 이웃을 탈출시켰다. 반란에 동참한 마을은 자신들만의 민병대를 조직하고, "우리의 생명과 재산을 위협하는 새로운 헌법에 반대한다"는 서약서를 작성하기도 했다.[6]

산악지역 정착민들이 해밀턴의 1790년 위스키 세금 때문에 재산을 압류당하고 있을 때, 미들랜드가 장악한 주 정부는 부동산 투기자들의 재산 압류를 금지하는 법안을 통과시켰다. 국경지대인들은 그들의 선조인 스코틀랜드인과 스콧-아이리시가 그랬던 것만큼 격렬한 분노로 반응했다. 세금 징수원을 포위한 뒤 장부는 물론 그들이 빼앗았던 돈과 귀중품들을 다시 내놓으라고 요구했다. 이를 거부한 징수원들은 두들겨 맞거나 고문당하고, 부글부글 끓는 뜨거운 타르를 나체로 뒤집어쓴 채 깃털 위를 굴러야 했다. 이러한 상황을 조사하러 온 법 집행관들도 같은 꼴을 당했다.

이 전략은 1792년까지 켄터키, 버지니아, 조지아, 캐롤라이나의 산악 등지에서 널리 쓰였다. 세금 징수원과 재산 압류원이 어느 순간 서서히 모습을 드러내지 않자, 잔뜩 고무된 애팔래치아 지도자들은 연방의 금융 시스템을 완전히 전복시키자고 말했다. 펜실베이니아 국경지대인들은 메릴랜드 서부, 지금의 웨스트버지니아와 켄터키 산악을 묶어 "앨러게니 산맥 서쪽 주민들에게 우호적인 연방"을 새로 건설하자고 제안했다.7

국경지대인들은 혁명을 배신한 주와 연방 관료들을 상대로 전면적인 반란을 개시했다. 1794년 8월, 펜실베이니아 애팔래치아인들은 9000명 규모의 군대를 조직해 미들랜드 도시인 피츠버그로 행진, 도시를 잿더미로 만들어버리겠다고 위협했다. 피츠버그 관료들은 도시가 파괴되는 것을 막기 위해 즉시 항복하고 피츠버그 군인들도 반란에 합류하라고 지시했다. 일주일 후 국경지대인들은 펜실베이니아 서부와 버지니아 대표 226명이 참석한 가운데 인근 노지에서 독립 의회를 개최했다. 대표들은 빨간색과 흰색으로 된 스트라이프 무늬의 국기를 새로 만들었다. 국기 안의 6개 줄은 펜실베이니아 서부 카운티 4개와 웨스트버지니아 카운티 2개를 상징했다. 의회에서 그들은 스페인·영국과 접촉해 보호를 요청하는 방안을 논의했다. 이것으로 북부 국경지대인들이 국가를 신설하기 직전 단계까지 간 것처럼 보였다.

독립 회의가 한창 열리던 중, 대표들은 워싱턴 대통령이 미들랜드와 타이드워터의 빈곤층에서 모집한 군인 1만여 명을 이끌고 그들을 진압하기 위해 달려오고 있다는 소식을 접했다. 승산이 없다고 판단한 의회는 투표를 통해 연방정부에 항복하기로 했다. 그러나 펜실베이니아 중부와 서부 도시를 통과하는 워싱턴의 군대를 바라보는 주민들의 시선은 차가웠다. 사람들은 연방정부를 향한 불복종의 표현으로 혁명 전쟁 동안 독립파에 대한 충성의 상징으로 쓰였던 나무 깃대인 '자유의 기둥'을 보란 듯이 세웠다. 그해 여름이 끝나갈 무렵, 국경지대인들의 반란은 군사적인 충돌 없이 서서히 잦아들었다.[8]

반면 양키덤의 반란은 아주 빨리 수그러들 수 있었다. 연방정부의 부패에 반발하던 뉴잉글랜드인들이 18세기 말 연방정부를 장악하는 데 성공했기 때문이다.

1796년 워싱턴이 퇴임한 후, 존 애덤스는 선거인단 투표에서 아슬아슬한 표 차이로 미국의 두 번째 대통령이 됐다. 당시 미국의 16개 주 중 국민 투표로 선거인을 뽑은 곳은 절반에 지나지 않았고, 나머지 주는 의원들이 지명해 선정하는 형태였다. 그러나 어느 쪽이든 선거인단은 자신들이 속한 주의 의견을 따랐다. 뼛속 깊이 양키였던 애덤스는 양키와 뉴네덜란드 지역의 모든 표를 싹쓸이했고, 미들랜드에서도 과반의 지지를 얻었다. 그의 경쟁자였던 젠틀맨 농장주 토머스 제퍼슨은 디프사우스와 애팔래치아에서 표를 휩쓸었고 타이드워터에서 과반의 지지를 얻었다. 결과는 71 대 68, 애덤스의 승리였다.

애덤스 대통령의 집권 시기를 둘러싼 평가는 매우 논쟁적이다. 역사가 데이비드 해킷 피셔는 그가 다른 주에 양키의 문화와 정치적 가치를 강제로 주입하려 했다고 말한다. 뉴잉글랜드인들은 공동체의 자유가 개인의 자유에 우선한다고 믿었다. 개인이 아무런 제약 없이 절대적인 자유를 추구하거나 사유재산을 축적할 경우 공동체가 파괴되는 것은 물론, 귀족계급이 양산되고 대중은 노예로 전락해 영국이나 디프사우스에서처럼 전제주의적 정권이 탄생할 것이라고 우려했다. 신의 선택을 받았다고 믿는 이들에게 공공의 선이란 내부적인 순응과 문화적 단결성을 의미했다. 버지니아인이든, 아일랜드인이든, 아프리카 노예든 상관없이 외국인은 양키의 가치를 공유하지 않은 사람들이므로 무조건 위협으로 간주했다. 따라서 뉴잉글랜드는 이민, 종교적 다양성, 노예 수입을 적극적으로 반대했다. 애덤스의 개인 비서이기도 했던 그의 조카는 1798년 "오늘날 우리가 당면한 난관의 가장 큰 원인은 미국에 이민을 오는 지나치게 많은 외국인들"이라고 말했다.[9]

이러한 신념은 양키 내부에서는 잘 통했을지 몰라도, 이것이 정책으로 구현되자 다른 나라의 가치 체계에는 커다란 위협이 되었다. 이 때문에 애덤스는 전략 지정학적인 위기의 한가운데서 어려운 집권 시기를 보내야 했다. 1789년 프랑스 혁명이 일어나 왕이 단두대에서 처형되고, 프랑스 공화국이 선포됐다. 프랑스는 혁명 이후 혼란과 테러의 소용돌이 속으로 빠져들었다. 프랑스의 새 정부는 혁명 계몽이론을 바탕으로 무신론을 강요했고 무차별 체포와 처형이 횡행하다가 마침내 나폴레옹 보나파르트에 의한 군사 쿠데타가 일어났다. 나폴레옹의 군대가 유럽을 휩쓸자 북미는 두려움과 히스테리에 사로잡혔다. 양키 신문들은 프랑스가 북미 영토 탈환 작전에 돌입해 이미 1만여 명의 병력을 대기시킨 상태라고 보도했다. 노예 반란이 일어난 아이티에서 도망친 2만5000명의 프랑스인들이 미국으로 쏟아져 들어오자, 양키들은 이 역시 나폴레옹의 계략일지도 모른다는 두려움에 빠졌다.[10]

외국인 혐오 정서가 공포감과 맞물려 고조되는 틈을 타 애덤스는 반대 의견을 틀어막고, 복종을 강요하고, 사법 체계를 강화하고, 외국인을 쫓아내기 위한 일련의 법안들을 밀어붙였다. 1789년 의회는 악명 높은 '외국인 규제법'과 '선동 금지법Alien and Sedition Acts'을 아슬아슬한 표차이로 통과시켰다. 양키와 디프사우스는 찬성표를 던졌지만, 애팔래치아 대표들은 크게 반대했다. 이 법은 외국인, 귀화하지 않은 이주민들을 마음대로 추방할 수 있는 권한을 대통령에게 부여했다. 현재 미국과 적대적인 관계에 놓인 국가에서 태어났다는 이유만으로도 체포할 수 있게됐고, 시민권 획득을 위한 거주 기간도 4년에서 15년으로 연장됐다. 정부와 의회, 대통령에게 "오명을 씌우거나 무시하고 악의적인 추문을 양산할 목적으로" 비판적인 글과 책을 발간하고 연설을 한 사람은 누구나 최대 5년의 징역형이나 5000달러의 벌금형에 처할 수 있었다. 수십 명의 사람이 선동 혐의로 체포됐다. 파리에서 평화 사역을 수행하고 돌아온 필라델피아 퀘이커교도인 제임스 로건도 여기에 포함됐으며, 애덤스의 권력 남용을 비판한 수많은 신문 기자와 편집자는 물론 버몬트 의원인 매슈 라이언까지 잡혀갔다(라이언은 훗날 켄터키로 이주해서 국경지대인들에 의해 네 번이나 의원으로 선출된다).[11]

　이 법은 양키들이 믿는 공동체의 자유 개념과 부합했기 때문에, 양키로부터 큰 지지를 얻었다. 모든 시민은 그들이 생각하는 대로 대표를 선출할 권리가 있지만, 일단 그렇게 선출된 사람에게는 절대적으로 복종할 의무가 있다고 양키는 생각했다. 복종의 의무는 의회에서 통과된 법뿐만 아니라, 그들이 선출한 사람이 집권 기간에 말하고 행동하는 모든 것까지 포함했다. 지지하지 않더라도 다음 선거에서 다른 후보에게 투표할 때까지는 침묵해야 했다. 예일대 총장인 티머시 드와이트는 1798년 설교에서 "정부는 시민들과 조화롭고 즐거운 협력관계를 유지해야 할 대단한 의무가 있다"고 말했다. 또 다른 뉴잉글랜드 목사는 "대중은 권력을 지도자의 손에 쥐여주는 순간 자신들의 손에서 권력을 놓은 것이다"라고 말했다. 매사추세츠 의원들은 훗날 애덤스의 재임 기간은 "미국의 황금기였다"고 주장했다.[12]

1789년 전쟁에 대한 열망이 불타오르면서 대통령과 그의 가혹한 법안들은 대중적인 지지를 얻기 시작했다. 애덤스의 정당인 연방당Federalist party은 심지어 애팔래치아의 지역구에서도 승리를 거두었다. 애팔래치아인들은 일단 싸움이 시작되면 명분이 무엇이든, 적이 누구이든, 결과가 무엇이든 간에 무조건 전쟁을 지지했다. 디프사우스 농장주들은 원래 전제주의에 거부감이 없었다. 심지어 사우스캐롤라이나의 농장주인 로버트 하퍼는 체제 전복적인 사람을 색출하는 데 필요하다면서 선동 금지법의 강력한 발의자가 됐다. 반대한 사람들은 타이드워터의 젠트리(그들은 연방정부의 힘이 세지면 자신들의 자유를 위협할 것이라 여겼다)와 다민족 평화주의자인 미들랜드인이었다. 토머스 제퍼슨과 제임스 매디슨은 버지니아와 켄터키 의원들이 통과시킨 법안에 반대하는 결의문 초안을 작성했다. 이들은 연방정부에 대한 '제한 없는 복종'을 비판하면서 각 주는 자신이 가진 권력을 미연방이 찬탈하지 못하도록 견제할 '의무가 있다'고 주장했다. 버지니아 하원에서 이 결의문을 발의한 타이드워터 캐롤라이나 카운티 의원인 존 테일러는 심지어 분리 독립을 주장하고 나서기도 했다. 펜실베니아 서남부 지역의 독일인 농부들은 전쟁 특별세를 징수하려는 연방정부의 조세 징수원을 위협하며 1799년에 반란을 일으켰다. 미들랜드인들은 감옥에 갇힌 사람들을 구출하면서 애덤스가 "이 나라의 왕 행세"를 하려 한다고 비판하며 "언론 탄압 그만하라, 자유 아니면 죽음"이라고 쓰인 피켓을 내걸기도 했다. 애덤스는 시위자를 진압하기 위해 연방군을 배치했다. 그는 "영어를 못 하는 것처럼 미국의 법도 제대로 모르는 불쌍한 독일인들"이라고 깎아내렸다.[13]

하지만 애덤스는 곧 반대자를 억압하는 것만이 공화국을 강하게 만드는 길이 아님을 깨닫게 된다. 오히려 그것은 뉴잉글랜드가 그토록 막고자 했던 귀족 독재의 불씨를 되살린 꼴이었다. 그 조짐은 애덤스의 행정부 내에서부터 시작됐다. 연방군의 수장이 된 해밀턴은 군사 권력을 강화했다. 그의 수하들은 선거에 개입해 정치적 의견이 다른 일반 시민, 심지어 연방 의원들에게까지 폭력을 행사했다. 제퍼슨은 '군인 집단'이 어느 때고 버지니아를 공격해 내전을 일으킬 수 있다는 두려움에 사로잡혔다. 연방군의 쿠데타 가능성은 애덤스가 외교 정책 방향을 180도 전환하도록 하는 원인이 됐다. 그는 프랑스와 화친관계를 맺고 전쟁에 대한 열기를 가라앉혔다. 그리고 해밀턴과 그의 측근들을 내각에서 몰아내고 그 자리에 뉴잉글랜드인을 앉혔다.[14]

전쟁의 열기가 사라지자, 애팔래치아는 즉시 애덤스에게 등을 돌렸다. 전쟁을 제외하면 애덤스의 정책은 모두 애팔래치아인들의 가치에 어긋났다. 디프사우스인들은 애덤스에게 분노했다. 로버트 하퍼 사우스캐롤라이나 의원은 매사추세츠 고향으로 돌아가는 길에 그를 찾아가 목을 부러뜨려놓고 싶다고 말했다. 제퍼슨은 애덤스가 아이티에서 반란을 일으킨 니그로들과 외교·무역 관계를 맺은 데 대해 여전히 화가 난 상태였지만, 전쟁의 위기가 가라앉은 것에 안도했다. 선동 금지법의 여파로 여전히 여론이 좋지 않은 탓에 애덤스는 1800년에 열린 선거에서 양키 지역에서만 표를 얻으며 참패했다. 뉴잉글랜드는 12년 동안 장악해온 연방정부에 대한 권력을 잃어버렸다. 그리고 몇 년 후, 그들은 연방에서의 탈퇴를 시도하게 된다.[15]

애덤스가 물러난 후 25년 동안 미국은 뉴잉글랜드 타도를 위해 형성된 불안정한 연정의 지배를 받게 된다. 애팔래치아, 미들랜드, 뉴네덜란드, 타이드워터, 디프사우스는 뉴잉글랜드인들이 말하는 "공동의 자유"와 "내부 순응"의 가치를 거부하고자 서로 간의 불화를 잠시 접어두고 연합했다. 이들은 애덤스의 모든 정책을 뒤집어버림으로써 그의 유산을 지워버리고자 했다. 외국인 규제법과 선동금지법, 파산법(1800), 법원조직법(1801), 그리고 그가 도입한 조세 정책 등이 여기에 포함됐다.

제퍼슨 대통령이 집권하는 동안, 연방은 프랑스에 손을 내밀고 영국을 무시했으며 서부 개척을 장려했다. 이 모든 정책은 양키덤을 고립시키는 효과를 가져왔다. 양키는 보나파르트의 무신론을 편드는 제국주의 정권을 비도덕적이라고 주장했다. 미연방이 영국과의 관계를 단절시키자 뉴잉글랜드의 무역에 피해가 집중됐고 결국 경제 사정도 악화됐다. 양키들은 또한 급진적인 서부 확장 정책이 공화국에 엄청난 위험을 안겨줄 것이라며 반발했다.

사실 미합중국은 이미 서부 내륙 쪽으로 성큼 발을 들여놓은 상태였다. 연방정부는 워싱턴 정권 시절 지금의 오하이오, 인디애나, 일리노이, 위스콘신, 미시간의 인디언 영토까지 영역을 확장했다. 뉴잉글랜드인들은 미국이 '서북부 영토Northwest Territory 지금의 지리적 구분으로는 오하이오, 인디애나, 일리노이, 미시간과 위스콘신 등에 해당된다. 프랑스와 영국을 거쳐 미국 소유가 된 이 땅은 한동안 미국 정부의 공유지로 남아 있다가 1785년부터 영토권이 판매되기 시작했다'를 합병한 것에 대해서는 반발하지 않았다. 양키 정착민들이 그 땅의 상당 부분을 차지하게 되리라 예측했기 때문이다. '서북부 영토' 중에서도 가장 먼저 미국의 소유가 된 부분은 훗날 오하이오 주가 되는 북부 지역이었다. 그중 일명 '서부 보류지Western Reserve'라 불리는 부분은 코네티컷

주의 소유가 됐고, 그 외의 지역은 양키들이 설립한 매리에타 컴퍼니 차지가 됐다. 이 지역을 개척하기 위해 양키들이 대거 빠져나가면 뉴잉글랜드의 인구가 감소할 수 있다는 우려도 있었지만, 대부분의 양키들은 영토를 확장해 힘을 키울 기회가 왔다는 것에 자랑스러워했다.

하지만 제퍼슨 대통령이 1803년 프랑스■로부터 82만8000평방마일에 달하는 루이지애나 영토를 구입한 것은 차원이 다른 문제였다. 뉴프랑스 아열대 지방의 소수민족인 루이지애나 크리오요 5만여 명은 갑자기 미국인이 됐다. 이들은 프랑스인, 스페인인, 흑인, 인디언, 뉴올리언스 항구를 드나드는 또 다른 민족들이 한데 뒤섞인 혼혈이었다. 미시시피 삼각주 지역의 습지대에 거주하면서 프랑스어로 말하고 독특한 가톨릭 분파를 믿는 아카디아인들도 있었다. 훗날 국회의원이자 하버드대 총장이 되는 조사이어 퀸시는 루이지애나 땅 구매로 인해 "교육과 정치적 성향은 물론 모든 특징 하나하나가 미국의 헌법적 가치와 어긋나는 이질적인 인구가 유입될 것"이라며 "아열대 기후와 비슷해 크리오요가 적응하기 쉬운 노예제 시행 주들에 몇 배나 유리한 상황을 안겨줌으로써 궁극적으로는 미합중국에서 노예의 권력이 우위를 점하게 될 수도 있다"고 경고했다. 이러한 두려움은 제퍼슨이 1810년 스페인 영토였던 서부 플로리다(지금의 플로리다 팬핸들, 앨라배마와 미시시피 걸프 코스트)를 병합하고, 노예 소유주들에게 스페인령 텍사스 개척을 허용하면서 더욱 깊어졌다. 사실 제퍼슨은 남부 루이지애나를 "프랑스가 아닌 온전한 미국 땅"으로 만들기 위해 디프사우스인들의 개척 확대를 오히려 장려하고 있었다. 보스턴 상인 스티븐 히긴슨 같은 양키들은 이 모든 상황이 "뉴잉글랜드를 억압

■ 1762년부터 이 지역을 소유했던 스페인은 1800년 프랑스 나폴레옹에게 이를 양도했다.

하고 남부의 안전과 영향력을 확대하기 위한" 남부의 계략을 증명하는 것이라고 여겼다.[16]

국정에 대한 양키의 영향력은 점점 더 작아져만 갔다. 다른 주가 이주 민을 유치하거나 노예를 수입해 몸집을 불리는 동안, 미국에서 매사추세 츠가 차지하는 유형 자원으로서의 가치는 1790년 2위에서 1813년 4위 로 주저앉았다. 1820년에는 인구가 2위에서 4위로 떨어지면서 신생 주 인 오하이오보다 뒤처졌다. 애덤스의 패배 이후 사반세기 동안 이렇다 할 대통령 후보도 내지 못했다. 양키덤이 퇴조하면서, 뉴잉글랜드인들은 애덤스가 패배한 1800년의 선거를 "인간의 악함과 욕정에서 기인한 도 덕적 반란", 심지어 "신의 노여움"의 상징으로 여기기 시작했다. 한 성직 자는 제퍼슨을 가리켜 "신은 선한 사람에게 사악한 지도자를 보내지 않 으신다"면서 "제퍼슨은 저들의 사악함을 보여주는 것"이라고 말했다. 국 회의원 새뮤얼 대처는 "자유로운 공화국들"의 희망찬 연대가 "강력한 제 국"과 "무서운 폭정의 깊은 구렁텅이"로 바뀌었다고 비판했다. 일부 저 명인사는 뉴잉글랜드가 살아날 길은 연방에서 탈퇴해 자유로운 '북부 연합Northern Confederacy'을 따로 구성하는 것만이 유일하다고 말하기 시작 했다.[17]

양키의 분리 독립 운동은 의회가 1807~1808년 외국과의 통상 금지 법안들을 강제로 연달아 통과시키면서 더욱더 불이 붙었다. 영국, 연해 주, 서인도 무역의 큰 부분을 담당하던 양키들은 이 법안이 조지 왕의 보스턴 항구법Boston Port Bill 영국이 보스턴 차 사건 때 소실된 차에 대한 보상이 이뤄 질 때까지 항구를 폐쇄한 조치의 변주일 뿐이며, "극도의 폭정"이라고 여겼다. 그들은 제퍼슨과 타이드워터, 디프사우스, 그리고 금수 조치로 이득을 볼 나폴레옹의 제국을 한통속으로 보았다. 양키는 애팔래치아인과 미들랜드인들 역시 민주주의를 요구하면서 프랑스 혁명과 같은 테러를 저지를 수 있는 폭력배라 여겼다. 뉴잉글랜드와 영국은 "캐나다 국경을 경계로 무장 휴전을 하는 방안에 대한 논의"를 주고받았다. 보스턴에서는 "무역 손실 때문에 앞으로도 계속 고통과 궁핍을 겪게 될 뉴잉글랜드가 몇 달 후 연방에서 탈퇴해 독자적인 정부를 꾸릴 것"이라는 전망이 나왔다. 실제 매사추세츠 상원의장인 해리슨 그레이 오티스는 "뉴잉글랜드 연맹의 이익에 부합하는 해결 방안을 찾기 위해" 회합을 소집했다(양키가 뉴욕의 큰 부분을 지배한다는 사실을 알고 있던 오티스는 뉴욕 주 역시 회합에 초대했다). 『보스턴 가제트』는 "몸 전체를 잃는 것보다는 팔만 잘리는 것이 낫다. 우리는 수술을 준비해야 한다"는 데 다들 의견이 일치했다고 보도했다. 다른 신문들 역시 뉴잉글랜드의 정치 지도자가 "합중국에서 탈퇴해 영국과 우호관계를 형성하고 궁극적으로는 노바스코샤와 뉴브런즈윅, 캐나다를 아우르는 북부 연합을 창설할" 준비를 하고 있다고 전했다.[18]

1812년 봄, 제임스 매디슨 대통령의 영국에 대한 선전포고는 양키들을 막다른 길로 몰아붙였다. 양키들의 시각에서 보자면, 남부의 주도로 나폴레옹과 손잡은 연방은 혁명을 완전히 배신하고 제국주의를 향한 야심을 드러낸 것이었다. 매사추세츠 주지사인 케일럽 스트롱은 즉시 하루 동안의 금식을 제안하며, "우리의 근원이자 종교의 수호자인 영국과 전쟁을 하려는 것"에 대해 속죄하자고 선언했다. 스트롱뿐 아니라 코네티컷과 로드아일랜드, 버몬트의 주지사들 역시 미연방 대통령의 군인 징발 요구를 "궁전에 앉아 있는 어린애"의 명령으로 치부했다. 보스턴의 은행가들도 연방정부의 대출을 거부했다. "우리의 도덕적 신념에 반하는 일에는 절대 협력하지 않겠다"고 조지 캐벗보스턴의 상인이자 정치인은 선언했다. 러시아와 영국이 나폴레옹 군대에 맞서 승리를 거두자 보스턴에서는 풍성한 축제들이 열렸다. 미국의 사나포선민간 소유이지만 적선을 공격하고 나포할 권리를 정부로부터 인정받은 배이 뉴잉글랜드 항구에 도착하자 군중은 붙잡힌 영국 선원을 모두 풀어줬다. 매사추세츠 동북부 도시인 뉴베리포트 사람들은 미국 국기를 개조해 뉴잉글랜드의 주를 상징하는 5개의 별과 5개의 스트라이프가 그려진 깃발을 흔들었다.[19]

이들은 캐나다, 특히 양키들이 장악한 연해주 지방과 싸우는 것을 거부했다. 연방정부가 캐나다까지 영토를 확장하기 위해 침공했을 때 양키들은 비도덕적인 제국주의 전쟁이라며 격렬하게 비난했다. 오나이다 카운티의 양키 대표인 모리스 밀러 의원은 "우리는 미연방을 지키기 위해서라면 수백만 달러라도 지불할 수 있지만, 캐나다 정복을 위해서라면 단 1센트도 내줄 수 없다. 그곳 주민들을 몰살시키려고 한다면 99분의 1센트도 줄 수 없다"고 말했다. 뉴잉글랜드는 연해주에 살고 있는 양키 이웃을 공격하지 않기로 했을 뿐 아니라, 1814년 영국의 침공을 받은 메인 동부를 영국으로부터 해방시키려는 노력도 하지 않았다(물론 같은 연해주 지역인 뉴브런즈윅과 노바스코샤는 영국의 침공에 협력하지 않았다). 스트롱 주지사는 심지어 만약 뉴잉글랜드가 미연방에서 분리 독립할 경우 영국이 병력을 지원해줄 수 있는지 여부를 타진해보려고 영국 측 협상 파트너가 있는 노바스코샤로 사절을 보내기도 했다. 런던의 대답이 너무 늦게 도착해서 결과적으로 도움이 되지는 못했지만, 어쨌든 영국의 입장은 "예스"였다. 노바스코샤 주지사는 양키와의 휴전 여부는 물론 양키에게 '무기, 장비, 탄알, 의복, 해군 병력 지원' 등을 결정할 전권을 부여받았다.[20]

미연방에 대한 양키들의 좌절감은 1814년 12월 하트퍼드에서 뉴잉글랜드 회합이 열렸을 때 최고조에 달했다. 지역 유지의 자손인 존 로웰은 새 연방 헌법 초안을 마련하고 연방 회원국 자격을 최초 13개 주로 제한하는 방안을 논의하기 위해 대표들을 소집했다. 이들은 혁명 시대의 동맹을 부활시키고, 천박한 국경지대인들이 사는 애팔래치아 산맥 너머 영토는 대영제국에 넘겨버리길 원했다. 로웰의 계획은 엄청난 인기를 끌어서 거의 모든 뉴잉글랜드 언론의 지지를 얻었다. 유력지인 『컬럼비안 센티넬』은 "더 이상 우리의 자유가 이론가들의 장난감으로 전락하게 내버려둬서는 안 된다"면서 "뉴잉글랜드가 미국 독립 전쟁을 일으킬 때만 해도 황무지에 불과했던 서부의 땅 때문에 모두에게 나눠주려 했던 우리의 축복을 빼앗기는 일이 생겨서도 안 된다"고 주장했다. "일단 명예로운 독립의 길을 걷기 시작하면 어떠한 난관이나 위험도 우리를 막지 못할 것이다." 심지어 야당 지도자들도 매사추세츠 시민들의 과반수가 분리 독립을 지지하고 있다고 인정했다. 연방정부의 세관 건물을 점령하고 징병과 전쟁을 종식하자는 요구가 물밀 듯이 쏟아졌다.[21]

중요한 선택의 갈림길에 선 회합 참가자들은 여러 차례의 비밀 회담 끝에 일단 안전한 길을 택하기로 했다. 우선 연방정부와 협상을 시도하기로 하고, 이를 위해 헌법 수정 요구안을 만들었다. 그들은 디프사우스와 타이드워터의 영향력을 제거하기 위해 노예 숫자의 5분의 3을 인구로 쳐주는 현 제도를 아예 폐지하자고 요구하기로 했다. 그렇게 되면 인구 비례에 따른 의석수 배분에서 양키가 가장 유리해지기 때문이었다. 또 대통령은 단임제로 제한하고 한 주가 연달아 두 번 대통령을 배출할 수 없도록 규제해 버지니아의 독식을 막고자 했다. 아울러 전쟁, 금수 조치, 새로운 주의 연방 가입 여부는 양키덤이 효과적인 거부권을 행사할 수 있도록 의회에서 3분의 2 이상의 찬성을 얻어야만 가능하도록 바꾸고자 했다.

매사추세츠는 이러한 조건을 놓고 연방정부와 협상을 벌이기 위해 3명의 위원을 워싱턴으로 보냈다.[22] 하지만 그들이 워싱턴에 도착하자마자 들려온 소식은 판세를 완전히 뒤집어놓았다. 영국이 뉴올리언스를 침공했다가 미국에 패배하고 결국 미국과의 평화 조약에 서명했다는 것이다. 한때 영국에 의해 수도에 위치한 백악관과 의회 건물까지 불태워졌던 힘없는 과거에 비춰보면 놀랄 만한 소식이었다.

승리에 도취된 미연방이 양키의 터무니없는 요구안을 받아들일 가능성은 더욱 낮아졌다. 오히려 하트퍼드 회합의 참석자들은 반역자로 몰릴 수도 있었다. 뉴올리언스를 구해낸 새 전쟁 영웅의 출현으로 미국의 모든 사람이 열광하고 있을 때 양키들은 조용히 그들의 요구안을 포기해야 했다. 그 전쟁 영웅은 프랭클린 국가 출신의 애팔래치아 변호사였다. 맹렬하고 호전적이며, 뼛속 깊이 반反양키적인 그는 오랫동안 무시당한 그의 나라, 애팔래치아를 미국 권력의 중심부로 이동시켰다. 그의 이름은 바로 앤드루 잭슨이었다.

제3부
서쪽으로 퍼져나가는 전운:
1816~1877

15장
—

양키덤의
서진

—

혁명 후 미국의 4개 국민은 애팔래치아인이라는 장애물을 넘고 오하이오와 미시시피 밸리를 가로질러 서쪽으로 진출하기 시작했다. 이들 네 국민은 각각 자신들만의 정착촌을 세웠기 때문에 정치, 종교, 민족, 지리, 농경법 등에서 뚜렷하게 차별적인 네 개의 층위를 형성했다. 그들 각자가 남긴 문화적 지문은 미국 방언을 연구하는 언어학자나 물질문화를 연구하는 인류학자, 19세기 초에서 21세기 초의 투표 양태를 연구하는 정치학자들이 만든 지도에서 오늘날까지도 확연히 그 흔적을 찾아볼 수 있다. 남부 루이지애나의 뉴프랑스를 예외로 치면, 이 대륙 중앙 3분의 1에 달하는 지역은 4개의 경쟁적 문화 집단으로 나뉜다.

뉴잉글랜드인은 뉴욕 북부를 지배하기 위해 정서正西 방향으로 나아갔다. 펜실베이니아, 오하이오, 일리노이, 아이오와 북부 지역과 향후 미시간 및 위스콘신 주가 되는 지역이 이에 해당된다. 미들랜드인은 산맥으로 한꺼번에 밀려간 후 미국의 중서부로 퍼져나갔다. 이들 덕분에 민족별로 구획지어진 장기판 같은 지형에 독일인, 영국인, 스콧-아이리시, 그 밖의 다른 소수민족들이 뒤섞이게 됐다. 애팔래치아인은 오하이오 강 하류를 타고 내려가 남부 기슭을 장악하고 테네시 북부와 아칸소 서북부, 미주리 남부, 오클라호마 동부, 그리고 종국엔 텍사스 힐컨트리까지 정복했다. 디프사우스의 노예 소유주들은 플로리다, 앨라배마, 미시시피 저지대로 진출해서 새 농장을 개척했다. 루이지애나 북부에서 멤피스까지 이어지는 빅머디 강의 범람원과 텍사스 동부의 해안 평야지대도 이들의 차지가 됐다. 한편 경쟁자들에 의해 서부로 향하는 길이 가로막힌 타이드워터와 뉴네덜란드는 다른 나라가 대륙을 가로질러 달려나갈 때 바다를 옆에 끼고 갇힌 신세가 됐다.

뉴잉글랜드가 서부 진출에 박차를 가한 이유는 토지가 부족했기 때문이다. 18세기 무렵, 뉴잉글랜드의 농부들은 토층이 얇고 바위투성이인 버몬트, 뉴햄프셔, 메인 주 토양의 지력이 쇠했다는 사실을 알게 됐다. 뉴잉글랜드는 당시 인구 밀도가 가장 높은 지역 중 하나였다. 좋은 토지는 이미 임자가 있었고, 개척할 땅이 빙식氷蝕 지형인 동부 메인 변두리 밖에 남지 않은 상황에서 자식 세대 앞에 놓인 미래는 암울하기만 했다. 이 때문에 혁명이 일어나기 전에도 뉴욕 국경을 넘어 펜실베이니아 북부 지역으로 이주한 사람이 수천 명에 달했다. 그 후에도 엄청난 숫자의 양키가 뉴욕 서부 지역과 올버니의 네덜란드인 정착촌, 허드슨 밸리 상류지역까지 진출했다.

양키 지도자들의 장려로 일찌감치 시작된 이주 덕분에 뉴잉글랜드는 뉴욕과 펜실베이니아, 그리고 현재 오하이오 지역의 상당 부분을 차지하게 됐다. 코네티컷은 펜실베이니아 북부 3분의 1 지역에 대한 소유권

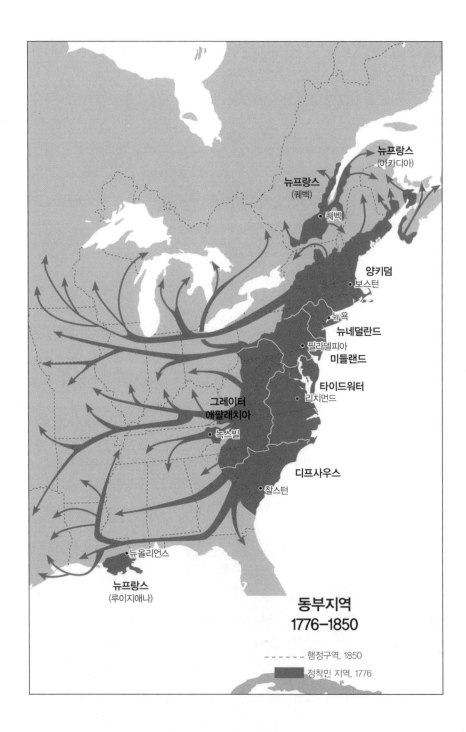

뉴프랑스
(아카디아)

뉴프랑스
(퀘벡)

퀘벡

양키덤

보스턴

뉴욕

뉴네덜란드

필라델피아

미들랜드

타이드워터

리치먼드

그레이터
애팔래치아

녹스빌

디프사우스

찰스턴

뉴올리언스

뉴프랑스
(루이지애나)

동부지역
1776-1850

------ 행정구역, 1850

정착민 지역, 1776

을 주장하면서 1760년대와 1770년대에 걸쳐 스콧-아이리시인들과 지금은 잊힌 게릴라 전쟁을 펼쳤다. 코네티컷 정착민들은 스콧-아이리시 용병까지 고용해 싸웠고, 결국 조지 1세가 이들의 손을 들어주면서 승리를 거뒀다. 이들은 펜실베이니아 북부에 윌크스배리와 웨스트모얼랜드를 건설했다. 그러나 혁명 후 독립에 성공한 대륙 의회는 이 땅을 펜실베이니아에 돌려주기로 했다. 펜실베이니아가 땅을 점령한 양키를 무력으로 쫓아내려 하자, 코네티컷과 버몬트는 군인들을 파병했다. 1782년 최후의 '양키-페너마이트(펜실베이니아 정착민)' 전쟁이 발발했다. 그 결과 펜실베이니아는 법적 관할권을 가져가고, 양키 정착민은 땅의 소유권을 유지하는 합의점이 도출됐다양키들은 펜실베이니아인이 돼 토지에 대한 법적 소유권을 유지할 수 있었다.

　이와 비슷하게 매사추세츠도 뉴욕 세니커 호수 서쪽 지역에 대한 법적 권한을 주장하고 나섰다. 이 지역은 600만 에이커에 달하는 땅으로, 매사추세츠 전체보다 넓었다. 영국 왕실이 식민지를 하사하는 과정이 모순적이었기 때문에 뉴욕은 매사추세츠가 강력히 소유권을 주장하자 결국 1786년 합의에 응해줄 수밖에 없었다. 관할권을 뉴욕에게 주는 대신 땅의 소유권을 가져간 매사추세츠는 차익을 남겨 이를 되팔 수 있었다. 그 결과 이 지역의 정착촌 대부분은 보스턴의 부동산 투기자들 차지가 됐고, 실제 정착민도 뉴잉글랜드인으로 채워졌다. 19세기 초 이 지역을 여행했던 예일대 총장(조합교회 성직자)인 티머시 드와이트는 이곳과 그가 태어난 코네티컷이 얼마나 흡사한지 언급하면서, 뉴욕 주는 곧 '뉴잉글랜드의 식민지'가 될 것이라고 내다봤다. 서쪽의 오나이다와 오논다가 카운티, 에식스, 클린턴, 그리고 북쪽의 프랭클린 등 양키가 정착한 마을들은 지금도 풍경은 물론 투표 방식까지 뉴잉글랜드의 마을들과 매우 유사하다.

뉴잉글랜드의 주들은 1786년 인디언의 영토가 연방정부의 '서북부 영토' 일부로 귀속되면서 오하이오와 미국 북중서부에 대한 법적 권한을 어쩔 수 없이 포기했다. 하지만 코네티컷은 일명 '서부 보류지'라 불리는 오하이오 북부 지역의 300만 에이커에 달하는 좁고 긴 땅에 대한 소유권을 지켜내는 데 성공했다. 그리고 이 땅들 역시 뉴욕 서쪽을 차지했던 보스턴 부동산 투자자들의 손에 넘어갔다. 또 다른 뉴잉글랜드 부동산 회사는 연방정부로부터 머스킹엄 밸리의 한 구획을 얻어냈다. 덕분에 이 두 지역 모두 양키 정착민들이 독점적으로 차지할 수 있게 됐다.

뉴잉글랜드인들은 공동체를 중시하는 이들답게 서쪽으로 이주할 때도 한꺼번에 움직이곤 했다. 전 재산을 바리바리 싸든 사람들은 성직자의 인솔 하에 이웃과 손잡고 새로운 개척지로 대규모 이동을 했다. 그들은 목적지에 도착하자마자 도로, 조경, 공유지, 조합교회 혹은 장로회 예배당, 그리고 가장 중요한 공립학교 등 각 구획의 용도를 정해놓은 완벽한 마스터플랜에 따라 마을을 건설했다. 주민 회의 제도를 옮겨 심은 것은 물론이다. 그들은 공동의 자유, 지방 자치, 규율이야말로 가장 중요한 도시적 유기체의 요소이자 문명화를 나타내는 증거라고 생각했다.

양키는 자신들의 이주 여정을 1600년대 초 뉴잉글랜드 선조들의 종교 사역과 같은 연장선상에서 바라봤다. 1787년 매사추세츠 입스위치에서 머스킹엄 밸리로 향한 첫 이주민들은 네덜란드를 떠나던 필그림 파더스처럼 예배당 앞에서 퍼레이드를 벌인 후 성직자들의 고별사를 받으며 여정을 시작했다. 그리고 오하이오 강 하류에서 탈 작은 배를 만든 후 '서부의 메이플라워호'라는 이름을 붙였다. 미시간에 버몬트 빌을 세우기 위해 출발한 애디슨 카운티의 10여 가구도 조합교회 목사와 함께 '메이플라워 서약서Mayflower Compact 필그림 파더스들이 플리머스 상륙을 앞두고 자주적 식민지 정부를 수립하고 다수결 원칙에 따라 운영할 것을 결정하겠다고 서약한 청교도적 사회계약'와 유사한 성격의 서약서를 작성해 서명했다. 그들은 "경건하고 헌신적인 이주민으로서 미시시피 밸리를 뒤덮은 도덕적 암흑을 걷어내고 하나님의 일을 가장 효과적으로 행할 것"이라고 선언한 후 "안식일을 엄수하겠다"고 서약했다. 그리고 그들이 뒤로하고 떠나온 "사회적, 종교적 영광을 이곳에 재현하기 위해 다른 양키들과 한마을을 이뤄" 정착했다.[1] 매사추세츠 그린빌의 정착민들도 오하이오의 그렌빌로의 여정을 시작하기 전에 비슷한 서약서를 작성했다.[2]

뉴잉글랜드의 전초 기지가 들어서기 시작한 서부 보류지의 지도는 코네티컷 설립자들의 출신지를 나타내는 이름으로 채워졌다. 브리스틀, 댄버리, 페어필드, 그린위치, 길퍼드, 하트퍼드, 리치필드, 뉴헤이븐, 뉴런던, 노워크, 세이브룩 등의 이름이 붙은 마을이 생겨나면서 사람들은 자연스럽게 이 지역을 곧 뉴코네티컷이라 부르기 시작했다.

양키들은 뉴잉글랜드 문화를 미국 북중서부에 확산시키기 위해 의식적인 노력을 기울였다. '서부의 메이플라워호'의 이주민들은 전형적인 양키였다. 그들은 동부 오하이오에 도착하자마자 매리에타라는 마을을 세우고 학교와 교회, 도서관 등을 짓기 위해 기꺼이 세금을 냈다. 그로부터 9년 후 그들은 뉴잉글랜드 출신의 칼뱅주의 성직자가 총장을 맡은 매리에타 대학을 설립한다. 뉴잉글랜드는 이를 시작으로 미 중서부 지역에 수많은 뉴잉글랜드 스타일의 대학을 세우기 시작한다. 매리에타 대학의 창립자는 "기독교 교리와 의무를 머릿속에 부단히 심어주기 위한 목적으로 세운 학교"라며 "다른 종파는 가르치지 않겠다"고 선언했다. 양키들이 이주하는 곳은 어디에나 이런 비슷한 대학이 세워졌고, 이들은 양키 문화를 재생산하는 강력한 전초 기지 역할을 했다. 오벌린 대학과 케이스웨스턴리저브 대학(오하이오), 올리벳 대학(미시간), 벨로이트 대학, 리펀 대학, 매디슨 대학(위스콘신), 칼턴 대학(미네소타), 그리넬 대학(아이오와), 일리노이 대학 등이 그것이다.[3]

이런 방식으로 양키는 오하이오의 상당 부분, 아이오와와 일리노이 일부, 그리고 미시간과 위스콘신, 미네소타 대부분에 뉴잉글랜드 문화를 전파하기 위한 인프라를 구축했다. 그들은 19세기 동안 미시간, 위스콘신, 미네소타의 정치 조직을 장악하는 데 성공했다. 미시간의 초기 주지사 6명 중 5명이 양키였고, 4명은 뉴잉글랜드에서 태어난 사람들이었다. 위스콘신에서는 첫 주지사 12명 중 9명이 양키였고, 나머지는 뉴 네덜란드인이거나 외국에서 태어난 사람들이었다(이와 대조적으로 미들랜드와 애팔래치아 문화가 지배하고 있던 일리노이에서는 첫 주지사 6명 중 양키가 아무도 없었다. 그들은 모두 메이슨-딕슨선 이남 출신이었다). 미네소타의 첫 '준주 의회Territorial legislature' 의원 3분의 1은 뉴잉글랜드 태생이고 나머지 대다수는 북부 뉴욕과 양키 중서부 정착촌 출생이었다. 양키는 오대호 위쪽 3개 주에서도 헌법 제정 회의 논의를 주도하고, 뉴잉글랜드의 법과 정치, 종교를 주입했다. 양키들이 장악한 중서부 지역으로 뒤늦게 이주해온 후발 정착민들은 외국에서 왔든, 아니면 미국 내 다른 지역에서 왔든 그들보다 앞서 뿌리내린 뉴잉글랜드의 지배 문화와 마주해야 했다.[4]

19세기 미국을 방문한 사람들은 현재 '루트 40'으로 불리는 '내셔널 로드National Road 포토맥과 오하이오 강을 횡으로 잇는 미국 최초의 주요 국도로 서부 개척에 나선 이주민들이 많이 이용했다'를 기준으로 북쪽과 남쪽 사이에 큰 차이점이 관찰된다고 말했다. 오하이오를 이등분하는 이 국도의 북쪽은 집들이 튼튼하게 지어진 데다 유지·보수 상태도 훌륭했다. 가축들도 잘 먹여서 상태가 매우 좋았고, 대부분의 주민은 학교 교육을 받아 글을 읽고 쓸 줄 알았다. 녹지대, 하얀 교회 첨탑, 마을 회관 종탑, 그리고 녹색 덧문이 내려진 집들의 풍경이 질서정연하게 펼쳐졌다. 반면 도로 남쪽의 경우 농장 건물들에는 페인트도 칠해져 있지 않았다. 사람들은 북쪽 사람보다 가난했고, 제대로 된 교육도 받지 못했다. 잘사는 사람들은 그리스-로마 스타일의 벽돌로 집을 지었다. 1945년 오하이오 대학 학장인 할런 해처는 "오하이오 북쪽으로 종단 여행을 하다보면 마치 버지니아에서 코네티컷으로 이동하는 듯한 느낌을 받을 것"이라고 말했다. 물론 예외 지역은 있었고(양키는 미시간과 일리노이로 가는 길에 있는 오하이오 동북쪽과 인디애나의 습지대에는 정착하지 않았다), 애팔래치아 '버지니아'와 양키 '코네티컷' 사이에는 미들랜드 중간 지대도 있었다. 하지만 당시 사람들이 직접 눈으로 본 풍경은 전반적인 진실을 담고 있다. 우리가 '미드웨스트'라 부르는 미국의 중서부는 미시시피 강 너머로 가는 길을 따라 동-서부의 여러 문화적 집단으로 나뉘어 있다는 사실 말이다.[5]

미국 중서부에 온 외국인 이주민은 각 지역을 장악하고 있는 지배적인 문화에 대한 친밀감, 혹은 적개심에 따라 어느 지역에 정착할지를 결정했다. 이곳에 유입된 첫 외국인 이주민이었던 독일인들은 예상대로 같은 미들랜드 독일인이 모여 있는 정착촌에 합류했다. 다행히 이들은 양키와 애팔래치아 중 하나를 택해야 하는 상황을 피할 수 있었다. 그러나 어쨌든 이들 중 애팔래치아가 장악한 지역에 정착하려는 사람은 찾아보기 어려웠다.

스웨덴 사람을 비롯한 스칸디나비아인은 양키 문화를 친숙하게 여겼다. 이들은 근검, 금주, 시민의 의무 등 양키와 비슷한 신념을 공유하고 있었다. 노예제에 적대적이었고, 국가에 의해 운영되는 교회 제도도 기꺼이 받아들였다. 중서부의 한 조합교회 성직자는 동료에게 "스칸디나비아인은 구대륙의 '뉴잉글랜드인'"이라고 말했다. "기독교인이 '기독교를 위한 미국'을 만들려면 우리는 이들에게 의지할 필요가 있어요. 이들은 매사추세츠만큼이나 확실하게 의지처가 되어줄 겁니다."[6]

하지만 뉴잉글랜드의 가치에 근본적으로 동의하지 않는 다른 문화 집단은 양키의 지역으로 이주하기를 꺼렸다. 양키들은 다른 사람의 일에 참견을 많이 할뿐더러 자신들의 문화적 기준만을 강요한다는 악명이 자자했기 때문이다. 아일랜드인이나 독일 남부, 이탈리아 출신의 가톨릭교도들은 양키가 구축한 교육 시스템을 좋아하지 않았다. 이들의 학교가 아이를 양키 문화에 동화시키려는 목적에 따라 세워졌다는 사실을 정확히 간파했기 때문이다. 양키들이 사는 지역으로 이주해온 가톨릭교도들은 아이들이 양키 문화에 물들지 않도록 그들만의 교구 부속학교 시스템을 따로 만들었다. 양키는 이를 매우 불만스럽게 여기면서, 공화국을 무너뜨리려는 바티칸의 음모에 가톨릭 이주민들이 저도 모르는 사이에 이용당하는 것이란 주장을 펼쳤다. 가톨릭교도들은 관용적이고 다문화적인 미들랜드나 개인주의적 성향이 강한 애팔래치아 지역을 더 선호했다. 애팔래치아는 도덕적 기준을 강요하는 사람들을 독선적이라 여기며 눈에 거슬려했다. 심지어 같은 개신교도인 독일인조차 양키와 종종 불화를 빚었다. 양키들이 안식일 엄수를 강요하면서, 맥주를 빚는 독일의 전통과 노천 맥줏집을 규제하려 했기 때문이다. 다문화주의는 양키들과 거리가 먼 개념이었다. 청교도 교리만이 사회 공익을 추구할 수 있는 길이 아니라는 사실을 깨닫게 되기까지는 아직 한참 동안의 시간이 필요했다.[7]

19세기 초 투표 양태를 연구하던 정치학자들은 지역별 투표 결과와 인구 분포를 비교·분석한 결과 놀라운 사실을 발견했다. 투표 결과에 영향을 미치는 결정적 요소가 계급과 직업일 것이라는 이전의 가설이 완전히 잘못됐음이 드러난 것이다. 19세기 미국 중서부 지역의 투표 결과는 1850년 이후부터 민족지학적인 요소가 다른 모든 요소를 압도하고 있다는 사실을 보여주는 뚜렷한 증거가 됐다. 위스콘신 북부에서 가톨릭교도인 가난한 독일인 광부는 같은 지역의 감리교 신자인 가난한 영국 광부와 전혀 다르게 투표를 했다. 반면 영국 조합교회 신자들은 도시에 살든 농촌에 살든 상관없이 비슷한 투표 패턴을 보였다. 스칸디나비아 이주민들은 가톨릭교도인 아일랜드인들이나 애팔래치아 출신의 남부 침례교도들과 정반대로 투표했다. 그들의 투표 양태는 양키 토박이들과 매우 비슷했다.[8]

1850년대 미국에 위태로운 내전의 조짐이 일기 시작하던 때, 양키들이 정착한 지역은 모두 공화당을 지지했다. 뉴잉글랜드인과 스칸디나비아 이주민들이 장악한 카운티들은 가장 든든한 공화당의 후원자였다. 독일인 개신교도들도 대체로 공화당을 지지하는 편이었다. 이는 20세기 중반까지도 미시간, 위스콘신, 그리고 미네소타가 한결같이 공화당 지지층으로 남게 된 배경이다. 다른 주는 민족에 따라 지지 정당이 갈렸다. 그러나 훗날 공화당이 시민권 반대로 노선을 바꾸자 양키들이 지배하던 중서부의 주와 카운티들은 뉴잉글랜드 지역의 양키들과 함께 순식간에 대거 민주당으로 갈아탔다.공화당은 인종, 피부색, 성별, 종교 등에 따른 차별을 금지하는 민권법안을 1964년에 통과시키지만, 이후 남부를 중심으로 반反민권 목소리가 커지면서 보수화되기 시작했다. 2000년, 2004년, 2008년 대선 결과를 지도로 분석해보면, 서부 보류지 지역은 그들의 투표 패턴 때문에 오늘날까지도 확연히 육안으로 구분 가능하다.

미국 북중서부의 상당수가 사실상 '대大양키덤'의 일부였지만, 이 지역에서 가장 큰 대도시는 그렇지 않았다. 1830년대에 양키들이 포트 디어본 근처에 세운 시카고는 거대한 수출입항이자 교통 요충지로 빠르게 자리매김하면서, 양키와 미들랜드 서쪽을 잇는 경계 도시 역할을 했다. 시카고 초기 형성 과정에 큰 영향을 미친 뉴잉글랜드인은 필드 박물관(매사추세츠 콘웨이 태생의 마셜 필드를 기린 이름), 뉴베리 도서관(코네티컷의 월터 뉴베리를 기린 이름), 『시카고 데모크랏 앤드 인터 오션Chicago Democrat and Inter Ocean』지, 그리고 시카고 신학 연구소 같은 기관들을 세웠다. 하지만 뉴잉글랜드인은 곧 시카고로 이주해온 유럽인, 미들랜드인, 애팔래치아인 등 다른 지역 출신 사람들에 의해 소수로 전락했다. 청교도는 북쪽으로 밀려나 교외에 에번스턴이라는 도시를 세웠다. 양키들은 번잡스럽고 무질서하며 다민족화된 대도시를 불만스럽게 여겼다. 1870년 인구조사에서 뉴잉글랜드인들은 도시 인구의 13분의 1을 차지하는 데 그쳤다.[9]

하지만 뉴잉글랜드인들은 변경지대를 부단히 변화시켰고, 자신들 역시 주변에 의해 변화되어갔다. 세계를 더 나은 곳으로 발전시키려는 양키들의 열정은 세속화된 청교도를 통해 오늘날까지 이어져 내려오고 있지만, 엄격하게 고수했던 종교적 정통성은 희미해졌다.

변경지대의 양키들은 조합교회를 다니거나, 혹은 조합교회주의와 유사한 장로교를 믿었다. 하지만 여러 종교를 융합시켜 새로운 신앙을 갖게 된 양키들도 있었다. 기본적으로 신정주의 사회였던 뉴잉글랜드에는 종교에 몰입한 사람들, 역사학자 프레더릭 머크의 표현을 빌리자면 "신과 직접 접촉하고 신을 직접 보고, 하늘 높은 곳으로부터 신의 목소리를 직접 듣고자 갈망하는 사람"의 숫자가 유난히 많았다. 촘촘하게 조직된 양키의 원래 고향사회는 신비주의나 선지자를 자칭하는 이들을 잘 억제했지만, 변경지대로 나오자 종교적 정통성에 대한 규율이 느슨해졌다. 그 결과 신흥 종교가 폭발적으로 생겨나기 시작했다. 뉴욕 서쪽은 종교적 열정이 너무 뜨거워서 사람들에게 '불타는 동네'라고 불릴 정도였다.[10]

새로 생겨난 종교 대다수는 기독교가 복잡한 조직과 교회법, 종교 권력을 등에 업은 사제단 무리 등으로 거대해지기 전의 초기 모습으로 돌아가야 한다고 주장했다. 루터교와 칼뱅주의, 감리교가 사제 계급의 특권층(대주교, 추기경, 바티칸)을 없애버림으로써 일반 사람들이 신에게 좀 더 가까이 다가갈 수 있게 만들려 했다면, 이 신흥 복음주의 종교는 몇 단계 더 나아가 아예 중간 계급까지 없애버리고자 했다. 사람들은 신과 직접 혹은 개인적으로 만날 수 있으며, 그제야 비로소 거듭날 수 있다는 것이 이들의 주장이었다. 그들은 창조주와 대화를 나눌 수 있다고 주장하는 선구자들의 인도를 따라, 신에게 다가가기 위한 각자의 길을 찾아내야 했다. 옛날 선지자처럼 자신들도 신에게 특별한 능력을 부여받았다고 믿는 선구자들은 신이 직접 계시를 내려 구원으로 가는 진정한 길을 보여줬다고 주장했다.

그러나 변경지대의 양키들에게 신은 모순되는 지시를 내린 모양이었다. 매사추세츠에서 태어나 버몬트 국경지대에서 자라난 농부 윌리엄 밀러는 예수가 1843년에 재림해서 지구를 깨끗이 정화할 것이라고 주장했다. 이 예언이 거짓으로 드러나자, 그는 날짜를 1844년 10월 22일로 바꿨고 결국엔 그를 따르는 수만 명의 신도를 대실망밀러의 종말론을 믿은 사람들은 재산을 처분하고 예수의 재림을 기다리다가 이것이 거짓으로 드러나자 집단으로 큰 상실감에 빠졌다으로 몰아넣었다. 하지만 이 종말론 지지자들은 지금까지도 제2의 재림을 기다리고 있다. 이들의 종교는 토요일에 예배를 드리고 곡물과 시리얼 섭취를 강조한다는 특징을 가지고 있다(그들은 현재 '제칠일안식일예수재림교'로 불리며 신도가 100만 명에 달한다). 그런가 하면 예일대 출신인 버몬트 주 사람 존 험프리 노이스는 재림이 벌써 지나갔고 자신은 이미 "흠 없고 죄 없는 어린 양"이 되었다고 주장하면서 신도들을 이끌고 뉴욕 북부에 유토피아 사회를 세웠다. 기독교의 천년왕국을 모델로 삼은 노이스의 오네이다 공동체는 공동 생산과 사유재산을 원칙으로 삼았고, 노인 남성 혹은 월경이 끝난 노인 여성과 동정인 젊은이의 성관계를 장려했다. 한편 당시에는 숨겨진 보물을 찾아내고, 그 보물에 걸려 있는 보호 마법을 물리칠 수 있다고 주장하는 수백 명의 "신성한 사람"이 판을 쳤다. 그중 한 명이었던 버몬트 농부 조지프 스미스와 그의 아들은 보물을 찾아내기 전에 고객에게 선불로 돈을 받았다가 고객을 사취한 혐의로 체포되기도 했다. 후에 조지프 스미스 주니어는 뉴욕 맨체스터 산비탈에서 예수가 미주리 주의 인디펜던스 도시에 재림할 것이라고 쓰여 있는 금 접시 세트를 찾아냈다(그 글은 스미스만이 읽을 수 있는 언어로 쓰여 있었으며, 다른 사람들은 그 접시를 직접 보는 것이 허락되지 않았다). 그가 일리노이 노부Nauvoo에 세운 일부다처제 사회에는 수만 명의 사람이 몰려들었다. 그들은 이 천년왕국을 일리노이 주에서 분리시켜 독립적인 미국의 영토로 만들려고 애썼다. 그러나 스미스가 암살을 당하면서, 그의 신도들은 유타 주로 이주하게 된다. 현재 '예수 그리스도 후기 성도교회(모르몬교)'로 불리는 이 종교는 신도가 500만 명에 달한다. 양키 변경지대에서 잇달아 일어난 유토피아 운동은 이 대륙의 향후 발전에 큰 영향을 미치게 된다.[11]

조합교회와 장로교 신도들이 다른 교파로 빠져나가는 상황이 양키덤 전반으로 확산되면서, 이들의 종교적 균질성은 약화되기 시작했다. 일부 뉴잉글랜드 조합교회는 '유니테리언교Unitarianism 삼위일체론을 부정하고 신격의 단일성을 주장하는 기독교의 한 분파'를 받아들였고, 이들 중 일부는 훗날 '유니테리언 유니버설리즘Unitarian Universialism 북미의 자유주의적인 그리스도교 종파'으로 발전했다. 이 종파는 모든 개인이 종교적, 존재론적 의문에 대해 자신만의 해답을 찾아낼 자유를 갖고 있다고 믿었다. 상당수의 양키는 사회적 변화를 강조하며 18세기에 성공회에서 갈라져 나간 감리교로 전향했다. 또 다른 이들은 로드아일랜드를 세운 설립자를 본받아 오직 믿음을 통해서만 구원에 이른다는 침례교도가 됐다. 조합교회 당국은 이 엄청난 변화를 강력히 규탄했다. 19세기 중반 가장 영향력 있는 양키 신학자였던 라이먼 비처는 침례교와 감리교를 "무교보다 더 나쁘다"고 했고, 유니테리언은 "진실의 적들"이라고 비난했다.[12]

　19세기 뉴잉글랜드의 종교적 정통성은 잠식당했지만, 지구에 신의 왕국을 닮은 사회를 건설할 수 있다는 양키의 깊은 신념만은 변치 않고 남았다. 신흥 종교운동을 중단시키기 위해 승산 없는 싸움을 벌였던 라이먼 비처와 다른 정통파 엘리트들의 노력은 결국 실패로 끝났다. 하지만 양키들의 도덕적 싸움은 아직 끝나지 않았다. 남부의 경쟁국들과 싸워야 하는 가장 거대한 전투가 기다리고 있었다.

16장
—

미들랜드의
서진

—

뉴잉글랜드인이 '서북부 영토'의 북쪽을 거쳐 서부로 진출하는 동안, 새로운 땅을 찾아 나선 미들랜드인들은 중앙 중서부로 쏟아져 나갔다. 이들 중 상당수는 독일어로 말하는 독일인이었는데, 이는 미들랜드의 다문화적인 특징을 미국 중서부에 퍼뜨리는 효과를 가져왔다. 이들은 친밀한 이웃 관계, 가족 중심의 문화, 정치에 대한 실용적인 자세, 큰 정부에 대한 반감 등 미들랜드의 특성을 고스란히 담은 사회를 건설했다. 오하이오와 인디애나, 일리노이 북부 중앙으로 진출한 미들랜드는 아이오와 중앙과 남부, 미주리 북부, 네브래스카와 캔자스 동부로 뻗어나갔다. 심지어 델라웨어 만 연안에 있는 미들랜드의 원래 거점보다 몇 배나 더 넓은 텍사스 북부 지역까지 미들랜드 영역이 됐다. 관용적인 태도를 가진 여러 문화 집단으로 구성된 미들랜드는 불관용적이며 공동체 윤리를 강조하는 양키덤과 개인주의적 향락을 중시하는 그레이터 애팔래치아 사이에서 완충 지대 역할을 했다. 사실 이는 미들랜드가 이미 동부 해안에서

했던 것과 같은 역할이었다. 뉴잉글랜드인과 애팔래치아인이 종종 미들랜드 정착촌에 섞여 살기도 했지만, 이곳에서는 그 어느 집단도 문화적 헤게모니를 쥐지 못했다. 중서부의 미들랜드는 온건과 관용의 중심지로 발전했다. 다양한 종교를 가진 여러 민족 사람들이 사이좋게 이웃해 살았으며, 그들은 대개 다른 사람을 의식하지 않고 자기 일에만 집중했다. 중서부에 정착한 미들랜드 이주민 중 퀘이커교도는 거의 없었지만, 그들은 자신도 모르는 사이에 윌리엄 펜의 비전을 실현할 수 있는 요소를 이미 갖추고 있었다.

대부분의 미들랜드인은 내셔널 로드를 따라 이동했기 때문에, 자연스럽게 미시시피 강과 그 너머까지 정착촌을 형성하게 됐다. 펜실베이니아 독일인들은 그들이 떠나온 마을과 최대한 똑같은 마을을 세우기 위해 최선을 다했다. 오하이오의 뉴필라델피아는 모라비아교 신자가 세운 도시인데 이는 곧 독일어로 말하는 다른 메노파교도들을 끌어모았다. 펜실베이니아 독일인들은 양키들이 장악한 서부 보류지 남쪽으로 50마일 넓이에 달하는 농촌 지대를 형성했다. 이곳 마을들은 베를린, 하노버, 드레스덴, 프랭크퍼트, 포츠담, 스트래즈버그, 와인즈버그 등으로 불리기 시작했다. 아미시와 던커파 교도들은 내저러스, 가나안, 베들레헴 마을을 세웠다. 잘 정리된 농가와 밀밭 사이로 펜실베이니아 독일인들의 헛간과 연합형제교회펜실베이니아 독일인들을 중심으로 탄생한 기독교 분파 건물이 하나둘씩 계속 늘어났다. 이 익숙한 문화적 풍경에 이끌려 이곳으로 이주해온 독일 본토 사람들은 1830년대부터 신시내티에 모여 살았다.[1]

인디애나에 정착한 미들랜드인은 많지 않았다. 그 일대의 영토 업무를 담당하고 있던 애팔래치아인들과의 불화 때문이었다. 자신을 '후지어 Hoosiers'라 불렀던 인디애나의 국경지대인들은 켄터키와 웨스트버지니아 산악지대에서 온 사람들이었다. 이들은 노예제에 대한 견해가 모호했기 때문에, 양키와 미들랜드인들에게는 디프사우스인과 다를 바 없이 여겨졌다. 필라델피아 신문은 서부로 이주하려는 사람들에게 "흑인 노예제가 확산되는 주에는 정착하지 말라"고 충고하면서 "네 아이는 그들의 사악함에 물들 것이고, 노예주들은 절대 당신을 기독교인이나 동료 시민으로 대하지 않을 것"이라고 경고했다. 하지만 그런 곳을 피해 양키들이 장악한 미시간이나 위스콘신에 정착하는 것 역시 미들랜드인들에게는 달갑지 않은 일이었다. 모든 사람을 '양키화'하려는 귀찮은 뉴잉글랜드인을 참고 견뎌야 함을 의미했기 때문이다. 많은 미들랜드인이 결국 양키 마을에 뿌리를 내리긴 했지만(위스콘신 주 밀워키는 스스로를 '미국의 독일인 수도'라고 선언하기도 했다), 안식일에 맥줏집 문을 닫으라고 강요하고 아이들을 영어만 사용하는 공립학교에 보내라고 요구하는 등 독일인으로서의 정체성을 근절시키려는 양키들의 시도에 저항하느라 오랫동안 시간과 에너지를 낭비해야 했다. 반면 미들랜드가 건설한 사회에서는 외국인이든 가톨릭교도든 다양성이 전혀 문제가 되지 않았다. 다만 이들은 노예 노동과 전쟁, 그리고 개인주의를 추종하는 문화만큼은 용납하지 않았다.[2]

미들랜드인은 일리노이 북부 중앙으로 진출해서 시카고와 세인트루이스 같은 경계 도시에 안착했다. 미주리 북부는 1845년 독일어 신문이 두 종이나 발간되는 등 미들랜드의 거점이 됐다. 바이에른 출신 이민자인 조지 슈나이더가 1852년 바이에른 맥주 회사를 세워서 몇 년 후 에버허드 앤호이저와 아돌푸스 부시에게 판 곳도 바로 세인트루이스였다(비누 제조업자였던 앤호이저는 사위인 부시와 함께 바이에른 회사를 인수하면서 양조업을 시작했고, 이 회사는 훗날 버드와이저를 출시하면서 미국 최대의 양조 회사로 성장했다. 공격적인 양키 및 국경지대인들과 경쟁한 미들랜드는 독일에서 이주민이 계속해 밀려 들어온 덕분에 미국의 중서부 지역을 지배할 수 있었다. 19세기 중반 무렵 독일인들은 보트를 타고 강을 건너 세인트루이스에 도착한 후 북부 미주리와 동부 평원 전역으로 퍼져나갔다. 그러나 철도가 놓인 후에는 기차가 유럽 이주민들과 미들랜드 연안의 이주민들을 중서부까지 실어 날랐다.[3]

독일인들이 중부 유럽을 떠나 미국으로 대거 이주해온 데는 그럴 만한 이유가 있었다. 당시 독일에는 40여 개의 공국이 난립하고 있었는데, 이들은 프랑스 혁명이 발생하자 봉건제와 군주제의 법적 타당성, 수많은 사람을 끔찍한 빈곤으로 몰아넣는 경제 제도 등을 놓고 자기들끼리 옥신각신 다투고 있었다. 1848년 이 지역을 하나의 대의정부 아래 통일시키려던 시도가 실패하고 군부독재 정권이 들어서자 수많은 독일인이 피난을 떠났다. 자신들의 공국을 민주적이고 평등한 사회로 만들고 싶어했던 독일의 자유주의자들은 실질적으로는 일명 '48혁명'이 실패로 끝나기 전부터 '새로운 독일'을 건설할 장소를 물색하고 있었다. 1833년 미국 중서부를 둘러본 독일의 한 식민지 탐사대원은 "우리는 엄청난 크기의 북미 공화국 안에 새로운 자유 독일을 건설할 수 있다"고 동료에게 말했다. 그는 "미국의 여러 지역 중 최소 한 군데 이상에 독일을 근간으로 하는 나라를 세우면, 독일에서 더 이상 미래를 꿈꿀 수 없는 모두가 그곳을 피난처로 삼을 수 있을 것"이라고 강조했다. 프로이센 출신인 고트프리트 두덴이 미주리 북부를 예정된 유토피아라고 묘사하며 극찬한 글은 이곳을 더욱 매혹적인 장소로 여겨지게 했다. '필라델피아 독일인 사회German Society of Philadelphia'도 "우리 자신과 아이들, 그리고 후손을 위한 안전한 피난처"를 만들기 위해 서쪽에 '새로운 독일'을 건설하길 원했다. 미국이 1850년대 후반 내전의 위기로 치닫자 저명한 독일인 정치분석가

2명은 미합중국이 여러 개의 독립적인 주로 쪼개질 것이고 그중 일부는 '독일인의 통치'를 받게 될 것이라고 예상했다. 수만 명의 평범한 독일인이 실제 이런 목적을 품고 미국 미들랜드로 이주한 것은 아니었다. 그렇지만 새로운 독일을 건설하자는 움직임은 미국으로 가려는 사람들에게 유용한 정보와 정치적 지원을 제공해줬고, 이주민 사회를 조직하는 방법을 가르쳐주는 등의 형태로 그들의 정착에 도움을 줬다. 독일 출신 이주민들은 어떤 지역에서도 하나의 주를 통치하는 수준에까지 다다르진 못했다. 1860년 위스콘신의 독일인 인구는 16퍼센트에 그쳤다. 하지만 1830~1860년에 발생한 독일의 탈출 행렬 덕분에 미국 중서부는 다양성을 존중하며 관용적인 미들랜드 문화의 지배를 받게 됐다.[4]

이곳에 유입된 퀘이커 이주민의 숫자는 많지 않았지만, 그들 역시 비슷한 이유로 미국 중서부 미들랜드 지역에 매력을 느꼈다. 19세기 초 '신의 친구들'은 여전히 세상과 거리를 두기 위해 노력했지만, 동부 연안의 인구 밀도가 높아지면서 그렇게 하는 것이 점점 더 어려워졌다. 미들랜드 밖에 형성된 상당수의 퀘이커 공동체는 19세기 동안 오하이오와 인디애나 중부로 이주했다. 이미 100년 넘게 이어져온 이 공동체는 노예제에 대한 혐오 때문에 타이드워터와 디프사우스 지역으로는 가지 않았다. 1850년대에 인디애나는 필라델피아 못지않은 북미 퀘이커교도들의 새로운 중심지로 떠올랐다. 인디애나 리치먼드의 퀘이커교도 인구는 지금도 '형제애의 도시(필라델피아)' 다음으로 많다. 독일인, 스콧-아이리시, 영국 감리교도, 모라비아교도, 아미시 등 다양한 집단 속에 둥지를 틀게 된 퀘이커교도들은 이곳의 문화적 풍경이 펜실베이니아 동남부와 거의 똑같다고 느꼈다.[5]

양키처럼 미들랜드도 유럽이나 동부 연안에서 이곳으로 올 때 가족 단위로 이웃사촌들과 함께 이주해왔다. 그러나 양키들과 달리 그들은 주 전체는커녕 이웃 마을 공동체를 동화시키는 데도 관심이 없었다. 델라웨어 밸리처럼 각 마을은 민족별로 형성되곤 했지만, 카운티 전체로 놓고 보면 다문화적인 성향을 띠었다. 중서부의 도시들은 예전 펜실베이니아와 같이 격자형 도로를 건설했다. 이 지역의 문화적 풍조를 확립하는 데 가장 큰 영향을 미친 것은 독일인들이었다. 독일인들은 투자 목적이 아니라 오랫동안 가족과 살 수 있는 집을 짓기 위해 땅을 사들였다. 그들은 중부 유럽의 작은 농장에서 유용하게 써먹었던 숲과 토양 관리 기법을 동원해 이 지역의 장기 생산성을 높이고자 무척 애를 썼다. 이곳에 영구적이고 유기적으로 뿌리를 내리기 위해서였다. 독일인들은 유럽 출신이든 펜실베이니아 출신이든 간에 가능하면 집을 석조 건물로 지으려 했다. 그것이 양키나 애팔래치아인들이 짓는 목조 건물보다 내구연한이 훨씬 더 길었기 때문이다.[6]

학자들은 독일인들이 미국의 용광로 속으로 들어온 덕분에 미국에 부족했던 요소들을 채워넣을 수 있었다고 분석한다. 유럽에서 미국으로 이주해온 독일인들은 전반적으로 교육 수준이 높고, 기술을 보유한 장인이었으며 농업 지식이 풍부했다. 독일인들이 보기에 미국인은 욕심이 많고 교양이 없었다. 독일인 이주민인 구스타브 쾨르너는 1834년 "미국인들은 기술적으로 놓고 보면 절반은 야만인과 다를 바 없다"면서 "그들의 취향은 코에 쇠로 만든 링을 끼고 다니는 인디언 원주민보다도 딱히 나을 바가 없다"고 말했다. 독일인들은 독일어를 가르치는 학교를 세우고 독일어 신문을 발행하면서 미국에 동화되지 않으려 했고, 1880년대까지는 결혼도 독일인끼리만 했다. 미국에 개척의 광풍이 불어닥칠 때도 독일인들은 가족과 여러 세대에 걸쳐 같은 땅을 경작하면서, 안정되고 영구적인 공동체를 유지하고자 했다. 이렇게 한곳에 뿌리를 내린 생활 덕분에 독일인들은 미들랜드, 더 나아가 미국의 중서부 문화에 가장 지속적인 영향력을 미치게 됐다.7

중서부 지역의 미들랜드인들은 중서부 북쪽의 양키나 중서부 남쪽의 애팔래치아인과는 정치적 성향이 달랐다. 양키의 문화적 제국주의에 반감을 품은 미들랜드는 1850년대에 양키가 정치적 수단으로 탄생시킨 공화당을 지지하지 않았다. 미들랜드인은 균일화된 나라를 원하지 않았다. 퀘이커교도들은 최소한 기독교라는 테두리 안에서만큼은 종교적 자유를 수호하고자 했다. 새로 이주해온 영국인들도 경제적 기회를 찾아 미국에 온 것이지 칼뱅주의 유토피아 공화국을 바란 것이 아니었다. 독일인은 다른 지역 출신 사람들과 어울려 살아가는 데 익숙했다. 미들랜드인은 서로 싫어하거나 동의하지 않는다 하더라도, 다른 도시나 마을 사람들을 지배하려 하지도, 동화시키려 하지도 않았다. 그래서 이곳 사람들은 그렇게 하려는 양키들의 시도를 거부했다.

그 결과 1850년대에 미들랜드인의 과반수는 반反양키 연합으로 탄생한 민주당을 지지하게 됐다. 민주당은 디프사우스, 타이드워터, 그리고 가톨릭교도 이주민들을 위한 정당이었다. 당시 민주당은 정부가 더 나은 사회를 건설하기 위한 도덕적 의무를 지니고 있다는 개념 자체를 거부했고, 소수 집단을 동화시키거나 노예제를 폐지하는 것에 대해서도 반대했다. 디프사우스의 노예 소유주든 보스턴의 가난한 아일랜드 가톨릭 이주민이든, 각자가 원하는 방식대로 살 수 있어야 했다.

하지만 1850년대 후반 미주리와 캔자스, 그리고 새로 탄생한 다른 주와 영토에서 노예제 확산에 대한 반발이 커지면서 민주당 연합은 붕괴되기 시작했다. 미들랜드의 입장은 각 종교의 교리에 따라 분열됐다. 선한 일을 행하고, 도덕적 개혁과 유토피아 실험을 통해 세상에 속죄해야 한다고 믿는 종교 집단은 노예제를 놓고 양키들과 처음으로 의견이 일치했다. 이들은 이후 알코올 중독, 신성 모독 연설, 그리고 반사회적인 행동을 놓고서도 양키들과 교집합을 넓혀나갔다. 네덜란드인 칼뱅주의자, 독일의 여러 기독교 종파, 스웨덴 루터교도, 북부 감리교도, 자유의지 침례파, 독일 루터교 총회도 이러한 이유로 공화당 지지로 돌아섰다. 반면 이들과 달리, 지금보다 세상을 더 경건하게 만들어야 한다는 종교적 사명이 딱히 없거나 이를 지지하지 않는 사람들은 여전히 자유방임주의인 민주당 지지 세력으로 남았다. 독일 회개주의 루터교, 로마 가톨릭교, 남부 침례교, 그리고 남부 감리교 등이 이에 해당된다. 이 사안에 대해 중립적 태도를 유지했던 종교들(성공회, 사도 교회)도 내부적으로 의견이 갈렸다.[8]

이것이 바로 미들랜드의 특징이 됐다. 미들랜드는 향후 모든 이슈에 대해 미연방을 깨뜨릴 수도, 거꾸로 세력을 만들 수도 있는 거대한 부동층이 됐다. 미국 내전이 터지기 직전, 노예제에 반대하는 미들랜드는 아슬아슬한 표 차이로 공화당 세력으로 돌아서게 됐다. 1860년 대통령 선거 결과를 자세히 연구한 20세기 후반의 정치학자들은 미들랜드, 특히 독일인의 태도 변화가 일리노이, 오하이오, 인디애나를 에이브러햄 링컨 지지 쪽으로 기울게 했으며, 이것이 링컨의 백악관 입성에 결정적 요인으로 작용했다고 본다. 중서부 미들랜드의 지지를 빼앗기고 대통령 선거에서 패배한 디프사우스는 즉시 연방 탈퇴를 선언하게 된다.[9]

17장

애팔래치아의
서진

—

역사학자들은 애팔래치아인의 특징으로 개척 정신을 꼽아왔다. 그럴 만
하다. 국경지대인들은 최초로 애팔래치아 산맥 너머까지 진출한 사람들
이었고, 미국 혁명이 성공한 후에는 인디언의 영토까지 파고들어갔다.
그들은 대륙 의회가 서북부 영토를 편입시키고 그곳에 살던 인디언을
정복하기 오래전부터 트랜실베이니아나 프랭클린 국가 같은 자신들만의
정부를 세웠다. 양키와 미들랜드인은 연방군이 인디언을 정복하는 데
성공하면 그제야 그 땅으로 이주했지만, 국경지대인들은 스스로 그곳을
정복해나갔다. 뉴잉글랜드인이 여전히 뉴욕 북부에 머물러 있을 때 애
팔래치아인은 뗏목을 타고 오하이오 강을 내려가 남부 인디애나와 일리
노이 땅을 차지했다. 미들랜드인이 오하이오에 도착할 무렵, 국경지대인
들은 이미 테네시 중부에서 체로키 인디언들과 접전을 벌이고 있었다.
그들은 언제나 최전선에 있는 유럽계 미국인으로서 새로운 땅을 개척해
나갔다. 이는 정부의 효력이 미치지 않는 곳에서 살고 싶다는 의지와 바

람 때문이었다.

그레이터 애팔래치아 문화는 다른 문화보다 빠르고 넓게 퍼져나갔다. 질 좋은 토양, 싸고 잘 측량된 땅, 오하이오·미시시피 강을 이용한 시장 접근성 등에 끌린 수만 명의 국경지대인이 19세기 전반 버지니아를 떠나 서부로 향했다. 이는 당시 미국에서 인구 밀도가 가장 높았던 '올드 도미니언Old Dominion(버지니아 주의 속칭)'의 성장을 중단시키는 결과를 낳았다. 버지니아를 비롯한 동부 지역에서 대규모 인구가 빠져나간 현상은 훗날 '대이주Great Migration'란 이름으로 불리게 된다. 이 현상이 벌어진 원인의 상당 부분은 애팔래치아인 때문이었다. 1800년 국경지대인들은 지금의 켄터키와 북부 중앙 테네시, 서남부 일리노이의 많은 지역을 식민지화했다. 양키가 아직 일리노이나 위스콘신에도 도달하지 못했던 30년 후에는 이미 앨라배마 북부, 테네시의 남은 대부분 지역, 아칸소 오자크, 일리노이 남부 미시시피 밸리와 미주리를 장악했다. 1850년, 그들은 텍사스 북부로 퍼져나가 얼스터와 잉글리시 마치 지역의 사투리를 전파했다. 이동이 자유롭고 거침없는 애팔래치아인의 진격을 가로막을 수 있었던 것은 디프사우스 농장주와 파웨스트 변경지역의 건조하고 나무가 없는 척박한 초원 환경뿐이었다. 그들이 퍼뜨린 문화는 여느 식민지 문화와 매우 달랐다. 그들은 자신을 "진정한 미국인"이라고 주장했지만, 다른 사람들은 그저 혐오스럽고 난폭하다고만 여겼다.

하지만 19세기 후반, 많은 인구와 넓은 지역을 차지하게 된 국경지대인들은 그들의 지도자를 백악관에 입성시키는 데 성공했다. 이들은 국정을 장악함으로써 미국 역사에 자신들의 문화적 가치를 심어놓게 된다.

그레이터 애팔래치아는 시골사회였다. 국경지대인들은 공동체 단위가 아니라 개인별로, 혹은 작은 무리별로 켄터키와 중서부 남쪽을 개척했다. 이들은 숲과 빈터 사이에 뿔뿔이 흩어져 살다가 뒤늦게야 도시를 형성했고, 공공 투자에는 아예 관심이 없었다. 그레이터 애팔래치아 어디에서나 지방세는 매우 낮았고 학교와 도서관은 찾아보기 어려웠다. 도시정부는 거의 없거나 극히 드물었다. 1850년 켄터키 지역의 공립학교 입학률은 뉴잉글랜드에서 가장 가난한 변방인 메인 주의 6분의 1 수준이었고 도서관에 비치된 1인당 장서 수 역시 절반에도 미치지 못했다.[1]

국경지대인들의 발전 단계를 추적하려는 역사학자들에게 애팔래치아의 높은 문맹률은 가장 큰 장애물이다. 미국 중서부 국경지대인들에 대한 기록을 얻기 위해서는 인근에 살았던 양키, 혹은 그 지역을 방문한 사람들이 남긴 방대한 분량의 글을 찾아봐야 한다. 그것들 대부분은 애팔래치아의 가난을 목격한 후 느낀 충격을 담고 있다. 1819년 겨울, 인디애나 남부를 횡단한 필라델피아 의사 리처드 리 메이슨은 "내 평생 본 것 중 가장 비참한 오두막들"이 나타났다고 묘사했다. 돼지우리에 기대어 세워진 판자 안에는 한 여성과 "배고픔과 추위에 떨고 있는 두 어린 아이"가 있었다. 모두 머리에 아무것도 쓰지 않고 맨발인 채였다. 아버지는 "빵을 구하러 나가고 없었다". 한 농부는 이렇게 기록했다. "일리노이 남부는 노예 주州에서 빈곤층이 몰려오는 난민 도시가 됐다. 나는 작년에 여기서 몹시 배가 고파 흙을 먹는 아이들을 보았다." 중서부의 양키는 국경지대인들을 "버터호두"라고 불렀는데 이는 그들이 집에서 손으로 직접 짠, 질 낮은 옷감의 색깔 때문이었다. '후지어'는 변경지역의 시골뜨기를 일컫는 남부 속어였지만, 인디애나 지역의 애팔래치아인은 이를 명예의 훈장처럼 여겨 자신들을 일컫는 별칭으로 삼았다.[2]

애팔래치아의 농업은 무계획적이고 비생산적이었다. 기본적으로 유목민 성향을 가진 국경지대인들은 삼림지대를 찾아서 나무를 불태우거나 껍질을 도려내 죽인 후 그루터기 사이에 옥수수를 심었다. 옥수수가 익으면 돼지와 소에게 먹이거나 빵, 곤죽, 위스키로 만들었다. 이들은 한곳에 몇 년 이상 머무르지 않고 계속 다른 지역으로 이동했다. 무단으로 거주하다가 원래 땅 주인이 나타나 쫓겨난 탓이기도 했지만, 대개는 그 지역의 인구 밀도가 높아졌기 때문이다. 한 학자가 분석한 대로, 그들은 "이웃과의 거리가 5마일 이내만 돼도 땅이 비좁아졌다고 여겼다". 학자들은 국경지대인의 60~80퍼센트는 한곳에 10년 이상 머무르는 법이 없었고, 가난한 사람일수록 더 자주 이동했다고 말한다.[3]

사람들은 애팔래치아인의 가난이 그들 자신의 책임이라고 비난했다. 메이슨 박사는 남부 인디애나인들이 "상상을 초월할 정도로 무분별하며 게으르다"고 말했다. 오하이오의 한 신문 기자는 "그들에게는 양키가 가진 에너지와 진취성이 빠져 있다"고 주장했다. 양키 출신 주 상원의원인 제이슨 스트레블은 "남부 일리노이가 항상 자원 부족 현상을 겪는 이유는 그곳 사람들이 자원을 개발할 줄 모르기 때문"이라고 의회 동료에게 말했다. 매사추세츠의 한 목사는 웨스트버지니아인에 대해 "그들을 가장 잘 설명하는 단어는 나태와 독립"이라면서 "게으름은 그들이 가장 좋아하는 것이고, 독립은 그들이 가진 가장 큰 야심"이라고 말했다. 다른 사람도 '버터호두'는 "볼품없이 길게 죽 뻗어 호리호리하고 무식한 동물로, 야만 상태를 벗어나지 못했다"면서 "잘 먹지도, 입지도 못한 게으르고 무식한 아이들을 데리고 대가족이 함께 통나무 오두막을 불법 점거하고 사는 데 만족하고 있다"고 묘사했다. 한 일리노이 신문은 애팔래치아인이 사는 지역을 "지적, 도덕적, 정치적인 어둠이 덮고 있는 곳"이라며 개탄했다.[4]

외부 사람들은 애팔래치아인의 불안정한 환경도 종종 언급했다. 애팔래치아인들이 장악한 인디애나는 "늘 떠날 준비가 되어 있는 사람들이 사는 곳"으로, "그곳 사람들은 언제든 그 땅을 팔고 다른 곳으로 이주할 기회만을 노리며 불안정하게 부유하고 있다"고 묘사됐다. 『뉴잉글랜드 파머』지의 한 통신원은 이들이 "결코 뉴잉글랜드처럼 도덕적이고 종교적인 사회를 형성하지 못할 것"이라고 우려했다. 1839년 매사추세츠의 농부들도 "애팔래치아인들이 다른 사람들과 비슷한 일반 대중으로 동화되려면 아주 오랜 시간이 걸릴 것"이라고 내다봤다.[5]

양키덤은 국경지대인들을 동화시키기 위해 애팔래치아 지역에 선교사를 파송했다. 하지만 선교활동은 종교적, 문화적 차이 때문에 실패로 돌아갔다. 대학 교육을 받은 뉴잉글랜드 선교사들은 공들여 준비해온 설교 문구를 낭독했지만, 국경지대인들은 떠돌이 목사의 격정적이고 즉흥적인 웅변 설교에 익숙해진 사람들이었다. 남부 일리노이의 한 양키 선교사는 "그들은 대부분 글 읽는 것을 좋아하지 않고, 생각하면서 말하는 데 익숙한 사람들"이라면서 "그들은 직접 눈을 쳐다보면서 말로 설득하고 상담해야만 알아듣고 호응해준다"고 기록했다. 격식을 너무 갖추지 않는 국경지대인들의 태도 역시 불만을 자아냈다. 남성들은 모자도 벗지 않은 채 예배당에 들어왔고 아이들은 의자 사이를 마음대로 뛰어다녔다. 어른들도 내키는 대로 예배당을 들락날락했다. 더 큰 문제는 국경지대인들이 양키 선교사들에게 재정적인 지원을 거부했다는 점이다. 이곳에서는 목사도 농부나 수공업자들처럼 따로 본업을 갖고 일했기 때문이다. 어떤 이들은 목사가 뉴잉글랜드에서 왔다는 사실 자체를 역겨워했다. 한 국경지대인들은 "여기서 어떤 좋은 대접도 기대하지 말라"고 했다.[6]

양키는 또한 애팔래치아 사투리와 단어를 이해하는 데도 어려움을 겪었다. 인디애나에서 양키와 국경지대인들은 말이 달리는 장면을 묘사하는 것에서부터 문화적 차이를 드러냈다. 양키들이 "덤불이 나타나자 말이 다리를 넓게 벌려 뛰었고, 간격을 좁혀서 무승부를 기록했다"고 말하면, 후지어들은 이를 "말들이 겁에 질려서 묘목 위를 건너뛰다가 짐수레의 연결대, 가로대, 차축이 부러졌다"고 이해했다. 또 애팔래치아 청년들은 양키의 배우자를 '늙은 여성' 혹은 '늙은 남성'이라고 불러 이들을 당혹스럽게 했다. 뉴잉글랜드인은 국경지대인들이 'That(저)' 대신에 'Yon(저쪽의 물건)'이란 단어를, 'Guess(짐작하다)' 대신 'Reckon(추산하다)'이란 단어를 쓰는 것을 보고 재밌어하기도 했다. 뉴잉글랜드에서는 'Very(매우)'와 함께 흔히 사용되는 'A lot of(많이)' 'Powerful(강력한)'이란 단어가 애팔래치아에서는 'Heap(무더기)'이란 단어로 쓰이는 것도 그들에게는 신기하게 비쳤다.[7]

그 밖의 다른 점도 많았다. 중서부의 양키는 집을 길 쪽으로 지었으며, 탄수화물 섭취를 위해 감자를 먹고, 과수나무를 심었다. 헛간을 지으면 둘레에 널빤지 펜스를 치고, 경마에 마구를 채워 수레와 연결했다. 계약 협상은 문서를 바탕으로 이뤄졌고, 사람이 죽으면 마을 공동묘지에 묻었다. 반면 중서부의 애팔래치아인은 사생활 보호를 위해 집을 대지 한가운데에 지었고, 탄수화물 섭취를 위해 옥수수를 선호했으며 과수나무는 심지 않았다. 가축은 개방식 외양간에서 키웠고 펜스는 가로 막대 기형으로 쳤다. 경주할 때는 수레가 아니라 직접 말을 탔고, 협상은 명예를 걸고 구두 계약으로 했다. 또 친인척이 죽으면 가족 소유의 땅에 묻거나 개별적으로 무덤을 만들었다.[8]

국경지대인들은 타이드워터의 오만함과 디프사우스의 독재를 증오했다. 그러나 그들은 생색내기 좋아하는 양키 또한 싫어했다. 켄터키에서 태어난 일리노이 사람인 올랜도 피클린은 "신이 양키를 만들기 전에 세상을 먼저 지은 것에 감사하다"고 말했다. 그렇게 하지 않았으면 "양키들이 하나님의 일에 사사건건 개입해서 우리가 사는 이 아름다운 세상을 망가뜨렸을" 것이기 때문이다. 켄터키인들은 양키의 종교적 열정 때문에 그들을 '예수회 사람'과 비슷한 존재로 여겼지만, 일리노이에서 양키드Yankeed란 단어는 '속임수에 넘어간Cheated'이란 단어와 동의어로 쓰였다.[9]

예상되는 바처럼 국경지대인들은 양키와 정치적 태도 역시 매우 달랐다. 그들은 대개 교육 수준이 높은 전문직, 부유층, 귀족 농장주, 저지대의 노예 소유주들에 반대했고, "정직한 농부와 정비공" 편을 들었다. 한 후지어 논설위원은 "땀에 젖은 얼굴로 빵을 먹는 것이 어떤 의미인지 아는 사람에게 투표해야 한다"면서 "그런 사람이야말로 우리의 이익을 진정으로 대변할 수 있기 때문"이라고 말했다. 그렇게 하지 않으면, "우리가 피땀 흘려 생산한 것은 귀족을 위해 쓰일 것이고, 결국에 우리는 자유까지 빼앗길 것"이라고 주장했다. 애팔래치아인들은 정당을 불신했다. 정당이란 권력을 가진 자들이 기득권을 지키려고 결성한 일종의 카르텔에 불과하다고 여겼기 때문이다. 그들은 평범한 개인의 대변자로 보이는 사람이면 어느 정당에 속해 있건 상관없이 지지했다.[10]

중서부 애팔래치아인의 개인주의적 자유에 가장 큰 위협이 되는 존재는 간섭하기 좋아하는 양키들이었다. 그 결과, 국경지대인들이 장악한 지역은 19세기부터 민권운동 시대에 이르는 동안 내내 디프사우스가 이끄는 민주당의 견고한 지지층이 됐다. 케빈 필립스는 이렇게 말하기도 했다. "버터호두 민주당원들은 노예제는 참을 수 있어도 양키는 참을 수가 없었다." 애팔래치아 정치인들은 양키들이 자신들의 도덕적 기준을 다른 국민에게도 적용하기 위해 연방정부를 이용하려 하자 거세게 분노했다. 오하이오 의원인 클레먼트 벌랜다이엄은 "노예제를 싫어한다면서도 때때로 노예를 거래하는 보스턴의 성자인 뉴잉글랜드의 청교도 '원두당Roundhead 영국 내전 당시 의회파에 속했던 사람을 일컫는 말', 노예를 소유하고 안식일을 지키지 않는 미국 남부 평원의 죄인인 버지니아 왕당파……. 종교적 금주禁酒 조항을 삭제하고, 종교적인 시험과 기관 설립을 금지하고, 탈주한 노예의 송환을 허용한 헌법을 사이좋게 통과시킨 것은 바로 당신들 모두"라고 지적했다. 그는 양키들이 노예제를 반대해 미연방을 위험에 빠뜨렸다고 주장하면서 "당신들은 참 이상하다. 여호와를 권좌에서 몰아내고 반反노예제라는 새로운 신을 스스로 만들어냈다"고 비난했다. 민주당은 자유지상주의자(리버테리언)들을 자기편으로 만들기 위해 개인의 자유(노예를 소유할 자유까지 포함)를 정부의 간섭으로부터 보호하겠다고 강조했다. 국경지대인들이 사는 카운티들은 1800년 선거에서 애덤스보다 제퍼슨을 지지했고, 1828년과 1832년 선거에서는 퀸시 애덤스보다 앤드루 잭슨을 지지했으며, 1860년 선거에서는 링컨보다 더글러스를 지지했다. 의원 선거에서도 자신들을 대표할 사람으로 민주당 후보를 선택했다.[11]

더 멀리 남쪽으로 이주한 국경지대인들은 양키가 아니라, 유럽 방식을 모방한 강력한 나라와 부딪쳐야 했다. 1740년대까지만 해도 현재 애팔래치아의 핵심 지역으로 여겨지는 곳은 모두 체로키 인디언들의 땅이었다. 켄터키, 테네시, 사우스캐롤라이나의 3분의 1, 조지아, 앨라배마, 웨스트버지니아, 그리고 버지니아와 노스캐롤라이나 극서 지방이 이에 해당된다. 수백 년 동안 이로쿼이, 크리크, 쇼니 족의 침략에 맞서 농경지와 사냥터를 지켜온 체로키 인디언들은 1750년대 무렵 국경지대인들이 그들의 땅을 침범하기 시작하자 거세게 맞서 싸웠다. 미국 혁명이 터지자, 그들은 땅에 굶주린 산악지역의 무단 침입자들을 막아줄 수 있는 것은 제국의 힘뿐이라는 판단에 영국군 편에 서기도 했다. 체로키 원로 인디언인 콘 태슬은 미연방과 평화 협정을 맺으면서 "위대한 자연의 신은 우리를 지금까지와는 전혀 다른 상황 속에 내려놓았다"고 말했다. "신이 당신들에게 엄청나게 유리한 힘을 준 것은 사실이다. 하지만 그는 우리를 당신들의 노예로 만들기 위해 창조하지 않았다. 우리는 독립적인 인간이다."[12]

'독립적인' 인간이라는 그의 말도 맞긴 하지만, 사실 인디언과 국경지대인들 사이에는 무력 충돌과는 별개로 엄청난 문화적·유전적 교류가 지속해서 일어났다. 수많은 애팔래치아인은 체로키 인디언 여성과 관계를 맺었고, 그중 일부는 "자연으로 돌아가서" 체로키 인디언과 결혼해 그들과 함께 살았다. 18세기 말, 체로키족 내에는 영어를 할 줄 알고 기독교로 개종한 혼혈 상류층 집단이 형성되면서 이들이 문화적 연결 고리 역할을 했다. 토머스 제퍼슨 대통령은 체로키에게 "땅을 경작하는 방법을 배우다보면 언젠가 우리처럼 될 수 있을 것"이라고 말했다. 그의 충고를 받아들인 체로키 혼혈 엘리트들은 제퍼슨의 고향인 버지니아 타이드워터의 방식을 모방하기로 했다. 콘 태슬의 조카이자 혼혈 인디언이었던 세쿼이아Sequoyah는 체로키 문자를 개발했다. 성경이 체로키어로 번역됐고, 1828년에는 수도인 뉴에코타에서 『체로키 피닉스Cherokee Phoenix』 지가 발행됐다. 미연방을 본떠 성문 헌법이 통과됐으며 영적 치유사와 약초 상인, 마법사 등은 그들의 전통과 지식을 처음으로 기록으로 남겼다. 체로키 농장은 플랜테이션으로 몸집을 불렸고, 마을은 도시로 성장했다. 체로키 지도층은 점점 번창하는 사업을 도와줄 백인을 처음으로 고용했다. 가장 힘든 일은 대규모로 사들인 아프리카 노예들에게 맡겼다. 1825년, 체로키 엘리트들은 1277명의 노예를 소유하고 있었는데, 이는 체로키 인구의 10퍼센트에 달했다. 그들은 더 이상 백인에게 땅을 양보할 수 없다고 선언했다. 당시 체로키의 영토는 조지아와 앨라배마 북쪽 3분의 1, 노스캐롤라이나와 테네시의 인접 지역으로 축소된 상태였다. 그들은 여기서 '단 한 발자국'도 양보할 수 없다고 워싱턴에 경고했다.[13]

그러나 이때 체로키에 불행한 일이 발생한다. 국경지대인들의 인구와 영향력이 증가하면서 한 애팔래치아인이 1829년 백악관에 진출하는 데 성공한 것이다. 그는 법을 집행하는 데 조금의 인내심도 없고, 다른 인종에 무자비한 사람이었다.

첫 애팔래치아 출신 대통령인 앤드루 잭슨은 노스캐롤라이나와 사우스캐롤라이나 사이 접경지역에서 스콧–아이리시 이민자 가정의 자손으로 태어났다. 전사의 피를 물려받은 그는 미국 혁명에 참여해 맹렬히 싸웠고 1812년에는 테네시 민병대를 이끌고 크리크 인디언과 전쟁을 치렀다. 그리고 뉴올리언스 전쟁에서 영국군을 패퇴시키면서 국민 영웅으로 떠올랐다. 짧은 기간이었지만 프랭클린 국가의 국민으로 살았고 이후 테네시 주 사람이 된 잭슨은 노예 소유주였고, 지방 변호사였으며, 미국 상원의원이었고, 열혈 인디언 사냥꾼이었다. 1818년 그는 도망간 노예에게 피난처를 제공해준 세미놀 인디언을 징벌하기 위해 스페인령 플로리다까지 쫓아갔다. 누가 시키지도 않았는데 자발적으로 한 행동이었다.

대통령이 된 그는 수천만 에이커에 달하는 인디언 영토 몰수 작업을 직접 지휘했고 디프사우스가 플로리다, 앨라배마, 미시시피로 진출하는 것을 도왔다. 그는 후에 의회에서 이렇게 말했다. "인디언은 지능도, 근면함도, 도덕적 관습도 없고, 주어진 환경을 더 낮게 바꾸기 위한 개선의 의지도 없다. 자신의 열등함의 원인을 제대로 인식하지도 못하고 그것을 고쳐보려고 노력하지도 않는다. 그들은 이 불가역적인 상황을 인정해야 하며 더 우월한 다른 인종에게 무릎을 꿇고 사라져야 한다."[14]

잭슨은 타이드워터, 디프사우스의 압도적인 지지 덕에 애팔래치아 산맥 서쪽과 메이슨-딕슨 이남의 모든 지역을 싹쓸이하면서 대통령으로 당선됐다. 그는 작은 정부, 개인의 자유 보장, 공격적인 군사적 팽창, 백인 우월주의, 그리고 미국의 국민이 서로에게 간섭하지 않고 각자의 관습을 유지하며 살 권리 등을 기본 원칙으로 내세웠다. 미들랜드와 양키덤이 그에게 반발한 것은 당연했다. 두 번의 임기를 채우게 될 그의 정권이 보여줄 색깔은 취임식 첫날부터 선명히 드러났다. 그를 지지하는 수천 명의 사람은 백악관 축하연에서 "다과와 음료를 마시고 좋은 물품이 있으면 얻어가기 위해" 서로 먼저 들어가려고 서두르다가 가구를 부수고 수천 달러 상당의 도자기와 유리그릇을 깨뜨렸다. "백악관의 소음과 무질서한 무리는 마치 베르사유 튀일리 궁전에 몰려간 폭도를 연상케 했다"고 한 목격자는 기록했다. "그런 사람들이 독재적인 권력을 휘두르게 되면 가장 포악하고 잔인하며 횡포한 정권이 될까봐 두렵다." 잭슨은 승리의 기쁨에 도취해 친구들에게 정부 요직을 나누어줬다. 한 측근의 표현을 빌리자면, "전쟁의 전리품을 차지하는 승자의 법칙"이 시작된 것이다. 잭슨은 헌법이 규정한 체로키와의 평화 협정이 마음에 들지 않는다는 이유로, 대통령 취임식 때 손을 들고 서약했던 헌법마저도 가볍게 무

시했다.[15]

　잭슨의 가장 큰 우선순위는 체로키를 애팔래치아에서 없애버리는 것
이었다. 이전 대통령들은 "야만적이고 천박한 부족"의 땅을 강제로 빼앗
으려는 조지아의 정치적 엘리트들에게서 인디언을 보호하려 했다. 그러
나 잭슨은 조지아인이 하고 싶어하는 대로 내버려뒀다. 그는 조지아 정
부가 체로키에 인종차별 조항들을 확대 적용하는 법안을 일방적으로 통
과시킬 때도 침묵을 지켰다. 디프사우스에 있는 또 다른 "열등한 인종
(흑인 노예)"처럼 인디언은 투표할 권리도, 사유재산을 소유할 권리도, 법
정에서 백인에게 불리할 증언을 할 권리도, 대출받을 권리도, 법원에 고
소할 권리도 박탈당했다. 몇 달 후 체로키 영토에서 금광이 발견되자 잭
슨은 인디언과 그 땅을 보호한다는 명목으로 연방군을 보냈다가 슬그머
니 연방군을 약탈자인 조지아 민병대로 교체시켰다. 그는 '인디언 제거
법Indian Removal Bill'이란 터무니없는 법을 만들고 이를 밀어붙였다. 이 법
은 체로키와 다른 인디언들을 서쪽으로 수천 마일 떨어진 오클라호마의
건조한 평원으로 쫓아내기 위한 것이었다. 이 인종청소 법안은 하원에
서 단 다섯 표 차이로 통과됐다. 양키덤과 미들랜드는 반대했고, 디프사
우스는 열렬하게 지지했다. 대법원은 체로키를 쫓아내고 조지아가 그 땅
을 합병하는 것은 체로키와 연방정부가 맺은 협약을 위반하는 것이므로
헌법에 어긋난다는 판결을 내렸다. 그러나 조지아와 잭슨 정부는 판결을
가볍게 무시했다. 체로키의 영토는 백인들에게 경품처럼 주어졌다. 체로
키 인디언들은 모두 한데 구금됐다가 오클라호마까지 강제로 행군해야
했다. 고된 여정 중에 4000명이 목숨을 잃었다. 크리크와 치커소 인디언
들도 몇 년 후 앨라배마와 미시시피 주가 그들의 땅을 합병하자 체로키
의 뒤를 따라 "눈물의 길Trail of tears 백인에게 쫓겨난 인디언의 강제 이주 여정을 일

컫는 말. 처음 떠난 인구의 10퍼센트만이 살아서 새 정착지에 도착했다고 전해질 만큼 매우 험난한 여정이었다"을 떠나야 했다.[16]

애팔래치아인은 즉각적인 수혜자가 됐지만, 인디언 영토 강제 합병에 대한 입장은 엇갈렸다. 테네시의 유명 인사인 데이비드 크로켓홋날 알라모 전투에서 전사한 전설적인 서부 개척자은 의회에서 인디언 제거법이 "복수심에 의한 탄압"이라고 강하게 비난했다. 모든 애팔래치아 지역이 대통령의 행동에 전적으로 찬성한 것은 아니었다. 그러나 이제 애팔래치아 남쪽은 국경지대인들을 위해 활짝 열렸다.

역사가들은 국경지대인들이 정착한 오하이오 강 북부와 '남부 고지대'의 문화적 차이를 가르는 요소가 노예의 유무라고 본다. 실제 같은 그레이터 애팔래치아라도 노예가 없는 인디애나와 노예가 있는 테네시·아칸소는 문화적 가치와 특징이 달랐다. 그러나 노예제 유무를 제외하고도, 남부의 국경지대인들은 프레리의 국경지대인보다 훨씬 더 위험하고 위태로운 환경을 견뎌내야 했다는 차이점이 있었다. 남부 고지대는 무법적이고 고립되어 있었으며 인디언과의 전투, 강도, 유혈 보복전, 자경단의 횡포 등 폭력이 일상적으로 끊이지 않았다. 19세기 초, 이곳을 방문한 사람들은 국경지대인들의 폭력과 난행을 목격하고 충격을 받았다. 남성들은 사소한 모욕이나 의견 충돌에도 난투극을 일으켜 상대방의 눈을 도려내거나, 입술과 귀를 잘라내고 코를 찢어버렸다. 양키덤이나 미들랜드에서 폭력은 명예롭지 못한 것으로 여겨졌지만, 그레이터 애팔래치아에서는 명예와 존경의 대상이었다. 이곳에서는 근면, 정의, 물질적 성취보다 터프함과 맹렬함이 남성을 판단할 때 더 중요한 척도였기 때문이다. 난투극을 주도하는 사람들은 길게 기른 손톱을 촛불에 지져 단단하게 만든 후 매끄럽게 기름칠을 했다. 그래야 적들의 눈알을 더 잘 파낼 수 있기 때문이었다. 싸움에서 이기면 유행하는 구전 설화를 통해 명성을 날릴 수 있었다. 허풍이 가미되고 잔학함을 칭송하는 설화는 이런 식이었다. "나는 남들보다 훨씬 더 빨리 달리고 높이 뛰고 총을 더 잘 쏘고 잘 마시고 잘 싸우고 허풍도 잘 칠 수 있어. 내키는 대로 난투극을 벌이지. 피츠버그에서 뉴올리언스, 그리고 다시 세인트루이스까지, 미시시피강 어느 쪽이든 좋아. 누구든 덤벼봐⋯⋯. 이 겁쟁이 백인 정비공들아, 와서 내가 얼마나 터프하게 해치우는지 봐봐. 이틀 동안 싸우질 않았더니 몸이 근지러워서 운동 삼아 말뚝을 박지. 꼬끼오!"[17]

국경지대인들도 양키들처럼 미국 혁명 후 커다란 종교적 변화를 경험했다. 특히 남부 고지대의 척박한 환경은 장로회의 영향력과 권한을 약화시켰다. 그러나 양키 개척자들은 선한 일, 유토피아 사회, 정의로운 행동을 강조하는 종교를 선호했던 반면, 국경지대인들은 개인의 구원, 신과의 상호적인 관계, 내세의 보상에 방점을 두는 종교에 끌렸다.

국경지대인들의 종교적 전통은 양키 청교도나 영국 남부 지역에서 유래한 성공회보다 훨씬 더 감정적이고 즉흥적이었다. 스코틀랜드와 얼스터의 선조들은 장로교의 "거룩한 축제"에 동참하곤 했다. 대규모 야외 행사에 수천 명의 신자가 모여 울며 기도하다가 기절하고, 하나님과 교감을 나누는 방식이었다. 미국 혁명 후 그런 행사는 애팔래치아에서 일상적으로 일어났다. 2만여 명의 신도가 테네시와 켄터키, 웨스트 버지니아, 오하이오 남부에서 몰려와 1801년 8월 켄터키의 케인 리지에서 커다란 부흥회를 열었다. "전쟁터의 전사자들처럼 수백 명의 사람이 전지전능한 하나님 아래 엎드려 넘어졌다"고 한 목격자는 회상했다. "때로 1000명 이상의 사람이 한꺼번에 큰소리로 외쳐 기도했는데 그 소리가 수 마일 밖까지 들릴 정도였다." 1830년대에 탄생한 남부 침례교와 남부 감리교는 노예제를 찬양해서 북부 기독교 신도들의 경멸을 샀다. 그러나 이 두 교파는 그레이터 애팔래치아 지역에 빠르게 퍼졌는데, 이는 그들의 종파가 개인의 영적 거듭남을 강조하고 책이나 목사, 교회 사제단의 도움 없이도 신과 직접 교감이 가능하다고 설파한 덕분이었다. 전도사들은 그의 신자들이 하나님과 직접 소통할 수 있도록 돕겠다고 약속했다. 또 신자들에게 전도와 기도를 독려하고, 어떤 깨달음을 얻으면 다른 사람과 그것을 공유하도록 장려했다. 변경지역의 환경과 문화에 잘 맞아떨어진 이 개신교들이 1850년 그레이터 애팔래치아를 지배하게 되면서, 학식을 갖춘 장로회나 성공회보다 좀더 많은 신도를 끌어모았다. 그 과정에서 애팔래치아와 양키덤의 문화적 차이는 더욱 벌어졌다. 그러나 이들 사이의 틈은 훗날 남부에 있는 이웃 국가의 힘이 너무 강력해지면서 이를 막기 위해 부분적으로 봉합된다.[18]

18장

디프사우스의
서진

1830년대 전까지는 '남부'도 노예제를 언젠가는 사라져야 할 시대착오적인 제도라고 여겼던 것으로 보인다. 하지만 1830년 이후 '남부인'들은 점차 노예제를 찬양하기 시작하더니, 심지어 이를 성경도 허락한 고결한 제도로 포장하며 대륙으로 확산시켜야 한다고 주장했다.

이제까지 무엇이 남부의 입장을 변화시킨 것인지는 제대로 설명된 적이 없다. 새로 출현한 남부연합이 노예제를 신성화하기 시작한 것은 노예제 사회의 양축이었던 타이드워터와 디프사우스의 권력 구도가 바뀌면서 나타난 결과였다. 세 번째 축인 애팔래치아가 딕시에 합류한 것은 남북전쟁이 끝나고 난 후다.

1820년 전까지 대륙의 동남부를 지배한 세력은 타이드워터였다. 식민지 시대와 초기 공화국 시절, 인구가 가장 많은 곳은 버지니아였다. 타이드워터 젠트리는 애팔래치아가 가져가야 할 의석수를 박탈한 덕에 그 지역은 물론 나라 전체에 더 큰 영향력을 행사할 수 있었다. 이들은 미국의 초기 대통령 5명 중 4명을 배출했고, 독립선언문과 1789년 헌법 제정에 지적 토대를 제공했다. 이웃한 디프사우스보다 넓고, 훨씬 더 부자이며, 더욱더 발달한 타이드워터는 '남부'를 대표하는 존재였다. 영국 전원 지역의 개화된 젠트리를 이상적인 모델로 삼았던 타이드워터의 엘리트들은 노예의 존재를 유감스러워했고, 그것이 서서히 사라질 것이라 기대했다.[1]

하지만 타이드워터는 1820~1830년대에 빠르게 팽창하는 디프사우스에게 힘과 영향력의 대부분을 빼앗겼다. 국경지대인들에게 가로막힌 타이드워터는 19세기 초 '대이주' 때 서쪽으로 영향력을 확대할 수가 없었다. 반면 애팔래치아와 디프사우스는 자신들의 문화적 영향력을 빠르게 넓혀나갔다. 그레이터 애팔래치아는 1789년에서 1840년 사이에 영토를 두 배나 확장하고, 새로 탄생한 4개의 주 정부 권력을 실질적으로 장악했다. 같은 기간, 디프사우스는 영토를 열 배 가까이 늘렸고, 그들의 영향력 아래 놓인 주 의회를 2개에서 6개로 늘렸다. 디프사우스의 팽창과 함께 노예 주州의 목소리는 더 이상 워싱턴, 제퍼슨, 매디슨 같은 버지니아 젠틀맨이 아니라 존 C. 칼훈, 루이스 위그폴, 로버트 레트 같은 사우스캐롤라이나의 선동가들이 대표하게 됐다.

디프사우스는 당시의 황금 산업을 완전히 장악한 덕에 타이드워터와 달리 국경지대인들이라는 장애물을 돌파할 수 있었다. 타이드워터 플랜테이션의 핵심인 담배 시장은 이미 쇠퇴하는 중이었지만, 아열대 기후인 디프사우스에서만 재배 가능한 목화 산업은 영국과 뉴잉글랜드 방직 공장의 지칠 줄 모르는 수요 덕분에 전성기를 맞고 있었다. 목화는 건조한 고지대에서 잘 자라기 때문에 디프사우스는 플랜테이션을 연안 저지대 밖으로 확장해나갔다. 노동집약적인 목화 재배는 소규모 농가보다 노예를 소유한 대농장주들에게 훨씬 더 유리했다. 수요가 늘어나면서 목화 생산에 적합한 땅의 가치가 치솟자 자본가들에게 땅이 집중되기 시작했다. 양치기, 사냥꾼, 농부 등 애팔래치아인들은 땅값이 오르자 땅을 팔고 다른 곳으로 이주했고, 디프사우스 농장주들은 이를 기다렸다는 듯이 사들였다. 특히 코네티컷 양키인 엘리 휘트니가 1791년 조면기를 발명한 후 목화 작업의 효율성과 수익성이 제고되자 이 같은 현상은 가속화됐다. 19세기 초, 애팔래치아였던 사우스캐롤라이나와 조지아 산악지대의 상당 부분을 장악하는 데 성공한 디프사우스는 조지아, 앨라배마, 미시시피, 플로리다 북부, 루이지애나, 그리고 서부 테네시, 동부 아칸소, 텍사스까지 영역을 확장해나갔다. 그 결과 세계 목화 생산량 중 디프사우스가 차지한 비중은 1801년 9퍼센트에서 1850년 68퍼센트로 증가했고, 그 덕분에 세계 목화 생산량은 세 배 증가했다.[2]

목화 산업의 호황은 노예 수요의 폭발적인 증가를 의미했다. 1808년 미연방이 노예 수입을 금지하자, 멕시코 만 연안의 디프사우스 농장주들은 타이드워터와 애팔래치아의 노예 소유주들에게서 노예를 사들이기 시작했다. 1810~1820년 타이드워터에서만 12만4000명의 노예가 수출됐다. 노예 중개상들은 "상품"을 쇠사슬로 연결해 들판을 행진시켰다. 대부분 어린 청소년인 흑인 노예들은 먼 곳으로 팔려가 다시는 가족과 만나지 못했다. 역사학자인 아이라 벌린은 이 비극적인 사건을 '제2의 중간 항로Second Middle Passage'라고 불렀다 원래 중간 항로는 아프리카에서 납치한 흑인을 배에 태운 뒤 아프리카 서해안에서 서인도 제도까지 대서양을 가로질러 운반했던 항해를 뜻한다. 수개월에 달하는 긴 항해 기간과 참혹한 환경 때문에 배에서 목숨을 잃은 흑인의 사망률이 20퍼센트에 달했다. 이렇게 팔려간 노예는 이전보다 더 끔찍한 노동 조건에 시달려야 했다. 기후는 혹독했고, 작업은 체서피크와 산악지대보다 더 힘들었다. 최악은 남부 루이지애나와 미시시피의 설탕 농장이 었다. 그들은 이익을 극대화하기 위해 노예가 과로사할 정도로 가혹하게 부려먹었다. 오늘날 "배신당하다"라는 뜻으로 쓰이는 "Sold down the river"란 표현은 애팔래치아의 켄터키와 테네시에서 강 하류의 디프사우스 농장주에게 팔려간 노예들로부터 유래한 말이다.[3]

디프사우스 농장주들은 노예가 봉기를 일으킬까봐 끊임없이 두려워했다. 근거 없는 두려움은 아니었다. 1822년, 해방 노예 출신인 덴마크 베시Denmark Vesey는 수천 명의 노예를 동원해 봉기를 일으키려 했다. 노예 소유주를 살해하고 찰스턴을 장악한 후 배를 타고 아이티 흑인 공화국으로 도피하려는 계획을 세웠다. 하지만 이 계획은 한 노예가 베시를 배신하면서 실패로 돌아갔고, 그와 34명의 동료는 모두 교수형에 처해졌다. 이 사건 후 찰스턴 사람들은 '시타델The Citadel'이란 군인 양성소를 세우고 흑인 봉기가 일어날 경우 이를 진압할 청년 인력을 양성했다.

세력 확장에 나선 디프사우스는 노예제를 옹호하는 데서 나아가 그것을 찬양하기 위한 사회·정치적 철학도 함께 발전시켰다. 다른 지역의 사람들은 디프사우스를 소수 엘리트의 손에 부와 권력이 집중된 비도덕적이고 전제적인 사회로 여겼지만, 정작 디프사우스의 기득권층은 자신들의 사회가 인간이 이룩한 가장 고도화된 체제라고 여겼다. 디프사우스는 고대 그리스·로마의 노예제 국가를 모델로 한 민주주의 사회였다. 노예와 투표권이 없는 하층민에게 고된 일을 모두 떠넘긴 덕분에 귀족은 좀더 고차원적인 것들을 추구할 수 있는 자유를 누렸다. 디프사우스의 정치권력자에 따르면, 남부 젠트리는 "인간을 더 고결하고 위대하게 만드는 고귀한 자질을 갖고 있기 때문"에 북부인보다 우월했다. 양키는 장사꾼 민족이지만, 디프사우스인은 "미 대륙은 물론 다른 대륙의 어떤 존재와 비교해도 손색없거나 더 우월한 존재이고 정치인, 웅변가, 군사적 지도자, 젠틀맨이 될 운명을 타고난 사람들"이라고 주장했다. 그들에게는 노예가 있으므로 "무지함, 편견, 억압받고 굶주린 노동계급에나 존재하는 질투심" 따위를 가질 필요가 없었다. '리베르타스Libertas' 철학을 추종한 사우스캐롤라이나의 판사 윌리엄 하퍼 같은 이론가는 인간은 "복종해야 할 운명"을 타고났으며, "우월한 능력, 지식, 힘을 가진 존재가 열등한 존재를 지배하고 멸하는 것은 자연과 신의 섭리"라고 주장했다. 남북전쟁이 일어나기 직전, 조지아 주의 알렉산더 스티븐은 "모든 인종이 평등하다"고 주장한 건국의 아버지들은 근본적으로 틀렸다고 비난하는 연설을 했다. 그는 "남부연합은 흑인이 백인과 동등하지 않다는 위대한 진실의 토대 위에 세워졌다. 우월한 인종에게 노예가 복종하는 것은 자연스럽고 정상적인 것"이라고 주장했다. 그의 주장은 당시 디프사우스 주류의 의견이었다. 스티븐은 남부연합의 부통령이었다.[4]

남부 침례교와 감리교 성직자들은 북부 침례교 및 감리교와의 관계를 단절하고 노예제를 승인했다. 그들은 성서에서 백인 주인을 위해 "나무를 패고 물을 긷는 자가 되라"는 저주를 받은 함의 자손이 바로 아프리카인이라는 근거를 내세웠다성서에서 노아는 차남인 함이 자신의 벗은 몸을 가려주지 않고 소문을 내자 그에게 대대로 종노릇을 하라는 저주를 내린다. 노예 소유주들은 흑인들에게 이런 사고를 주입하려 했다. 영향력 있는 북부 앨라배마 성직자인 프레드 A. 로스를 비롯한 애팔래치아 장로회도 디프사우스 편에 섰다. 로스는 1857년 쓴 『신이 명한 노예제Slavery Ordained of God』에서 "아시아, 오스트레일리아, 오세아니아, 남미, 특히 아프리카같이 적도 남쪽의 사람들은 북쪽 형제들에 비해 열등하다"고 주장했다. "노예제는 신이 허락한 것이다. 노예제는 노예들을 위해, 주인을 위해, 그리고 모든 미국 가정을 위해 지속되어야 한다."[5]

노예제를 둘러싼 갈등이 고조되자, 디프사우스인은 자신들이 양키와 비교해도 인종적으로 우월하다는 주장을 펼쳤다. 디프사우스의 사상가들은 앵글로색슨족인 양키와 달리, 자신들은 우월한 정복자 노르만족의 후손이라는 점을 또다시 강조했다. 디프사우스에서 가장 큰 언론인 『디보스 리뷰DeBow's Review』는 "남부의 왕당파, 자코바이트Jacobites(스튜어트 왕가 지지자), 위그노교도가 북쪽의 청교도를 혐오하고 경멸하는 것은 당연한 일"이라고 주장했다. "전자는 주인의 운명으로 태어났고, 후자는 종이 될 운명으로 태어났다. 양키는 북해의 춥고 습한 지역에서 내려온 색슨 농노의 후예로, 두 발로 걷는 냉혈 양서류와 다를 바 없는 존재이지만, 우리는 세계에서 가장 귀족적인 사람들이다. 계급과 피부색, 특권에 대한 자부심은 모든 백인을 귀족의 품성으로 만들어준다. 귀족성이야말로 군주제의 폭정을 막을 수 있는 가장 강력한 힘이며 자유를 수호하는 유일한 보호막이다." 또 다른 신문도 이렇게 주장했다. "노르만의 기사들은 귀족적인 사람들을 자신들과 같은 수준으로 끌어내리기 위해 끊임없이 중상모략을 짜고 있는 색슨 양키들의 저속함을 용납할 수 없다."[6]

'주인의 운명을 타고난 인종'은 서쪽으로 뻗어나가던 중 다른 문화권하고도 충돌하게 된다. 아이러니하게도, 그중에는 그들보다 더 진정한 노르만에 가까운 민족이 포함돼 있었다.

디프사우스는 1803년 미국으로 양도된 남부 루이지애나에서 뉴프랑스 공동체와 마주치게 된다. 그들은 강의 지류에 살던 아카디아 피난민 캐나다 연해주 아카디아에 정착한 프랑스인들은 자신들의 식민지가 영국에 점령당하자 당시 스페인령이었던 이곳으로 이주했다과 프랑스령 서인도 제도에서 이주해온 설탕 농장주 및 상인 등으로 구성돼 있었다. 아카디아인은 여전히 사냥하거나 덫으로 동물을 잡아 모피를 팔면서 자연 속의 삶을 즐긴 탓에 하찮은 무식쟁이 취급을 받았다. 혹자는 디프사우스인이 뉴올리언스의 농장주나 그 지역의 교단과 성향이 잘 맞았을 것이라고 생각할지도 모르겠다. 카리브 해식 노예 농장을 운영한다는 공통점을 지녔고, 자신들이 노르만의 후예라는 디프사우스의 주장에 따르면 같은 노르만족 혈통을 가진 셈이었으니 말이다. 하지만 예상과 달리, 디프사우스는 뉴올리언스인을 무척 싫어했다. 노예와 다른 인종에게 훨씬 더 관대했던 프랑스와 스페인 식민지는 디프사우스만큼 경직된 노예사회가 아니었다. 스페인 당국이 자신의 몸값을 치른 노예를 모두 해방시켜주기 시작한 후 뉴올리언스 흑인의 45퍼센트는 자유의 몸이 됐다. 이곳에서도 백인과 흑인의 결혼은 허용되지 않았지만, 혼외정사나 비공식적 결혼은 공공연히 일어났다. 디프사우스로서는 용납할 수 없는 일이었다. 상당수의 자유 흑인은 아일랜드인이나 도심 빈민가의 백인 이주민보다 사회적 계급이 높았다. 자유 흑인들은 심지어 자신들만의 민병대 연대를 보유했고, 1812년 첫 연방 의회 선거에서 투표권을 박탈당하자 항의 시위를 벌일 만큼 자신감이 넘쳤다.[7]

19세기 전반, 뉴올리언스에서는 프랑스계 혹은 스페인계 정착민 후손인 '크리오요'와 '새 이주민' 사이의 긴장감이 계속해서 고조됐다. 뉴올리언스로 이주해온 미국인은 미 대륙 전역에서 왔지만, 그중에서도 지리적으로 가깝고 기후상으로도 비슷한 디프사우스에서 온 사람이 가장 많았다. 그러나 어느 지역에서 왔건 간에, 이들의 눈에 비친 뉴올리언스의 로마 가톨릭 문화와 낯선 풍습은 하나같이 마뜩잖아 보였다. 크리오요 여성들은 생전 처음 보는 이상한 볼연지를 하고 있었고, 사순절 전날인 참회 화요일Mardi Gras에는 기이한 행사와 퍼레이드를 열면서 축제를 즐겼다. 1860년대에 크리오요와 새 이주민 사이의 혼인은 거의 찾아볼 수 없었고, 정치도 '프랑스계'와 '미국계'로 나뉘었다. 프랑스인들은 프랑스의 법과 기존의 행정 시스템을 지켜내기 위해 싸웠다. 미국에 합병되고 디프사우스와 애팔래치아에 둘러싸인 지 60년이 지난 후에도 뉴올리언스와 미시시피 하류의 설탕 농가는 여전히 자신들의 정체성을 유지하고 있었다. 그들은 공화당에 투표했고, 남부 분리 독립에 반대했다. 뉴프랑스 공동체는 디프사우스의 핵심 근거지인 남부 루이지애나 한복판에 위치하면서도 미국에 동화되지 않았고, 21세기가 된 지금까지도 여전히 독립적인 문화를 유지해오고 있다.[8]

19세기 중반 무렵, 무섭게 팽창하던 디프사우스는 벽에 부딪혔다. 지난 40여 년 동안 멕시코 만 주변의 아열대 저지대를 모두 차지하는 데 성공한 그들은 북으로는 미주리 남부, 남으로는 텍사스 건조지대 가장자리까지 플랜테이션을 확장해나갔다. 하지만 1850년이 되자 더 이상 개척할 수 있는 땅이 없었다. 미주리 남부 위쪽에는 경쟁자들이 버티고 있고, 텍사스 너머 남쪽은 척박한 기후와 환경이 걸림돌이었다. 파웨스트는 노예 작물인 목화가 자랄 수 없는 환경이라 디프사우스가 주도권을 잡기 어려웠다. 그들은 양키, 미들랜드, 국경지대인들이 서쪽으로 계속 팽창하면서 인구와 경제력이 증가하고 의석수를 늘려 자신들보다 더 큰 힘을 얻게 될까봐 두려워졌다. 양키가 연방정부를 장악하면, 디프사우스 사회를 지탱하는 노예제는 불법이 될 수도 있었다. 양키가 디프사우스와 타이드워터를 "장사꾼의 나라"로 만들고 아랫사람들이 정치에 간섭할 수 있게 허용함으로써 그들이 이룩해놓은 귀족사회를 망가뜨리는 것을 두고 볼 수 없었다. 그들은 멈추지 않고 팽창하는 것만이 미연방에서 살아남을 수 있는 길이라고 생각했다.[9]

하지만, 만약 미연방 밖으로 팽창할 수 있다면 어떻게 될까?

1850년대가 되자 디프사우스는 주변의 열대 기후 국가들을 정복하는 쪽에 총력을 기울이기 시작했다. 스페인 제국은 1820년대 초부터 동시에 터진 독립 전쟁 때문에 이미 붕괴하고 있던 터였다. 1850년대가 되자, 제국은 수십 개의 작고 불안정한 국가로 쪼개졌다. 그중 멕시코, 니카라과처럼 미국과 가까운 몇몇 나라는 노예제를 불법화해서 미국 남부 노예주州들의 신경을 자극했다. 그러나 디프사우스가 가장 두려워했던 시나리오는 흑인이 인구의 다수를 차지하는 쿠바가 스페인으로부터 독립을 보장받는 것이었다. 쿠바는 플로리다에서 불과 90마일 정도 떨어져 있었기 때문에 탈주 노예들에게 최적의 피난처가 될 수 있었다. 한 텍사스인은 "쿠바가 100만 명에 달하는 흑인의 손에 질식해 먼지 속에서 몸부림치며 죽어가고 있다!"고 경고했다. 스페인 관료들이 흑인에게 무기를 쥐여주고, 인종 간 결혼을 장려하고 있다는 소문이 돌기 시작했다. 미시시피 상원의원인 존 퀴트먼은 디프사우스 노예의 반란을 부추길 수 있는 "흑인, 잡종의 제국"의 출현을 막기 위해 미국이 쿠바를 침공해야 한다고 주장했다. 디프사우스가 장악하고 있던 루이지애나 주 의회는 1854년 "스페인의 쿠바 노예제 폐지와 그로 인한 백인의 피해"를 비난하는 성명서를 통과시켰다.[10]

디프사우스가 바라는 해결책은 쿠바를 정복해서 합병하는 것이었다. 그들은 곧바로 쿠바 정복 작전에 돌입했다. 미시시피 주지사와 전직 상원의원들의 지원으로 개인 용병을 고용해 섬을 침공하려 했다. 하지만 몇 번에 걸친 원정이 모두 실패로 끝나자, 뉴햄프셔 양키 출신인 미국 대통령 프랭클린 피어스는 더 이상 쿠바 침공을 시도한다면 모두 사법 처리하겠다고 경고했다. 대신 피어스는 1854~1855년 쿠바를 스페인으로부터 매입하려고 했다. 그러나 협상이 결렬되자 그는 '반反노예파'에게 굴복한 것이라는 디프사우스의 공세에 시달려야 했다. 1858년 스콧-아이리시 출신인 제임스 뷰캐넌 대통령 또한 디프사우스의 지지를 얻기 위해 쿠바 매입을 시도했지만 실패했다. 새로운 노예 주州가 만들어지는 것에 반대했던 양키와 미들랜드가 이례적으로 협공을 펼쳤고, 디프사우스도 매입보다는 침공을 종용하며 예산안 수정을 시도했기 때문이다. 디프사우스와 타이드워터, 애팔래치아 전역의 신문들은 남북전쟁이 발발할 때까지 줄기차게 쿠바 합병을 요구했다. 쿠바 합병을 반대한 디프사우스인이 없었던 것은 아니다. 그들은 쿠바를 합병할 경우 노예들이 쿠바로 대량 유출될까봐 두려워했다. 『리치먼드 인콰이어러Richmond Enquirer』는 인력이 유출되면 "메릴랜드, 버지니아, 캐롤라이나, 테네시, 켄터키, 미주리, 아칸소는 물론 멕시코 만 주변의 주도 정치적 지위가 약화할 것"이라고 경고했다. 타이드워터에서 흔치 않은 노예제 폐지주의자 중 한 명이었던 버지니아의 매슈 모리는 오히려 이와 같은 이유로 "버지니아의 저주가 벗겨지고, 우리가 자초하는 인종 간 전쟁의 공포가 완화될 것"이라면서 쿠바 합병을 지지했다.[11]

니카라과를 합병하려는 책략도 꾸며졌다. 1856년 중미의 작은 공화국인 니카라과를 장악하는 데 성공한 애팔래치아 용병 출신 윌리엄 워커는 '대통령'이 되자마자 디프사우스의 환심을 사기 위해 노예제를 만들었다. 그의 계획은 효과를 발휘했다. 디프사우스의 신문들은 앞다퉈 그를 칭찬했다. 『뉴올리언스 데일리 델타New Orleans Daily Delta』는 니카라과가 "남부인의 고향"이 됐다고 선언했고, 『셀마 센티넬Selma Sentinel』은 워커가 남부에 가장 필요한 행동을 한 것이라며 높이 평가했다.[12]

워커의 계획은 몇 달 후 콜레라와 흑인의 반란 때문에 실패로 돌아갔지만, 그는 영웅 대접을 받으며 뉴올리언스에 돌아와 다른 침략 작전을 세웠다. 그는 앨라배마 모빌에서 두 번째 출정을 떠나기에 앞서, "백인들은 흑인들을 그들이 태어난 불모지에서 꺼내준 후 삶의 기술을 가르쳐주고 진정한 신앙이 가져다주는 형언할 수 없는 축복을 맛보게 해줬다"고 주장하는 책을 펴냈다. 이어서 노예제는 "바람직한" 것이며, 자신은 노예제국을 니카라과 북쪽의 중미 대부분과 멕시코로 확산시킬 것이라고 밝혔다. 하지만 미 해군 장교가 그를 체포하면서 그의 두 번째 원정 시도는 실패로 끝났다. 디프사우스 의원들은 워커를 체포한 장교를 처벌하려 했지만, 같은 편인 애팔래치아조차 이 문제는 군인의 명예가 걸린 것이라며 반대했다.[13]

워커가 체포되자 디프사우스는 워커의 원래 계획보다 더 큰 노예 제국을 건설하기 위해 '황금원의 기사단Knights of the Golden Circle'이라는 비밀 결사체를 조직했다. 일명 '황금원'은 쿠바를 거점으로 디프사우스, 멕시코, 중미, 남미 일부, 서인도 전체로 세력을 확장해간다는 계획을 세웠다. 기사단의 설립자는 타이드워터 출신인 켄터키의 잡지 편집자 조지 비클리었다. 그는 계획이 성공하면 멕시코에서만 25개의 새로운 노예 주州가 생겨나고 이를 통해 50명의 상원과 60명의 하원 의석수를 확보할 수 있을 거라 추정했다. 그렇게만 되면 디프사우스는 연방정부의 주도권을 장악할 수 있고, 만약 연방이 살아남지 못하고 붕괴하더라도 남부연합이 나라의 모든 부와 권력을 확보할 수 있게 된다는 계산이었다. 기사

단은 텍사스 동부와 조지아를 거점으로 멕시코 정복을 위한 계획을 짰다.[14]

하지만 이미 멕시코 영토의 대부분은 미국에 합병된 상태였다. 엘 노르테의 정복은 한창 진행 중이었다.

—

19장

엘 노르테
정복

—

남부의 노예 귀족들이 나라 밖으로 눈을 돌리기 시작했을 때, 엘 노르테는 지극히 취약한 상태였다. 멕시코는 1821년 독립에 성공했지만 그들 앞에 남겨진 것은 파산과 혼돈이었다. 끔찍한 전쟁으로 인구의 10분의 1이 목숨을 잃고 경제는 파탄 지경에 이르렀다. 반 토막이 난 국내총생산은 1870년대까지도 1805년 수준을 회복하지 못했다. 멀리 떨어진 멕시코시티의 정부 역시 1833년에서 1855년 사이에 대통령이 서른여섯 번이나 바뀔 정도로 불안정했기 때문에 지방은 거의 방치된 상태였다.[1]

독립 후에는 정부가 보내던 몇 안 되는 보급품마저 끊겨버리고 말았다. 엘 노르테의 군인과 선교사들은 봉급을 받지 못했다. 자금은 씨가 말랐다. 포장마차 행렬은 더 이상 오지 않았고 그들이 생산한 가죽과 동물 기름을 실어가지도 않았다. 군인들은 주둔 기지에서 보급품을 약탈했다. 스페인이 파송하는 프란체스코회 선교사들은 멕시코 입국이 금지됐고, 엘 노르테 공무원들은 현재 있는 선교사를 모두 쫓아내라는 명령을 받았다(캘리포니아 주지사는 이 명령을 거부했다. 만약 그렇게 하면 "주민과 군인들이 타락할 수 있다"는 우려 때문이었다). 중앙 정부로부터 지원이 끊기자 당장 그로 인한 후폭풍이 일어났다. 인구를 늘리기 위해 캘리포니아로 실어온 재소자들은 기본적인 생필품이 지원되지 않자 공원과 과수원을 노략질해 주지사로 하여금 골치를 썩게 했다. 새로 반포된 법은 노르테뇨를 고립시켰다. 이 법은 국회의원이 되려면 연 수입이 1500페소, 주지사가 되려면 2000페소 이상이 돼야 한다고 제한했다. 당시의 기록은 이렇다. "캘리포니아에 사는 그 누구도 주지사나 국회의원 자격을 충족할 만큼의 자산을 가진 사람이 없었다."[2]

중부 멕시코로부터 사실상 버려진 엘 노르테의 지도자들은 무역, 물자, 정착민 등 활로를 찾기 위해 미국을 쳐다보게 됐다. 이곳의 테하노Tejano 미국인과 멕시코인의 혼혈들은 외국과의 무역을 금지한 멕시코 정부의 명령을 무시한 채 말을 내다 팔기 위해 루이지애나의 시장으로 향했다. 정부 관료들도 "절박한 상황에서는 법을 어겨도 불법이 아니다"라고 하면서 이를 막으려 하지 않았다. 캘리포니아 주지사인 마리아노 치코는 밀수 거래라도 하지 않으면 "캘리포니아는 이 상황에서 살아남을 수가 없다"고 말했다.

그러나 엘 노르테 국경에 숭숭 뚫린 구멍으로 가장 많이 들어온 것은 밀수 상품이 아니라 불법 이민자였다. 1820년대에 경제적 기회를 찾아온 이민들이 북쪽과 동쪽에서 끊임없이 밀려왔지만, 멕시코 당국은 국경 단속에 아무런 도움도 주지 않았다. 루이지애나와 아칸소의 인구가 점점 늘어나면서 이 지역과 긴 국경을 맞대고 있는 텍사스로 유입되는 불법 이민자의 숫자도 급격히 증가했다. 멕시코 법은 앵글로-아메리칸의 이주를 까다롭게 규제했지만, 새로운 정착민을 간절히 필요로 했던 텍사스 관료들은 이를 못 본 척했다. 샌안토니오 정치인인 프란시스코 루이스는 "솔직히 말하면, 이들이 어디에서 온 사람들인지는 중요하지 않다. 심지어 지옥에서 왔다 하더라도 열심히 일하는 사람이라면 우리에겐 좋은 일"이라고 말했다.[3]

1823년 텍사스에는 3000여 명의 앵글로 아메리카인(대부분 디프사우스와 애팔래치아 출신이었다)이 불법으로 거주하고 있었는데, 이는 그곳의 공식 인구와 맞먹을 정도의 규모였다. 멕시코 독립 직전 스페인 당국을 꼬드겨 엄청난 땅을 하사받은 모지스 오스틴과 그의 아들 스티븐을 따라온 사람도 수백 명에 달했다. 이민법 개정 지지자들은 오스틴 부자의 행동에 고무됐다. 아버지의 죽음 후 토지를 물려받은 스티븐은 스페인어를 배워 멕시코 시민권을 따고, 이민자와 텍사스 정부 사이에서 가교 역할을 했다(텍사스만큼 숫자가 많지는 않았지만, 캘리포니아 남부의 초기 이주민도 그와 비슷하게 현지 문화를 존중하며 점점 동화되어갔다). 이민법을 개정하려던 이들의 노력은 1824~1825년 미연방정부와 코아우일라이테하스 주가 이민을 합법화하기로 하면서 결실을 맺었다. 코퍼스크리스티 북부 지역 대부분은 사실상 오스틴 같은 식민지 중개인들에게 주어졌고, 이들은 4400에이커에 달하는 땅을 정착민들에게 되팔았다. 텍사스 당국은 이주민들이 엘 노르테의 문화에 적응하기를 바랐다. 노예제를 금지는 한편, 정착민들에게 가톨릭교로 개종할 것을 요구했다.[4]

그러나 이주민들은 곧 텍사스 정부의 통제에서 벗어나기 시작했다. 텍사스 동부의 이주민들(그중 상당수는 빚쟁이를 피해 디프사우스에서 도망쳐온 사람들이었다)은 1830년 노르테뇨 인구의 두 배에 달하는 7000명으로 늘어났다. 문제는 이주민들이 가톨릭을 거부하고, 노르테뇨가 많은 샌안토니오와 골리아드에서 멀리 떨어진 곳에 정착촌을 형성하는 등 동화되지 않으려고 했다는 점이다. 이주 인구가 폭발적으로 증가하던 텍사스 동부 내커도치스의 마을을 향해 북쪽으로 여행하던 한 멕시코 장군은 어느 순간 자신이 완전히 낯선 외국 문화권 속에 있다는 사실을 깨달았다. 그는 "샌안토니오에서 내커도치스로 가다보면 거리에 비례해 멕시코의 영향력이 점점 감소하다가, 종국에는 멕시코 문화가 아예 소멸했다는 사실을 알게 될 것"이라고 상관에게 보고했다. 내커도치스는 성질 급한 애팔래치아 출신 노예 소유주인 헤이든 에드워즈에게 매각된 땅이었다. 그는 그 지역을 '존경할 만한' 디프사우스 농장주들을 위한 곳으로 만들기 위해 노르테뇨와 불법 거주자를 모두 몰아냈다. 그가 불법적으로 현지인들의 토지를 몰수하자 1826년 멕시코 당국은 그에게 불하한 토지를 회수하려 했다. 이에 대한 반발로 독립을 선언한 에드워즈는 '프리도니아 공화국'을 세우고 그 나라의 수장이 됐다. 멕시코 군대는 곧 그를 국경 너머로 쫓아냈지만, 이 사건은 경각심을 일깨운 계기가 됐다. 미국에서 온 이주민들은 멕시코인을 우습게 보면서 그들의 법과 언어, 관습을 무시했다. 무슨 조치든 취해야만 했다.[5]

1830년 멕시코는 정책을 바꿔서 미국인 이민을 받아들이지 않기로 했다. 그렇게 하지 않으면 "미국 공화국에 텍사스를 뺏기게 될 것" 같은 두려움 때문이었다. 노르테뇨는 이 정책에 반대하면서 이주민을 다시 허용해달라고 멕시코시티에 청원했다. 그러나 어쨌든 이 법은 미국인의 이주를 막는 데 실패했다. 그 후에도 이주민은 계속 늘어나서 1835년에는 한 달에 유입되는 이주민 숫자만 1000명에 달했다. 미국인이 테하노보다 압도적으로 많아지면서, 테하노는 미국인 10명 중 한 명꼴을 간신히 넘기는 수준이 됐다. 이 지역의 한 장군은 1831년 "북미 이주민을 막을 수 있는 물리적 힘이 없다. 그들은 연안지역과 텍사스 국경지대를 독점하고 있다"고 보고했다(접근성이 훨씬 더 낮았던 뉴멕시코와 캘리포니아는 이민자 숫자가 적어서 텍사스처럼 즉각적인 문화적 충돌은 일어나지 않았다). 멕시코 중앙 정부는 디프사우스 이주민들이 반란을 일으켜 텍사스가 미국에 병합될까봐 두려웠다. 그러나 아이러니하게도 앞장서서 반란을 이끈 사람들은 멕시코 북부인인 노르테뇨, 자신들이었다.[6]

엘 노르테는 멕시코 중부보다 훨씬 더 개인주의적이고, 자립성이 강하며 이재에 능했다. 사람들은 언제나 멕시코의 개혁과 혁명을 선봉에서 이끈 것은 노르테뇨였다고 말한다. 그러한 명성의 시작은 멕시코의 첫 번째 군사독재자인 안토니오 로페스 산타안나 장군에게 저항해 무장봉기를 일으켰을 때였다. 1833년 권력을 잡은 산타안나 장군은 헌법의 효력을 정지시키고 정치적 정적을 모조리 추방했다. 그에게 저항해 반란이 들불처럼 일어났다. 처음에는 코아우일라, 그다음엔 텍사스, 그리고 뉴멕시코, 캘리포니아까지 퍼졌다. 몬테레이에 모인 캘리포니아 국회의원들은 헌법이 복원되지 않으면 사실상 독립을 하겠다고 선언했다. 멕시코시티에서 새로 부임한 주지사와 그의 호위대는 시위대에게 무장해제당한 채 쫓겨났다. 그런가 하면 샌타페이를 함락하는 데 성공한 뉴멕시코의 푸에블로 인디언들은 산타안나가 보낸 주지사를 참수형에 처한 후, 메스티소 버펄로 사냥꾼 출신을 새로운 주지사로 임명했다. 그러나 이들의 반란은 몇 달 후 산타안나가 보낸 군대에 의해 진압됐다. 1839년 북부 지역인 타마울리파스, 누에보레온, 코아우일라 주에서는 산타안나에 반대하는 정치인들이 독립을 선언하고 옛 헌법을 따를 것을 선언했다. 그러나 그들이 세운 리오그란데 공화국도 몇 달 후 강제 해산당했고, 지도자들은 이웃 텍사스로 피난을 가야 했다.[7]

가장 결정적인 변화를 끌어내는 데 성공한 반란은 1835~1836년에 일어난 텍사스 혁명이었다. 산타안나의 독재로 밀려난 테하노 정치인 상당수가 이 반란에 동참했다. 여기에는 스티븐 오스틴의 정치적 동지이자 영어와 스페인어를 자유롭게 구사하는 샌안토니오 시장, 후안 세긴도 포함돼 있었다. 오스틴이나 세긴 같은 온건주의자는 원래 코아우일라 주에서 독립하고 싶었을 뿐 멕시코를 떠나려고 한 건 아니었다. 이 때문에 전면적인 독립을 원했던 텍사스의 애팔래치아인과 디프사우스 정착민들은 그들을 '토리당'이라고 부르며 비난했다 영국 제임스 2세의 즉위를 놓고 영국 의회 내에 찬성파와 반대파가 대립했을 때 반대파 의원들이 제임스의 즉위를 인정하는 의원들을 비아냥거리며 불렀던 별칭이 '토리'다. 대부분의 테하노는 어떻게든 혼란이 최소화되기만을 바라면서 중립적인 입장을 취했다. 하지만 산타안나의 병력이 이곳을 침공하자, 세긴과 다른 테하노 지도자들은 텍사스 공화국 독립을 선포한 분리주의자들 편에 섰다. 세긴은 혁명군에서 장교로 복무한 후 나중에 텍사스 공화국의 상원의원이 됐고, 또 다른 테하노인 로렌소 데 사발라는 부통령이 됐다. 7명의 테하노가 알라모 전투에서 텍사스를 위해 싸우다가 목숨을 잃었다. 세긴 역시 이 전투에서 오스틴이 이끄는 부대의 정찰병으로 활약했고, 후에는 사망자를 묻는 일을 감독했다. 전쟁 소식을 연일 대대적으로 보도하던 디프사우스의 신문들은 야만적인 히스패닉과 정의를 위해 싸우는 백인 간의 인종 전쟁으로 묘사하면서 용기 있는 남부인들은 당장 텍사스 국경을 넘어 전투에 동참하라고 부추겼다. 결국 산타안나는 텍사스 안으로 유인돼 들어갔다가 그곳에서 낮잠을 자는 사이 애팔래치아 노예 소유주인 샘 휴스턴이 이끄는 군대의 기습을 받았다. 생포된 산타안나는 목숨을 건지는 대가로 리오그란데에서 철수하겠다고 약속했다. 몇 년에 걸친 전쟁 동안 텍사스는 사실상 독

립한 상태나 다를 바 없었다.[8]

그러나 테하노에게는 불행하게도, 애팔래치아와 디프사우스 이웃들은 새로운 사회에 그들을 위한 자리를 내줄 생각이 없었다. 영국인의 후손인 미국인 대부분은 개신교를 몰살시키기 위해 전쟁을 벌였던 16세기 스페인 제국 시절부터 라틴아메리카에 대해 뿌리 깊은 편견을 지녀 왔다. 앵글로—아메리칸이 보기에 멕시코인은 그들의 규범에도 맞지 않았다. 멕시코인 대부분은 당시의 언어로 표현하자면 유럽인과 원주민의 피가 섞인 '잡종'이었고, 그래서 수준이 낮고 게으르다고 여겼다. 게다가 혼혈인들은 디프사우스인에게 특히 적대적이었으며, 인디언과 싸우는 애팔래치아에도 우호적이지 않았다. 온건한 스티븐 오스틴조차도 텍사스의 독립 전쟁을 "문명화된 앵글로—아메리칸에게 맞서려는 잡종 스페인계 인디언과 흑인의 야만적이고 횡포한 전쟁"이라고 묘사했다.[9]

노르테뇨 지주들은 수만 명의 애팔래치아인과 디프사우스 이민자 때문에 조국 안에서 이방인 신세가 되어버렸다(당시 인구조사 기록을 보면 애팔래치아인은 텍사스 주의 북부—중앙 지역에 정착했고, 디프사우스인은 동부 텍사스를 장악해 브래저스 강 계곡에 노예 농장을 집중적으로 건설했다). 침략자들은 예전에 체로키 인디언들에게 그랬던 것처럼, 노르테뇨를 모든 것을 마땅히 박탈당할 수밖에 없는 열등한 종족이자 적으로 간주했다. 이후 10여 년이 흐르는 동안 온갖 위협과 사기에 시달려 가축과 토지를 빼앗긴 노르테뇨는 사회의 열등한 계층으로 전락했다. 백인 외의 인종에게 투표권을 박탈하려는 법안은 간신히 부결됐지만, 노르테뇨는 혁명을 지지했다는 사실을 스스로 입증하지 못하는 한 시민권과 재산권조차 인정받지 못했다. 텍사스 혁명의 영웅이자 샌안토니오 시장으로 선출된 후안 세긴마저도 지역의 모리배들이 그가 멕시코 동조자라고 주장하자 추방을 당했다. 세긴은 "어떤 사람은 멕시코인인 내가 높은 지위에 오른 것을 시샘했고, 또 다른 이는 노르테뇨의 재산을 몰수하려는 악랄한 계획에 내가 방해된다고 여겼다"며 애통해했다. "폭도들이 진행한 재판에서 나는 해명할 기회도 없이 모든 비난을 감수해야 했으며, 내 신변의 안전을 걱정해야 했다." 그는 재산 몰수 작업이 다 끝나고 높은 지위에 올라갈 수 있는 '멕시코인'이 더 이상 남아 있지 않다는 사실이 확인되고 몇 년이 흐른 뒤에야 텍사스로 돌아올 수 있었다.[10]

텍사스 혁명 덕분에 엘 노르테의 동북부 국경은 사실상 지금과 크게 다르지 않은 샌안토니오 북쪽과 코퍼스크리스티 바로 남쪽까지 확대됐다. 텍사스의 동북부와 북중부, 중부는 애팔래치아에 흡수되고, 멕시코 만의 북부 절반은 디프사우스 차지가 됐다. 텍사스 주가 휴스턴, 댈러스, 힐컨트리, 해안 평원, 히스패닉이 많이 사는 남부와 앵글로가 지배하는 북부로 나뉘어 지역별로 다른 특징을 갖게 된 것도 그로 인한 결과다. 북부의 팬핸들은 훗날 별개 지역이 되었고 그곳에는 미들랜드인이 정착하게 된다.[11]

하지만 텍사스 혁명은 엘 노르테의 문화적 영역을 축소하는 일련의 사건 중 서막에 불과했다. 1845년 디프사우스와 '황금원'의 로비에 넘어간 미국 의회는 텍사스 공화국에 노예 주州의 지위를 부여하는 법안을 통과시켰다. 늘 그랬던 것처럼, 투표는 국민별로 명확히 구분됐다. 양키덤과 미들랜드는 반대했고 애팔래치아, 타이드워터, 뉴네덜란드, 디프사우스는 찬성했다. 멕시코는 영토 분쟁 지역인 리오그란데 밸리를 포함하는 텍사스 공화국의 새 국경선에 동의하지 않았다. 그러자 미국은 군대를 보내 강을 봉쇄함으로써 리오그란데 밸리와 멕시코 도시인 마타모로스의 연결 루트를 차단했다. 애팔래치아 출신 대통령인 제임스 K. 포크는 "멕시코인이 먼저 침략해왔다"고 사실관계를 호도하며 국지전을 일으켰고, 미 하원은 174 대 14로 전쟁을 선포했다. 이 중 반대표는 모두 양키덤 지역에서 나온 것이었다.

양키덤은 이후에도 멕시코-미국 전쟁을 반대하며 디프사우스 등과 끊임없이 충돌했다. 양키덤은 이를 공화국의 가치와 기독교의 경건한 윤리에 어긋나는 제국주의적 정복 전쟁이라고 보았다. 양키덤 출신의 저명한 비평가이자 언론인인 호러스 그릴리는 "멕시코에 승리를 거두고 땅의 절반을 병합한다고 해서 우리가 지금보다 더 많은 자유와 순수한 도덕성, 경제적 번영을 누리게 될 것이라고 장담할 수 있는가?"라고 반문하면서 "살인자는 더러운 넝마와 다를 바 없는 현수막으로 아무리 자신을 포장한다 한들 신 앞에서는 자신을 숨길 수 없다……. 더 늦기 전에 빨리 깨어나 당신의 영혼을 지키기 위해 도륙자의 대량 학살을 중단시키라!"고 주장했다. 매사추세츠의 한 의원도 "이 전쟁의 세 가지 목표인 노예제 확대, 노예 주州의 무력 강화, 자유 주 장악은 자유, 인류애, 정의라는 세 가지 가치에 반한다"고 비난했다.[12]

그 전쟁은 실제로 수많은 인명 피해를 야기했다. 미국은 알타 캘리포니아, 뉴멕시코, 그 밖의 엘 노르테 지역을 정복하기 위해 멕시코 국경 너머로 군대를 보냈다. 1847년 초가을, 미군은 멕시코시티와 베라크루스를 점령하는 데 성공했다. 정치인들의 관심사는 어떻게 전쟁에서 이길 수 있느냐가 아니라, 어떻게 하면 멕시코를 제대로 나눠 가질 수 있을까에 초점이 모였다. 다시 국민별로 설전이 벌어졌다. 양키는 영토 합병을 그 자체로 반대했다. 노예 주가 늘어나는 것도, 나라가 너무 커져서 뉴잉글랜드 방식으로 사람을 동화시키기 어려워지는 것도 원치 않았기 때문이다. 미들랜드인들은 평화주의자 입장을 견지했다. 멕시코를 완전히 전멸시키자고 주장했던 애팔래치아는 군사 정복과 제국주의적 계획을 열성적으로 지지했다. 타이드워터와 뉴네덜란드는 양면적인 입장이었다.[13]

미국은 결국 인구가 적은 멕시코 북부 절반만 장악하는 선에서 멈췄다. 지금의 애리조나, 뉴멕시코, 캘리포니아, 네바다, 유타 주를 아우르는 지역이다. 예상외로 그 이상의 합병을 반대하고 나선 쪽은 디프사우스 지도자들이었다. 그들은 인구가 많고 인종적으로 혼합된 중부와 남부 멕시코 주는 다루기 어려울 것으로 생각했다. 존 칼훈 상원의원은 "멕시코인 절반 이상은 인디언이고, 나머지는 혼혈이다. 나는 그들과 하나가 되는 것에 반대한다! 우리 나라는 백인의 나라다"라고 주장했다.[14]

1848년 종료된 전쟁과 이후 성사된 개즈든 매입Gadsden Purchase 현재 미국 뉴멕시코와 네브래스카 주의 일부를 멕시코로부터 매입한 것의 결과로 엘 노르테는 두 개의 나라로 찢어졌다. 인구가 적은 남부 캘리포니아와 남부 애리조나 지역은 인구가 많은 뉴멕시코와 텍사스 남부 지역으로 편입돼 미국의 영토가 됐다. 이 두 지역의 노르테뇨는 온갖 차별에 시달리며 권리를 박탈당했다. 그리고 20세기 후반까지 약 한 세기 동안 새로운 지배자의 거대한 문화적 도전에 직면해야 했다. 타마울리파스, 누에보레온, 코아우일라, 치와와, 소노라, 바하칼리포르니아같이 멕시코의 영토로 남은 엘 노르테의 남부 지역도 미국 문화의 영향에서 벗어나기 어려웠다. 이들은 멕시코 중앙 정부에 종종 반기를 들었고, 멕시코 혁명의 진원지가 되어 1990년대 초, 부패한 제도혁명당을 투표로 전복시켰다.[15]

하지만 미국에 합병된 멕시코 지역 상당 부분은 문화적으로도, 언어적으로도 미국에 완전히 동화되지 않았다. 그들은 북부 캘리포니아, 네바다, 유타, 콜로라도, 애리조나와 달리 진정한 의미에서 엘 노르테의 일부라고 보기 어려웠다. 드넓은 엘 노르테 땅은 곧 두 개의 새로운 민족이 출현하는 산실이 된다. 그들은 놀라운 속도로 원래 정착민의 땅을 장악해나갔다. 그 주인공이 바로 레프트코스트와 파웨스트다. 이들은 스페인어를 하는 남쪽 사회와는 물론이고, 서쪽과도 정반대 성격을 가진 사회로 진화해갔다.

20장

레프트코스트의
탄생

북부 캘리포니아와 오리건, 워싱턴 주의 해안은 자신들 주에 속해 있는 다른 지역보다 뉴잉글랜드와 오히려 더 많은 공통점을 가진 것처럼 보인다. 그 이유는 무엇일까. 왜 레프트코스트는 건설된 이후 줄곧 투표 양태부터 외교 정책을 둘러싼 문화적 대립에 이르기까지 남부나 동부의 다른 주가 아닌, 하필 양키덤의 우군이 된 걸까?

가장 큰 원인은 레프트코스트의 초기 정착민 대부분이 양키였기 때문이다. 그들은 태평양 연안에 제2의 뉴잉글랜드를 건설하겠다는 희망을 안고 바다를 건너왔다. 레프트코스트는 뉴잉글랜드와 근본적인 기질이 달랐기 때문에 양키들은 소기의 목적을 달성하는 데 실패했다. 그러나 그들이 갓 태어난 사회에 새긴 유토피아 이상주의는 훗날 레프트코스트가 순종적인 엘 노르테, 자유지상주의자인 파웨스트와 충돌하는 요인이 된다.

19세기 초까지도 북미의 태평양 연안은 여전히 인디언이 지배하고 있었다. 형식적으로는 스페인이 지금의 캘리포니아 전체를 가진 것처럼 보였지만, 노르테뇨의 영향력은 몬테레이 위쪽으로 올라갈수록 점점 약해지다가 샌프란시스코에 이르면서 완전히 소멸했다. 영국과 미국은 태평양 연안 서북부를 누가 차지할 것인지에 대한 숙제를 풀어야 했다. 결국 두 나라가 그 지역을 나눠 갖게 되리라는 사실은 이미 자명했지만 말이다. 당시 지도상에는 지금의 브리티시컬럼비아, 워싱턴, 오리건, 그리고 아이다호에 이르는 넓은 땅덩어리가 단순히 '오리건 영토'라는 이름으로만 적혀 있었다. 그전에는 뉴프랑스와 양키덤이 이곳에서 힘을 겨뤘다. 영국의 모피 중개 대기업인 허드슨 베이 컴퍼니는 현재의 캐나다 서북부 지역에 해당되는 곳에서 사실상 정부와 같은 역할을 하고 있었다. 그리고 허드슨 베이 컴퍼니의 현장 직원과 현지 모피 무역소를 장악하고 있던 것은 뉴프랑스인이었다 캐나다의 모피 거래를 일찌감치 독점해왔던 뉴프랑스인 중개상은 허드슨 베이 지역에 진출하기 위해 영국 회사와 손을 잡았다. 직원들은 회사에서 은퇴하면 메티스Metis(원주민과 유럽인 사이의 혼혈)처럼 인디언 아내를 얻어 정착했다. 1830년대까지 그들의 가장 큰 경쟁자였던 뉴잉글랜드의 모피 중개상들은 배를 타고 오가며 거래를 할 뿐, 태평양 연안에 항구적인 무역소를 만들려고 하지는 않았다.[1] 이후 100여 년 동안 치누크 인디언은 영국인들을 "조지 왕의 부하들"이라 불렀고, 미국인은 단순하게 "보스턴들"이라고 불렀다.[2]

무역을 위해 원거리 항해를 하면서 뉴잉글랜드인은 미국 내의 그 누구보다 태평양 연안을 속속들이 파악하게 됐다. 그리고 예상했던 바처럼 학식이 뛰어나고 종교적인 양키 지도자들은 곧 이 새로운 '황무지'를 구원의 손길이 필요한 곳으로 바라보기 시작했다. 1830년대에 라이먼 비처는 교황과 가톨릭교도 이주민들의 교묘한 책략에서 서부를 구해내기 위해 그의 추종자들을 불러 모았다. 그는 "우리의 제도와 자치 정부 시스템에 익숙하지 않고, 교육을 제대로 받지 못한 사람은 죄악에 물들기 쉽다. 그런 외국 이주민의 유입이 빠르게 늘면서 우리 공화국의 안전을 위협하고 있다"고 기록했다. 그가 내놓은 해결책은 새로 오는 이주민들을 뉴잉글랜드의 학교에서 교육함으로써 공화국에 동화시키는 것이었다. 당시 신시내티에서 선교사를 훈련하고 있던 비처는 오대호와 미시시피 밸리 상류에 사는 독일인 및 아일랜드 가톨릭교도들을 염두에 두고 한 말이었다. 하지만 태평양 지역을 잘 알고 있는 사람들에게 비처의 말은 컬럼비아 강 유역에 사는 뉴프랑스의 가톨릭 무역 상인과 캘리포니아의 노르테뇨를 두고 하는 말처럼 들렸다. 프란치스코회 선교사들이 산호세에서 인디언 아이들을 가르치고 있었지만, 이는 양키들에게 뉴잉글랜드식 교육의 시급함을 보여주는 증거일 뿐이었다.[3]

양키들에게 주어진 "새로운 황무지에서의 소명"은 1820년대 후반 급물살을 타기 시작했다. 뉴햄프셔에 있는 한 학교의 교장인 홀 잭슨 켈리는 태어나 가본 적도 없는 태평양 서북부의 식민화 계획을 끊임없이 설파하며 망상적인 주장을 펼쳤다. 종교적인 시민공화국을 건설하겠다는 그의 세부 계획은 착수조차 되지 않았지만 홍보 포스터와 책자, 의회 청원운동은 다른 이들에게 영감을 불어넣는 효과를 낳았다. 버몬트의 북부 감리교 전도사인 제이슨 리는 대륙 횡단 여행을 하다가 1834년 지금의 오리건 주 세일럼 인근에 선교 시설을 세웠다. 처음에는 원주민과 같이 생활했지만 곧 뉴잉글랜드에서 교사와 이주민들이 합류했고, 훗날 서부 최초의 대학이 되는 윌래밋 대학을 설립했다.

새뮤얼 파커라는 매사추세츠 장로회 선교사는 1835~1836년 오리건 영토에 선교 시설을 세우고 전도활동을 펼쳤다. 그의 책인 『파웨스트The Far West』를 읽고 이곳에 이끌려온 양키들은 리 목사가 오리건 주 윌래밋 밸리에 세운 선교 시설 근처에 모여 살았다. 1843년 5월, 그들만의 임시 정부를 세우기로 한 양키 정착민들은 노예금지 법안을 만들고 공무원을 선출했다. 이때 선출된 공무원의 4분의 3은 뉴잉글랜드에서 온 사람들 이었다. 이들이 만든 규정들은 훗날 오리건 주 헌법의 기초를 형성하게 된다.[4]

그러나 양키들이 정치와 지적인 영역을 장악했다고는 해도, 그들은 인 구의 다수가 아니었다. 임시 정부가 세워진 지 몇 달도 지나지 않아서 포 장마차 행렬이 700여 명의 새로운 정착민을 데리고 도착했고, 이후 윌래 밋 밸리의 비非인디언 인구는 두 배로 늘었다. 새 정착민의 대다수는 애 팔래치아 중서부에서 온 농부들이었다. 한 역사가가 분석한 것처럼, "국 경지대인들은 지방 주권, 풀뿌리 기관, 독자적인 생산 윤리, 그리고 '부 정 상태 교리Doctrine of the negative state 부정적인 감정을 완화하고 긍정적인 감정을 강화하려는 내면의 힘을 강조한 교리'에 대한 신념을 오리건으로 전파했다." 국경 지대인들은 1840년대와 1850년대까지 도시와 정부를 양키들의 손에 맡 기고 교외에서 농사를 짓고 살았다. 그 덕분에 뉴잉글랜드 출신 양키들 은 15 대 1 정도로 숫자가 열세였는데도 대부분의 시민 기관을 장악할 수 있었다.[5]

1846년 오리건이 브리티시 컬럼비아에서 떨어져나오고, 1853년에는 워싱턴과도 분리되면서 양키의 장악력은 눈에 띄게 커졌다. 뉴잉글랜드 인은 세일럼과 포틀랜드를 건설했다. 포틀랜드는 메인 주 포틀랜드 출신 양키들이 보스턴 출신 양키들과 동전 던지기를 한 내기 끝에 이기면서 붙여진 이름이다. 오리건 주 최초의 신문이자 가장 영향력이 컸던 『오리건 스테이츠맨The Oregon Statesman』은 양키들이 만들어 소유·운영한 신문사였고, 비처의 주장에 장단을 맞춰 가톨릭 이민자들에 대한 공포를 부추긴 경쟁지『더 오리거니안The Oregonian』역시 마찬가지였다. 이 지역의 공립학교와 대학, 신학교 역시 대부분 양키들이 운영하고 있었다. 1857년 열린 오리건 주 헌법 제정 회의는 양키의 주도로 진행된 끝에 독립적인 가족농장 공동체를 장려하고 공동체의 이익이 개인의 이익보다 우선한다는 양키들의 가치를 포함시켰다. 초기 8명의 주지사와 상원의원 중 6명은 뉴잉글랜드, 뉴욕, 펜실베이니아 와이오밍 밸리에서 온 양키들이었다.[6]

컬럼비아 강의 북쪽인 워싱턴 영토Washington Territory는 영국과의 영토 분쟁 때문에 인구가 훨씬 더 적었다. 이 지역의 담당이 바뀌면 영토 소유권이 그대로 인정될지 확신할 수 없었고, 이 때문에 이주민들은 정착을 꺼렸다. 그러나 문화적 양상은 이곳도 비슷했다. 퓨젓사운드Puget Sound(워싱턴 주 서북부)와 올림픽 반도(워싱턴 주 서부의 큰 반도)의 목재 자원에 눈독을 들인 메인 주 동부와 버몬트 북부, 오대호의 양키들이 1840~1850년대에 떼로 몰려들었다. 메인 주 이스트 마키어즈 출신 양키들이 세운 포프앤탤벗 목재 기업은 포트 갬블과 포트 러들로에 도시를 세우고 이후 70년 동안 동부 메인 주에서 제재소와 일꾼을 실어 나르며 단체 이주를 주도했다(반세기가 흐른 후 포트 갬블의 한 참전 용사는 "그곳 사람들은 전부 이스트 마키어즈에서 왔거나, 아니면 그 지역에서 온 사람들의 후손 같았다"면서 "갬블에서 우리는 항상 콩과 옥수수빵, 대구를 구워 먹었다"고 회상했다). 1860년대 퓨젓사운드에 여성이 너무 부족하자(당시 백인 남성 대 백인 여성 비율은 9 대 1이었다), 그 지역 지도자들은 뉴잉글랜드에서 100명의 미혼 여성을 모집해 시애틀까지 배로 실어왔다. 이 당시 이주해온 사람들의 후손은 지금까지도 이 지역에서 메이플라워호의 후손과 같은 사회적 위상을 누리고 있다. 메인 주 출신의 올린 블레든은 이 지역에서 가장 유명한 신문인『시애틀 타임스』를 만들었고, 매사추세츠 출신의 아이작 스티븐스는 워싱턴의 첫 번째 주지사이자 국회의원이 됐다. 하지만 오리건에서와 마찬가지로 이 지역에서도 양키는 다수가 아니었다. 스칸디나비아인과 아일랜드인이 많았고 남북전쟁 후에는 일본 이주민들도 정착했다. 브리티시컬럼비아 연안은 이곳보다 훨씬 더 늦게 개척됐는데 시애틀, 오리건, 캘리포니아 북부에서 이주해간 사람이 많이 살았다. 그래서 그 지역에는 장로회 교회와 조합교회가 많았다.7

캘리포니아에서의 선교활동은 결코 쉽지 않았다. 일부 지역은 이미 다른 문화권의 식민지가 됐다. 몬테레이 남쪽에는 엘 노르테 문화가 뿌리내렸기 때문에, 이곳이 미국의 영토가 되기 전 일찌감치 바다를 건너 캘리포니아 남부로 이주해왔던 양키 무역상과 여행자들은 캘리포르니오 Californio 캘리포니아 최초의 스페인계 식민자의 후손들에 동화된 상태였다. 이들은 샌타바버라, 몬테레이에 모여 살면서 스페인어를 배우고, 가톨릭으로 개종하며, 이름도 스페인식으로 개명했다. 멕시코 시민권을 얻어 멕시코인 아내와 살면서 현지의 정치 관습을 따랐다. 일부는 큰 성공을 거뒀다. 매사추세츠 출신의 선상 중개인 에이블 스턴스는 1829년 로스앤젤레스에 정착해 좋은 가문 출신과 결혼하고 수익성 좋은 무역 회사를 운영하다가 말년에 엄청나게 부유한 목장주가 됐다. 매사추세츠 찰스타운 출신의 목수인 토머스 라킨은 사업을 하다가 실패한 후 캘리포니아로 이주해왔다. 그는 캘리포니아가 멕시코에서 독립해 미국과 합쳐지기를 원하긴 했지만, 그건 어디까지나 그들 나름의 모습과 문화를 그대로 유지한다는 전제하에서였다. 그가 몬테레이에 지은 집은 뉴잉글랜드의 균형미와 스페인의 큰 발코니를 접목한 어도비 벽돌 건물로, 지금도 몬테레이 스타일로 불리는 하이브리드 건축 양식을 탄생시켰다. 1846년 미국이 엘 노르테를 정복했을 때 캘리포니아의 비非인디언 인구는 4000명가량이었는데, 이중 멕시코화된 양키가 10분의 1을 차지하고 있었다.[8]

그러나 엘 노르테의 문화적 영향력은 해안지역이나 몬테레이 위쪽으로 올라갈수록 점점 희미해졌고, 샌프란시스코 베이와 새크라멘토에 이르면 노르테뇨를 거의 찾아보기 어려웠다. 그곳에 사는 이주민들은 전혀 다른 사람들이었다. 엘 노르테가 정복될 당시 캘리포니아 인구 10분의 1은 샌프란시스코 베이나 '리오 아메리카노' 혹은 아메리칸 강으로 불리는 새크라멘토 강의 지류를 따라 살고 있었다. 이들은 오리건 영토와 마찬가지로 양키와 애팔래치아인으로 구성되어 있었다. 양키들은 바다를 건너와 도시에 모여 살았고, 애팔래치아인들은 내륙을 횡단한 후 널리 흩어져 농사를 짓거나 목장, 방앗간을 운영하며 살았다. 이런 차이점에도 불구하고 이들 두 집단은 남부 캘리포니아를 지배하는 노르테뇨 문화와 멕시코의 통치에 대해 똑같이 깊은 분노를 품고 있었다. 이들은 점차 멕시코 시민권을 거부하면서 정부의 허락 없이 땅을 무단으로 점령하고 미국의 합병을 공개적으로 요구했다.[9]

1845년 캘리포니아가 북부와 남부로 쪼개지는 것이 이미 기정사실화 됐다면, 1848년 아메리칸 강 계곡에서 발견된 금광은 레프트코스트를 인구가 적은 내륙 지방으로부터 또다시 분리하는 계기가 됐다. 태평양 연안과 건조한 캐스케이드를 갈라놓은 이 분리 현상의 배경에는 양키들이 있다. 샌프란시스코 베이 및 태평양 연안 근처에 살고 있던 양키들은 오리건의 양키들보다 더 특별한 사명을 띠고 있었다. 바로 야만인들로부터 캘리포니아를 구해내야 한다는 사명이었다.

여기서 말하는 야만인이란 금광을 찾아 몰려온 사람들을 뜻한다. 골드러시 열풍은 양키 청교도 윤리에 어긋나는 것이었다. 한 주민은 1848~1850년 캘리포니아로 몰려온 무리에 대해 "이제까지 금에 목마른 사람이 그렇게 한꺼번에 몰려온 적은 없었다"면서 '그들의 목표는 단기간에 최대한 많은 금을 쓸어 담은 후 다른 데서 흥청망청 쓰며 즐기는 것'이었다고 말했다.[10] 골드러시가 일으킨 캘리포니아 대이동 현상은 당시 인류 역사상 가장 큰 규모의 자발적 이주였다. 미국에 막 새로 편입된 캘리포니아는 불과 5년 만에 30만 명의 이주민이 몰려와 비非인디언 인구가 20배나 늘어났다. 인구 800명의 작은 마을에 불과했던 샌프란시스코는 24개월도 지나지 않아 인구 2만 명의 도시로 성장했다. 항구는 금을 캐러 떠난 선원들 때문에 버려진 선박으로 가득했다. 금을 캐러 온 사람들을 위한 술집, 도박장, 집창촌, 검투장, 갱단, 술잔치는 해적 시대의 항구도시를 방불케 할 만큼 전성기를 이뤘다.

대서양에서든 태평양에서든 이런 모습은 양키들이 가장 끔찍해하는 행동이었다. 이들은 이번에도 캘리포니아를 구하기 위해 또 다른 성전을 시작했다. 청교도 존 엘리엇 목사의 후손이자 예일대 졸업생인 조지프 벤턴 목사는, 문명화의 첫 삽을 뜬 것은 프란치스코 선교회였지만 이를 완수하는 것은 개신교도들의 몫이며 그를 위한 마지막 숙제가 바로 골드러시라고 주장했다. 조합교회인 미국 내 선교회는 즉시 선교사들을 증기선에 태워 서부로 파송했다. 이들은 단순히 캘리포니아를 구원하는 데서 나아가, 이곳에 아시아의 이교도들에게 복음을 전파할 해안 교두보를 만들고자 했다. 당시의 한 언론은 본격적인 선교운동이 시작되기 전, "성경 말씀을 믿는 열정적인 청교도들이 캘리포니아에 우리의 진리를 전파하는 데 성공한다면, 이는 바다 건너 섬들과 그 너머 죄악의 땅에 빛을 비추는 데 직접적인 도움이 될 것"이라고 주장했다. "오리건과 캘리포니아에서 새로운 선교운동을 시작하는 것은 신의 뜻이다."[11]

양키 선교사들과 그 일행은 황야로 떠나는 자신들의 여정이 두 번째 '언덕 위의 도시'를 건설하기 위한 순례자의 길이라 여겼다. 장로회 성직자인 티머시 드와이트 헌터는 1852년 샌프란시스코의 뉴잉글랜드협회에서 "뉴잉글랜드의 아들딸들아, 너희는 다른 모든 이의 모범이 되는 이 땅의 대표자"라고 말했다. "이곳은 우리의 새로운 선교지다. 플리머스 정신을 바탕으로 캘리포니아를 태평양의 매사추세츠로 만들고자 하는 우리의 마음보다 더 숭고한 야망은 없을 것이다."[12]

양키들의 이주 행렬 끝없이 이어졌다. 1849년에만 1만여 명이 몰려왔고, 그중 4분의 1은 바다를 통해서 건너왔다. '금광'을 노리고 온 사람들도 있었지만, 상당수는 양키 캘리포니아를 만들고자 하는 노력에 힘을 보탰다. 샌프란시스코, 새크라멘토, 몬테레이에 학교와 교회를 짓는 데 필요한 땅과 자금, 물질을 기부했다. 애머스트, 보도인, 하버드, 예일, 그리고 다른 조합교회 대학의 졸업생들은 광산으로 가서 야외 학교를 열었다. 매사추세츠 주 앤도버의 존 펠턴은 학교 자재와 수업 교재, 학교 종을 싣고 와서 캘리포니아 최초의 무료 공립학교를 세웠다. 1853년, 뉴잉글랜드인이 장악한 샌프란시스코 학교 이사회는 보스턴에서 사용하는 수업 교재를 모든 학교가 의무적으로 채택하게 했다. 예일대 총장의 아들인 셔먼 데이는 뉴잉글랜드 변호사 및 성직자들과 함께 캘리포니아의 조합교회 사립 초등학교를 고등교육 기관으로 개편했다. 그것이 바로 지금의 UC 버클리 대학이다. '서부의 예일대'가 된 이 대학의 교수 대부분은 뉴잉글랜드인으로 채워졌다. 심지어 '보스턴·캘리포니아 공동 출자 광산 무역 회사'는 1849년 목사와 신학생들을 데리고 와서 주일 예배와 주중 기도 모임을 강제하는 사내 규정을 만들었다. 벙커 힐 광산 무역 회사의 직원들은 "캘리포니아의 모든 악과 위험을 멀리하겠다"는 서약을 해야 했다.[13]

풍부한 자금력과 조직력에도 불구하고 해안 교두보 너머로 영향력을 확장하려는 양키들의 노력은 성과를 거두지 못했다. 주 의회를 장악해 안식일 엄수 법안을 통과시키는 데 성공했지만, 캘리포니아 대법원은 이 법이 무효라고 선언했다. 그때까지 대법원은 광산에서 온 국경지대인들이 장악하고 있었다. 샌프란시스코 정착민의 대부분은 청교도 윤리 강령을 받아들이려 하지 않았다. 『샌프란시스코 불레틴』은 1860년, "캘리포니아의 대중은 안식일을 무시하고 있다"고 보도했다. "약을 탄 위스키와 와인을 마시고 도박에 탐닉하면서 그들은 지난주에 번 돈을 몽땅 주사위 던지기나 수상한 카드 게임에 탕진하고 있다." 양키들은 레프트코스트에서 영향력을 행사했지만, 그곳을 성인군자의 주州로 만들지는 못했다.[14]

실패의 가장 근본적인 원인은 1850년 이후부터 캘리포니아 주는 물론, 레프트코스트 전체에서 양키들이 인구의 다수를 차지하지 못했다는 데 있었다. 골드러시는 세계 각지에서 사람을 끌어모았다. 애팔래치아 농부, 칠레인, 호주 광부, 아일랜드인과 이탈리아 모험가, 희망을 품고 온 중국 노동자 등 다양한 사람들이 이곳으로 이주해와 새로운 문화를 형성했다. 이들 중 양키의 가르침을 원하는 사람은 거의 없었다. 가톨릭교도들은 스페인 문화가 아직 남아 있고 지리적으로 외딴곳인 캘리포니아를 미국의 개신교로부터 가톨릭을 보호할 피난처로 만들고자 했다. 그들은 자신들만의 꿈을 위해 가톨릭 학교와 선교 기관, 고아원, 대학을 세웠다. 이탈리아 예수회는 UC 버클리가 아직 사립초등학교였을 무렵부터 샌타클래라에서 학위 수여 기관을 운영했다. 1849년에 열린 주 헌법 제정 회의에서 양키는 국경지대인들과 노르테뇨보다 수적으로 열세인 소수에 불과했다. 캘리포니아의 초기 주지사 두 명은 모두 애팔래치아 출신의 샌프란시스코 거주민이었다.[15]

비록 사명을 완수하는 데는 실패했지만, 양키 문화는 몬테레이 위쪽 캘리포니아 해안지역에 지속적인 영향을 미쳤다. 해안지역에는 도덕성, 지성, 유토피아 이상주의라는 양키 엘리트들의 특성에 자립적이고 개인주의적인 애팔래치아 등 다른 이주민들의 특성이 혼합된 문화가 형성됐다. 이상주의적이면서도 개인주의적인 이곳의 문화는 내륙의 금광지역 문화와 크게 달랐고, 오히려 서부 오리건이나 워싱턴과 공통점이 많았다. 정작 자신들은 이와 같은 사실을 100여 년이 흐른 후에야 깨닫지만, 이는 양키덤과 연합을 이뤄 미연방을 바꾸어놓을 새로운 문화의 탄생이었다.

21장

서부를 향한
전쟁

남북전쟁 시대는 오랫동안 '북부'와 '남부' 사이의 투쟁으로 그려져왔다. 하지만 이 두 지역은 문화적으로도, 정치적으로도 실제로는 존재하지 않는 지역이다. 역사가들은 이 패러다임의 약점을 극복하기 위해 다양한 용어를 만들어왔다. 국경 남부Border South, 중남부Middle South, 북쪽 남부Upper South, 남쪽 남부Lower South, 목화 남부Cotton South, 국경 북부Border North, 북쪽 북부Upper North. 그러나 메릴랜드, 미주리, 테네시, 루이지애나, 인디애나, 버지니아, 텍사스는 같은 주 내에서도 의견이 서로 분열됐기 때문에 이러한 구분에도 맞지 않았다. 역사가들은 남북전쟁이 과연 노예 해방을 위한 것이었는지, 혹은 켈트족과 앵글로색슨족, 게르만족 사이의 세력 다툼이었는지 여부를 놓고도 논쟁을 벌여왔다. 어떻게 분석해봐도 명확하지 않고 불만족스러운 결론밖에 도출되지 않았다.

하지만 민족지학적인 렌즈를 통해 북미 대륙 전체를 들여다보면 각자가 어떤 동기에서, 무엇을 위해, 어떻게 행동했는지 명확히 드러난다. 남북전쟁은 궁극적으로 두 개의 연합 세력 사이에 벌어진 충돌이다. 한쪽은 디프사우스와 그를 따르는 타이드워터, 다른 한쪽은 양키덤이었다. 그 외의 다른 국민은 둘 사이에서 중립을 지키고자 했다. 이들은 양키와 노예 주, 양쪽 모두에게서 자유로워지기 위해 연방에서 탈퇴해 각자의 연합을 꾸리는 방안을 고려했다. 아마 당시 사람들이 좀더 냉정하게 대처했다면 미국은 1861년에 4개 연합으로 갈라졌을 것이고 이는 세계 역사를 드라마틱하게 바꾸어놓았을지도 모른다. 하지만 전쟁을 피할 수 없었던 불안정한 연방은 결국 모두를 무력 투쟁의 소용돌이에 빠지게 만들었다.

19세기 전반에는 북미 서부의 3분의 2에 해당되는 땅을 놓고 양키덤, 미들랜드, 애팔래치아, 디프사우스가 치열한 경쟁을 벌였다. 이들은 애팔래치아 산맥 너머 서쪽으로 각자 자신만의 문화를 확장해나갔다. 누가 연방정부를 장악할 수 있느냐는 누가 서부를 차지하느냐에 달려 있었다. 이들은 서부를 차지하는 자는 러시아, 오스트리아, 스페인, 터키가 그랬던 것처럼 다른 민족을 사회, 경제, 정치적으로 지배할 수 있게 되리라 생각했다. 그때까지만 해도 이들 사이의 싸움은 인구 늘리기 경쟁이나 외교적인 수단으로 국한됐다.

하지만 19세기 중반으로 접어들면서 두 개의 슈퍼파워인 양키덤과 디프사우스 사이에 폭력적인 충돌이 벌어지기 시작했다. 이 둘은 네 경쟁자 중 가장 정체성이 강하고, 가장 부유했다. 둘 중 어느 쪽도 다른 이의 지배를 받아들일 수 있는 존재가 아니었다.

지난 50여 년 동안 이 경쟁에서 우위를 점해온 쪽은 디프사우스였다. 목화와 설탕 산업 호황 덕분에 노예 제도는 서쪽으로 빠르게 확산되어갔고, 디프사우스는 더 큰 부를 축적했다. 타이드워터마저 자신의 영향력 아래 종속시키는 데 성공한 이들은 애팔래치아 출신 대통령과 정치인의 지지를 등에 업고 백인 우월주의를 앞세워 남부와 서남부 지역에 남아 있던 인디언 국가 및 멕시코 관료들을 모두 소탕했다. 1812년 전쟁 이후 연방정부에 대한 남부의 영향력이 계속 커지자, 제국주의를 싫어하는 양키와 평화주의자인 미들랜드마저 팽창 경쟁에 뛰어들지 않을 수 없었다. 1848년 미국이 멕시코시티를 점령하자 디프사우스는 노예 주州를 더 많이 늘림으로써 연방정부와 남반구를 장악해 '황금원'을 완성시킬 수 있다는 희망에 부풀었다. 승리는 손을 뻗으면 닿을 수 있는 거리에 있었다.

하지만 상황은 점점 그들이 예상했던 궤도에서 벗어나기 시작했다. 중서부의 양키와 미들랜드 정착촌에는 외국에서 새로운 이민자가 쏟아져 들어오고 있었던 반면, 노예 주州에 대한 이미지는 점점 악화되고 있었다. 이민자들은 디프사우스와 타이드워터에서는 경제적 기회를 잡기가 더 어려울 것이라 생각한 데다, 이미 자국에서 오랫동안 봉건제에 시달려온 탓에 그와 유사한 제도를 가진 지역에서 최대한 멀어지고 싶어했다. 1850년, 자유 주州에 정착한 외국인 이주민의 숫자는 노예 주州보다 8배가 더 많았다. 시간이 지날수록 양키덤, 미들랜드, 뉴네덜란드가 차지하는 인구 비중이 점점 늘어나면서 이들이 하원에서 차지하는 의석수도 계속 증가했다. 양키가 장악한 레프트코스트는 디프사우스를 더욱 사면초가로 몰아넣었다. 연방정부는 디프사우스의 바람과 달리 카리브해 지역 점령을 거부한 반면, 캘리포니아와 오리건, 워싱턴이 미연방에 자유 주州로 합류하는 것을 승인했다. 1860년, 디프사우스와 타이드워터의 지도자들은 연방정부를 둘러싼 힘겨루기에서 자신들이 밀리기 시작했다는 사실을 깨달았다. 디프사우스가 기존 삶의 방식을 고수하려면

연방을 떠나는 수밖에 없었다.[1]

1850년대에 미국인이 노예제에 대해 가졌던 거리낌이 무엇이었든 간에, 사실 양키덤을 제외한 대부분의 사람은 노예제와 그로 인해 파생되는 문제 앞에서 눈을 감으려고만 했다. 결국 세상을 더 발전시켜야 한다는 사명감 때문에 노예제가 일으키는 도덕적 문제들을 무시할 수 없었던 양키들이 노예 해방운동의 중심이 됐다. 매사추세츠 양키인 윌리엄 로이드 개리슨은 노예제 폐지를 주장하는 신문인 『해방자The Liberator』를 창간했다. 라이먼 비처의 딸인 해리엇 비처 스토는 유명한 소설인 『톰 아저씨의 오두막』을 썼다. 이 책은 도망간 노예를 원래 주인에게 송환해줘야 한다고 규정한 연방법에 대한 대중의 여론을 환기시켰다. 타이드워터 노예인 프레더릭 더글러스는 매사추세츠로 도망가서 미국에서 가장 유명한 노예해방운동가로 활동했다. 미국 영토로 새로 편입된 캔자스에 대해 연방정부가 노예제 허용 여부를 주민들에게 직접 결정하라고 하자, 보스턴 양키들은 '뉴잉글랜드 이민자협회'를 조직해 캔자스 주에 로렌스와 맨해튼 시를 건설하고 양키 인구를 늘리기 위해 이주민들을 보냈다. 1856년 애팔래치아인들이 로렌스를 불태우고 약탈하자, 코네티컷 출신 양키인 존 브라운은 그 보복으로 5명을 살해했다. 그는 훗날 서부 버지니아에서 연방정부 무기고를 장악하고 노예를 조직해 반란을 일으키려 했다. 그는 양키들에게는 자유를 위해 싸운 순교자로, 디프사우스와 타이드워터에서는 악명 높은 테러리스트로 이름을 떨치게 됐다.

노예제 폐지주의자들은 노예 소유주가 노예에게 행사하는 절대 권력이 기독교와 가족의 가치를 타락시킨다고 주장하면서, 디프사우스와 타이드워터를 전제 군주의 폭정사회라고 비난했다. 영국 태생의 조합교회주의 목사인 조지 본은 보스턴에 배포한 팸플릿에서 "노예 주써들은 거대한 사창가와도 같다"고 주장했다. 노예 엄마에게서 혼혈아가 많이 태어나는 까닭은 주인과 그 아들이 노예를 강간하기 때문이었다. 코네티컷의 성직자인 프랜시스 홀리는 1839년에 발간된 시어도어 드와이트 웰드의 베스트셀러인 노예제 폐지주의 문집『미국의 노예제 상황American Slavery as It Is』에서 "여성 노예가 백인 아이를 갖는 것은 너무 흔한 일이라 디프사우스에서는 얘깃거리도 되지 못했다"고 밝혔다. 또 다른 코네티컷의 한 치안 판사는 타이드워터의 노스캐롤라이나 농장주가 친구에게 자신이 임신시킨 노예의 가격을 두당 20달러에 제안했다고 전했다. 그는 "말할 것도 없이 이는 농부들이 교배를 통해 가축의 품질을 향상시키려는 것과 같은 행동이었다"고 말했다. 노예해방주의자가 펴낸 책에는 노예의 현실을 보여주기 위해 첨부해놓은 지역 신문 광고가 실려 있다. 노예는 빚 때문에 아이는 물론이고 심지어 아내까지 내다 파는 등 가정이 산산조각 나는 상황에 맞닥뜨리고 있었다. 디프사우스는 노예제가 '내부적인 제도'라며 외부인은 간섭하지 말 것을 요구했지만, 그 제도 때문에 각 가정의 집안 내부가 말 그대로 위협적인 상황에 놓여 있었다.[2]

1860년 양키덤은 공화당 대통령 후보 경선에서 에이브러햄 링컨을 압도적으로 지지했다. 일리노이 출신인 링컨은 양키와 미들랜드 혈통이 섞였고 노예 주州 확산을 반대했던 애팔래치아인의 후손이기도 했다. 링컨은 뉴잉글랜드, 오하이오의 서부 보류지, 양키가 정착한 펜실베이니아 와이오밍 밸리의 모든 카운티에서 압승을 거뒀다. 또 뉴욕 북부와 중서부의 양키 정착촌에서도 극소수를 제외하고는 거의 그를 지지했다.[3]

양키 정치인들은 디프사우스의 독립을 막기 위해서라면 무력 사용도 불사해야 한다고 주장했다. 그들은 사우스캐롤라이나가 섬터 요새를 공격해오기 전에 선제공격을 논의하는 전당대회까지 열었다. 남북전쟁 기간 양키덤은 북부동맹의 핵심으로서 병력, 무기, 물자 보급에 가장 큰 기여를 했다. 매사추세츠 54보병대인 흑인연대는 북부군의 상징과도 같은 존재가 됐다.

디프사우스가 노예제 때문에 독립을 선언하고 남북전쟁을 일으켰다는 점은 의심할 여지가 없다. 그들 스스로도 그 같은 이유를 숨기려 하지 않았다. 그들은 노예 제도가 성경도 허락한 고결한 것이며, 자유 주(州)의 사회 시스템보다 우월하다고 강조했다. 19세기 디프사우스인은 다른 사람을 노예화하는 것이 자신들의 '전통'이자 '유산'이고 '삶의 방식'이라면서 이를 끝까지 수호해낼 것이라고 자랑스럽게 말했다. 심지어 디프사우스 지도자 중 상당수는 인종과 관계없이 낮은 계층 사람은 누구나 노예가 되어야 한다고 말하곤 했다.

그들은 양키와 미들랜드의 노예해방주의자들에 대항하기 위해 정교한 논리를 개발했다. 사우스캐롤라이나의 전 주지사인 제임스 헨리 해먼드는 노예제 지지자들에게 큰 영향을 미치게 될 책을 펴냈다. 그는 산업자본가에게 착취당하는 영국이나 미국 북부의 자유 흑인보다 돌봄을 받는 노예 노동자들이 오히려 더 행복하고 건강하다고 주장했다. 따라서 착취당하는 자들이 언제든 봉기할 우려가 있는 자유사회는 "공화국에 큰 위기를 야기할 수 있어서" 더 위험하고 불안정하다는 논리를 폈다. 반면 노예들은 지시에 따라 분수를 지키면서 투표, 법정 증언, 저항할 권리 등을 박탈당함으로써 "오래도록 유지될 수 있는 공화국의 기초"를 형성한다. 그의 표현을 빌리자면, 백인 노동 계급까지 노예화하는 데 성공한다면 이는 "가장 영광스러운 해방"이 될 것이었다. "모든 사람은 평등하게 태어났다"는 제퍼슨의 개념은 "아주 이상하고 웃긴 것"이라고 그는 주장했다. 해먼드가 말하는 디프사우스 공화국이란, 민주주의와 권리는 엘리트들만 누리고 그들보다 열등한 계급의 사람은 노예로 일하며 복종해야 하는 고대 그리스·로마를 모델로 한 사회였다. 디프사우스인은 예수가 성경에서 단 한 번도 노예 관습을 비판한 적이 없다면서, 이는 신이 허락한 제도라고 주장했다. 그들에게 노예제 사회는 온 세상이 본받아야 마땅한 완벽한 귀족 공화정이었다.[4]

해먼드는 청교도들의 비판에 대해서는 주인이 노예를 강간하는 이상한 포르노 판타지에 빠진 '공부만 많이 한 노처녀'가 하는 말일 뿐이라고 비웃었다. 디프사우스의 물라토(백인과 흑인의 혼혈) '비율'은 매우 낮으므로, 이는 대도시에 사는 양키 변태의 망상일 뿐이라고 주장했다. 그는 디프사우스의 인종 카스트 제도에 어긋나는 노예 강간 혐의는 "말도 안 되는 거짓"이며 "관광객들이 하는 게임" 때문에 빚어진 오해의 산물이라고 주장했다. 하지만 그 혐의는 사실이었고 해먼드 역시 누구보다 이를 잘 알고 있었다. 학자들은 1839년 해먼드가 열여덟 살 노예와 그녀의 두 살배기 딸을 사서 처음에는 엄마와, 나중에는 딸과 성적인 관계를 맺고, 해먼드의 아들 역시 그들과 성관계를 했다고 기록한 개인 문서를 찾아냈다. 해먼드의 '욕구'를 충족시켜주지 못했던 아내는 나중에 이 사실을 알고 몇 년 동안 가출을 했다. 해먼드는 노예 모녀가 낳은 자신의 자식과 손자들을 영지에 남겨두고 키웠다. "친자식 혹은 친자식일지도 모를 아이들이 다른 누군가의 노예가 되더라도 괜찮다. 한 가정의 노예가 되는 것은 그들에게 가장 행복한 환경을 보장할 것"이라는 주장을 막상 자신은 실천하지 않았다.[5]

농장주들은 노예제가 공화국의 귀족들에게 안정과 영속성을 선사해준다며 찬양했다. 『런던 타임스』 통신원인 윌리엄 러셀은 남북전쟁이 터지기 전 사우스캐롤라이나에서 "농장주들은 진정한 귀족이다. 그들은 노예제 덕분에 누리는 자유 시간에 교양을 닦고 있다"면서 "영국식 군주제와 특권 계급, 지주 귀족, 젠트리에 대한 그들의 동경은 거짓 없는 진심"이라고 썼다. 한 농장주는 러셀에게 "우리를 다스릴 영국의 왕족이 온다면 우리는 기꺼이 받아들일 것"이라고 말했고, 다른 이들도 독립 혁명을 후회하면서 "가능하다면 시간을 되돌리고 싶다"고 말했다.[6]

양키를 향한 농장주들의 증오는 다른 사람들을 깜짝 놀라게 할 만큼 깊었다. 러셀은 "마녀 화형식과 잔인한 박해를 일삼는 북부 광신도들의 식민지는 흉포하고 피에 굶주려 있으며 과격한 종교 재판이 열리지만, 젠틀맨이 세운 사우스캐롤라이나는 그와 다르다고 농장주들은 주장한다"고 기록했다. 그는 "양키를 향한 그들의 증오심만큼 잔인하고 지독한 것은 없다"면서 "뉴잉글랜드는 도덕적·정치적 교활함, 사회적 부패 등 사우스캐롤라이나가 싫어하는 모든 요소의 원천 같은 존재였다"고 말했다. 또 다른 농장주는 그에게 "만약 메이플라워호가 바다에 가라앉았더라면 우리가 이런 극한에 내몰리진 않았을 것"이라고 말했다.[7]

당시 남부에 살던 사람의 대부분은 디프사우스의 백인 우월주의와 양키에 대한 증오심에 동조했지만, 귀족 공화정제에는 동의하지 않았다. 1860년 선거 전 열린 민주당 연례 회의는 노예제를 둘러싸고 입장이 첨예하게 갈렸다. 사우스캐롤라이나의 대표들은 디프사우스 동료들과 함께 회의장 밖으로 나가버렸다. 농장주인 윌리엄 프레스턴은 회의장을 떠나면서 "노예제는 우리의 왕이고, 우리의 진리이며, 우리의 신성한 권리"라고 일장 연설을 했다. 그러나 그들을 따라 나간 것은 타이드워터가 지배하는 메릴랜드와 델라웨어 대표들뿐이었다. 국경지대인과 가톨릭 이민자들을 대변하는 북쪽 남부 지역의 대표들은 자리를 지켰다. '남부' 안에서도 여러 의견이 충돌했는데 이는 주_州, 계급, 산업에 따라 입장이 갈린 것이 아니라 민족과 지역별로 나뉘었다. 앨라배마 북부, 테네시 동부, 텍사스 동북부 등 애팔래치아는 분리 독립에 반대했다. 반면 앨라배마 남부, 테네시 서부, 텍사스 만 주변의 디프사우스인은 독립을 열렬하게 지지했다. 텍사스에서는 사우스캐롤라이나 출신 정치인인 루이스 위그폴이 애팔래치아 출신인 존 레건, 샘 휴스턴과 충돌했다. 미시시피에서는 켄터키 애팔래치아 출신인 제임스 알콘이 사우스캐롤라이나 출신인 앨버트 갤러틴 브라운과 그가 이끄는 급진 분리주의자들에 맞서 싸웠다. 루이지애나의 부유한 농장주들은 열렬한 연방 지지자였다. 그들은 디프사우스보다 오히려 뉴올리언스 지역의 뉴프랑스인과 비슷한 정서를 가지고 있었다(당시 한 디프사우스인은 "뉴올리언스는 노예제 확대를 반대하는 쪽에 가까웠다"면서 "크리오요는 그들의 농장에 노예가 사라질 경우 어떤 위험이 닥칠지 이해하지 못하고 있다"고 말했다). 훗날 남부연합 대통령이 되는 제퍼슨 데이비스는 1850년 미시시피 상원의원직에 입후보했을 때 애팔래치아인이 정착한 미시시피 북부 지역에서 거의 표를 얻지 못했다. 당시 애팔래치아인들은 데이비스의 경쟁자였던 녹스빌 태생의 로저 바턴을 지지했다. 멕시코 만 연안 5개 주에서 애팔래치아인들이 정착한 지역은 1860년 선거에서도 연방주의자를 하원의원으로 선출했고, 이들은 노예제를 지지하는 남부 지역 의원들과 충돌했다.[8]

투표권을 가진 디프사우스인은 대통령 선거에서 강경 분리주의자인 존 C. 브레킨리지에게 표를 몰아줬다(그렇게 투표한 이들은 사우스캐롤라이나의 의원들이었다. 그들은 일반 대중에게 행정 수반을 직접 선택할 권한을 주는 것조차 못마땅해했다). 브레킨리지는 디프사우스가 장악한 모든 주에서 압승을 거뒀다. 반면 존 벨이나 스티븐 더글러스 같은 온건파는 외지인이 많은 애틀랜타 도시 주변의 몇몇 카운티에서만 승리했다. 디프사우스 지역의 투표용지는 링컨의 이름을 아예 기재조차 하지 않았다.

링컨이 대통령으로 당선되자마자 사우스캐롤라이나는 가장 먼저 연방에서 탈퇴했다. 취임식이 열리기도 전에 미시시피, 앨라배마, 조지아, 플로리다, 루이지애나, 텍사스 등 디프사우스가 장악한 주써들이 줄줄이 탈퇴에 합류했다. 1861년 2월 8일, 디프사우스 주들은 자신만의 새 정부를 꾸리기 위해 앨라배마에서 만났다. 타이드워터와 애팔래치아는 그 모임에 참석하지 않았다. 나중에 다시 살펴보겠지만, 그들은 연합을 따로 꾸리고 싶어했다.

1861년 4월 디프사우스가 연방정부의 우체국, 조폐 기관, 세관선, 무기고, 군사 기지를 먼저 공격하지만 않았더라도, 그들은 평화 협상을 통해 분리 독립에 성공했었을지도 모른다. 실제로 사우스캐롤라이나가 섬터 요새를 공격하기 전까지만 해도 양키텀은 고립되어 있었다. 디프사우스의 반란을 무력으로 진압하자는 양키텀의 계획에 동조하는 우군은 하나도 없었다. 링컨 대통령은 남부 지역에 있는 연방정부의 군사 기지를 디프사우스에 넘겨줄 수 없다고 거부하는 순간에조차 전쟁을 먼저 일으키지 않겠다고 공표해야 했다. 링컨은 찰스턴 항구를 지키는 섬터 요새에 보급품이 떨어지자 신중하게 접근했다. 그는 섬터 요새에 무기와 탄약을 제외한 식량 보급품만 전달하겠다고 사우스캐롤라이나에 통고했다. 만약 디프사우스 연합이 요새나 구호 선박을 먼저 공격할 경우 디프사우스 편에 서기로 한 애팔래치아, 미들랜드, 뉴네덜란드의 지지자들은 등을 돌릴 공산이 컸다. 디프사우스 역시 이 사실을 잘 알고 있었다. 남부연합의 국무장관인 리처드 래더스는 "전쟁을 선택할 수밖에 없는 상황으로 북부를 몰아간다면 분리주의자들은 협상의 기회를 놓치게 된다"고 데이비스 대통령에게 경고했다. 그는 "전쟁이 터지면 연방의 단결과 존엄성을 지키기 위해 애국적인 자원병들이 몰려들 것이다. 그들은 정당이나 지역과 관계없이 북부의 깃발 아래 서서 남부의 적이 될 것"이라고 말했다. 그러나 데이비스는 전쟁이 시작되면 애팔래치아, 미들랜드, 뉴네덜란드가 남부 편에 설 것이라고 확신했기 때문에 래더스의 충고를 무시했다. 그리고 이는 북미 역사상 최악의 오판 중 하나가 된다.[9]

섬터 요새를 공격하기 전까지만 해도 뉴네덜란드는 디프사우스의 든든한 지지자였다. 뉴네덜란드가 이 대륙에 노예제를 도입한 장본인이며 19세기 초까지 노예 노동에 의존했다는 사실을 상기해보면 놀랄 일도 아니다. 1790년 뉴네덜란드의 농촌인 킹스, 퀸스, 리치먼드에서는 노예를 소유한 백인 가정 비율이 사우스캐롤라이나보다도 높았다. 뉴네덜란드의 특징은 관용적인 문화였지만 그들의 관용에는 도덕적인 기준이 없었다. 노예제까지도 관용적으로 받아들인 그들은 노예 소유를 각자의 자율적인 판단에 맡겼으며 결코 금지하지 않았다. 그러나 뉴네덜란드에게는 불행하게도, 뉴욕 주 정부를 장악하는 데 성공한 양키들은 1827년 노예제를 금지해버렸다(뉴네덜란드가 세력을 유지한 뉴저지의 극히 일부 지역에는 19세기 중반까지도 75명의 노예가 존재했다). 그러나 뉴욕 주가 노예제를 폐지한 후에도 대도시의 실상은 여전했다. 뉴욕 시에서 활개 치던 수많은 "흑인 포획꾼"은 이곳으로 도망쳐온 노예나 자유 흑인을 납치해 남부의 농장으로 끌고 갔다. 디프사우스 및 타이드워터의 노예 소유주들과 깊은 유대관계를 맺고 있던 뉴욕의 상인과 은행가들은 남부 편이었다. 지역 신문인 『이브닝 포스트』가 1860년에 보도한 것처럼 "뉴욕 시는

북부의 도시였지만, 동시에 남부의 도시"이기도 했다.[10]

1860년 선거 당시 뉴네덜란드에 속한 모든 카운티와 북부 뉴저지, 서부 롱아일랜드, 남부 허드슨 밸리는 링컨이 아니라 그의 경쟁자인 스티븐 더글러스를 찍었다. 뉴네덜란드인은 남부연합이 연방에서 평화롭게 독립하길 원했다. 그리고 원로 정치인을 비롯한 일부 사람은 뉴네덜란드도 독립해서 독일의 자유 도시 연합체인 '한자동맹Hanseátic Léague' 같은 도시 국가를 세우자고 주장했다. 페르난도 우드 뉴욕 시장은 사우스캐롤라이나가 독립을 선언한 후 시의회에서 "우리 주의 다른 지역은 불행히도 광신적인 뉴잉글랜드에 물들어 있지만, 우리 시는 노예 주의 헌법적 권리와 내부 관습을 짓밟기 위한 싸움에 동참하지 않겠다"고 말했다. 이어 "이 도시를 위협하는 요인은 외부가 아니라 주 내부에 도사리고 있다"면서 반드시 미연방에서 탈퇴해 이 "혐오스럽고 압제적인" 관계를 끊자고 주장했다. 그는 롱아일랜드 교외 지역과 손을 잡고 세금이 낮은 독립적인 도시 국가를 세울 계획이었다. 그의 제안은 은행가, 상인, 그리고 뉴욕 시 민주당 의원 중 최소 1명 이상과 지역 신문 최소 세 곳 이상의 지지를 받았다. 유력지인 『뉴욕 헤럴드』는 뉴욕 시 독립에 대한 이해를 돕기 위해 한자동맹 방식의 도시 국가 정부 구조를 자세히 보도했다. 디프사우스가 섬터 요새를 공격하지 않았더라면 뉴네덜란드도 독립에 성공했을지 모른다.[11]

전쟁이 임박할 무렵, 뉴네덜란드의 뉴욕 의원 6명은 중요한 사안에 대해 투표할 때마다 디프사우스 의원들과 행동을 같이했다. 대니얼 스티클스 의원은 사우스캐롤라이나가 독립한 후에도 디프사우스에 대한 지지를 이어나갔다. 그는 의회에서 "다른 주에 대해 전쟁을 벌이려는 자는 뉴욕 시에 한 발자국도 들여놓을 수 없다"면서 "뉴욕 시는 절대 청교도의 부속물이나 노예가 되지 않을 것"이라고 주장했다.

그러나 사우스캐롤라이나가 섬터 요새를 먼저 공격하자 이들의 입장은 하룻밤 사이에 바뀌었다. 래더스가 예상했던 것처럼 뉴네덜란드 뉴욕과 뉴저지에서는 미국에 대한 애국주의가 분출했다. 우드 시장과 스티클스 의원, 뉴욕상공회, 『헤럴드』 신문은 즉시 링컨과 북부에 대한 지지를 선언했다. 스티클스 의원은 연방 육군 장관에게 "섬터 요새에 대한 공격은 북부를 하나로 단결시켰다"고 썼다. "남부는 이제 외국인에 불과하다." 그는 스스로 자원병을 모아 연대를 꾸려서 전투에 참전했다.[12]

미들랜드는 오랫동안 노예제를 반대해왔음에도 불구하고 섬터 요새 공격전까지는 남부 독립에 대해 양면적인 입장이었다. 퀘이커와 재세례파 교도들은 노예제에 대한 도덕적 죄책감보다 평화주의 신념이 훨씬 더 강했다. 펜실베이니아 미들랜드 지역의 언론과 정치인들은 디프사우스의 평화적인 분리 독립을 보장해줘야 한다고 주장했다. 반면 미들랜드 지역인 델라웨어 북부는 타이드워터 지역인 델라웨어 남부와 끊임없이 충돌하면서 전운이 감돌았다. 뉴저지 남부에 정착한 미들랜드인은 북부 뉴저지가 독립한다 하더라도 노예를 사고파는 고섬 도시 국가Gotham(뉴욕을 가리킴)에 합류할 의사가 전혀 없었다.

1860년 대통령 선거 당시 미들랜드는 메릴랜드 북부와 델라웨어를 뺀 모든 곳에서 압도적으로 링컨을 지지했다. 그 두 지역은 투표용지에 링컨의 이름이 아예 적혀 있지 않았기 때문에 대신 중도파인 벨을 찍었다. 링컨은 오하이오 중부부터 아이오와 남부를 아우르는 미들랜드 중서부 지역에서 압승을 거두고, 일리노이와 인디애나마저 그의 지지층으로 끌어들였다. 그러나 미들랜드는 링컨을 찍은 것과 별개로, 양키들의 통치를 받을 생각은 전혀 없었다. 미연방이 해체 위기에 직면하자 미들랜드 정치인과 오피니언 리더들은 애팔래치아와 손잡고 뉴저지에서 아칸소에 이르는 '중부 연합Central Confederacy'을 창설하려 했다. 그들의 구상은 양키덤과 디프사우스 사이에 중립적인 완충 지대를 만들어 충돌과 전쟁을 막자는 것이었다. 볼티모어의 출판인이자 전 국회의원인 존 펜들턴 케네디는 다른 나라를 정복해 영토를 확장하려는 디프사우스는 물론 그런 디프사우스를 무력으로 막아 연방을 지키려는 양키까지 모두에게 반대하면서 국경지역 주들이 새로운 연합체를 꾸리자고 주장했다. 그는 이 계획이 "서로 다르다는 이유로 벌어지는 분쟁을 종식시킬 수 있는 중립적이고 적절한 방식"이라고 생각했다. 메릴랜드 주지사인 토머스 힉스도 그렇게만 된다면 미들랜드, 애팔래치아, 타이드워터 지역 사이에 걸쳐 있어서 충돌이 끊이지 않는 메릴랜드 주에 평화가 찾아올 것이라고 여겼다. 그는 펜실베이니아, 뉴저지, 델라웨어, 오하이오, 미주리, 뉴욕, 버지니아의 주지사들과 새로운 동맹의 초석을 다지기 위해 계속 편지를 주고받았다.[13]

그러나 디프사우스가 섬터 요새를 공격한 후 미들랜드의 태도는 급변했다. 분리주의자들에게 우호적이었던 펜실베이니아 주의 필라델피아, 이스턴, 웨스트 체스터인들은 친親남부 성향의 신문사에 쳐들어가거나 정치인들을 원래 고향으로 쫓아냈고, 분리주의자들을 공개적인 장소에서 모욕했으며, 각 가정과 사업장에 연방 국기를 게양하도록 했다. 메릴랜드에서 중부 연합 계획은 하루아침에 없던 얘기가 돼버렸다. 메릴랜드는 미들랜드와 애팔래치아인이 장악한 지역은 북부 편에, 타이드워터가 장악한 지역은 남부연합 편에 서면서 양쪽으로 찢어졌다. 미들랜드에서 남부연합의 깃발은 공격 대상이 됐고 인디애나, 일리노이, 미주리의 미들

랜드 지역 역시 양키와 운명을 같이하기로 했다.[14]

19세기 중반, 타이드워터는 정치적으로 무력화돼 있었다. 그들은 메릴랜드, 델라웨어, 노스캐롤라이나는 물론, 1861년 웨스트버지니아가 버지니아에서 분리되기 전까지는 심지어 버지니아에서조차 소수였다. 타이드워터는 디프사우스와 문화가 달랐지만, 노예제를 둘러싼 충돌이 거세질수록 보호를 받기 위해서라도 디프사우스 쪽에 깊숙이 발을 들여놓지 않을 수 없었다. 설탕·목화와 달리 담배 시장은 전 세계적으로 퇴조하는 중이었고, 타이드워터의 젠트리는 상당수의 노예를 디프사우스에 내다 팔고 사업체를 아예 멕시코 만 주변으로 옮긴 상태였다. 타이드워터는 디프사우스의 이념을 실제로 받아들일 순 없었지만, 적에게 포위됐다고 느끼자 디프사우스의 노예제를 지지했다.

버지니아의 유서 깊은 명문가 자손인 조지 피츠휴는 누구보다 앞장서서 노예제를 찬양했다. 그는 가난한 이는 모두 노예로 만들어야 한다는 해먼드의 주장을 지지하고 발전시켰다. 그는 많은 것을 소유한 귀족은 '아내, 자식, 노예'처럼 자신에게 속한 모든 것을 돌보려는 마음을 가졌기 때문에 그런 귀족이야말로 국가의 진정한 '마그나카르타Magna Carta'라고 주장했다. 피츠휴의 책은 인기가 아주 많았는데, 그는 "북부인들이 노예제를 없애려고 하는 것처럼 나는 자유사회를 없애는 데 최선을 다하겠다"고 선언했다.[15]

양키와의 갈등이 격화되자 노르만 인종의 우월성을 주장하는 타이드워터의 인종차별론도 다시 고개를 들기 시작했다. 전쟁 기간에 타이드워터는 디프사우스와의 유대를 강화하기 위해 노르만·왕당파 민족의 우월성을 강조하면서 디프사우스 엘리트들을 이 민족의 범주에 포함시켰고, 나중에는 노르만 혈통과 전혀 상관없는 애팔래치아인까지 여기에 끼워줬다. 타이드워터는 이 전쟁을 앵글로색슨족의 폭정으로부터 노르만족이 해방하기 위한 투쟁으로 바라봄으로써 골치 아픈 노예제 문제를 덮어버리려 했다. 1861년 타이드워터의 유력지인『남부 문학 전령Southern Literary Messenger』은 "전력이 우세하고 우리보다 여러모로 유리한 원두당여기서는 북부를 뜻함**16**이 다수의 승리를 거둘 것"이라고 인정하면서도 "그러나 그들은 최후의 전투에서 패배해 열등한 지위로 추락하게 될 것"이라고 주장했다. 이 신문은 남부연합의 목표가 "이 대륙의 모든 인종 중에서 가장 우월한 사람들"이 지배하는 일종의 '귀족 공화국'을 만들기 위한 것이라고 주장했다.

이 프로파간다는 디프사우스에서도 인기를 끌었다. 1862년 제퍼슨 데이비스는 미시시피 의원들을 상대로 연설하면서 "우리의 적은 전통도, 근본도 없는 민족들이다. 크롬웰이 잉글랜드와 아일랜드 북부의 늪지대에서 모아온 세계 평화의 걸림돌"이라고 주장했다.『디보스 리뷰DeBow's Review』는 "존경받는 권력에 대한 왕당파의 숭배는 매우 자연스러운 것이며, 이는 사색적 사상 이론보다 우위에 있다"면서 이러한 섭리를 어긴 미국 혁명의 실수를 되돌려놓기 위한 투쟁이 바로 이 전쟁이라고 주장했다. 노예 소유주들은 군주제를 포기함으로써 "불평등과 복종에 바탕을 둔 계급적 사회를 구현한" 이 훌륭한 제도를 위험에 빠뜨렸다. 민주주의는 "무지한 대중"의 손에 정치적 힘을 쥐여줘서 "왕당파를 청교도의 지적인 노예로 복종시키는" 결과를 낳았다. 타이드워터와 디프사우스의 사상가들은 이 전쟁이 고귀한 귀족적 질서와 "한낱 개인이 어떤 정치 체제보다 가치 있다"고 여기는 위험한 청교도적 관념 사이의 싸움이라고 생각했다. 피츠휴가 주장한바 그것은 "보수주의자와 혁명주의자, 기독교도와 세속주의자, 순결한 자와 육욕적인 자, 결혼주의자와 자유연애주의자 사이의 싸움"이었다. 어떤 이는 심지어 남부연합이 청교도의 월권에 맞서 위그노-성공회 반종교개혁과 싸우고 있는 것이라는 황당한 주장을 펼치기도 했다. 그들은 지금 폐지해야 할 것은 노예제가 아니라 민주주의라고 주장했다.[17]

1860년 대통령 선거에서 타이드워터는 온건파인 벨과 강경 분리주의자인 브레킨리지 사이에서 의견이 갈렸다. 벨의 지지자는 메릴랜드 동부 해안가와 노스캐롤라이나 타이드워터 지역에 몰려 있었다. 사우스캐롤라이나가 독립하자마자 타이드워터는 그 뒤를 따르고자 했지만 메릴랜드, 버지니아, 노스캐롤라이나 주 정부를 장악한 다른 국민의 반대 때문에 그러지는 못했다. 섬터 요새 공격과 링컨의 전쟁 선포 후에야 버지니아와 노스캐롤라이나는 독립을 감행했지만, 메릴랜드와 델라웨어는 그 후에도 독립하지 않았다. 이들 4개 주의 독립 여부를 결정한 가장 중요한 변수는 타이드워터가 아니라 국경지대인들이었다.

그레이터 애팔래치아는 분리 독립을 선언한 디프사우스와 전쟁을 선포한 양키 사이에서 가장 양면적인 태도를 보였다. 중부 펜실베이니아와 남부 일리노이, 북부 앨라배마에 이르는 애팔래치아 지역의 국경지대인들은 양키에 대한 혐오감과 디프사우스 농장주에 대한 증오심을 동시에 갖고 있었다. 디프사우스와 양키 모두 국경지대인들이 추구하는 이상적인 사회에 위협적인 존재란 점은 똑같았지만, 그 이유는 전혀 달랐다. '대의'를 위해서라면 개인의 욕구와 이익을 희생할 수 있어야 한다는 양키들의 가치관은 개인의 자유를 중시하는 애팔래치아와 상극이었다. 국경지대인들은 자신들이 옳다고 믿는 대로 다른 이를 변화시키려 하는 양키의 도덕적 성전과 모든 인종이 평등하다는 그들의 주장을 극도로 혐오했다. 동시에 지난 수 대에 걸쳐 귀족 노예 소유주들의 폭정에 시달려온 이들은 남부 농장주들이 열등한 백인을 노예화해야 한다고 주장할 때 자신들을 염두에 두고 말한다는 사실을 알고 있었다.[18]

남부를 둘러싼 갈등이 고조되자 국경지대인들은 노예제 폐지주의자들에게 적대적인 태도를 취했다. 노예 해방 강연을 방해하거나 신문을 훼손하고 양키 정치인들이 일탈하도록 부추겼다. 일리노이 주지사인 존 레이놀즈와 인디애나의 후지어들이 발간한 신문은 노예제 폐지 주장이 뉴잉글랜드 초기에 횡행했던 광신적인 마녀 재판과 다를 바 없다고 주장했다. 그러나 국경지대인들은 동시에 탈주노예 송환법도 거세게 비난했다. 한 후지어가 말한 것처럼, 그 법은 "남부를 위해 노예를 납치하도록 북부의 자유인들을 유혹하는 법"이었다. 원래 노예 소유주였던 켄터키 출신의 제임스 G. 버니는 폐지주의자로 돌아서면서 "디프사우스의 시스템은 다수를 가난하고 비참하게 만들며, 극소수는 나태한 쾌락을 추구하며 쓸모없는 삶을 살게 하는 것"이라고 비난했다. 그는 사실상 노예제는 "채찍에 맞아 벌벌 떠는 개처럼 평범한 시민들을 남부 노예 소유주의 발밑에 엎드리게 만들기 위한 제도"라고 말했다.[19]

국경지대인들은 자신들의 자유가 디프사우스와 양키의 세력 다툼 사이에 끼자, '국민 주권설'의 신봉자가 됐다. 자기 지역에 노예제를 도입할지 말지는 주민들 스스로 결정하게 하자는 것이었다. 연방정부가 그들이 내놓은 절충안을 거부하자 국경지대인들은 중립을 지키거나 중부 연합 창설에 합류하고자 했다. 사우스캐롤라이나의 독립이 기정사실화된 후 애팔래치아 출신인 버지니아 주지사 존 레처는 주 의원들에게 미연방은 4개 나라로 쪼개질 것이라고 말했다. 그가 말한 4개 나라는 버지니아, 펜실베이니아, 뉴저지, 그리고 "강력한 제4의 세력"이 될 국경지대와 중서부의 주였다. 펜실베이니아 출신인 애팔래치아의 정치적 거두, 제임스 뷰캐넌 전 대통령은 남부 분리 독립은 반드시 평화로운 방식으로 해결돼야 하지만, 만약 연방의 안전이 위협받는다면 스스로를 지키기 위해 일어서야 한다고 주장했다. 애팔래치아는 1860년 선거에서 크게 분열된 양상을 보였다. 켄터키, 버지니아, 테네시, 텍사스에서 애팔래치아가 장악한 지역은 온건파인 벨이 아슬아슬하게 이겼고, 링컨은 펜실베이니아에서 승리했으며 더글러스는 애팔래치아 중서부 지역에서 1위를 했다.

1861년 1월 멕시코 만 연안의 주들은 각자 대표를 선출해 분리 독립 회의를 열었지만, 그 지역의 애팔래치아인들은 이에 동조하지 않았다. 켄터키도 회의 소집 자체를 거부하고 계속 중립을 지켰다. 노스캐롤라이나와 테네시 주의 애팔래치아는 2월에 독립 회의 개최 여부를 놓고 주민 투표를 하지만 반대 의견이 훨씬 더 높게 나왔다. 아칸소 주의 경우 서북부의 애팔래치아 대표들이 연방 탈퇴 안건을 부결시키자 동남부 저지대의 디프사우스 대표들은 분리 독립을 강행하겠다고 위협했다. 그해 4월, 버지니아가 분리 독립을 선언한 후 버지니아 서북부의 애팔래치아인은 이에 대한 항의로 중요한 전략 요충지인 볼티모어와 오하이오 철도를 장악했다.[20]

섬터 요새가 공격을 당하고 링컨이 전쟁을 선포하자 애팔래치아인은 결국 그들이 경멸해 마지않는 디프사우스와 양키, 둘 중 하나를 선택해야만 했다. 디프사우스는 백인 우월주의에 찬성하는 애팔래치아가 남부 연합 편에 설 것으로 생각했다. 그러나 국경지대인들은 언제나 그래왔던 것처럼 일단 적이라고 생각되면 가차 없이 무기를 들고 맹렬하게 싸웠다. 디프사우스로서는 예상치 못한 일이었지만, 애팔래치아인 대부분은 양키보다 농장주들이 자신들의 자유를 더 위협한다고 여겼다. 버지니아가 연방 탈퇴를 강행하자 버지니아 서부 지역의 국경지대인들은 앞다퉈 북부군에 자원했으며, 휠링에 모여 주 정부를 세운 후 1863년 웨스트버지니아라는 별개의 주로 독립했다. 테네시 동부의 애팔래치아인도 주민 투표에서 2 대 1로 분리 독립 안건을 부결시키고 자신들만의 연방정부를 세우려 했다. 정부 수립 계획이 실패하자 수천 명이 켄터키로 도망가서 북부군에 자원입대했고, 다른 이들은 철도 다리에서 사보타주 시위를 벌였다. 북부 앨라배마의 애팔래치아인은 '윈스턴 연방 자유 주'를 따로 설립한 후 북부군에 앨라배마 사단의 이름으로 합류했다. 남부연합 지역에서 북부군에 합류한 애팔래치아 자원병은 모두 25만여 명에 달했으며, 사우스캐롤라이나를 제외한 모든 주가 포함돼 있었다. 뷰캐넌도 펜실베이니아와 함께 북부 지지를 선언했고, 수만 명의 스콧-아이리시가 디프사우스 반역자들을 처벌하기 위해 북부군에 입대했다. 사우스캐롤라이나의 섬터 요새 공격을 반역으로 간주한 애팔래치아 중서부 지역의 국경지대인들은 성조기 아래 모여들었다. 한 후지어는 신문 기자에게 "나는 켄터키인"이라고 운을 뗀 후 "하지만 나는 지금 미국인이다"라고 말했다.[21]

섬터 공격은 펜실베이니아, 미주리, 인디애나, 서부 버지니아의 애팔래치아인 대다수를 북부군 편으로 돌아서게 했다. 반면 링컨의 전쟁 선포가 자신들을 향한 직접적인 공격이라고 여긴 다른 애팔래치아 지역들은 남부연합 편에 섰다. 애팔래치아인 노예 소유주가 많은 남쪽 지역일수록 이런 정서가 강했다. 노스캐롤라이나 중부와 서부, 테네시 중부, 버지니아 서남부, 아칸소 북부 등이 이에 해당된다. 섬터 공격 후 이 지역들은 투표를 통해 분리 독립을 지지했고, 디프사우스가 남부연합을 창설하자

3~4개월 만에 가입했다.[22]

우리가 알다시피 남부연합은 1865년에 패배한다. 도시는 '외국군'에게 점령됐고, 노예는 대통령의 법령에 따라 해방됐다. 양키들은 값비싼 대가를 치른 끝에 얻어낸 북부군의 승리를 기회 삼아 디프사우스, 타이드워터, 그리고 남부연합의 편에 선 애팔래치아를 양키와 미들랜더 같은 민주사회로 바꾸고자 했다. 이 거대한 프로젝트를 위해 연방정부는 세 지역에 군인뿐 아니라 양키와 미들랜드 교사 수천 명, 선교사, 사업가, 정부 관료들을 배치했다. 공립교육 시스템을 도입하고 인종별로 분리된 초등학교와 흑인 대학(그중 상당수는 오늘날까지 존재한다)을 세웠다. 또 디프사우스의 카스트 제도와 관련된 법과 관습을 폐지하는 한편, 해방된 자유 노예에게 공직에 출마하거나 투표에 참여할 권리를 부여했다. 반면 남부연합에서 관직을 맡았던 사람은 이러한 권리를 박탈당했다. 1870~1877년 15명의 흑인이 남부에서 하원의원으로 선출됐다. 그리고 흑인 인구가 과반수를 차지하고 있던 미시시피의 상원의원 2명도 흑인으로 채워졌다.[23]

하지만 언제나 그렇듯이 외부인이 한 지역의 근본적인 문화를 바꾸는 것은 어려운 일이다. 타이드워터, 디프사우스, 남부연합 애팔래치아인은 양키의 개혁에 단호히 저항했고, '재건' 지역의 백인들은 1876년 북부군이 철수하자 모든 개혁 조치를 무효로 만들었다. 양키 공립학교들은 폐지됐고, 양키가 강제로 도입한 헌법은 다시 쓰였다. 백인 우월주의가 되살아나면서 선거에 참여하기 위해서는 세금을 내고 '문맹 테스트'를 통과해야 하는 등 흑인의 투표권을 빼앗기 위한 각종 장치가 부활했다(그 결과, 사우스캐롤라이나에서 대통령 선거 투표수는 인구가 늘었음에도 1876년

18만2600표에서 1900년 5만 표로 줄어들었다). KKK 단원들은 공직에 출마하거나 예전의 카스트 제도에서 벗어난 일을 한 '건방진' 흑인들을 살해했다. 전쟁과 점령 기간을 거친 후에도 디프사우스와 타이드워터는 그들의 문화적 근본을 고스란히 유지했고, 앞으로 다가올 세기에 또 다른 문화적 충돌을 야기하게 된다.[24]

제4부

문화전쟁:
1878~2010

22장

파웨스트의
탄생

—

미국이 가장 마지막으로 정복한 땅이 파웨스트인 데에는 그럴 만한 이유
가 있다. 이곳은 유럽 이주민들이 정착한 대서양 연안처럼 농사짓고 식
물과 가축을 키우며 정착하기에 매우 척박한 환경이었다. 파웨스트 지역
은 다코타, 네브래스카, 캔자스, 오클라호마를 가르는 제98경선에서 시
작한다. 그 선을 기준으로 서쪽 너머는 연간 강우량이 20인치에 불과해
서, 앨라배마 모빌의 3분의 1에도 못 미친다. 서부 네브래스카와 동부 콜
로라도의 건조한 갈색 평원, 네바다와 캘리포니아 내륙의 사막, 관목 외
에는 아무것도 자라지 않는 오리건 내륙과 워싱턴의 건조한 산악지역은
대규모 관개 수로의 도움 없이는 농작물을 키울 수 없는 곳이었다. 이 지
역은 평원과 계곡조차 애팔래치아 산맥의 최정상보다 고도가 높을 만
큼 고지대였고, 특히 토양에 알칼리염 성분이 많아 웬만한 작물은 재배
할 수 없었다. 게다가 이 광활한 땅덩이의 강들은 수심이 너무 얕아서 운
항이 불가능했기 때문에 무언가를 재배한다 한들 시장에 내다 팔 수 있

는 길도 없었다. 또 이 지역의 인디언들은 200년 전 엘 노르테가 북미 대륙에 처음 말을 들여온 후 완벽하게 기마술을 익힌 덕에 외지의 침입자를 귀신같이 찾아내곤 했다. 애팔래치아 개척자들이 썼던 장비와 기술은 물론 양키와 미들랜드의 농사 기법도 파웨스트에서는 무용지물이었다. 디프사우스의 농작물은 말할 것도 없었다.

그 결과, 다른 지역에서 오는 이주민들은 모두 이곳을 그냥 지나쳐 곧장 숲이 우거진 레프트코스트로 향하거나 파웨스트의 끄트머리에 있는 광산으로 달려갔다. 1860년 파웨스트의 비非인디언 인구는 그 어마어마한 땅 넓이에도 불구하고 샌프란시스코 인구보다도 적었다. 사람들은 이곳에서 오래 지체할 이유를 찾지 못했다. 관개 수로와 기차, 에어컨이 도입되지 않은 서부 고원과 사막은 눈을 뜰 수 없을 만큼 강렬한 태양, 엄청난 더위, 미쳐버릴 정도로 단조로운 풍경이 펼쳐지는 무시무시한 곳이었다. 이 지역을 횡단하다보면 탈수로 사망했거나 불한당이나 인디언에게 죽임을 당한 사람과 동물의 사체를 곳곳에서 발견할 수 있었다. 1850년에 네바다 북부로 이주해온 한 사람은 "온종일 개울을 헤엄쳐 건너고 힘겹게 진창을 헤치며 걷다가 밤에는 피곤하고 축축한 몸으로 잠들어야 했다"고 기록했다. "아침에 우리는 뻣뻣한 몸을 일으켜 진드기가 붙어 있지 않은지 체크했다. 이곳의 진드기는 옥수수 알만큼 커다랬다. 우리는 종일 모기떼 및 각다귀 떼와 싸우면서 밤늦게까지 수풀과 물을 찾아다녔다."[1]

극단적인 환경 때문에 그 어느 민족도 파웨스트를 장악하는 것은 불가능했다. 그레이터 애팔래치아, 양키덤, 미들랜드는 수원이 풍부한 중서부 지역의 평원에 적응해 뿌리를 내리는 데 성공했다. 하지만 그들은 98경선 앞에서 멈출 수밖에 없었다. 그 너머에서는 개인이나 공동체의 생존이 불가능했다. 내륙으로 진출하고 싶다면 다음 두 가지 방법 중 하나를 택하는 수밖에 없었다. 첫째는 이곳 인디언이나 허드슨 베이 컴퍼니의 초기 모피 중개상처럼 유목민 생활을 하는 방법이다. 아니면 둘째는 자본, 기계, 용병, 일꾼을 이끌고 광활한 내륙 개발에 나선 산업 기업체를 따라오는 방법뿐이었다. 파웨스트에 온 사람들은 거의 모두 후자의 형태로 왔고, 설령 처음엔 그렇지 않았더라도 결국엔 기업체에 의존할 수밖에 없었다.

파웨스트는 민족적 지역 문화가 아니라 외부 수요에 따라 정체성이 형성된 독특한 지역이다. 환경적 요인이 정착민의 문화적 특징을 압도한 곳은 여기가 유일하다. 유로-아메리카는 암석 채굴, 철도, 텔레그래프, 개틀링 기관총, 가시철조망, 수력발전 댐 등 자본집약적인 기술을 이용해 이 지역의 환경적 한계를 극복하려 했다. 그러나 이런 기술을 도입하는 데 필요한 자본을 가진 세력은 일찌감치 동부에 식민지를 형성한 국민과 연방정부뿐이었고, 결국 파웨스트는 이들의 내부 식민지 같은 존재가 되어버렸다. 파웨스트인들은 외부에 의존할 수밖에 없는 신세가 된 것에 지금도 깊이 분노하고 있지만, 현실적으로는 지금 상황을 유지할 수 있게 해준 정책을 지지한다.

파웨스트에 가장 먼저 이주해온 정착민들은 앞서 언급한 패턴에 속하지 않는 예외 사례였다. 1847~1850년, 산업자본이 진출하기 전 두 번의 대규모 이주 행렬이 각각 다른 루트를 통해 파웨스트로 밀려왔다. 유타와 남부 아이다호에 정착해 자영농 하위문화를 형성한 양키 모르몬교도와 일확천금을 노리고 금광으로 몰려온 애팔래치아 스타일의 개인주의 성향을 가진 개척자들이었다. 그러나 그들 중 누구도 서부 내륙의 지배 문화로 성장하진 못했다.

버몬트와 뉴욕의 '불타는 구역'에서 탄생한 모르몬교는 양키 유토피아 운동의 목적으로 1840년대 후반 무렵 유타 주의 그레이트솔트 호숫가에 정착하기 시작했다. 이들은 1847년 종교적 박해를 피해 미국 중서부를 떠나면서 아예 미국 국경 밖에 새로운 피난처를 마련하기로 작심하고 이곳까지 이주해왔다. 그러나 멕시코 전쟁에서 승리한 미국이 사막에 있는 그들의 '약속의 땅'을 합병한 바람에 결국 미국을 벗어나지 못했다. 모르몬교 지도자인 버몬트 태생의 브리검 영은 1850년 유타 영토의 첫 번째 주지사가 됐고, 2년 후 이 지역의 모르몬교도는 2만 명으로 늘어났다. 모르몬교 이주민의 대부분은 양키덤에서 온 사람들이었다. 이는 2000년 인구조사에서 유타 주가 간발의 차이이긴 하나 버몬트 주와 메인 주를 누르고 미국 내에서 영국계 미국인 비율이 가장 높은 주로 꼽힌 이유다.

모르몬교도들은 사회적 응집력과 강한 공동체 정신 덕분에 관개 수로를 건설해 파웨스트의 극한 지역에서도 소규모 농사를 지으며 생존할 수 있었다. 이들은 지주나 외부 세력의 지배를 받지 않고 자영농 집단을 형성했다. 파웨스트의 모르몬교도들은 여러 사안에서 양키덤과 뜻이 맞지 않았기 때문에 공동체주의, 도덕과 선행에 대한 강조, 타인을 동화시켜야 한다는 소명을 실천하는 데 양키와 함께하지 않았다. 모르몬교는 오늘날에도 유타 주, 남부 아이다호, 네바다 동부 지역에 걸쳐 영향력을 행사하고 있다. 이들은 파웨스트에서 정치적으로 가장 강력한 토착 세력이 됐다.

반면 캘리포니아 중부 계곡과 동부 산맥의 금광에 몰려온 사람들은 모르몬교도와 달리 매우 이질적이어서 모래알처럼 흩어졌고 쾌락주의 성향을 갖고 있었다. 그들은 세계 전역에서 몰려왔지만, 그중에서도 특히 동부 애팔래치아 출신이 많았다. 이 때문에 이들은 애팔래치아인의 특성처럼 개인의 노력과 경쟁을 무엇보다 중요시했다. 초기에는 대부분 표층에서 금을 캐내는 소규모 광부였기 때문에, 수확금은 각 개인이 직접 채굴해낸 양으로 한정돼 있었고 자본도 별로 필요하지 않았다. 당시 한 기자는 "광부는 각종 위험과 유해물질 속에서 고된 노동을 견뎌야 했지만, 그들은 일확천금의 꿈에 부풀어 자유를 만끽했다"고 기록했다.[2]

하지만 불행히도 이런 상황은 오래가지 못했다. 캘리포니아의 표층 매장량은 몇 년 만에 고갈되어 점점 더 깊이 파내려가야만 했다. 그러기 위해서는 기업과 은행가들이 소유한 자본과 노동력이 필요했다. 광산과 '일확천금'은 곧 기업들 차지가 됐고, 광부들은 임금노동자 신세로 전락했다. 1859년 네바다 산맥에서 콤스톡 은맥이 발견됐을 때 수천 명의 사람이 네바다 신흥 도시인 버지니아 시티 주변의 산에 몰려들어서 급히 변통한 사료 파쇄기로 작업을 해야 할 정도였다. 의회 앞은 자신들의 요구를 말하려는 군중으로 시끌벅적했다. 그때만 해도 '캘리포니아 초기 이주민'으로 구성된 네바다 의회는 개인 채굴업자와 소기업들 편에 섰다. 하지만 상황은 곧 급변했다.

기업체들은 100여 년에 걸쳐 네바다의 광산과 정치 시스템을 장악했다. 1864년 초, 콤스톡 광맥의 표층이 고갈됐다. 그해 여름 네바다 주 최초의 헌법을 만들기 위해 모인 의원들은 광산 회사의 이익을 보장해주기 위해 지역 경제 대부분을 차지하는 광업의 세금을 대거 면제해주는 조항을 집어넣었다. 광산 회사와 유착된 의원들은 기업이 세금 때문에 떠나가면 일자리가 없어질뿐더러 농산물, 축산물, 목재 등 현지에서 생산되는 상품과 서비스의 수요도 사라질 것이라며 목소리를 높였다. 그렇게 될까봐 겁에 질린 의원들은 이 법을 통과시켰고, 세금은 기업을 제외한

네바다 주의 다른 모든 사람에게 전가됐다. 이런 식의 책략은 파웨스트 전역에서 끊임없이 반복됐다.[3]

그러나 몇 년도 채 지나지 않아 이 같은 공포 전술을 쓸 필요조차 없어졌다. 대기업들은 자신들의 뜻을 관철시키기 위해 그냥 네바다의 의원과 국회 대표단을 돈으로 사버렸다. 1870년 네바다의 정치판은 더 이상 자영농과 기업 간의 싸움이 아니라 기업 카르텔끼리의 싸움이 됐다. 경기가 불황으로 접어들면서 광산 자산을 엄청나게 많이 압류한 뱅크 오브 캘리포니아는 가공 시설, 목재 및 수력자원, 콤스톡의 핵심 철도 노선 등을 모두 소유하게 됐다. 그러자 새크라멘토에 기반을 둔 경쟁사인 센트럴 퍼시픽 철도는 은행이 소유한 자산과 같은 분야에 있는 다른 사업체들을 닥치는 대로 사들였다. 또한 네바다와 다른 지역을 연결하는 운송 수단을 독점해 철로 주변 반경 100마일 이내에 사는 정착민을 모두 자신의 영향력 아래에 뒀다. 두 카르텔 기업 모두 자기 사람을 정부 기관에 심거나, 주 정부 혹은 연방정부에 진출시킬 차세대 친親기업 정치인 양성을 위한 조직을 만들기 위해 엄청난 돈을 쏟아부었다. 1865~1900년, 네바다의 상원의원들은 단 한 명을 제외하고 모두 두 카르텔 기업 중 한 곳과 깊은 관계를 맺고 있었다. 결국 두 카르텔은 네바다에 대한 지배권을 나눠 갖기로 합의했다. 뱅크 오브 캘리포니아는 주 의원들이 친기업적인 법과 규제를 통과시키도록 하는 데 주력했고, 센트럴 퍼시픽 철도는 국회 대표단을 매수했다. 기업의 지역 사무소는 노동조합의 손에 맡겨졌다. 그러나 조합의 활동 목표는 노조원 권익 옹호가 아니라 광산 및 다른 일자리에서 유색인종(특히 중국인)을 몰아내는 것이었고, 때론 이를 위해 폭력배까지 동원했다. 자영농의 시대는 저물었다. 그것은 네바다에서뿐만이 아니었다.[4]

철도 회사의 손에 좌지우지된 것은 광산지역만이 아니었다. 기업들은 광활한 파웨스트 개발 사업을 효과적으로 독점했다. 철도 회사인 유니언 퍼시픽, 센트럴 퍼시픽, 캔자스 퍼시픽, 노던 퍼시픽은 각자 확보한 지역의 철도 노선을 독점해서 승객과 화물 운임 비용을 멋대로 책정했다. 이들 중 해당 지역에 기반을 둔 토착 회사는 단 한 곳도 없었다.

철도는 또한 파웨스트에서 최고의 부동산 자산이자 식민화 도구로 기능했다. 투자 비용이 어마어마한 대륙횡단 건설 프로젝트를 장려하기 위해 연방정부는 철도 회사에 철로 주변 60~100마일 이내의 땅을 매각해줬다. 이를 통해 철도 회사가 차지한 땅을 다 합쳐보면 19세기 후반 무렵 1억5000만 에이커에 달했다. 이는 몬태나 주와 아이다호 주를 합한 크기다. 기업들은 이 땅을 다시 정착민에게 팔 수 있었다. 그렇게 되면 그 땅에 정착하는 사람들이 다른 지역을 오가거나 상품을 운송하기 위해 철도 회사에 철저히 의존할 수밖에 없게 된다는 부수 효과까지 누릴 수 있을 터였다. 하지만 일단은 이곳으로 사람들을 끌어오는 것이 급선무였다.[5]

다른 지역에서는 보통 정착촌이 형성된 후 철로가 놓이고 수요에 따라 노선이 확장됐지만, 파웨스트 대부분 지역에서는 철로가 먼저 놓이고 그다음에 정착촌이 형성됐다. 기업들은 정착민을 끌어오려고 엄청난 돈을 홍보에 쏟아부었다. 신문, 지도, 잡지를 발간해 건조지대인 서부를 포장했다. 와이오밍의 래러미 평원은 "일리노이의 비옥한 초원"과 비견됐다. 래러미 평원은 일리노이의 대초원보다 고도가 500피트 더 높고 강우량이 3분의 1에 불과한 데다 성장 계절은 두 달이나 짧은데도 말이다. 또 철도 회사들은 그레이트솔트 호수 지역이 예루살렘 성지와 "놀랄 만큼 형태가 비슷하다"고 주장하면서 이를 증명하기 위해 두 지역을 비교하는 지도를 발간하기도 했다. 그런가 하면 캔자스는 "세계의 정원"으로 묘사됐다.[6] 노던 퍼시픽은 런던, 리버풀, 독일, 네덜란드, 노르웨이, 스웨덴에 사무소를 설치해 현지어로 된 안내서를 발간하고, 증기선 업체와 함께 '이민자용 티켓'을 할인 판매했다. 유니언 퍼시픽과 벌링턴 철도는 네브래스카 한 지역을 광고하기 위해 한 번에 무려 100만 달러를 썼다. 당시 집 한 채를 짓는 가격이 700달러였던 것에 비춰보면 어마어마한 액수다. 노던 퍼시픽은 북미 신문 200곳과 유럽 신문 100곳에 광고를 냈다. 철도 회사들은 대초원에 건설된 정착촌의 기반을 강화하기 위해 교회, 학교를 지어주거나 기부를 했다. 이들은 굳이 자기 회사 소유가 아닌 지역이라도 가리지 않고 이주를 장려했는데, 이는 파웨스트의 어느 지역에 살더라도 결국엔 그들의 철로에 의존할 수밖에 없을 것이란 확신 때문이었다.

이 사기성 광고는 요행의 덕을 봤다. 첫 대규모 이주 행렬이 고원에 도착한 1860년대 후반, 이 지역에는 기록적인 비가 내렸다. '명백한 운명'을 믿었던 미국인들은 갈색 초원이 녹색으로 바뀌는 것을 보면서 신의 손이 기적을 행하고 있다고 생각했다. 당대의 저명한 과학자들도 "비는 농부를 따라온다"는 황당한 이론을 지지하며 이런 생각을 부추겼다. 이들은 문명사회와 야만인을 가르는 기준이 농업이라고 생각했으며, 서부 지역을 문명화시키려는 인간의 노력에 신이 비를 내려 화답한 것이라고 주장했다. 유명한 기후학자인 사이러스 토머스는 "인구가 늘어나면 수분이 증가한다"고 주장했다. 기관차의 증기나 나무, 쟁기질, 심지어 인간과 가축에 의해 땅이 흔들리면서 비가 촉진된다는 이론까지 제기됐다. 정부 관료들은 땅을 불하할 때 이 기상천외한 기상학을 적용했다. 관개 수로가 설치되지 않은 콜로라도 평원을 초원지대인 일리노이나 인디애나와 마찬가지로 가구당 160에이커씩 불하해준 것이다. 수만 명의 자영농이 원래 지도상에 '미국의 대사막'이라고 쓰여 있던 그 외딴곳까지 기차를 타고 가서 소중한 재산을 날려버렸다.[7]

양키 뉴욕 태생인 유명한 탐험가이자 지질학자인 존 웨슬리 파월은 진실을 파헤치기 위해 책 한 권 분량의 긴 보고서를 써서 의회에 제출했다. 그는 파웨스트의 모든 개울과 강물은 관개 수로로 끌어온다 하더라도 전체 면적의 1~3퍼센트에만 물을 댈 수 있을 뿐이어서 농사를 짓기에 부적합한 땅이라고 밝혔다. 따라서 정부가 동부와 같은 기준으로 파웨스트의 땅을 팔아넘기는 것은 매우 잘못된 일이라고 지적했다. 이어 관개 수로 시설이 설치된 160에이커의 땅은 한 가구가 농사를 짓기에 지나치게 넓고, 반면 관개 수로가 설치되지 않은 160에이커의 땅은 매우 작은 규모라고 주장했다. 관개 수로가 없는 땅은 목장 용도로만 쓸 수 있는데, 그러려면 2500에이커 정도 규모는 되어야 하기 때문이다. 파월은 "비가 농부를 따라간다"는 주장은 완전히 말도 안 되는 소리라고 일축했다. 그는 이 나라가 "극도로 건조한 지역에서 빠른 수익성을 기대하고 있다"면서 "그럴 경우 이제 겨우 싹이 튼 파웨스트의 농업이 망가질 수 있다"고 경고했다. 파웨스트 정착 사업은 연방정부가 강 유역에 관개 수로를 설치하고 공용 목초지를 제공하는 등 공공 투자를 통해 점진적으로 신중하게 진행하고 자영농을 중심으로 이뤄지는 것이 바람직하다고 밝혔다. 하지만 파월의 제안은 간단히 무시당했다.[8]

1886년 겨울, 요행은 끝났다. 그해 파웨스트 지역 대부분에는 북극을 방불케 하는 혹한이 찾아왔다. 몇 주 동안 영하의 날씨가 이어지면서 고원지대 가축의 3분의 1, 많게는 4분의 3이 죽었고 적지 않은 자영농이 목숨을 잃었다. 이듬해부터 시작된 가뭄은 여러 해 동안 계속됐다. 1890

년, 가뭄에 지친 자영농 무리가 떠나가면서 캔자스와 네브래스카는 인구가 절반으로 줄었다. 100만 명가량 되는 평원의 농부 중 60퍼센트가 농사를 포기했다. 겨울이 되자 목장주들도 떠나갔다. 목장주들은 가뭄을 피해 떠났지만 그들이 남기고 간 피해는 영구적이었다. 철도 구역 너머 공유지에 가축을 지나치게 많이 방목시키는 바람에 토양 표층이 파괴되고 미주리 강 지류가 침식당해 맑은 강물이 짙은 흙탕으로 바뀌어 버렸다. 파웨스트에서 태어난 미국의 역사가 버나드 데보토는 1947년에 "그 옛날 대大목장주들이 이 땅을 망가뜨리지만 않았더라도 지금보다 많은 수의 소를 키울 수 있었을 텐데 이제 영원히 불가능한 이야기가 되어 버렸다"면서 '현세의 지질 연대 동안에는 이 땅에서 결코 적정 규모의 목축을 할 수 없을 것'이라고 썼다. 1930년대 여러 해 동안 이어진 모래바람Dust Bowl은 사태를 더 악화시켰다. 훗날 데보토가 기록한 대로 "파웨스트의 개척 문화는 사라졌고, 아메리칸 드림은 완전히 중단됐다."9

모르몬교 공동체를 제외하면 19세기에 파웨스트에서 살아남은 그룹은 거대한 외부 기업이나 그 기업들이 참여한 연방정부의 인프라 건설 프로젝트에 연관된 사람들뿐이었다. 미 정부는 강과 개울에 댐을 세우고, 수원을 분산시키기 위한 송수관을 건설했으며, 광범위한 관개 수로를 내고 유지·보수했다. 그러나 그 혜택으로 사막에서 농작물을 키울 수 있었던 농부는 소수에 불과했다. 광산 기업은 새로운 지역과 주로 사업을 확장해나가면서 그곳들을 자신들의 봉건 영지처럼 운영했다. 사업을 독점하고 요금을 마음대로 매긴 철도 회사들 때문에 파웨스트를 오가는 열차는 레프트코스트에서 동부 지역까지 오가는 열차보다 요금이 마일당 몇 배는 더 비쌌다. 20세기에도 시카고에서 몬태나의 헬레나까지 상품을 운송하는 비용이 같은 기차로 시카고에서 헬레나를 거쳐 시애틀까지 운송하는 것보다 더 비쌀 정도였다. 또 철도 회사들은 완성품에는 원자재보다 더 비싼 운송료를 매겼다. 이는 제조업체들이 파웨스트를 장악하지 못하도록 막고 파웨스트에 대한 레프트코스트, 양키덤, 미들랜드, 뉴네덜란드의 영향력을 유지하기 위한 철도 회사의 의도적인 꼼수였다.[10]

파웨스트의 정치·사회를 장악한 기업들은 놀라울 만큼 용의주도했다. 19세기 후반과 20세기 초, 애너콘다 구리 광산회사는 몬태나를 아예 운영했다고 해도 과언이 아니다. 판사와 현지 공무원, 양당의 정치인들을 매수하고 묘지 투표사망자 이름을 도용하는 부정투표로 주 선거를 쥐락펴락했다. 그 결과 몬태나의 법, 규제, 세금 정책 등은 모두 애너콘다와 그 회사의 임원진들에게 유리하게 만들어졌다. 아일랜드 이주민 출신으로 네바다 광산 호황 시절 이곳에 온 마커스 데일리가 세운 애너콘다는 샌프란시스코 광산 거물인 조지 허스트의 지원을 받았다. 애너콘다는 광산, 광석을 가공하는 용광로, 용광로의 연료인 석탄, 채굴에 필요한 목재를 제공하는 삼림, 각종 시설에 전력을 공급하는 발전소, 각 지역을 연결하는 철로, 심지어 이런 사업에 자금을 지원하는 은행까지 보유했다. 1900년 데일리가 사망할 무렵, 이 회사는 몬태나의 전체 임금노동자 중 4분의 3을 고용하고 있었다. 1959년까지 주의 일간지 6개 중 5개를 보유하면서 기업에 불리한 기사는 모두 검열했기 때문에 제2차 세계대전 중 애너콘다가 연합군에 불량 전선을 납품했다가 벌금을 문 이야기 같은 것은 실릴 수 없었다. 또 애너콘다는 1970년대까지 헬레나에 있는 주 의회 건물 안에 '접대용 룸'을 운영하면서 친親기업적인 의원들에게 술과 여성을 제공했다. 반면 기반 도시인 몬태나 뷰트 시에는 노동자를 위해 작은 공원을 지어준 것 빼고는 아무것도 기여한 게 없을 정도로 인색했다. 그나마 그 공원도 애너콘다가 마을의 상당 부분을 채굴장과 독성 물질 폐기 지역으로 활용하면서 파괴됐다.[11]

철도 회사나 광산 회사 소유인 곳과 인디언 보호구역으로 할당된 곳을 제외한 나머지 파웨스트 땅은 대부분 연방정부의 소유였다. 심지어 연방은 오늘날에도 몬태나와 콜로라도 땅 3분의 1, 유타·와이오밍·아이다호의 절반, 오리건 주의 파웨스트 땅 3분의 2, 네바다 전체 면적의 85퍼센트를 소유하고 있다. 그러나 연방정부는 이미 그 지역을 장악한 기업들이 훨씬 더 많이 수탈해갈 수 있도록 협조하는 쪽이었기 때문에 파웨스트인들은 사실상 자신들이 사는 땅에 아무런 권한을 갖지 못했다. 목재 기업은 국유림에서 거의 공짜로 벌목했고, 목축 기업들은 가축들을 공유지에 풀어놓았다. 석유와 가스 회사는 연방정부의 관리하에 있는 인디언 보호구역에서 아무런 대가도 치르지 않고 시추 작업을 했다. 1945년 콜로라도 대학의 모리스 건지는 파웨스트에 대한 다른 민족의 태도를 이렇게 요약했다. "파웨스트에 가면 최대한 적은 비용으로 원자재를 채굴한 후 가능한 한 빨리 싣고 떠나라. 그곳 주민들의 이익은 고려하지 않아도 된다. 그곳은 어차피 산업 제국에 의존하는 식민지일 뿐이다."[12]

이런 경험 때문에 20세기 초 파웨스트인들은 결국 기업체와 연방정부 양쪽 모두에게 분노하게 됐다. 둘이 작당해 자신들을 착취하는 압제자라고 여겼다. 파웨스트의 정치 지도자들은 천연자원에 대한 연방정부의 영향력을 약화시키기 위해 디프사우스와 손을 잡았다. 그러나 아이러니하게도 이는 이 지역에 대한 기업의 지배력을 강화하는 결과만 가져왔다.

파웨스트인들은 지역 경제 문제를 스스로 결정할 수 있도록 더 많은 권한을 달라고 오랫동안 요구해왔다. 이들은 철도 회사, 은행, 광산 회사의 엄청난 압력에도 불구하고 하루 8시간 노동제와 민병대 금지 조항이 담긴 헌법을 가까스로 통과시킬 수 있었다(당시 민병대는 파업을 분쇄하는 데 동원되곤 했다). 또 사측의 과실로 일어난 업무상 사고를 고용주가 책임지지 않아도 된다는 조항을 고용 계약에 포함시키지 못하게 금지했다. 파웨스트는 경제적 포퓰리스트와 노동조합주의의 온상이었고, 심지어 제2차 세계대전까지는 사회주의도 인기를 끌었다. 몬태나 상원의원인 버턴 휠러(노동자 편에서 애너콘다에 맞선 매사추세츠 태생)나 아이다호 상원의원인 윌리엄 보라(연방정부에 노동부 설치 법안을 제안한 사람)같이 진보적인 인사들이 지역 대표로 선출됐다. 대공황이 발생한 후 월가 자본가들에 대한 적개심으로 들끓었던 파웨스트는 1932년 대통령 선거에서 루스벨트에게 몰표를 던졌다. 하지만 1960년대에 일어난 문화 혁명은 파웨스트와 양키덤, 뉴네덜란드, 레프트코스트의 진보 세력 사이에 깊은 골을 만들었다. 공화당 전략가인 케빈 필립스는 1960년대 말 "진보적 세력은 이 지역이 지지해왔던 대중적인 경제적 진보주의에서 벗어나 이들에게 어필하기 어려운 복지국가로 프레임을 바꾸고 있다. 진보든 보수든 동북부보스턴 등 뉴잉글랜드 지역을 일컬음의 주장은 일단 이곳에서 무엇이든 의심을 산다는 점을 감안해야 한다"고 기록했다.[13]

그 후 기업 카르텔이 귀환했다. 파웨스트의 정치인들은 자신들을 후원하는 기업의 이익을 적극 옹호하면서, 파웨스트의 또 다른 적인 연방정부를 공격했다. 파웨스트 주민들이 오랫동안 정부에 대해 취해온 입장은 이것이다. "우리를 제발 그냥 내버려두고 여기서 떠나라. 대신 돈은 더 많이 달라." 그들은 정부가 컬럼비아 강 상류에 댐을 건설해주길 원했지만 언어 보호 규제는 반대했다. 정부가 관개 수로 보조금 20억 달러를 지원해주길 바라면서도 그 돈이 그 지역에 남은 마지막 대수층을 파괴하는 데 쓰이는 것을 막으려 하지 않았다. 선거 자금 대부분을 지역 외부에서 지원받은 파웨스트 상원과 하원의원들 상당수는 외지에서 온 산업 기업체의 가장 든든한 우군이 됐다. 그러면서도 이들은 기업 옹호 활동을 정부의 독단으로부터 개인의 자유를 수호하기 위한 것이라는 진보적인 구호로 포장했다. 2009년 '서부 지역 상원의원 회의'를 신설한 와이오밍 상원의원 존 버라소는 "연방정부는 위대한 국민의 일상생활에 간섭하려들지 말라"고 주장했다. "정부는 더 이상 자유와 번영으로 향한 길을 가로막지 말고 물러나야 한다. 경제 진보 법안을 제정해 환경을 규제하거나 세금 수십억 달러를 낭비하지 말라." 유타 주 상원인 오린 해치도 "서부 상원 회의는 석유 개발에 반대하는 워싱턴 엘리트와 극단적인 환경주의자들을 저지하기 위해 만든 것"이라고 말했다. 유타 주 동료 의원인 로버트 베넷은 "미국 서부가 가진 엄청난 매장 자원을 제대로 인식해야 한다. 캐나다까지 이어져 있는 에너지 자원 개발을 위해 현명하게 전진해나가야 한다"고 말했다. 상원의원들은 기업에 대한 의존도를 낮추고 납세자의 부담을 줄여주기 위한 정책은 내놓지 않았다. 벌목 비용을 인상하지도 않았고 공유지 목초 사용료와 사막에서 면화를 키우는 거대 농업 기업의 댐과 수자원 사용료도 현실화하지 않았다.[14]

파웨스트가 북미 대륙에서 가장 전제적인 민족과 손을 잡은 이유는 바로 연방정부를 향한 적개심 때문이었다. 그로 인한 결과는 북미와 전세계에 두고두고 영향을 미쳤다.

23장
—

이주와
정체성

—

미국 안에 여러 개의 국민이 존재한다는 주장은 17세기와 18세기, 19세기의 첫 3분기까지나 해당되는 말일 뿐, 이제는 더 이상 설득력 없는 주장이라고 생각할지도 모르겠다. 미국은 결국 이민자의 나라이고, 그 점에서는 캐나다도 마찬가지 아닌가. 19세기 후반과 20세기 초, 우리는 자유를 갈구하며 이곳을 찾아온 남루하고 지친 수천만 명의 사람을 두 팔벌려 맞이했다. 엘리스 섬과 에인절 섬을 통과해 미국에 발을 내디딘 세계 곳곳의 사람들이 바로 오늘날 미국이라는 "문화의 용광로"를 만든 주인공 아니던가. 이들의 개별 문화는 1830~1924년 거대한 다문화의 물결에 휩쓸렸고, 이제는 낸터킷 섬남북전쟁이 있기 전의 미국의 특색을 잘 보여주는 곳으로 섬 전체가 역사지구로 지정됐다, 하버드 야드Havard Yard 하버드의 옛 캠퍼스, 해골회Skull and bones reunion 1832년에 만들어진 예일대의 가장 오래된 남학생 비밀사교 클럽으로 대통령 3명 등 주요 인사를 배출했다 같은 잔재로만 남아 일부 상류층 앵글로색슨 백인 개신교도들의 상상 속에서나 명맥을 이어오고 있다.

미국으로 이주해온 수백만 명의 아일랜드인, 독일인, 이탈리아인, 슬라브인, 유대인, 그리스인, 중국인이 진정한 '미국인'(혹은 '캐나다인')의 정체성을 탄생시켰기 때문에 제2차 세계대전 당시 모두 하나가 되어 싸울 수 있었던 것 아닌가.

간단히 말하자면 그 대답은 "아니오"다.

거대한 이주의 물결이 미국과 캐나다 연방을 풍요롭고 강하게 해준 것은 사실이지만, 이주민들의 문화가 원래 있던 기존의 지역 문화를 대체한 것은 아니다. 19세기와 20세기 초 이민자의 자녀와 손자들은 '지배 문화'에 동화되든지 아니면 반항하든지 둘 중 하나를 택하는 수밖에 없었다. 보스턴의 아일랜드인이나 뉴욕의 이탈리아인처럼 이주민이 도시 및 주에서 정치적 힘을 얻게 됐다고 하더라도, 그들이 장악한 정치적 시스템은 여전히 그 지역 문화의 산물이었다. 그들은 아마 고향의 음식, 종교, 패션, 사상 등을 도입함으로써 고유의 문화적 유산을 간직하고 발전시키려 했겠지만, 시간이 갈수록 현지 문화에 적응하면서 점점 더 변화되어갔다. 이들은 '백인 원주민'들의 편견과 적대감에 시달리기도 했을 것이다. 어떤 백인 원주민 문화권이냐에 따라 그 대립 양상과 성격은 크게 달랐다. 이주민들은 '미국 문화'를 변화시킨 것이 아니라 '미국의 여러 지역 문화' 각각을 변화시켰다. 실제로 1830~1924년 대규모 이주 행렬이 이어지는 동안 미국 내 지역 차이는 더욱 강화됐다.

'이민 홍수' 시대를 간단히 정리하고 넘어가도록 하자. 1830년에서 1924년 사이에 모두 3600만 명이 미국으로 이주해왔다. 이는 크게 나누어보면 성격이 뚜렷이 다른 세 차례의 물결로 구분해볼 수 있다. 첫 번째는 1830~1860년에 이주해온 450만 명의 아일랜드인, 독일인, 영국인이다. 앞서 설명한 것처럼, 양키는 대부분 가톨릭교도였던 이들이 교황의 조종을 받아 공화국을 위험에 빠뜨릴 수도 있다는 공포에 사로잡혔다. 이는 뉴잉글랜드가 "서부를 구원하기 위해" 이주민 동화 사업에 나선 동기로 작용했다. 1860년에서 1890년에 걸친 두 번째 이주 물결은 첫 번째보다 규모가 두 배 정도 컸다. 아일랜드, 독일, 영국뿐 아니라 스칸디나비아와 중국에서 온 사람까지 있었다. 세 번째는 1890~1924년 유럽 남부와 동부(특히 이탈리아, 그리스, 폴란드)에서 온 이주민들로 그 숫자가 무려 1800만 명에 달했다. 이들 중 4분의 3은 가톨릭교도 아니면 유대인이었고, 중국인도 많이 포함됐다. 이 때문에 북미에서 태어난 사람들 사이에서는 외국인 이주민이 이곳에서의 삶에 제대로 동화되지 못할지도 모른다는 우려가 커졌다. 1924년 미 의회가 "열등한 인종"들로부터 미국을 보호해야 한다는 명목으로 이민 할당 제도를 도입하면서 이주민 규모는 현저히 줄어들기 시작했다. 그들이 말하는 열등한 인종에는 이탈리아인, 유대인, 발칸지역과 동유럽에서 오는 이주민들이 포함됐다. 북유럽 이주민들에게만 특혜를 주는 이민 제한 조치가 1950년대까지 계속됐다. 그러나 이처럼 오랜 기간에 걸쳐 엄청난 규모로 쏟아져 들어왔음에도 이민자들은 미국에서 늘 마이너리티였다. 외국 이민자들은 미국 인구 전체의 10퍼센트에 불과했고 가장 높았던 1914년에도 14퍼센트에 그쳤다. 누적 효과를 감안하더라도 결과는 달라지지 않는다. 인구학자들은 1790년에서 2000년에 걸친 총 이주 인구 6600만 명과 그 후손까지 더해도 이민자가 차지한 비중은 21세기 초 전체 인구의 절반가량에 불과하다고 추산했다. 즉, 미국이 1790년에서 2000년 사이 국경을 봉쇄했어도 2억 5000만 명보다는 적을지는 모르겠으나 여전히 1억2500만 명에 달하는 인구였을 거란 이야기다. 1820~1924년 미국으로 밀려온 이주의 물결은 엄청난 규모였지만, 결코 미국사회를 바꿀 만큼 압도적이지는 않았다.[1]

여기서 또 한 가지 기억해야 할 사실은 이 '거대한 물결'의 이주민들은 미연방 전체에 골고루 퍼진 것이 아니라 몇 개 지역에 몰려 살았다는 점이다. 이주민의 대다수는 뉴네덜란드, 미들랜드, 양키덤에 정착했으며, 나머지는 레프트코스트에 살았다. 그들의 거주지는 뉴욕, 필라델피아, 보스턴, 시카고, 샌프란시스코 같은 몇 개의 관문 도시에 집중되어 있었다. 타이드워터, 애팔래치아, 디프사우스, 엘 노르테로 간 이주민은 없었다(아직 개척이 진행되고 있던 파웨스트로 향한 이주민은 소수에 불과했다. 하지만 워낙 인구가 적은 지역이다보니 그들의 비중은 1870년 전체 인구의 4분의 1에 달했고 1910년에는 5분의 1에 가까웠다). 1870년 뉴욕 시에 사는 외국 출생 이민자의 숫자는 타이드워터, 애팔래치아, 디프사우스 출신의 뉴욕 거주민을 모두 합한 것보다 더 많았다. 학자들의 연구에 따르면, 이주민 공동체는 어느 정도 부와 영향력을 쌓은 후에야 도시 밖으로 퍼져나가는 경향이 있다. 하지만 이는 부유한 이주 공동체만 영향력을 미치고, 못사는 이주 민족은 거의 방치됐다는 뜻이 된다.[2]

이민자가 남부의 세 지역을 기피한 이유를 추측하기란 어렵지 않다. 그들은 귀족이 지배하는 압제적인 봉건국가를 더 이상 견딜 수 없어 미국으로 이주해왔다. 1866년 남북전쟁이 끝나기 전까지 디프사우스와 타이드워터는 귀족이 다스리는 억압적인 봉건제 사회와 똑같았다. 그들은 1877년 재건의 시대가 끝나고 연방군이 철수하자마자 원래 모습으로 돌아갔다. 산업이 발달하지 않고 농업 역시 대농장주의 지배를 받았던 디프사우스와 타이드워터는 이주민들에게 매력적인 장소가 아니었다. 그레이터 애팔래치아는 몹시 가난해서 도시가 형성되지 않았고 일자리가 없었다. 지역적인 관습에 집착하면서 '미국인'이 아닌 자에게 배타적인 태도를 보인 점도 외국인이 이곳을 꺼리게 만든 요소였다.

엘 노르테에서 '미국인'은 노르테뇨가 아닌 모든 사람을 뜻했다. 심지어 독일 말을 하는 가톨릭교도조차 '잉글랜드인'으로 간주했다. 하지만 엘 노르테에는 큰 항구가 없었기 때문에 대규모 이주민들이 이곳까지 오기에는 지리적으로 무척 멀었다.

이와 대조적으로 처음부터 다문화 사회였던 뉴네덜란드와 미들랜드는 다양한 언어와 종교, 문화의 공존이 자연스러운 곳이었다. 이들 지역의 주요 도시인 뉴욕, 트렌턴, 필라델피아, 볼티모어, 피츠버그, 신시내티, 경계 도시인 시카고와 세인트루이스에는 이주민들이 대규모로 몰려들었고, 그들이 인구의 다수를 차지했다. 뉴욕은 1850년대 아일랜드인이 인구의 다수를 차지한 데 이어 1870년대에는 권력을 장악했다. 1880년 뉴욕에는 미국에 이민 온 이탈리아 이주민의 4분의 1이 모여 살았고, 1910년에는 유대인 전체 인구의 25퍼센트가 이곳에 정착했다. 슬라브족 공동체는 피츠버그를 중심으로 형성됐고, 시카고와 필라델피아에는 거의 모든 민족이 고루 정착했다. 미들랜더인의 세계관에는 언제나 문화적 다양성이 자리 잡고 있었다. 뉴네덜란드와 미들랜드에서 '미국인'을 가르는 기준은 민족, 종교, 언어와 아무 상관이 없었고 오히려 정신 상태와 마음에 달린 문제였다. 오늘날 전문가들이 미국의 특징으로 강조하는 다문화·다민족·다언어에 해당되는 것은 뉴네덜란드와 미들랜드뿐이다. 뉴네덜란드와 미들랜드 지역에 정착한 이주민들이 이들의 문화에 동화됐다고 말하기는 어렵다. 관용과 개인의 성취(뉴네덜란드)를 중요시하는 가치관, 언어를 제외하면 이주민들이 어떤 영향을 받았는지 구분하기란 명확하지 않기 때문이다. 문화적 다양성에 대한 미국의 이미지는 이 두 국민의 전통에서 유래한 것이다.[3]

'거대한 물결'은 레프트코스트와 파웨스트가 아직 형성 초기 단계에 머물러 있을 때 시작됐기 때문에, 이 지역으로 이주해온 사람들은 기존의 정착민 못지않게 문화적 영향력을 행사할 수 있었다. 이곳에서는 모든 가능성이 열려 있었고, 각 문화 집단은 사회 형성 과정에서 주도권을 잡기 위해 서로 경쟁했다. 물론 어려움도 있었다. 레프트코스트에는 외국 이주민과 국내의 다른 지역에서 온 정착민들을 동화시키려고 하는 양키들의 존재가 있었다. 반면 파웨스트의 경제를 장악한 은행과 기업 카르텔은 자신들의 이익을 위협하는 이주민들에게 서슴없이 폭력을 행사했다. 파웨스트와 레프트코스트 양쪽 모두에서 흑인, 아시아인, 히스패닉은 상당한 적대감에 직면해야 했고, 중국인과 일본인은 노예와 같은 열등한 인종 취급을 받았다. 일본인에게는 학습 능력이 없다는 주장 때문에 캘리포니아의 일본 어린이는 1907년까지 교실에 들어갈 수 없었다.[4] 하지만 서부 지역은 아직 권력 구조와 가치관이 형성되는 단계였기 때문에 이들을 제외한 다른 이주민 그룹 대부분은 여러 측면에서 유리했던 것이 사실이다. 실제 많은 이주민이 사회 형성 과정에서 중요한 역할을 했다. 레프트코스트와 파웨스트에서 '미국인'이란 결코 개신교도가 되거나 잉글랜드인 혹은 영국의 후손이어야 함을 의미하지 않았다. 오히려 그곳에서는 '아메리칸 드림'과 개인의 성취가 더 중요했다. 전문가가 '미국인'의 특성을 '자유 시장' 이념과 자신의 잠재력 추구라고 포장할 때는 바로 이 두 지역을 두고 하는 말이다.

양키덤은 성격이 훨씬 더 복잡하다. 1830년 전까지 이 지역은 타문화에 불관용적인 매우 단일한 공동체였다. 양키덤은 식민지 시절 이주민을 거의 받아들이지 않았지만, 19세기 중반부터는 산업, 삼림, 농업, 광업 등을 확장하기 위해 미 중서부 지역으로 진출하면서 많은 이주민을 끌어모았다. 그들 중 상당수는 영국인도, 개신교도도 아니었다. 우리는 이미 양키들이 가톨릭 이주민과 남부 노예 소유주, 독일 맥주 양조업자의 "위험한 영향"으로부터 그들의 국경과 태평양을 어떻게 지켜냈는지 살펴봤다. 양키는 19세기에 '거대한 물결'이 미국을 덮치자 이주민을 '미국인'의 기준, 즉 뉴잉글랜드의 가치에 순응시키기 위해 두 배로 더 많은 노력을 쏟아부어야 했다.

그들의 성전聖戰은 이주민과 아이들을 교육시키는 데 집중됐다. 뉴잉글랜드와 양키 식민지에서 학교는 이주민을 동화시키기 위한 도구로 사용됐다. 20세기까지도 읽고 쓰고 계산할 수 있는지 여부는 농부, 임금노동자, 산업노동자로 채용되는 데 전혀 중요하지 않았다. 그보다 학교는 아이들에게 양키의 가치관을 주입시켜 공동체 의식을 강화함으로써 귀족층의 형성을 막고 공화국을 지켜내기 위해 존재했다. '거대한 물결'은 양키의 위기의식을 더욱 강화했다. 버몬트 태생의 유명한 교육철학자 존 듀이는 1915년 "모두 한 교실에서 공부하도록 만드는 것이 민주주의에서 가장 중요하다"고 주장했다. "민주주의의 기본 가치인 기회의 평등을 실현시키려면 공동체를 위해 학습, 사회 적응, 신념, 실천, 일, 자신의 행동이 갖는 의미에 대한 인식을 처음부터 통일해 가르치는 교육이 필요하다." 양키는 사회와 문화의 연속성을 위해 공립학교에서 공통의 커리큘럼을 가지고 아이들을 함께 교육시켜야 한다고 오랫동안 주장해왔다. 뉴잉글랜드 정부는 19세기 중반부터 모든 도시에 무상 교육을 의무적으로 도입했다. 19세기 말에는 양키가 장악한 다른 많은 주도 의무 교육을 잇달아 도입했다(반면, 디프사우스에는 제대로 된 공립학교 시스템이 없었고, 계급과 카스트의 구분 없이 교육시키는 것을 꺼렸다).[5]

이주민이 받아야 할 교육은 이것이 다가 아니었다. 1845년 '미국 공교육의 아버지'로 불리는 양키 개혁가인 호러스 만은 "구대륙의 폭정 아래 태어나 억압받으며 자라온 외국인들은 단순히 대서양을 건너와 귀화 선언을 한 것만으로 완전한 미국 시민이 될 수 없다"고 동료 교육가에게 말했다. 그의 주장에 따르면 학교는 아이들이 "과거의 노예 상태에서 벗어남과 동시에 무정부, 무법 상태의 죄악에 빠지지 않도록" 자치와 자제력, 이성의 법칙과 자발적인 의무 준수에 대해 가르쳐준다. 1914년 이러한 교육의 역할은 성인 이주민들로 대상을 확대했다. 양키는 성인 이주민들에게 영어, 수학, 미국 역사, 그리고 "위생 습관과 선행"을 가르쳐주는 무료 야학을 운영했다. 매사추세츠와 코네티컷의 도시는 의무적으로 야학 프로그램을 도입했고, 16~21세의 문맹 이민자들은 반드시 출석해야만 했다. 뉴네덜란드와 미들랜드도 야학 프로그램을 도입했지만(대부분의 경우 그 지역으로 이주해간 양키의 노력 덕분이었다), 어디까지나 자발성을 바탕으로 운영했다. 반면 디프사우스, 애팔래치아, 파웨스트의 이주민들은 정부로부터 어떤 지원도 받지 못했다. 그 지역의 주는 대부분 성인 교육에 세금을 쓰는 것이 헌법상 금지되어 있었기 때문이다.[6]

미국이란 '용광로' 속에서 이민자들이 '백인 개신교' 미국인으로 변화했다는 주장은 약속된 유토피아를 건설하려 했던 잉글랜드인의 후손인 양키들의 대응책을 놓고 하는 말이다. 이주민을 동화시키기 위한 교육 시설 중 가장 유명한 것은 아마도 1914년 중서부 양키 지역에 세워진 헨리 포드 영어 학교일 것이다. 포드 사의 이주 노동자는 영어뿐 아니라 역사, 절약, 청결, 시간 엄수 등 양키의 기본 가치까지 교육받았다. 학생들은 졸업식에서 각자의 민속 의상을 입고 모형 배의 선내 통로를 행진해 '용광로'라고 쓰인 커다란 가마솥 안으로 들어가는 의식을 치렀다. 교사가 커다란 주걱을 젓기 시작하면 몇 분 후 졸업생들은 '미국인'의 정장과 넥타이로 갈아입고 용광로 밖으로 걸어 나와 성조기를 흔들었다. 하버드, 예일 등 양키 교육 기관의 역사가들은 신화적인 '국가 역사'를 만들어 학생들에게 가르쳤다. 그 신화는 (예전에는 거의 무시됐던) 필그림의 여정과 보스턴 티파티 그리고 미국 독립 전쟁 용사인 폴 리비어와 조니 애플시드 같은 양키 인물들을 강조한다(청교도는 종교 자유의 수호자로 그려진 반면 제임스타운, 뉴암스테르담, 초기 성공회교도가 정착한 메인과 같은 도시는 거의 다뤄지지 않았다). 양키들은 이주자들이 지배 문화에 동화되어야 한다는 시각을 갖고 있었는데, 그 지배 문화란 '개신교(칼뱅주의)'적 근면성, 자기 절제, '공익'에 대한 헌신, 귀족 제도에 대한 적대감으로 특징지어졌다. 문화적 다원주의, 개인주의 혹은 영국식 계급사회는 그들이 추구하는 바가 아니었다.7

21세기 초 다시 시작된 새로운 물결멕시코를 비롯해 중남미 불법 이민자가 급증한 것을 일컫는다은 '미국인'이 된다는 것은 무엇을 의미하는지, 그리고 미국인이 되길 원하는 사람이 갖춰야 할 덕목은 무엇인지에 대한 뜨거운 논란을 촉발시켰다. 작고한 하버드 정치학자 새뮤얼 헌팅턴 같은 보수주의자들은 현재 미국이 미약하게나마 단결될 수 있는 데는 두 가지 요소가 있다고 주장했다. 첫째는 영어와 개신교적 근면성을 중시하는 '백인 개신교' 지배 문화가 '변치 않는 구심점' 역할을 하고 있기 때문이고, 둘째는 평등, 개인주의, 자유, 개인의 번영, 대의 정부를 옹호하는 '미국의 신조'를 200년 동안 공유해온 덕분이다. 헌팅턴의 지지자들은 미국을 단합시키는 이 소중한 가치를 적들이 훼손시킬까봐 두려워했다. 그들의 적은 다문화주의와 민족적 다양성을 무턱대고 옹호하는 사람들이었다. 이와 반대로 다문화주의자들은 다른 문화와 종교, 인종, 언어를 가진 사람들이 각자의 가치와 정체성을 유지한 채 공존 가능성의 공간을 창조한 것이야말로 미국을 특별하게 만든 요소라고 주장한다. 양쪽다 자신이 주장하는 미국의 정체성을 입증하기 위해 각자 입맛에 맞는역사적 근거만을 앞세우면서 상대방이 제시하는 역사적 사실은 깎아내린다.[8]

그러나 양쪽이 주장하는 미국의 특징은 미국 전체에 해당되는 사실이아니라 부분 집합으로서만 사실일 뿐이다. 칼뱅주의의 근면성은 분명 중요한 양키의 정체성이지만, 동시에 '삶의 여유'를 미덕으로 여겨온 디프사우스와 타이드워터가 아주 싫어하는 것이었다(양키 엘리트들은 나태하면 천국에 들어가지 못한다고 두려워했지만, 디프사우스 귀족들은 그렇게 생각하지 않았다). 다문화가 보편적인 가치로 여겨졌던 미들랜드와 뉴네덜란드에서는 '영국적인 것'과 영어 등의 요소는 전혀 중요하지 않았다. 게다가 엘노르테 입장에서 보자면 '백인 개신교도' 문화가 미국의 기원이라는 주장은 말도 안 되는 소리다. 그런가 하면 개인주의는 애팔래치아와 파웨스트의 정체성을 형성하는 요소였지만, 뉴잉글랜드와 뉴프랑스의 공동체주의자들은 못마땅하게 여겼던 특성이다. 헌팅턴은 그가 생각하는 '자유Liberty' 개념이 디프사우스나 타이드워터에 결여됐다고 여겼지만, 두 지역의 노예 소유주들은 대의 정부 제도를 옹호했다. 물론 어디까지나 자신들이 모두를 대표하는 때라는 전제 조건이 붙었지만 말이다. 다문화주의와 거리가 멀었던 양키들은 외국 이민자들이나 다른 식민지국과 거리를 두고 지내거나 아니면 그들을 뉴잉글랜드에 동화시키려고만 했다. '미국인'의 정체성을 찾으려는 것은 무의미한 짓이다. 북미의 각 국민은 '미국인'이 된다는 것에 대해 서로 다른 개념을 갖고 있었기 때문이다.

이 사실을 깨닫지 못한 헌팅턴의 제자들은 멕시코인들이 대규모로 이주해 오는 '제4의 물결'이 매우 이례적인 현상이라는 분석을 내놓고 있다. 그러나 1970년 이미 미국에는 멕시코 전체 인구의 1.4퍼센트에 해당되는 76만 명의 멕시코 출신 사람들이 살고 있었다. 그 숫자는 2008년 17배 늘어난 1270만 명이 됐는데, 이는 지구상에 있는 모든 멕시코인의 11퍼센트를 차지하는 수치다. 2008년 멕시코인은 미국에 사는 모든 해외 이민자 인구의 32퍼센트를 차지했는데, 이는 19세기 3분기에 아일랜드인이 차지했던 비중과 같다. 이들이 가장 많이 사는 엘 노르테는 멕시코인의 숫자가 압도적으로 많으므로 그곳 사람들은 백인 개신교도의 규칙을 받아들여야 할 어떠한 필요성도 느끼지 못한다. 이는 헌팅턴을 비롯해 엘 노르테 밖의 사람들에게 매우 두려운 현상이었다. 그들은 멕시코인들의 레콩키스타Reconquista(재탈환)가 일어나고 있는 것은 아닌지 두려워한다. 어떤 의미에서 그들의 생각은 옳다. 멕시코인들은 엘 노르테의 미국 영토 부분을 재장악하는 데 성공했다. 멕시코 남부 지역에서 이주해온 많은 사람은 노르테뇨의 문화에 동화되어가고 있다. 이 같은 현상은 엘 노르테의 '지배 문화'에 위협이 되는 상황이 아니다. 그들 자신의 문화적 근원으로 돌아가고 있을 뿐이다.[9]

그러나 엘 노르테가 멕시코에 합병될 가능성은 전혀 없다. 미국과 멕시코 양 국경지대에 사는 노르테뇨는 두 나라 모두에게서 독립해 자신들만의 공화국을 세우고 싶어한다. 엘 노르테에 속하는 멕시코 북부는 멕시코 남부 지역보다 세 배나 더 잘살기 때문에 그들이 낸 세금은 모두 멕시코 남부 지역을 먹여 살리는 데 쓰였다. 하버드대 연구원인 후안 엔리케스는 멕시코가 기술이나 기본적인 서비스, 사회 안전을 제공해주지 못하는 것은 물론 심지어 물건을 내다 팔 시장으로 해야 할 역할조차 못 하는 상황에서 엘 노르테는 멕시코에 아무런 소속감도 느끼지 못하고 있다고 말했다. 그는 엘 노르테의 멕시코 영토인 바하칼리포르니아, 누에보레온, 소노라, 타마울리파스, 코아우일라, 치와와 같은 도시들은 만약 선택할 수 있다면 멕시코에 남기보다 미국과 유럽연합 같은 형태의 관계를 맺고 싶어할 것이라고 말했다. 이들은 자기 나라의 다른 지역보다 오히려 미국에 더 큰 동질감을 느끼기 때문이다. "미국 서남부의 치카노(멕시코계 미국인)와 노르테뇨 멕시코인은 다시 한 민족이 되어가고 있다"고 뉴멕시코 대학의 치카노 연구교수인 찰스 트루실로는 2000년 AP 통신에 말했다. 그는 독립국가 형성을 피할 수 없을 것이라면서 새 국가의 이름으로 '레푸블리카 델 노르테(북쪽의 공화국)'를 제안했다.[10]

24장
—
신과
사명
—

남북전쟁 후 수십 년이 흐르는 동안 이민자로 인한 각 국민 사이의 차이점은 더욱 강화됐다. 근본적인 가치관의 차이가 충돌하면서 완충지대 성격의 주들을 가운데 놓고 두 개의 적대적인 연합이 형성됐다. 그 결과, 미국은 양극화됐고 문화적 '냉전 시대'가 도래했다. 미국은 굴욕감으로 분노에 빠진 딕시연합과 승리에 도취한 양키덤, 뉴네덜란드, 레프트코스트 연합으로 나뉘었다. 딕시연합은 개인의 구원을 중시했고, 양키덤 연합은 사회 개혁을 추구하는 등 둘은 사사건건 충돌했다. 애퍼매톡스남부의 총사령관이 북부의 총사령관에게 항복을 선언한 버지니아 주의 도시 사건 후 한 세기 동안 부글부글 끓어온 이들 사이의 문화 전쟁은 1960년대에 전면전으로 비화됐다. 이번 장에서는 재건 시대에 이 두 개 연합이 형성된 과정을 되짚어보고, 서로 적이 될 수밖에 없을 만큼 완벽히 다른 이들의 세계관과 우주관을 살펴볼 것이다.

갈등의 뿌리는 남부연합이 패배한 직후로 거슬러 올라간다. 디프사우스, 타이드워터, 그레이터 애팔래치아 지역 상당수는 양키 군대에 점령당했다. 50만 명 이상의 목숨을 앗아간 전쟁은 모두의 분노를 유발했고, 양키군의 점령 기간은 디프사우스와 타이드워터의 감정을 더욱 악화시켰다. 결국 디프사우스와 타이드워터는 딕시연합을 형성하게 됐고, 후에 그레이터 애팔래치아가 여기에 합류했다. 이들은 새로운 천 년이 시작될 무렵 미국의 권력을 잡는 데 성공하게 된다.

남북전쟁에서 거둔 승리 덕분에 남부연합 지역의 상당 부분을 장악한 미들랜더, 뉴네덜란드, 양키는 그 지역을 양키의 방식대로 개혁하려 했다. 점령 세력은 군사지역을 만들고 주지사를 임명한 후 자신들의 계획을 이행하기 위해 군인들을 배치했다. 그러나 남부 지역 주민들의 눈에 북부군을 등에 업은 주지사들은 애완견으로 보일 뿐이었다. 연방주의자인 녹스빌 출신의 애팔래치아인 윌리엄 브라운로 테네시 주지사가 유일한 예외였다.[1] 점령 세력은 남부연합 주요 인사들이 공직에 출마하는 것을 금지하고 선거 투표소 근처에도 오지 못하게 했다. 그리고 외지 기업들이 그 지역의 경제적 이권을 장악할 수 있도록 눈감아주고, 그들의 입맛에 맞도록 법을 고쳤다. 북부는 포악한 남부 정치 지도자들을 일단 쫓아내기만 하면 남부 지역 주민들이 북부의 제도와 가치관, 정치 시스템을 기꺼이 받아들일 거라고 자신했다. 그들은 인종을 통합한 뉴잉글랜드식 학교를 세운 후 양키 교사들에게 학교 운영을 맡기고 운영비 충당을 위해 지방세를 걷었다. 북부는 압제에 신음해온 흑인 노예들을 "자유롭게" 했지만, 그들이 적응할 수 있는 경제적 여건과 사회적 안전을 제공하는 데는 실패했다. 양키는 동맹 세력인 애팔래치아 연방주의자들이 남부 재편의 노력을 지지해줄 것이라 여겼다. 하지만 북부의 노력은 군사력까지 동원했음에도 불구하고 정치, 교육, 경제, 시민 복지활동 등에서 목표를 달성하는 데 실패했고, 오히려 타이드워터, 디프사우스, 애팔래치아 등 남부 지역의 세 나라가 반反양키라는 공통의 목표 아래 유례없이 단합하게 만드는 결과를 낳았다.

학자들은 남북전쟁 전까지만 하더라도 단합된 실체로서의 '남부'는 존재하지 않았다고 보고 있다. 남북전쟁 당시 북부 편에서 남부연합에 맞서 싸웠던 애팔래치아까지 결과적으로 딕시연합에 합류한 것은 전쟁이 끝난 후 양키가 주도한 재건 사업에 대한 반발 때문이었다.

디프사우스와 타이드워터는 그들의 제도와 인종 카스트가 위협을 받게 되자, 당시 유일하게 자신들의 수중에 남아 있던 시민 조직을 중심으로 저항운동을 펼쳐나갔다. 그 조직은 바로 교회였다. 남부 지역의 여러 교파 중 가장 큰 영향력을 발휘했던 복음주의 교회는 전쟁 전의 사회로 돌아가고 싶어하는 사람들에게 아주 유용한 도구였다. 남부 침례교 등 복음주의 교회들은 양키덤의 교파와 달리, 종교학자들이 말하는 '내면적 개신교Private Protestants' 성향을 띠고 있었다. 이는 북부 지역의 '공공적 개신교Public Protestants'와 반대되는 개념이다. '내면적 개신교', 특히 남부 침례교, 남부 감리교, 남부 성공회는 이 세계가 애초부터 죄악으로 오염되어 있으며, 남북전쟁 후 이 같은 현상이 더 심해졌다고 주장했다. 그들은 예수의 재림을 준비하기 위해 복음을 전파해 이 땅을 변화시키려 하기보다는, 휴거가 일어나기 전 각 영혼이 영적으로 변화될 수 있도록 개인의 구원에 치중해야 한다고 생각했다. 이 때문에 내면적 개신교는 사회를 변화시키는 데 아무 관심이 없었고 기존 질서와 복종만을 강조했다. 이들에게 노예제, 귀족계급, 일반 서민들의 비참한 가난은 타도해야할 죄악이 아니라 오히려 양키 이단으로부터 무슨 수를 써서라도 지켜내야 할 신성한 것이었다. 한 남부 감리교 목사는 "노예제에 반대하는 양키는 신과 인간의 법칙을 배반하고 있다"면서 "양키는 사나운 광신도, 제정신이 아닌 무정부주의자, 범법자, 다른 사람 일에 끼어들기 좋아하는 사악한 참견꾼들"이라고 비난했다. 성경이 암묵적으로 승인한 노예제를 비판하는 노예제 폐지주의자들은 "하나님보다 더 너그러운 척하려는 죄를 짓고 있는 것"이라고 주장했다. 앨라배마의 성공회 주교인 리처드 윌머는 "성경의 권능을 지키고 모두에게 보편타당한 관습을 가르치기 위해" 그의 교회가 남부연합의 편에 서는 것이 옳다고 주장했다. 북부의 점령에 강력히 반발한 강경주의자들이 스스로를 '구원자Redeemers'라고 부른 것은 우연이 아니다. 1877년 북부군의 철군은 '구원Redemption'이라 불렀다.[2]

남부의 성직자들은 옛 남부연합 지역에 새로운 '민간 신앙'이 퍼져나가도록 하는 데 일조했다. 학자들은 이를 "상실된 대의Lost Cause 남부 독립을 위해 전쟁을 벌인 것은 정의를 지키고자 고난과 맞서 싸운 것이라는 주장"라고 불렀다. 이 믿음을 바탕으로 디프사우스와 타이드워터, 그리고 나중에는 애팔래치아 백인들도 전쟁으로 도시가 파괴되어 수많은 사람이 피를 흘리고 적의 지배를 받게 된 것은 시련을 통해 사랑하는 자녀들을 단련하려는 하나님의 뜻이라고 여기게 됐다. 내슈빌의 장로회 성직자이자 군종 목사였던 제임스 H. 맥닐리는 "신의 선택을 받은 자들이 전쟁에서 패배했다고 해서 이교도가 옳았다고 증명된 것도 아니고, 고대 히브리인들이 틀렸다고 증명된 것도 아니다"라고 주장했다. "남부연합 병사들이 포도주처럼 흘린 피는 결코 헛된 희생이 아니다. 하나님이 다 보고 계시므로 옳고 그름은 힘의 세기로 결정할 수 있는 것이 아니기 때문이다." 디프사우스의 신학자들은 정의가 승리하려면 묵시록에 나오는 '7개의 머리와

10개의 뿔을 가진 괴물'과 같은 존재인 연방정부에 맞서 끈질기게 원칙을 지켜내야 한다고 주장했다. 그들에게 정의란 고대 로마의 노예 공화국처럼 지배 계급에만 민주주의를 누릴 권리를 부여하고 나머지에는 복종을 강요하는 디프사우스의 원칙을 가능한 한 끝까지 고수하는 것이었다.[3]

'상실된 대의'는 강력한 딕시연합을 만들어냈다. 그러나 남부의 3개 나라는 각각 처지가 달랐다. 디프사우스와 타이드워터의 농장주들은 예전처럼 노예에게 실질적인 지배권을 행사했기 때문에 노예들이 자신들의 지시대로 찍는 한 그들에게 투표권을 주는 것에 반대하지 않았다. 오히려 대농장주들이 훨씬 더 반기지 않았던 것은 가난한 백인들의 권리가 강화되는 것이었다. 그들의 목적은 흑인과 백인 하층민이 '공공선'이나 평등사회 같은 양키와 미들랜드의 사상에 물들지 못하게 함으로써 기존의 사회 계급과 카스트 제도를 유지하는 것이었다.

반면 애팔래치아 지역에는 한 번도 엄격한 계급사회가 존재한 적이 없었기 때문에 이곳에서 해방된 노예 흑인들은 다른 남부 지역에서보다 더 많은 자유를 누릴 수 있었다. 그러나 아이러니하게도 상대적으로 훨씬 더 역동적인 애팔래치아 사회의 특성은 그 지역에서 무서운 역효과를 일으켰다. 애팔래치아의 지독한 가난은 전쟁에 따른 경제적 혼란으로 더욱 악화됐고, 백인 국경지대인들은 이제 해방된 자유 흑인들과도 직접적으로 경쟁을 해야 하는 신세가 됐다. 이곳의 자유 흑인들은 남부 저지대의 흑인들보다 덜 복종적인 편이었다. 애팔래치아인은 공공의 적을 처단하기 위해 KKK(Ku Klux Klan)라는 비밀 결사체를 만들었다. 재건 시대에 테네시 주 펄래스키에서 처음 결성된 KKK는 애팔래치아 전역으로 확장됐다. 이들은 "건방진" 흑인들을 고문해 죽이고 양키 교사들을 살해해 공포에 떨게 했다. 학교를 불태우고 점령 세력과 연관된 판사나 공무원들을 공격했다. 딕시연합의 백인 엘리트들은 이들 때문에 오히려 백인 하층민들이 자각하는 효과가 나타날까봐 우려했고, 이 때문에 KKK는 1869년 수장인 '위대한 마법사Grand Wizard'의 명령으로 해산됐다.[4]

이 세 나라에서 재건 시대에 대한 저항은 모두 소기의 목적을 달성했다. 공식적으로 노예제를 부활시킬 수는 없었지만 인종 카스트는 되살아났다. 흑인의 참정권과 공직 출마, 동등한 권리 요구는 법과 관행으로 금지됐다. 디프사우스와 타이드워터에서는 일당 체제가 당연한 것이었고 변화, 사회 개혁, 시민의 폭넓은 정치 참여는 금지됐다. 카스트 제도가 어찌나 공고하게 운영됐던지 1930년대 시카고 대학의 사회학자들이 연구 목적으로 이 지역을 방문했을 때 사람들은 백인을 "제대로 공경할 줄 모르는" 흑인들을 고문하고 죽이는 데 가담했다고 공공연하게 으스대며 말하곤 했다(미시시피의 한 정부 관료는 학자들에게 "깜둥이가 생각이란 것을 하기 시작하면 최대한 빨리 땅속에 묻어버려야 한다"고 말했다). 애팔래치아 지역의 스콧-아이리시 역사학자와 미국 상원의원인 짐 웨브는 "신선하고 새로운 의견은 위에서부터 묵살됐고, 때로는 폭력으로 입막음 됐다……. 그 결과 흑인뿐 아니라 수많은 백인도 위축될 수밖에 없었다"고 기록했다. 교육 수준은 추락했고, 연방에서 경제적으로 고립되는 현상은 더 심해졌다. 19세기 후반 다른 지역이 모두 성장하면서 팽창할 때 애팔래치아는 오히려 퇴보했고 식민지 시대의 선조들과 크게 다를 것 없는 생활 수준에 놓였다.[5]

딕시연합이 개인의 구원과 전통적인 사회 가치의 수호를 위해 연대를 더욱 강화하고 있을 때 북부동맹Northern alliance은 종교적 우선순위의 변화를 꾀하고 있었다. 이 변화의 움직임은 양키덤의 지적인 엘리트와 성직자들이 이끌었지만 곧 미들랜드, 레프트코스트, 뉴네덜란드에서도 큰 호응을 얻었다.

청교도 시절부터 양키들의 종교적 신념은 개인의 구원이 아닌 사회의 구원이었다. 청교도들은 모든 영혼의 운명이 미리 결정되어 있다고 믿었기 때문에 우리에게 남겨진 몫은 신의 일을 행함으로써 세상을 조금이라도 더 완벽하고 정결하게 만드는 것뿐이라고 생각했다. 이를 위해 양키들은 우리가 이미 살펴본 바 매사추세츠의 '언덕 위의 도시'부터 모르몬 경전에 따라 유타 주에 건설한 사회처럼 갖가지 종류의 유토피아 실험에 나섰다. 양키의 계몽적인 문화에 대륙의 다른 지역을 동화시키는 것으로 그들을 "구원"하기 위해서였다. 양키 집단적인 구원과 사회 복음을 강조하는 '공공적 개신교주의'의 극단적인 사례였다. 19세기 후반과 20세기 초, 남부 침례교 등 개인의 구원을 중시하는 교파들은 알코올 중독을 잘못된 개인의 행동으로 치부했지만 양키 조합교회와 북부 감리교, 유니테리언, 성공회는 이를 법을 통해 바로잡아야 할 사회적 병폐라고 생각했다. '내면적 개신교' 선교사들이 가난한 자의 영혼을 구하는 데 힘을 쏟는 동안 '공공적 개신교' 옹호자들은 노동권 보호, 최저임금제 등 빈곤 그 자체를 감소시키기 위한 집단적인 해결책을 찾아 나섰다. 전자가 개인의 삶은 그 자신이 책임져야 한다고 강조할 때 후자는 정부가 더욱더 나은 사회와 삶의 질을 제공해줘야 한다고 주장했다. 이런 세계관의 차이는 두 세력을 정치적인 충돌로 몰아넣었다.[6]

재건 사업은 북부동맹이 처음으로 시도한 대규모 사회 공학정부의 정책으로 사회를 개조하는 것 사업이었다. 디프사우스와 타이드워터의 노예 출신 흑인들을 교육해 자립시키는 과정이 무척 더디게 진행되자 이에 지친 양키 교사들은 애팔래치아의 가난한 백인들에게 눈길을 돌리기 시작했다. 그들에게 애팔래치아 백인들은 마치 그 옛날 "뉴잉글랜드의 암울한 해안가"에 정착했던 그들의 선조처럼 보였다. 1880~1890년대에 나온 문학작품과 학술지들은 국경지대인들을 미신과의 싸움에 빠져 있고, 여전히 18세기에 머물러있는 시대착오적인 사람들이라고 묘사하고 있었다. 당시 연구들은 애팔래치아인이 아직도 엘리자베스 시대의 영어를 구사한다고 하거나 노예제에 "오염되지 않았다"고 하는 등 잘못된 정보들을 담고 있었다. 이러한 현실은 애팔래치아인이 처음으로 민중 의식이란 것에 눈을 뜨게 되는 계기가 됐다. 켄터키 베레아 대학 총장이자, 양키 출신의 조합교회 목사인 윌리엄 구델 프로스트는 애팔래치아 지역에 근대 문명의 "구원적 요소"를 전수하기 위해 열과 성을 다했다. 그 덕분에 이 지역은 1930년대 들어 양키가 해방 노예를 위해 운영하는 학교 수백 개가 들어서는 등 '남부의 뉴잉글랜드'로 변해갔다. 그러나 제2차 세계대전을 앞두고 애팔래치아에 대한 관심이 줄어들었고 결국 남부 산악지대 밖으로 옮겨갔다. 그리고 애팔래치아는 여전히 비참한 가난의 장소로 남았다.[7]

북부동맹의 개혁가들은 그때 다른 문제에 관심을 쏟고 있었다. 양키와 미들랜더는 '금주법Temperance and Prohibition'을 전면적으로 실시하기로 했다. 미국에서 처음으로 술 제조와 판매를 금지(1851~1856)한 주는 메인 주였지만, '여성 기독교인 금주연합Women's Christian Temperance Union'이란 영향력 있는 단체가 세워진 곳은 일리노이 주 에번스턴이었다. 이 단체를 이끈 사람은 뉴욕 북부에서 온 조합교회 학교 교사의 딸이자 페미니스트 운동의 선구자인 프랜시스 윌러드였다. 금주 조항을 신설한 헌법 수정안을 끌어내는 데 가장 큰 공로를 세운 로비 단체는 1893년 한 조합교회 성직자가 오하이오 서부 보류지에 만든 '술집 반대 연합Anti-Saloon

League'이었다. 이 단체의 핵심 지도자인 윌리엄 휠러는 서부 보류지에서 태어나 오벌린에서 교육받은 매사추세츠 청교도의 후손이었다. 디프사우스도 후에 금주법을 도입하긴 했지만(미시시피에서는 1966년까지 술이 불법이었다), 술과의 성전聖戰은 양키들이 계획해서 주도한 운동이었다.[8]

19세기 말, 양키와 뉴네덜란드는 아동 복지 향상에도 앞장서서 유아 사망률을 현저히 낮추는 데 기여했다(뉴욕 주 로체스터, 매사추세츠, 뉴욕 시는 엄마들에게 위생적인 우유와 보조금을 제공했다). 또 도심에서 어린이가 놀 수 있는 놀이터를 개발하고 확장했으며(매사추세츠 주의 42개 도시는 놀이터 건설비 지원에 대한 찬반 투표를 했는데 이 중 41개가 찬성했다), 거리의 고아들을 위해 처음으로 대책 마련에 나섰다(뉴욕 시에 건설된 '어린이 지원 협회Children's Aid Society'는 예일대 졸업생인 코네티컷 조합교회주의자 찰스 로링 브레이스가 세운 단체다). 아동 노동과 입양 규제 법안이 처음으로 만들어진 곳 역시 매사추세츠였으며, '아동학대 방지를 위한 매사추세츠와 뉴욕 시 협회'는 미국 최초의 아동학대 방지 기관이었다. 아동 노동 종식을 위해 가장 활발한 활동을 펼친 '국민 아동 노동 위원회National Child Labor Committee'는 뉴네덜란드와 애팔래치아 아칸소 지역에 본부를 두고 아동 노동 관행을 금지하는 주州 법 제정을 요구하며 투쟁했다. 이들의 노력은 북부 지역에서 성공을 거뒀지만, 남부에서는 저항에 직면했다. 하지만 결국에는 남부 지역도 연방정부의 방침에 따라 강제로 법을 고쳐야 했다.[9]

양키덤 개혁가들은 여성 참정권을 위한 투쟁도 벌였다. 양심의 자유를 가장 중요한 가치로 여겼던 뉴네덜란드와 미들랜드 역시 이를 적극적으로 지원했다. 1848년 뉴욕 세니커폴스에서 여성 권리 옹호를 위한 첫 모임이 열렸고 2년 후 매사추세츠 주 우스터에서 전국 여성권리 대회가 처음으로 막을 올렸다. 언론인 호러스 만과 노예제 폐지주의자 윌리엄 로이드 개리슨, 작가인 웬들 필립스와 유니테리언 철학자 윌리엄 헨리 채닝 등 저명한 양키 남성 인사들도 여성 권리 신장에 폭넓은 지지를 보냈다. 이후 10년 동안 권리 대회가 항상 양키, 미들랜드, 뉴네덜란드 지역에서만 열린 것은 우연이 아니다. 마침내 1919년 헌법 개정안이 통과되자 이 세 국민이 사는 지역과 레프트코스트는 즉시 수정안을 승인했다. 그러나 딕시연합의 주는 동참하지 않았다. 오랫동안 여성 참정권 운동을 주도해온 여성들은 모두 양키, 미들랜드, 뉴네덜란드 출신이었다. 수전 B. 앤서니는 매사추세츠 주 퀘이커교도의 딸이었고, 루시 스톤 역시 오벌린에서 교육을 받은 매사추세츠 주 출신이었다. 네덜란드 정착민의 후손인 엘리자베스 캐디 스탠턴은 양키 정착촌인 북부 뉴욕에서 태어나고 자라면서 교육을 받았다. 또 캐리 채프먼 캐트는 양키 지역인 위스콘신 리폰에서 태어나 미들랜드 지역인 아이오와 에임스에서 공부했다.[10]

딕시연합이 과거의 방식으로 돌아가기 위해 싸웠던 것과 달리 양키덤과 뉴네덜란드, 레프트코스트에서는 색다른 사회적 실험과 반체제 운동이 꽃피기 시작했다. 그리고 그 실험의 중심에는 뉴네덜란드의 오래된 작은 시골 마을 흐룬베이크Groenwijck가 있었다. 이곳이 바로 훗날 도시에 흡수되면서 이름이 바뀌는 미국 최초의 보헤미안 지구 '그리니치빌리지'다. 1910년에서 1960년 사이 이 지구에는 무정부주의 철학자, 자유시 시인, 입체파 화가, 페미니스트, 게이, 프로이트파 사상가, 늘 술에 취해 있는 작가, 자유연애 극작가, 괴짜 음악가 등이 몰려들어서 문화적 혁명을 일으켰다. 중산층은 가난이 벼슬인 양 과시하면서 기행을 일삼는 그들을 보며 충격을 받았고, 미들랜드와 디프사우스의 부모들은 혼란에 빠졌다. 역사학자 로스 웨츠테온의 말을 빌리면 그들은 "어떤 것에도 얽

매이지 않은 채 무책임하게도 초월적인 생각에만 빠져 있었다". 뉴네덜란드의 문화적 관용의 보호막 아래, 1제곱마일에 불과한 그 작은 공간 안에서 딕시연합의 종교적 보수주의자들이 훗날 치를 떨며 강력히 반대하는 문화와 사상들이 태동했다. 게이 권익 운동, 현대 예술, 비트족1950년대 현대 산업사회를 부정하고 기존 질서와 도덕을 거부하는 방랑자적 문학 예술가 세대과 이를 계승한 히피족, 좌파 지성주의, 반전운동 등이 그것들이다. 이곳은 17세기 뉴네덜란드 암스테르담이 그랬던 것처럼 억압받는 일탈자와 자유 사상가들을 위한 피난처 역할을 하면서 북미 대륙의 문화적 수도로서 위치를 더욱 공고히 했다. 1950년대부터 보헤미아 문화는 레프트코스트로 이동해갔지만 그 시작은 네덜란드인들이 세운 작은 마을이었다.[11]

세상을 좀더 좋은 곳으로 만들고 싶다는 양키, 뉴네덜란드, 미들랜드의 바람은 종종 종교적 신념보다 우선했는데, 특히 교회가 진보적일수록 더욱 그랬다. 그러나 아이러니하게도 선행을 통해 세상을 정화하려던 청교도들의 노력은 결국 제 무덤을 파는 결과를 가져왔다. 지난 250여 년이 흐르는 동안 뉴잉글랜드의 성직자들은 반대를 억누르기만 한다고 세상이 정화되는 것은 아니라는 사실을 깨달았다. 강요된 믿음은 아무 소용이 없다는 점을 터득했기 때문이다. 양키 엘리트들의 상당수는 과학 탐구와 사회 정의를 추구하는 뉴잉글랜드 교회의 분파인 유니테리언 교도가 됐다. 유니테리언파 회장인 찰스 엘리엇은 1870년 하버드 대학을 종교와 분리했고, 양키 단체인 미국 세속 연맹American Secular Union은 공립학교에 종교의 자유를 보장해달라고 요구했다. 종교·문화적 다원주의 위에 세워진 미들랜드와 뉴네덜란드도 제정일치 사회에서는 생각이 다르다는 이유로 차별당할 우려가 크다는 점을 알고 있었기 때문에 이런 노력을 지지했다. 이 세 지역에서 '공공적 개신교'의 주류 분파는 성경을 문자 그대로 해석하기보다 은유적으로 받아들임으로써 지구의 연대기와 형성 과정, 진화론 등 과학적 발견을 수용했다. 20세기 초 미국에서는 종교가 과학과 이성의 발전을 위해 한쪽으로 물러서야 한다고 주장하는 지식인들을 어렵지 않게 찾을 수 있었다. 그러나 20세기 말까지 이런 분위기가 이어진 북유럽과 달리 북미는 그렇지 못했다. 미국의 세속주의자들은 내면적 개신교도의 끈질긴 생명력과 강인함에 역습을 당해 패배할 운명이었다.[12]

현대주의, 자유주의 신학, 과학적 성취에 대한 반감은 19세기와 20세기 초 보이지 않게 널리 퍼져 있었지만, 주 정부의 지원과 보호를 등에 업고 공공연하게 저항한 것은 딕시연합이 유일했다. 남부의 세 국민은 성서무류설성서는 과학적으로도 오류가 없다고 믿는 설을 신봉했고, 종교와 정치를 일치시켰다. 학교는 인류와 우주의 근원에 대해 과학적으로 가르친 것이 아니라 성경을 기반으로 설명했다. 게이, 시민권, 인종 간 자유연애는 법적, 정치적, 사회적인 제약을 받았고, 사회는 종교에 종속됐다.

'기독교 원리주의Christian Fundamentalism'는 북부에서 유행하던 자유주의 신학에 대한 반발로 나타났다. 원리주의란 『원리들The Fundamentals』이라는 12권 분량의 책자 제목에서 유래한 이름이다. 애팔래치아 침례교 목사 A. C. 딕슨이 펴낸 이 책은 자유주의 신학, 진화론, 무신론, 사회주의, 모르몬교, 가톨릭, 기독교 과학자, 여호와의 증인을 비판하는 내용을 담고 있다. 또 다른 침례교 목사인 윌리엄 벨 라일리가 만든 세계 기독교 원리주의 협회World Christian Fundamentals Association는 초창기 기독교 원리주의자들을 연결하는 구심점 역할을 했다. 인디애나의 애팔래치아 지역에서 태어난 라일리 목사는 켄터키 분 카운티에서 성장했고 미네소타 교회에서 사역하던 중 '양키 이단자들'을 보고 행동에 나서게 됐다. 일리노이 남부Egypt district 출신의 스콧–아이리시 대통령 후보였던 윌리엄 제닝스 브라이언미국 역사상 가장 인기 있는 연설자로 대중적 인기가 컸던 민주당 정치인. 진화론 반대 운동에 적극적으로 참여했다에게 고무된 내면적 개신교 원리주의자들은 과학과 진화론을 무너뜨리기 위한 전쟁에 나섰다.[13]

창조론자들은 1920년대 내내 미국 전역을 들쑤시고 다녔지만 완벽한 성과를 거둔 곳은 애팔래치아와 디프사우스 지역뿐이었다. 플로리다, 테네시, 미시시피, 아칸소 의회는 진화론 수업을 불법화했고 노스캐롤라이나 주지사는 "인류의 기원에 대해 어떤 식으로든 성서와 다른 말을 하는 교과서는 모두 폐기하라"고 지시했다. 디프사우스·국경지대인들이 장악한 텍사스와 루이지애나 당국은 교과서에서 진화론 부분을 모두 수정했다. 애팔래치아와 디프사우스 대학교수 수십 명은 이 같은 조치를 비판했다는 이유로 해고됐고, 다른 이들도 박해에 대한 두려움 때문에 공직을 맡길 꺼렸다. 언론들도 과학을 공격하는 데 가담했다. 켄터키 주 브레싯 카운티의 『잭슨 뉴스Jackson News』는 사설에 "주립대학의 교수들은 자신들이 유인원이나 개코원숭이의 후손이라고 믿는 것 같지만, 우리는 브레싯의 선량한 민중이 순수 앵글로색슨 혈통이라는 사실을 알려야 한다"고 썼다. 미시시피 잭슨 시의 「클라리온–레저Clarion-Ledger」도 주 정부가 진화론 불법화를 놓고 거부권 행사를 고려하자 "주지사는 미시시피인을 실망하게 하지 말라"면서 "어린 학생의 창세기에 대한 믿음을 절대 훼손해선 안 된다"고 주장했다. 선거 유세에 나선 정치인들은 진화론을 막아 내겠다고 강조했고, 부활한 KKK는 다윈의 이론이 흑인은 복종하기 위해 창조된 열등한 생물이라는 성경의 내용과 배치된다며 반발했다. 남부 침례교가 조직적으로 가세한 이 성전은 1925년에 열린 악명 높은 '스콥스 재판(일명 원숭이 재판)'으로 최고조에 달했다. 테네시 대법원이 진화론을 가르쳤다는 이유로 기소된 고등학교 생물 교사에게 유죄를 선고하자 기독교 원리주의자들은 전국의 언론으로부터 집중포화를 받았다.[14]

양키덤과 뉴네덜란드, 미들랜드의 공공적 개신교도들은 미신과 다를 바 없는 비이성적 신앙과 미국의 가치에 어긋나는 독재적인 성향을 지닌 남부인은 지옥에 떨어져도 시원찮은 사람들이라고 생각했다. 하지만 원리주의자들은 1930~1940년대에 성경 모임과 기독교 대학, 복음 라디오 방송국을 확대해나가면서 조직화 노력을 게을리하지 않았다. 1950년대가 되자 눈치채지 못한 사이에 원리주의자의 숫자는 증가하기 시작했다. 반면 사람들의 신앙을 약화시키려 했던 것이 아니라 종교와 주 정부를 분리하려 했을 뿐인 주류 개신교는 성도의 숫자가 감소하면서 탄력을 잃어갔다. 그 결과, 세속주의 노력 또한 내리막길을 걷기 시작했다. 전후 시대에 번영을 거듭하면서 자기만족에 빠져 있던 미국의 화려한 겉모습 뒤에는 전면적인 문화 전쟁의 조짐이 조용히 들끓고 있었고, 이는 1960년대에 마침내 폭발하게 된다.[15]

25장

문화 충돌

겉으로는 잠잠해 보였지만 수면 아래서 부글부글 끓어오르던 문화적 냉전은 1950년대와 1960년대 들어 전면전으로 치닫기 시작했다.

이 기간에 북부와 남부는 각자 자신만의 또 다른 내전을 치러야 했다. 딕시연합에서는 분리 정책과 카스트 제도에 반발한 흑인들이 투쟁에 나섰고, 북부동맹의 4개 국민은 새로운 세대가 이끄는 문화적 저항에 직면했다. 두 사건 모두 각 지역의 기존 체제에 반발한 자들이 일으킨 내부적 현상이었지만, 양측은 곧 상대방의 사건에 개입하기 시작한다. 먼저, 남부에서 일어난 흑인 민권운동에 북부의 개입은 매우 결정적인 영향을 끼쳤다. 북부는 타이드워터, 애팔래치아, 특히 디프사우스의 인종 카스트 제도를 강제로 폐지하기 위해 연방정부의 권한과 군사력을 동원했다. 반면 딕시연합은 레프트코스트, 뉴네덜란드, 양키덤에서 일어난 신세대의 '반란'인 60년대 문화 혁명에 반대하며 이에 개입하고자 했다. 이 지역의 신세대가 주장하는 것은 하나같이 디프사우스와 타이드워터의 가치관에 정면으로 배치됐기 때문이다. 민권운동 때문에 세력이 약화된 딕시연합은 이들이 초래한 변화의 흐름을 단기간에 막아낼 수는 없었다. 그러나 그들은 그 후에도 계속해서 신세대 반란이 이룩한 성과를 되돌리기 위해 끊임없는 노력을 기울였다. 이 두 개의 닮은꼴 반란에서 비롯된 서로를 향한 분노는 북미 국민 사이의 골을 더욱 깊게 만들었고, 합의점과 상호 수용 가능한 해결책을 찾으려던 21세기 초의 노력을 무위로 만들었다.

민권운동은 양키-미들랜드가 장악한 연방정부의 역할과 남부 문화에 미친 극적인 영향 때문에 '제2의 재건 시대'라고 불린다. 디프사우스 흑인들의 평화시위[1]는 제1차 재건 시대처럼 디프사우스와 타이드워터 문화의 일정 부분을 영구적으로 변모시키는 데 성공했다. 그러나 이는 두 국민과 그레이터 애팔래치아의 백인들이 자신들만의 성벽을 쌓아올리게 하는 결과를 초래했다.

1955년 딕시연합에 속한 세 국민은 여전히 독재적이었고, 광범위한 아파르트헤이트 정책을 엄격하게 실시하고 있었다. 흑인은 성인이라 하더라도 10대 백인에게 '미스터' '미스' 혹은 '미시즈Missus'(누군가의 아내를 높여 부르는 말) 같은 존칭을 사용해야 했지만, 백인은 나이에 상관없이 흑인에게 존칭을 붙이지 않았다. 대신 '아이boy' '아저씨uncle' '아줌마auntie' 등으로 불렀다. 흑인은 백인과 같은 식탁에 앉을 수 없었고, 데이트를 하거나 예배를 드리는 것도 금지됐다. 같이 야구를 하거나 수업을 듣는 것도 불가능했다. 심지어 수도꼭지와 화장실, 대기실, 건물 입구도 흑인용과 백인용을 구분했다. 공장들은 직원을 인종별로 나눠 생산 설비를 따로 운영했으며, 흑인은 아무리 숙련도가 높고 일을 잘해도 결코 '백인의 직급'을 넘볼 수 없었다. 극장, 간이 식당, 레스토랑, 열차, 공공버스도 인종별로 좌석을 구분했다. 미시시피에서 '사회 평등, 백인과 흑인의 결혼'을 옹호하는 글을 배포하는 것은 최대 6개월 형에 처해질 수도 있는 범죄였다. KKK를 비롯한 각종 결사체는 이를 위반한 흑인을 고문하고 처형했으며 국회의원, 언론, 목사, 지역 유지들은 그러한 행동에 면죄부를 줬다. 인종 카스트를 위반한 백인 역시 법적인 처벌을 받았지만, 그보다 더 무서운 것은 '흑인 애호가'라는 낙인이 찍혀 그가 속한 가문이 사회적으로 매장당하는 것이었다. 딕시 지역의 백인 종교 지도자들은 예외 없이 이러한 현실에 눈을 감거나 오히려 이를 축복했다.[2]

아파르트헤이트에 저항한 흑인의 민권운동은 디프사우스 전역에 들불처럼 번져갔다. 1955~1956년 앨라배마 몽고메리에서는 백인 전용 좌석에 항의하는 버스 보이콧 운동이 벌어졌고, 1957년에는 백인 학교인 리틀록 센트럴 고등학교에 9명의 흑인 학생이 첫 입학을 시도했다. 1960년 루이지애나 뉴올리언스에서도 한 흑인 소녀가 군인의 호위 속에 야유하는 백인 군중을 뚫고 백인 초등학교에 첫 등교를 했고, 조지아 대학(1961)과 미시시피 대학(1962)에도 첫 흑인 학생이 입학했다. 또 1962년 투표권 행사를 거부당한 미시시피의 흑인들은 이듬해부터 적극적인 투표 참여 운동을 펼쳤다.1961년 당시 미시시피의 흑인 투표율은 7퍼센트로 전국에서 제일 낮았다. 흑인은 투표를 하려면 문맹 테스트를 통과해야 했는데 문제의 앞뒤가 맞지 않아 도저히 맞출 수 없는 시험이었다. 1963년에는 앨라배마 버밍햄에서 대중 이용 시설의 인종 분리 정책과 집회의 자유 탄압에 항의하는 연좌 농성이 벌어졌다. 그리고 1965년 앨라배마 셀마에서 흑인 참정권 시위가 벌어졌다. 비폭력 평화 행진을 하던 흑인들이 무장 경찰에게 무차별 폭행을 당한 가슴 아픈 사건이었다. 유명한 민권운동가는 대부분 디프사우스 출신이었다. 마틴 루서 킹 주니어(애틀랜타), 존 루이스(남부 앨라배마), 제임스 메러디스(중부 미시시피), 로자 파크스(앨라배마 터스키기) 등이 그 주인공들이다. 이들은 뉴네덜란드와 양키 지역의 백인 민권운동 활동가들로부터 지원을 받았다. 로버트 모지스, 흑인을 위해 싸우다 살해당한 앤드루 굿맨과 마이클 슈워너는 뉴네덜란드 출신이었고, 맬컴 X는 양키 출신이었다. 양키덤을 대표하는 인물이었던 존 F. 케네디 대통령과 로버트 케네디 법무부 장관은 백악관에서 결정적인 도움을 줬다. 케네디가 암살당한 후 후임자가 된 애팔래치아 텍사스 출신 린든 B. 존슨 대통령도 케네디 대통령의 뜻을 이어나갔다.

딕시 지역의 백인들은 처음에 민권운동 자체를 이해하지 못했다. "우리 깜둥이들"은 억압받고 길들어 인권 따위 누리지 못해도 "행복하게 살고 있다"고 믿어왔기 때문이다. 디프사우스 정치인들의 주장처럼, 사랑하는 흑인들이 저렇게 된 것은 공산주의자인 양키와 뉴네덜란드의 "선동가"들에게 세뇌당했기 때문이라고 생각했다. '리베르타스'를 신봉하는 디프사우스와 타이드워터의 백인은 남을 지배할 "자유"를 빼앗길지도 모른다는 위기의식으로 한데 뭉쳤다. 미 대법원이 인종 분리는 위헌이라는 판결을 내리자, 디프사우스 의원들은 "우리 사회 시스템을 전복시키려는 시도를 조사하고 막아내기" 위해 도청과 소환 조사 권한을 갖춘 '주 전복 방지 위원회State antisubversion agencies'를 설치했다(미시시피 주 통치 위원회는 민권 단체인 '학생 비폭력 실천 위원회'가 흑인 유권자 등록을 돕는 법적 행위에 관여함으로써 "미시시피의 삶의 방식을 전복시키려 하고 있다"고 주장했다).

흑인들이 인종 카스트 제도에 도전하자 딕시연합의 백인들은 '대규모 저항'을 서약했다. 그러나 그들이 취한 극단적인 조치는 남부의 소중한 전통이란 게 얼마나 비인간적이고 폭압적인 것인지를 까발리는 결과만 초래했다. 아칸소 주지사인 오발 포버스는 리틀록 센트럴 고등학교에 입학하려는 9명의 흑인 학생을 막기 위해 총검으로 무장한 주 방위군 병사들을 동원했다. 이 소식을 들은 드와이트 D. 아이젠하워 대통령은 101 공수사단을 배치하고 아칸소 주 방위군을 아예 연방정부 휘하로 개편해 버렸다. 정부가 디프사우스 전역의 공립학교에 인종 통합 작업을 진행하자 백인들은 거세게 반발했다. 이들은 등교하는 흑인 아동들을 겁에 질리게 했을 뿐 아니라, 통합 공립학교를 그만두지 않은 백인 아동과 부모들에게도 협박을 가했다. 딕시연합의 마을들은 공립학교를 아예 폐쇄한 후 재산세를 대폭 감면하고, 그 자리에 백인 전용 사립학교를 세웠다. 타이드워터 버지니아 주의 프린스에드워드 카운티는 공립학교를 여러 해 동안 폐쇄해서 흑인과 가난한 백인 어린이들의 교육권을 침해해 대법원으로부터 위헌 판결을 받았다. 미시시피의 한 감리교회에서는 백인 목사가 흑인 성도들을 받아들이려 하자 교회 집사들이 '유색 인종 경비대'를 꾸려서 흑인이 들어오지 못하도록 필사적으로 막았다. KKK단은 흑인뿐 아니라 백인 민권운동가까지 살해했고, 시 당국은 평화 행진 시위조차 소방호스, 전투견, 기마 경비대를 동원해 원천 봉쇄했다. 하지만 남부의 백인들은 결국 선택을 해야 했다. 공립학교가 아예 없는 상황보다는 인종 통합 학교라도 감수할 것인지, 큰 고난을 감수하느니 차라리 남부의 "유산" 중 일부를 포기할 것인지, 짐 크로Jim Crow 인종 카스트 제도를 일컫는 이름를 끝내고 어리석은 대중의 지배를 받아들일 것인지 사이에서 말이다. 그리고 결국 이들은 형식적이긴 했지만 최소한의 변화를 수용하겠다는 입장을 밝혔다.[3]

하지만 딕시연합 내에서도 변화 수용의 정도는 천차만별이었고, 존슨 대통령이 1964년 민권법안에 서명한 후에도 이 같은 현상은 더욱더 심해졌다. 인종차별 학교에 연방 예산 지원을 금지하고 모든 사업장에 인종 통합 정책을 의무 시행토록 한 법안은 디프사우스, 타이드워터, 애팔래치아 의원들의 거센 반대에 직면했다. 심지어 남북전쟁 당시 북부군 편에 섰던 일부 주까지 반대했다(웨스트버지니아 상원의원이자 KKK 단원 출신인 로버트 버드는 이 법안에 반대해 3개월 동안 필리버스터를 이끌었다). 언론은 인종 통합 정책이 애팔래치아와 타이드워터에서는 순조롭게 진행되고 있지만 디프사우스 시골, 특히 미시시피와 앨라배마, 조지아 서남부에서 가장 큰 저항에 부딪혔다고 보도했다. 이처럼 인종차별 정책을 수호하기 위해 가장 맹렬히 싸운 사람들은 디프사우스인들이었다. 자신들이 인종차별 금지 정책의 노예가 되었다고 주장한 조지아 주지사 레스터 매독스, 인종차별주의자로 대통령 선거에 출마하기도 했던 사우스캐롤라이나 주지사이자 상원의원인 스트롬 서먼드(그는 22세 때 16세 흑인 하녀에게서 혼외 자식을 얻었다), "오늘도, 내일도, 그리고 영원히 인종 분리를 지키기 위해 싸울 것"을 서약하며 "독재자의 발 앞에 도전장"을 던진 앨라배마 주지사이자 대통령 선거에 네 번이나 출마한 조지 월리스 등이 대표적인 디프사우스의 인종 카스트 지지자였다. 디프사우스는 21세기 들어서도 남부연합기 계양과 남부의 문화적 유산을 둘러싸고 계속 논란을 일으켰다. 예상했던 대로, 가장 큰 논란이 일어난 곳은 주 정부 청사에 남부연합기를 달겠다고 나선 사우스캐롤라이나였다.[4]

　제2의 재건 시대는 딕시연합에 사회적 변화를 가져오긴 했지만, 내면적 개신교의 가치를 변화시키진 못했다. 애팔래치아, 타이드워터, 디프사우스의 백인들은 사회 개혁에 반대하고 문화적 터부에 집착하는 남부 복음주의 세계관에 더욱더 깊이 빠져들었다. 그리고 자신들의 가치와 도덕적 규범을 다른 사람들에게도 적용시키기 위해 교회와 주 정부 사이의 벽을 점점 더 허물려고 했다. 이들의 역습은 조용히 시작됐다. 남부 복음주의자와 원리주의자들은 북부의 적에 맞서 싸울 수 있는 조직과 기관을 세우는 데 집중했다. 백인들이 흑인 입학을 거부하기 위해 세웠던 사립학교들은 "신앙을 기반으로 가르치는" 기독교 교육 기관으로 바뀌었다. 이 학교들은 보수적인 가치와 창조론, 정부에 대한 순응을 강조했다(복음주의 지도자들은 부유하지 않은 백인 학생들 재정적 부담을 줄여주기 위해 '학교 바우처 제도'를 통해 세금 지원을 받았다). 딕시의 목사들은 팻 로버트슨의 기독교 방송 네트워크, 빌리 그레이엄 복음주의 협회, 제리 폴웰의 PTL 클럽 같은 강력한 미디어 제국을 건설하는 등 TV 매체를 십분 활용했다. 또 로버트슨의 리젠트 대학(이 대학의 목표는 예수 재림 전까지 이 땅 위에 "신의 대리인"을 양성하는 것이었다), 폴웰의 리버티 대학(이 대학은 공룡 화석이 4000년 전의 것이라고 가르쳤다), 밥 존스 대학(1971년까지 흑인 입학을 허용하지 않았고 2000년까지 인종 간 연애나 결혼을 금지했다) 같은 원리주의 대학들을 세웠다. 1990년대 말, 딕시연합의 종교적 인사들은 북부가 주도하는 미연방의 '큰 정부론'에 맞서 싸울 준비가 돼 있었다. 그들은 세속적이고, 성적으로 자유로우며, 과학적 기준을 택한 정부를 바꿔놓기 위한 전투 태세를 마쳤다.[5]

딕시의 반동주의자들이 아파르트헤이트를 지키기 위해 싸우는 동안 양키덤과 뉴네덜란드, 레프트코스트의 보수주의자들은 1960년대 젊은 이들이 촉발시킨 전혀 다른 성격의 문화적 혁명을 억누르느라 여념 없었다

세속화된 후에도 여전히 유토피아를 갈구하는 청교도주의의 도덕적 열망, 뉴네덜란드의 지적 탐구의 자유, 미들랜드의 관용적인 평화주의가

결합되어 탄생한 이 사회적 운동은 딕시의 백인들이 전쟁을 불사하며 지키려 했던 바로 그 사회적 터부와 전통적 제도를 전복시키고 새로운 세계를 건설하고자 했다. 1962년 발표된 '포트휴런 성명서'는 이들의 창립 선언문으로 여겨진다. 양키와 미들랜드 문화의 핵심이 녹아 있는 이 선언문은 전 세계의 비무장화, '전시 경제의 영원한 종식' '아무리 채워도 모자랄 이성, 자유, 사랑의 추구'를 강조했다. 아마 윌리엄 펜과 함께 신대륙에 왔던 초기 정착민들마저도 기꺼이 찬성했을 법한 내용이었다. 이들은 '소유와 특권, 개인의 배경에서 비롯된 권력'을 없애고 '시민 집단'의 결정을 수행하는 '참여민주주의'를 실천하자고 주장했다. 이는 초기 청교도들이 꿈꿨던 것이다. 공공 부문은 기업이나 군부의 독재로부터 시민이 되찾아온 것이기 때문에 선한 것으로 받아들여졌다. 이들의 주장은 디프사우스와 타이드워터가 추구하는 방향과 거리가 멀었고, 베트남 전쟁을 거치면서 양측의 골은 더욱 깊어졌다. 1968년 마틴 루서 킹 목사와 로버트 F. 케네디의 암살은 문화 혁명의 지지자들을 더욱 급진적으로 변화시켰다.[6]

1960년대의 문화 혁명은 민권운동의 영향을 받긴 했지만 딕시연합을 겨냥한 것은 아니었다. 이들의 활동 영역과 주요 사건들이 미친 영향은 양키덤, 뉴네덜란드, 미들랜드, 레프트코스트의 북부 4개 지역에 한정되어 있었다. 히피 운동은 샌프란시스코 만과 맨해튼에 있는 비트족의 옛 아지트에서 시작됐다. 중요한 청년 조직인 '민주사회를 위한 학생들 Students for a Democratic Society'은 미시간 양키 지역에 세워졌고 양키덤 지역의 대학들(하버드, 코넬, 미네소타, 위스콘신, 미시간, 오벌린, 빙엄턴)과 레프트코스트(버클리, 스탠퍼드, 리드), 뉴네덜란드(컬럼비아, 뉴욕 시립대), 미들랜드(스워스모어, 안티오크, 얼햄) 지역의 대학들이 가장 강력한 지지 세력을 형성했다. 1964년 '자유언론 운동Free Speech Movement 캠퍼스 내에서 정치적 활동을 하는 학생을 처벌할 권리를 가진 대학 본부에 저항한 운동', 1967년 '사랑의 여름Summer of Love 10만 명의 젊은이들이 양성평등. 공동체. 자유연애 등을 꿈꾸며 샌프란시스코 헤이트-애시베리로 몰려든 사회적 현상'은 모두 샌프란시스코 만 지역에서 발생했다. 1969년 우드스톡 페스티벌과 1970년 켄트 대학 학살 사건 오하이오 켄트 주립대학에서 미국의 캄보디아 침공에 반대하는 대규모 시위가 열리자 주 방위군이 학생들에게 발포해 13명이 사상한 사건은 양키덤 지역에서 일어났다. 게이 인권 운동의 분수령이 된 1969년 스톤월 투쟁게이 술집을 단속하는 경찰에 맞서 성 소수자들이 집단으로 항거한 사건은 그리니치빌리지에서 일어났고, 샌프란시스코의 카스트로 구역은 서부의 게이 운동 중심지로 떠올랐다. 이들 지역에서는 훗날 '흑표범단원Black Panthers 오클랜드에서 생겨난 단체로 정부에 대항해 소수자들은 무장 투쟁을 해야 한다고 주장', 웨더 언더그라운드미시간 앤아버 대학에서 태동한 급진적인 좌파 단체처럼 점점 더 급진적인 단체들이 출현하게 된다. 현대 환경운동의 시작을 알린 지구의 날Earth day도 위스콘신 상원의원이 시애틀 연설에서 자신의 구상을 널리 알리자 펜실베이니아 대학 학생들이 발 벗고 나서서 추진한 것이다.7

1960년대의 문화적 해방운동은 엘 노르테와 뉴프랑스에도 영향을 미쳤다. 이 운동은 엘 노르테에서 부분적으로 성공을 거뒀고, 뉴프랑스에서는 독립 운동을 성공 직전 단계까지 가게 만든 원동력이 됐다.

노르테뇨는 엘 노르테가 미국에 합병된 후 2등 국민 신세로 전락했다. 특히 대다수의 '앵글로'가 디프사우스와 애팔래치아 출신이었던 남부 텍사스, 남부 캘리포니아에서 이와 같은 현상은 훨씬 더 심했다. 심지어 히스패닉 인구가 60~90퍼센트인 지역에서도 앵글로가 지방 정부와 학교 이사회를 독차지했다. 인구의 95퍼센트가 노르테뇨였던 남부 텍사스의 크리스털 시가 전형적인 사례였다. 크리스털 시의 거의 모든 토지와 기업체는 극소수에 불과한 앵글로가 독점하고 있었고, 이들이 시의회와 학교 이사회를 장악했기 때문에 10대 노르테뇨는 치어리더도 될 수 없었다. 하지만 1960년대가 되자 자신들의 권리를 되찾고자 하는 청년 노르테뇨를 중심으로 투표 독려활동과 시민운동이 조직되기 시작했다. 그 결과, 1963년에 치러진 크리스털 시의회 선거에서 앵글로에게 큰 충격을 안긴 결과가 나왔다. 크리스털 시의회를 조용히 장악하는 데 성공한 노르테뇨는 경찰서장과 교사는 물론 치어리더도 노르테뇨로 임명했다. 1975년 샌안토니오의 노르테뇨 활동가들도 투표로 시의회를 바꾸기 위해 가톨릭 사제들과 손을 잡고 시민운동에 나섰다. 그런가 하면 애리조나 유마에서 태어난 세자르 차베즈는 남부 캘리포니아와 텍사스 농장지역의 노동 환경을 개선하기 위해 농부들을 조직해 보이콧을 시도했다. 또 로스앤젤레스의 멕시코계 시민단체 '갈색 베레모Brown Berets'는 학생 파업을 주도하면서 경찰의 폭력적인 진압을 강력히 규탄하고, 심지어 잠시이긴 했지만 샌타 카탈리나 섬을 장악해 멕시코의 영토로 선포하기도 했다. 엘 노르테의 무력한 주민이었던 노르테뇨는 1960년대를 거치면서 완전히 바뀌었다. 학교 이사회부터 미국 상원, 뉴멕시코 주지사 자리까지 장악한 그들은 다시 그 지역을 지배하기 시작했다.[8]

1960년대에 일어난 퀘벡의 사회적 변화를 흔히 '조용한 혁명Quiet Revolution'이라 부르지만, 사실 그것은 결코 조용한 변화가 아니었다. 앵글로-캐나다인과 가톨릭 사제단이 한 세기 넘게 지배해온 퀘벡의 주민들은 1960년 주 의회 선거에서 자유개혁가 성향을 지닌 장 르사주의 손을 들어줬다. 그 후 10여 년 동안 르사주와 그의 측근들은 퀘벡의 제도를 프랑스식으로 바꾸는 일에 착수했다. 공립학교를 종교와 분리하고 강한 사회복지 시스템을 구축했다. 공무원 노조 결성을 허용하고 '하이드로 퀘벡'이라는 공기업을 만들어 에너지 서비스를 모두 국유화했다. 르사주의 자유당이 외쳤던 구호 "우리 집에선 우리가 주인이다Masters in our own house"라는 말처럼, 뉴프랑스인들은 이제 자기 집의 주인이 됐다. 급진적 테러 단체인 퀘벡자유연맹FLQ을 세운 피에르 발리에르는 '미국의 백인 니그로'라는 선언문에서 자유를 얻기 위해 투쟁하는 퀘벡인은 미국 남부의 흑인들과 다를 바 없다고 주장하기도 했다. 하지만 FLQ는 킹 목사와 달리 비폭력 투쟁을 하지 않았다. 1969~1970년, 그들은 몬트리올 주식거래소에서 폭탄 테러로 27명에게 부상을 입힌 데 이어 몬트리올 시장 저택에도 폭탄을 터뜨리고 주 장관을 납치한 뒤 살해해서 연방정부가 계엄령을 선포하게 했다. 분리 독립을 주장하는 퀘벡당은 정권을 잡자마자 원주민의 민족자결권을 인정해주고, 프랑스어를 퀘벡 주의 유일한 공식 언어로 채택했다. 1980년과 1995년 독립 여부를 묻기 위해 실시한 두 차례의 국민 투표는 결국 부결됐지만, 두 번째 투표는 고작 0.4퍼센트 차이로 패한 것이었다. 오늘날 퀘벡인은 자기 집의 진정한 주인과 다를 바 없다. 퀘벡의 미래는 그들이 캐나다 연방에 남길 원하는지 아닌지 선택의 문제에 달려 있다.[9]

1990년대와 2000년대에 벌어진 문화 전쟁은 기본적으로 1960년대 투쟁의 연장선이었다. 북부 지역의 4개 국민은 대부분 사회적 변화를 지지하지만, 딕시연합의 압도적인 다수는 전통적인 질서를 수호하려 했다(엘 노르테와 파웨스트의 의견은 사안에 따라 갈렸다). 북부동맹이 추구하는 시민적 자유, 성적 자유, 여성 권익, 게이 인권, 환경보호는 모두 의견이 첨예하게 갈리는 주제였다. 딕시연합이 관철하려고 하던 학교 기도 시간,

낙태 금지, 창조론, 금욕을 바탕으로 한 성교육, 주권州權 미국 헌법을 연방 정부에 위임하지 않고 각 주가 현지 사정에 맞게 마음대로 정할 수 있도록 하자는 것 문제 역시 뜨거운 논란을 불러일으켰다.

환경보호 문제를 예로 들어 살펴보자. '지구의 날' 이전까지 환경운동은 공공적 개신교 성향이 강한 북부의 4개 국민을 주축으로 일어났다. 당시만 해도 이들의 목표는 후손들에게 깨끗한 지구를 물려주기 위한 것보다 세상을 훨씬 더 나은 곳으로 만들어야 한다는 사명을 완수하고자 하는 것이었다. 북미 최초의 풀뿌리 환경단체인 시에라 클럽은 1892년 스탠퍼드와 버클리 교수들의 지원을 받아 샌프란시스코에서 생겨났다. 예일대를 졸업한 뉴요커인 조지 버드 그리넬은 1905년 뉴욕에 오듀본 소사이어티를 세워서 오락용 사냥으로 목숨을 잃는 야생조류를 보호하는 데 힘썼다. 또 다른 뉴요커인 시어도어 루스벨트 대통령은 처음으로 연방정부 차원에서 환경보호 정책을 수립해 국유림, 국립공원, 야생동물 피난처 시스템 등을 구축했다. 루스벨트의 양키 사촌인 프랭클린 델러노 루스벨트는 1936년 국립 야생동물협회를 창설했다. 야생동물 관리학의 아버지이자 야생협회를 만든 알도 레오폴드는 미들랜드 중서부 지역으로 이주한 독일인의 아들로 예일대를 졸업한 후 대부분 삶을 위스콘신 양키 지역에서 살았다. 『우리를 둘러싼 바다』(1951), 『침묵의 봄』(1962) 등을 쓴 환경주의 작가 레이철 카슨도 펜실베이니아 미들랜더 출신으로 양키 지역인 메인 주에서 생태학을 연구했다. 1960년대에 등장한 유명한 환경단체인 천연자원보호협회와 환경보호기금은 모두 뉴네덜란드 지역에서 만들어진 것이다. 또 그린피스의 시작은 레프트코스트 도시인 밴쿠버였고, 해양환경보호단체 '시 셰퍼드Sea Shepherd Conservation'는 워싱턴 주의 해안가에서 출발했다. '지구의 친구들'은 버클리 출신인 데이비드 브라우어의 후원을 받아 샌프란시스코에 창설됐다(브라우어는 지구섬협회와 환경보호유권자연맹을 설립하기도 했다). 애팔래치아 국립경관 트레일을 만든 벤턴 매카이 역시 애팔래치아 사람이 아니라 하버드에서 공부한 코네티컷 출신으로, 그의 할아버지는 유명한 양키 노예제 폐지주의자였다.[10]

그러나 미국 영토를 절반 가까이 차지하고 있던 딕시연합은 녹색운동에 아무런 관심이 없었다. 1960년대가 되자 세계적으로 환경 문제에 대한 경각심이 높아지는 추세였지만, 딕시연합과 엘 노르테, 파웨스트는 천연자원 보호에 회의적인 시각을 드러냈다. 2009년 미국 하원은 지구온난화를 막기 위한 탄소배출권 거래법을 뉴네덜란드와 레프트코스트, 뉴잉글랜드를 비롯한 양키덤 의원들의 전폭적인 지지 속에 가까스로 통과시키는 데 성공했다. 그러나 파웨스트의 경우 양당 모두 결사적으로 반대했고, 애팔래치아와 디프사우스도 압도적으로 반대 여론이 높았다. 타이드워터와 미들랜드는 의견이 분열됐다.[11]

1972년 양성평등 헌법 수정 조항을 둘러싼 논란이 벌어졌을 때도 의견은 정확히 국민별로 갈렸다. 디프사우스에 속한 주 정부는 모두 비준을 거부했고, 애팔래치아가 장악한 주도 헌법 수정에 반대하거나 끝까지 법안을 비준하지 않았다(웨스트버지니아만 예외였다). 반면 양키, 미들랜드, 레프트코스트의 주는 일리노이만 빼고 모두 수정안을 승인했다(일리노이는 의원 찬성표가 과반수를 넘긴 했지만 5분의 3 이상이어야 한다는 주 헌법의 요구 조건을 충족시키지 못했다). 타이드워터는 이미 정치적 지배력을 모두 상실한 상태이긴 했지만, 그들의 문화적 영향력이 가장 강하게 남아 있는 버지니아 주는 승인을 거부했다(파웨스트는 의견이 분열됐다).

2010년 동성결혼 허용 논란 역시 예상 가능한 양상으로 갈렸다. 북부 뉴잉글랜드 지역의 3개 주 의회는 동성결혼 허용 법안을 통과시켰다. 양키 코네티컷과 양키/미들랜드 지역인 아이오와, 그리고 3개 국민이 중첩되어 살고 있는 캘리포니아 주 법원 역시 동성결혼을 허용했다(그러나 캘리포니아의 파웨스트와 엘 노르테 주민들은 강하게 반발했다. 이들은 레프트코스트에 속한 카운티 유권자들의 반대에도 불구하고 2008년 주민 투표를 강행해 법원의 결정을 뒤집어놓았다). 이와 대조적으로 딕시연합에서는 모든 주가 하나도 빠짐없이 동성결혼을 금지하는 법안이나 헌법 수정안을 통과시켰다. 이 같은 패턴은 다른 사안에서도 계속 반복됐다. 『USA 투데이』는 2006년 '로우 대 웨이드 판결1973년 낙태를 금지한 텍사스 형사법이 연방 대법원에 의해 위헌 결정이 난 판결'이 뒤집힐 경우 디프사우스 지역의 모든 주는 낙태를 금지하거나 크게 제한할 것으로 보이며, 반대로 뉴잉글랜드와 뉴네덜란드, 레프트코스트의 주들은 낙태 허용을 유지할 것이라고 보도했다.[12]

북부와 남부는 기업에 대한 입장도 달랐다. 1960년대 문화 혁명을 일으킨 북부의 젊은이들은 지구를 망가뜨리고 개인을 비인간화시키는 대기업이 독재자와 같다고 여겼다. 이와 대조적으로 사실상 일당 체제와 다를 바 없었던 딕시연합의 정치권은 자본가 편이었고, 저임금 노동력 덕에 굴러가는 식민사회에나 어울릴 법한 정책들을 발표했다. 이들은 노동조합 결성과 최저임금 인상을 어렵게 만드는 법안을 통과시키면서 이를 '노동할 권리'로 포장했다. 세금은 무척 낮아서 공립학교와 공공서비스 운영 비용이 턱없이 모자랐다. 4개의 북부 국민이 사는 사회에서 흔히 사용되는 도시계획과 토지용도 구역 제도는 기업활동에 방해가 된다는 이유로 휴스턴 같은 대도시에조차 도입되지 않았다. 포장되지 않은 도로가 수백 마일씩 이어졌고, 1980년대까지 도시에는 가로등도 없었다. 루이지애나의 천연가스 생산 현장부터 노스캐롤라이나의 돼지 사육 농가에 이르기까지 노동 환경과 작업장 안전 규칙은 믿을 수 없을 만큼 허술했다.

경제 개발, 세금 정책, 공공 지출에 대한 이런 상반된 태도는 두 문화적 집단 사이의 갈등을 더욱 악화시켰다. 민권운동과 60년대 문화운동 후 딕시연합은 낮은 세금과 느슨한 규제, 노조 약화 등을 장점으로 부각시켜 국외와 국내 기업을 남부로 끌어들였다. 양키와 미들랜드의 제조업은 남부 지역에 잠식당하기 시작했다. 북미의 양키 자동차 산업은 1990~2000년대에 거의 붕괴했지만 디프사우스와 그레이터 애팔래치아에 있는 외국 자동차 공장은 예전 남부의 섬유·목재 산업처럼 승승장구했다. 일각에서는 '신新남부연합'이 미국을 서유럽과 동북아시아의 고학력 사회에 종속된 "저임금 수출 공장"으로 전락시키고 있는 것 아니냐는 우려를 표하기도 한다. 다른 한편으로 혁신적 연구는 교육과 이성주의를 강조했던 북부의 지식 클러스터에 집중돼 있다. 구글, 애플, 마이크로소프트, 아마존 등은 모두 레프트코스트 도시에 몰려 있다. 그전에 보스턴에는 양키 고속도로로 알려진 루트 128을 중심으로 최초의 '실리콘밸리'가 있다루트 128은 하버드와 MIT 주변에서 시작된 정보통신 산업의 요람. 캘리포니아 실리콘밸리가 발달하기 전 가장 큰 규모의 컴퓨터 산업 중심지였다.[13]

하지만 문화 영역은 국내 사안에만 한정되지 않는다. 실제 두 세력은 전쟁과 평화, 인도적 개입, 국제사회에서 미국의 역할 등을 놓고 가장 치열하게 싸웠다. 다음 장에서는 군사주의와 국방 문제를 다룰 것이다.

26장

전쟁, 제국,
그리고 군사

미국의 '슈퍼파워'가 된 두 개의 연합은 문화적 사안에서 그랬던 것처럼 국제사회에서 미국이 맡아야 할 적절한 역할을 놓고서도 의견이 충돌했다. 다른 나라를 어떻게 다뤄야 할지, '국가적' 명예와 안전이 위험에 처한 순간에도 국내 불만 세력을 용인해주어야 하는지 등을 둘러싸고 사사건건 이견을 보였다. 이때도 의견은 민족·지역적인 집단에 따라 갈렸다. 딕시연합의 3개 국민은 1830년대 이후부터 꾸준히 상대방이 누구든, 목적이 무엇이든 간에 무조건 전쟁을 지지해왔다. 그들은 미국의 지위를 공고히 하려면 다른 목소리를 내는 세력은 무력을 사용해 힘으로 눌러야 한다고 주장했다. 반면 외국과의 전쟁을 반대해온 쪽은 북부동맹의 4개 국민이었다. 애팔래치아도 최소한 전쟁이 시작되기 전까지는 멀리 떨어진 다른 나라를 제국주의적으로 지배하는 것에 대해 종종 회의적인 시각을 드러내곤 했다. 파웨스트와 엘 노르테는 대부분의 다른 사안에서처럼 대외 정책에서도 언제나 부동층을 형성했다.

1898년에 벌어진 스페인-미국 전쟁을 상기해보자. 미국은 스페인 군대를 격파하고 쿠바, 푸에르토리코, 괌, 필리핀을 손에 넣으면서 속전속결로 큰 승리를 거뒀다. 미국의 모든 국민은 쿠바의 독립도 지원하고, 아바나에서 스페인에 의해 파괴된 것으로 보이는 미 해군함 'USS 메인'의 복수도 할 수 있는 이 "훌륭한 소규모 전쟁"을 지지했다. 당시 대통령은 서부 보류지 출신 양키인 윌리엄 매킨리였고 연방정부는 북부가 장악하고 있었지만, 딕시 주민들은 위태로워진 미국의 명예를 지키기 위해 그런 점은 아랑곳하지 않았다. 연방정부에 대한 자신들의 충성심을 증명하기 위해 앞다퉈 연방군 입대신청서에 사인했다. 남북전쟁 당시 남부연합 편에서 싸웠던 일부 참전 용사도 고위 장성으로 전쟁에 참여했다. 그중 한 명인 조지프 휠러 육군 소장은 쿠바에서 싸우는 동안 흥분해서 이렇게 외쳤다고 한다. "우리는 지금 빌어먹을 양키들을 엄호해주고 있어!"

그러나 한목소리로 전쟁을 지지했던 미국의 단결력은 푸에르토리코, 괌, 필리핀, 하와이 왕국 등 점령지를 어떻게 처리할 것인가를 놓고 약해지기 시작했다(하와이는 미국이 아니면 다른 누군가가 어차피 차지할 것이라는 핑계로 전쟁 중 함께 점령했다). 20세기가 되면서 양키덤 내부에서는 미 제국 건설에 대한 다양한 반대 여론이 들끓기 시작했다. 다수 의견은 아니었지만, 일부 양키는 외국 영토를 식민지로 만드는 것은 의회 자치 정부를 실현하고자 미국 혁명을 위해 싸웠던 뉴잉글랜드인의 가치를 크게 훼손하는 것이라고 여겼다. 식민지 반대파는 반反제국주의 운동을 조직했는데, 유명한 사람은 모두 양키였다. 그로버 클리블랜드 전 대통령(그는 외국 영토 합병을 "국가적 사명의 위험한 왜곡"이라고 불렀다), 조지 F. 호어 매사추세츠 상원(그는 "자유를 사랑하는 것은 피부색과 관계없다"고 말하면서 필리핀의 독립을 옹호했다), 미국을 향한 필리핀인들의 "용감한 저항"을 지지했던 존 애덤스의 증손자인 찰스 프랜시스 애덤스 주니어 등이 그들이다. 보스턴에 설립된 '반제국주의자연합Anti-Imperialist League' 또한 양키들이 주축이었는데, 43명의 부회장 중 28명이 양키였다(디프사우스인은 단 3명이었고 파웨스트는 한 명도 없었다). 미 사령관은 필리핀 독립 운동이 유혈 투쟁으로 번지자 군사력을 투입해 인구가 25만 명 규모인 해당 지역 사람들을 모두 사살하라고 지시했다(당시 최소 1000명, 많게는 5만 명의 필리핀인이 살해당한 것으로 추정된다). 반제국주의자연합은 학살 사실을 공개하면서 강력 비난했고, 하버드 동문들은 대학 측에 매킨리 대통령의 명예학위 수여를 당장 중단하라며 집회를 열었다. 물론 헨리 캐벗 로지 매사추세츠 상원의원 같은 양키 제국주의자가 없었던 것은 아니지만, 양키덤은 반전운동이 매우 활발했던 유일한 지역이었다.[1]

딕시연합은 적을 정복하고 미국의 위신을 높이기 위해서라면 일방적인 군사력 사용도 불사해야 한다는 쪽이었지만, 재건 시대에 대한 안 좋은 기억 때문에 점령지를 식민지로 만드는 것에는 찬성하지 않았다. 다만 열대지역에 '황금원'을 건설하려 했던 자신들의 계획에 여지를 두기 위해, 점령지가 미국에 하나의 주로 완전히 흡수될 수 있을 만큼 인종적·지리적으로 '적합한' 경우에만 식민지로 받아들일 수 있다고 주장했다. 딕시연합의 지도자들은 "동화가 불가능한 사람들"을 다스리기 위해 많은 병력을 파견해야 하는 영토에는 별 관심이 없었다. 연방정부의 병력이 지나치게 강해지면 어느 날 갑자기 부메랑으로 돌아와 딕시연합을 북부의 식민지로 만들려 할 수도 있었다. 게다가 "열등한" 족속이 사는 땅에 주의 지위를 부여해주는 것은 딕시연합이 소중히 여기는 아파르트헤이트에 더 큰 압박으로 작용할 노릇이었다. 그래서 딕시연합의 정치인들은 원주민과 아시아인들이 사는 하와이 합병을 반대했다. 애팔래치아 미주리 상원의원인 챔프 클라크는 "땋은 머리가 목까지 치렁치렁 내려오고 이교도 우상을 믿는 중국인이 하와이 상원으로 선출됐다고 상상해 보라. 그가 의원석에서 일어나 더듬거리는 영어로 조지 프리스비 호어나 헨리 캐벗 로지 상원의원들과 말도 안 되는 궤변을 나누는 모습을 감당할 수 있겠는가"라고 말했다. 합병을 조심스럽게 찬성한 사람도 있었지만, 백인이 살지 않는 섬에는 디프사우스식 카스트 제도를 도입한다는 전제 하에서였다. 이들은 미국의 적을 쳐부수기 위해 잔인한 무력을 동원하는 일에 언제나 찬성이었다. 그러나 그것이 열등한 민족을 개화해 동화시키고, "자립시키려는" 양키들의 계획이라면 동의할 수 없었다.[2]

딕시연합의 세 개 국민은 제1차 세계대전 당시 미국의 전쟁 개입을 가장 열성적으로 지지했다. 이들은 반전주의 세력과 평화주의자 탄압에 누구보다 앞장섰다. 애팔래치아 버지니아 출신으로 남북전쟁 후 최초의 남부인 대통령이 된 우드로 윌슨은 남부를 추동해 신이 전쟁을 허락했으며 전쟁을 반대하는 것은 반역과 같다는 여론을 퍼뜨렸다. 윌슨은 평화주의자들이 "우둔함"으로 가득 차 있으며 전쟁 반대자는 "극심하게 탄압해야" 한다고 공개적으로 주장했다. 전쟁에 반대하는 국회의원은 누구나 "충성스런 미국 시민에게 경멸과 멸시를 당해도 싸다"고 앨라배마 하원의원인 J. 토머스 헤플린은 주장했다. 조지아 상원의원인 토머스 하드윅은 위스콘신 상원의원 프라이머리에서 평화주의자 후보가 10만 표를 받았다는 이유로 "위스콘신인은 미국과 세계 민주주의의 대의명분 앞에 거짓된 행동을 하고 있다"고 비난했다. 찰스턴 신문인 『뉴스 앤 쿠리어News and Courier』는 반전주의자들을 "엄중하게 모조리 탄압"해야 한다고 주장했고, 미시시피 잭슨의 『클라리온-레저』는 한발 더 나아가 "총살이나 참수형"에 처해야 한다는 사설을 썼다. 윌슨 대통령은 디프사우스 신문사들에 전폭적인 지지를 아끼지 않는 한편, 조지아의 한 작은 신문사가 전쟁 도발을 비판하자 아예 폐간시켜버렸다. 딕시연합 내의 반전주의 인사였던 제임스 바더먼 미시시피 상원의원은 참전할 경우 흑인 병사들이 동등한 대우를 요구하기 시작할 것이라면서(이는 맞는 말이었다) 지역 인종주의에 호소하려 했지만, 그 역시 의원직을 박탈당했다. 한 목사는 그가 "악마를 물리치는 신성한 전쟁"을 방해하려 한다고 비난했다. 윌슨은 유럽의 민주주의와 자기결정권을 지켜주려는 이 정의로운 전쟁이 남부의 카스트 제도에 위협적인 결과를 가져올지도 모른다는 딕시의 두려움을 누그러뜨리기 위해 조치를 취했다. 그는 연방 기관에서 흑인 공무원을 몰아내고 정부 청사의 화장실, 욕실, 집무실을 인종적으로 분리했다. 또 딕시의 방식을 따라 북부군 훈련 캠프에도 인종 분리 제도를 도입했다. 딕시 지역 의원들은 이런 윌슨 대통령에게 충성과 존경을 아끼지 않았고, 훗날 윌슨이 국제연맹 계획을 주창하자 이를 적극 지지했다. 윌슨이 사망하고 몇 년 후 미들랜더 상원의원인 제럴드 나이가 그의 전쟁 정책을 비판하자 텍사스 상원인 톰 코널리는 나이와 주먹다짐을 벌였고, 버지니아 상원인 카터 글래스는 분을 참지 못하고 책상을 내리치다 상처까지 입었다. 디프사우스와 타이드워터의 올리가키 같은 존재였던 군 총사령관의 윌슨 사랑은 말할 것도 없었다.[3]

해병대 출신의 역사가이자 버지니아 상원의원인 짐 웨브는 "해병대 특유의 조직 문화와 리더십"이 제1차 세계대전 중 해병대에 자원입대한 수많은 국경지대인이 남긴 "스콧-아이리시와 남부 문화의 흔적"이라고 말했다. 그는 정면 돌파를 선호하는 해병대의 전투 스타일, '사격팀fire team'의 부대장 겸임 시스템interlocking unit commanders, 그리고 지휘관이 '선두에서 이끄는' 방식은 모두 브레이브 하트로 알려진 윌리엄 윌리스 때부터 내려오는 국경지대인들의 특징이라고 주장했다. 웨브는 존 J. 퍼싱, 더글러스 맥아더, 조지 패튼 같은 유명한 장군들과 많은 해병대 사령관이 스콧−아이리시 후손이라고 지적했다.[4]

이와는 대조적으로 미 상원에서 제1차 세계대전 반대운동을 이끌었던 4명의 주요 인물은 모두 양키 아니면 레프트코스트 출신이었다. 해리 레인은 오리건 주 의원이었고, 조지 W. 노리스 의원은 네브래스카로 이주한 서부 보류지 출신이었으며, 노스다코타 의원인 애슬레 그로나는 미네소타 출신이었고, 로버트 라폴레트는 위스콘신 사람이었다. 미국이 전쟁에 뛰어들었을 때 이들 네 명은 위스콘신 의원 세 명과 함께 미 의회에서 전쟁 반대 의원 모임의 핵심을 형성했다.[5]

아돌프 히틀러의 등장은 딕시연합을 난처하게 만들었다. 나치는 디프 사우스의 카스트 제도를 칭송하면서 인종차별의 모델로 삼고자 했다. 나치는 인종차별을 위한 수단으로 폭행을 용인했다(한 나치 지식인은 "매년 5만 명의 물라토 아이가 태어나는 것보다는 인종 혐오 때문에 매년 백 번씩 린치를 가하는 편이 백배는 낫다"고 썼다). 하지만 딕시연합의 백인 지도자 대부분은 나치에 화답하지 않았다. 혼혈아 강제 불임 시술, 히틀러의 흑인종 멸종 선동 등 나치의 흑인 프로파간다에 대해서는 최대한 말을 아낀 채 나치의 유대인 탄압에 대해서만 강력히 비판했다. 미국의 흑인들은 두 인종주의자 집단 사이의 불편한 유사함을 자주 지적했지만, 딕시의 백인들은 이에 대한 언급을 꺼렸다. 딕시연합 의원들은 누구보다 매섭게 독일인을 꾸짖고, 징병부터 해군 확대에 이르기까지 전쟁에 필요한 모든 주요 법안을 지지했다. 1933년 이후부터 딕시연합의 의원들은 루스벨트 대통령의 국내 정책에는 반대해도 정부의 전시 준비에는 가장 든든한 후원을 보냈다. 지역 여론도 그들의 편이었다. 진주만 공격이 있기 두 달 전 실시된 전국 여론조사에서 남부인은 88퍼센트가 독일 나치를 무찌르기 위해 전쟁은 정당하다고 답했지만, 동북부는 70퍼센트, 중서부는 64퍼센트가 찬성했다. 전쟁이 터진 후 남부연합 지역에서는 군인 100명 중 90명이 자원입대자로 채워졌다. 이는 전체 평균 50명에 비해 훨씬 더 높은 수치였다. 애팔래치아인인 앨라배마 의원 루서 패트릭은 "연방정부는 군대를 남부인으로 채우고 싶지 않다면 아마 선발징병제selective service를 도입하는 편이 나을 것이다"라고 농담했다.[6]

1930년대 미연방은 전쟁 대비의 필요성을 놓고 의견이 분열됐다. 뉴네덜란드 의원들은 군사적 대비를 강화해야 한다는 매파적인 입장이었다. 아마도 이는 뉴네덜란드인 상당수가 히틀러 때문에 위험에 처한 나라의 출신이었기 때문일 것이다. 레프트코스트, 파웨스트, 엘 노르테 의원들은 대세를 따랐다. 특히 연방정부가 전쟁 산업 시설과 군사 기지를 이들 지역에 배치하면서 전쟁 찬성 여론이 우세해졌다. 미들랜더인은 대체로 전쟁에 반대했는데, 독일계 미국인이 옛 조국과 싸우기 싫어 참전을 꺼린 것도 그 요인 중 하나였다. 양키덤은 의견이 분분했다. 오대호와 양키 중서부 지역보다는 뉴잉글랜드 핵심 지역으로 갈수록 전쟁에 찬성하는 여론이 높았다.[7]

하지만 일본이 진주만을 공격하자 북미의 국민은 다시 하나로 단결했다. 국경지대인들은 스콧-아이리시답게 적들을 무찔러 복수하고 싶어했다. 여전히 자신들의 지역에서 상당한 영향력을 행사하고 있던 타이드워터와 디프사우스의 엘리트들은 미국의 "국가적" 명예와 바다 건너 앵글로-노르만 형제를 지키기 위해 참전을 원했다. 평화주의자인 미들랜더인은 나치의 군사적 폭정에 항거하기 위한 투쟁으로서 이 전쟁을 지지했다. 양키와 뉴네덜란드, 레프트코스트는 이번 전쟁의 목적이 독재를 무너뜨리는 것이라고 강조했다. 오랫동안 방치됐던 엘 노르테와 파웨스트의 주민들은 연방정부의 지원금이 쏟아져 들어오자 전쟁을 반겼다.[8]

실제로 히틀러와 히로히토 일왕은 파웨스트와 엘 노르테의 지역 발전에 가장 크게 공헌한 사람들이다. 내부 식민지로서 오랫동안 착취당해온 이 두 지역은 갑자기 연합군의 전쟁 승리를 위한 군사 기지가 됐다. 조선소와 해군 기지(샌디에이고와 롱비치), 비행기 공장(로스앤젤레스, 샌피드로, 위치토), 일관제철소(유타와 캘리포니아 내륙지역)가 세워졌다. 핵무기 연구소(로스앨러모스)와 실험기지(뉴멕시코 화이트샌드)도 들어섰다. 특히 활주로와 공항의 신설로 근접성이 높아지면서, 파웨스트를 속박해온 철도 회사 독점 현상에 처음으로 균열이 생겼다. 냉전 시대를 거치면서 두 지역에 들어선 군사 시설과 방위산업 공장의 숫자는 인구에 비해 계속 늘어났다. 이는 군사산업 시설에 의존하게 된 이 두 지역의 정치적 상황에도 크게 영향을 주고 있다.[9]

이에 더해 엘 노르테는 전쟁 기간 농업노동 인구가 심각하게 부족해졌다. 농장과 철도 회사에서 일하던 노동자들이 봉급이 더 높은 군사 공장으로 옮겨갔기 때문이다. 이에 대한 해결책으로 도입된 것이 게스트 노동자 프로그램guest worker program 일정 기간 취업 후 자기 나라로 되돌아가야 하는 이주노동자 프로그램이었다. 전쟁 기간에 멕시코인 25만 명이 엘 노르테에 입국했고, 전쟁이 끝난 후에도 더 큰 규모의 이주노동자들이 우르르 쏟아져 들어왔다. 이는 몇십 년 후 노르테뇨에게 힘의 균형을 되찾아주는 도화선 역할을 하게 된다.[10]

1960년대 미국의 동남아 전쟁을 가장 적극적으로 찬성한 딕시연합은 애팔래치아 텍사스 출신인 존슨 대통령의 전쟁 선동에 열렬한 지지를 보냈다. 딕시 지역 상원의원 30여 명 중 전쟁을 반대한 사람은 애팔래치아 출신 의원 단 두 명뿐이었다. 그중 한 명인 아칸소의 J. 윌리엄 풀브라이트는 인종주의자였다. 그는 사이공 정부를 지원해 베트남을 재편하려는 미연방의 계획이 민권운동가를 지원해 남부를 재편하려 했던 시도의 연장선이라고 여겼기 때문에 맹렬하게 반대했다. 또 다른 한 명은 '텍사스 진보주의자의 수호성인'이라 불렸던 랠프 야버러였다. 그는 남부에서 이례적으로 전쟁을 반대하고 친민권적인 성향을 가진 의원이었지만, 결국 그 때문에 자리에서 쫓겨났다. 1970년 캄보디아에 대한 군사적 개입 중단을 요구한 미 상원 법안이 실패할 것임을 알면서도, 이에 찬성표를 던진 딕시 의원은 극소수였다. 그들은 법안이 실패할 것으로 생각했다. "말은 헛되고 외교는 무익하다"고 사우스캐롤라이나 의원인 L. 멘델 리버스는 베트남전에 대해 말했다. "미국이 할 수 있는 대답은 단 하나밖에 없다. 복수, 복수, 복수! 그들은 폭격을 중단하라고 하지만 나는 말한다. 폭격하라!" 급진적인 반전주의자들이 전쟁을 주창하는 상원의원들의 암살 계획을 세웠을 때 그들의 암살 리스트에 오른 이들은 모두 디프사우스 의원이었다. 이 기간에 열린 주요 반전 시위 24개 중 딕시 지역에서 열린 것은 1970년 흑인 학생이 백인 경찰에게 사살당한 잭슨주립대학 시위 하나뿐이었다. 딕시 지역에서 전쟁에 반대한 소수의 사람은 대부분 국경지대인들이었다. 그들은 다른 나라의 내전에 개입하려는 목적에 동의하지 않았다. "우리가 싸워야 한다면, 우리 고향과 우리 땅을 지키기 위해서여야 한다"고 켄터키 상원의원인 팀 리 카터는 말했다. "우리 자식들의 목숨을 외국 땅에서 잃을 수는 없다. 그들이 죽어야 한다면, 미국을 지켜야 할 때뿐이다."[11]

전쟁 반대 여론이 높았던 곳은 양키덤, 뉴네덜란드, 레프트코스트였다. 그들은 정의롭지 못한 제국주의적 개입에 반대했다. 반전운동은 이들 지역의 대학을 중심으로 이뤄졌다. 군사 시설 내에서 처음으로 시도된 반전 시위 행진은 버클리 대학의 학생들이 계획한 것이고, 1965년 첫 번째 베트남 '대토론회Teach-in'가 열린 곳은 미시간 대학이었다. 1967년 뉴욕 시에서 30만 명이 참가한 최초의 대규모 시위가 열렸고, 그해 가을에는 40만 명이 모여서 펜타곤 행진 시위를 진행했다. 이들 시위의 참석자들 역시 뉴욕과 보스턴, 양키 중서부 지역의 대학에서 온 학생이 가장 많았다. 참전 군인 6명이 '전쟁에 반대하는 베트남 참전 용사들'이란 단체를 세운 장소는 뉴욕 시였고, 이들은 미 동북부 지역을 중심으로 반전운동을 펼쳤다. 켄트 대학 발포 사건은 양키 지역인 오하이오 서부 보류지에서 발생한 것이다. 닉슨 대통령이 캄보디아를 침공하겠다고 발표한지 몇 분 후 오벌린 대학(양키덤)과 프린스턴 대학(뉴네덜란드)을 시작으로 수백 개의 대학이 파업에 동참했는데, 켄트 대학은 그중 하나였다. 파업에 참여한 대학 대다수는 이 세 지역에 있었다. 이들은 또한 1970년 캄보디아에 대한 군사적 개입을 중단하는 법안에 지역 의원들이 압도적인 찬성표를 던지도록 만들어 워싱턴의 반전 세력에게 힘을 실어줬다.[12]

미들랜드는 이 논란 많은 전쟁을 격렬하게 반대하지도 않았고, 그렇다고 찬성하지도 않았다. 심지어 이 지역의 학생들조차 입장이 모호했다. 펜타곤 행진 당시 필라델피아와 볼티모어에서 온 학생들은 워싱턴 DC와 거리가 가까웠음에도 불구하고 숫자가 눈에 띄게 적었다. 늘 그래왔듯이 미들랜드인은 평화주의자 입장을 취했다. 필라델피아에 있는 '미국 프렌즈 봉사단American Friends Service Committee(퀘이커 봉사위원회)'은 반전 시위에서 폭력적인 충돌이 일어나지 않게 막는 역할을 했고, 북쪽과 남쪽의 모든 베트남 시민에게 원조 물자를 보냈다. 볼티모어 퀘이커교도인 노먼 모리슨은 사이공의 미 대사관 앞에서 분신 항거한 베트남 승려들에 대한 연대의 표시로 국방부 장관 로버트 맥나마라의 사무실 밖에서 분신했다.[13]

한편 파웨스트 정치인들은 캄보디아 군사 개입을 중단시키려는 의회의 노력에 반대하면서 전쟁을 지지했다. 이 지역은 중부 애리조나 출신의 배리 골드워터와 와이오밍 상원의원인 게일 맥기 등 몇몇 유명한 매파 정치인을 배출하기도 했다. 엘 노르테는 캄보디아를 비롯해 전쟁 관련 사안에 대한 히스패닉 의원들의 입장이 반반으로 갈려 교착 상태에 빠졌다. 파웨스트와 엘 노르테에서 반전운동은 로스앤젤레스의 학생 시위와 '치카노 모라토리엄베트남전 반대를 위해 조직된 멕시코계 미국인 단체'을 제외하면 상대적으로 드문 편이었다. 치카노 청년 시위자들은 베트남을 위해서가 아니라 "미국사회의 정의를 위해" 싸우는 것이라고 강조했다. 치카노 시위는 기본적으로 민족주의적인 성격을 띠고 있었기 때문에 비非스페인계와는 함께하지 않았으며, 푸에르토리코인 등 미연방 내의 다른 스페인계와 같이 행동했다.[14]

2000년 대선 후 딕시연합은 백악관과 상원, 하원을 46년 만에 처음으로 동시 석권하는 데 성공했다. 백악관에는 휴스턴에서 성장해 브래저스밸리에서 뼈가 굳은 디프사우스 출신 대통령 조지 W. 부시가 입성했고, 디프사우스 텍사스 출신인 딕 아미와 톰 딜레이가 하원 원내대표 자리를 차지했다. 상원 원내대표는 테네시 주 채터누가를 세웠던 내슈빌 엘리트 가문의 후손인 빌 프리스트가 맡았다.[15]

연방의 외교 정책은 즉시 크게 변화했다. 특히 이듬해 9.11 테러가 발생하면서 더욱더 급격하게 방향을 선회했다. 새로운 외교 정책은 군사력을 이용해 미국을 세계 유일의 슈퍼파워로 만드는 것이었다. 적이라고 생각되는 자에게는 선제공격을 가하고, 거추장스러운 국제조약이나 국제기구의 속박은 모두 벗어버렸다. 이 때문에 이스라엘을 제외한 오랜 우방들과의 사이에 불편한 관계가 싹트기 시작했다. 부시는 미국 역대 대통령 중 임기 첫해에 가장 많은 국제조약을 폐기한 대통령이었다. 그는 이스라엘이 점령지에서 철수하기 위해서는 팔레스타인이 먼저 전면적인 민주주의를 도입해야 한다면서 평화협상을 중단시켜버렸다. 아미 의원은 요르단 강 서안지구에 사는 팔레스타인 사람 300만 명을 인종청소해야 한다고 선동했고, 딜레이 의원은 이스라엘이 점령한 땅은 하나님이 허락한 것이라고 주장했다. 그러나 부시 정권의 외교 정책 중 가장 많은 논란을 일으킨 것은 이라크 침공이다. 이라크는 미국에 위협적인 국가도 아니었고, 9.11 테러를 저지른 광신도들이 싫어하는 세속화된 독재자가 다스리는 나라였다.[16]

이라크 전쟁은 미국 내 모든 국민에게 국제주의internationalism, 달리 말하면 미국의 일방적인 무력행사에 얼마나 협조적인가를 테스트하는 리트머스 같은 역할을 했다. 테스트 결과는 지금도 쉽게 구분 가능한 양상으로 나타났다. 딕시연합은 부시의 이라크 정책을 강력히 지지했다. 2002년 8월 갤럽 조사에서 '중서부인'들은 이라크 침공에 47퍼센트 대 44퍼센트로 찬성했지만, '남부인'들은 62퍼센트 대 34퍼센트로 훨씬 더 높았다. 두 달 후 딕시 지역의 국회의원들은 4 대 1이 넘는 비율로 전쟁을 승인했는데, 이는 다른 지역보다 매우 높은 수치였다. 훗날 이 전쟁의 추악한 본모습이 드러나기 시작하면서 현실에 눈을 뜬 애팔래치아와 타이드워터 의원들은 군사력 투입을 늘리려는 부시의 2006년 계획을 놓고 뜨거운 실전을 벌였다. 그러나 디프사우스와 파웨스트는 여전히 대통령의 군사 계획을 강력하게 지지하면서 비판자들과 맞서 싸웠다. 레프트코스트와 양키덤, 엘 노르테 의원들은 군사력 증강을 전원 반대했고, 미들랜드와 뉴네덜란드는 다른 전쟁 때와 마찬가지로 의견이 혼재되어 있었다.[17]

지난 200여 년 동안 미국의 대외 정책은 이 나라의 갈등 구조를 보여주는 선명한 지표와도 같았다. 1812년 이후 양키들은 줄곧 불개입과 반제국주의 원칙을 주장하며 일방적인 무력 사용을 선호하는 디프사우스와 타이드워터의 매파와 싸워왔다. 우수한 병력 자원을 공급해온 애팔래치아는 영토 확장이나 복수 목적이 아닌 전쟁에 대해서는 종종 의견이 엇갈렸다. 이상주의적이고, 지성적이고, 공공적 개신교도의 사명을 중시하는 양키들은 세상을 좀더 문명화시킬 수 있는 외교 정책을 펴고자 했다. 반면 군사적이고 명예를 중시하는 딕시연합은 세상을 지배하는 것이 목표였다. 이에 따라 전통적으로 양키는 미 의회의 외교위원회를, 딕시연합은 군사위원회를 장악해왔다. 마이클 린드는 "미국의 대외 정책은 또 다른 형태의 내전이다"라고 말했다.[18]

27장

권력을 위한 투쟁 I:
블루 국민

—

북미의 국민은 형성되자마자 영향력과 기득권을 차지하기 위해 늘 서로 싸워왔다. 1790년부터 연방 기관인 의회, 백악관, 법원, 군대가 중요한 권한을 갖게 되면서, 각 국민은 연방정부를 장악하기 위한 경쟁을 벌이기 시작했다. 중앙 정부의 규모와 범위, 권한이 커질수록 정부를 자신들이 원하는 대로 재편해 다른 국민을 지배하려는 이들의 노력도 더욱 치열해졌다. 1877년 이래, 미국 정치를 움직여온 갈등의 원천은 계급투쟁도, 당파 이데올로기도, 농업과 상업 간의 주도권 싸움도 아니다. 물론 그것들 전부 조금씩 영향을 미쳤을 수는 있지만, 결정적인 요소는 디프 사우스와 양키덤을 양축으로 각 국민이 모이고 흩어지며 형성한 연합 세력 간의 충돌이었다.

재건 시대가 끝난 후 어느 하나의 국민이 다른 국민을 혼자 힘으로 전부 지배할 가능성은 사라졌다. 그래서 이들은 대신 비슷한 뜻을 가진 동맹 세력과 연대해 연합을 형성하고자 했다.

가장 오랫동안 견고하게 지속되어온 것은 1840년대부터 구축된 양키 덤과 레프트코스트 사이의 연합이다. 이들은 문화 전쟁부터 외교 정책 까지 늘 함께 행동했다. 이상향을 실현하기 위해 유토피아 건설을 추구 했던 양키덤은 '공공선'의 향상이라는 뚜렷한 목표를 지향했다. 목표를 달성하기 위해서는 강력한 조세 정책이 뒷받침해주는 경쟁력 있고 효율 적인 정부가 필요했다. 이들은 정부를 통해 공공자산을 신중하고 효과 적으로 운용하려 했다. 레프트코스트의 목표도 양키덤과 흡사했다. 20 세기를 거치면서 환경보호라는 의제가 하나 더 추가됐을 뿐이었다. 다만 19세기 중반 몬테레이 건축 스타일부터 21세기 초 아이팟의 등장에 이 르기까지 끊임없이 계속된 기술 혁신 때문에 양키가 전파한 종교적 확 신은 약화됐다. 레프트코스트인에게 세상은 쉽게, 자주 재창조될 수 있 었다.

1877~1897년 이 두 국민은 남북전쟁 당시 연합 세력을 형성했던 미 들랜드와, 양키에게 의존할 수밖에 없었던 파웨스트의 암묵적인 지원 을 받아 연방정부를 장악했다. 이들은 적대관계인 디프사우스와 타이드 워터를 약화시키고 자신들에게 힘을 집중시키기 위한 정책을 밀어붙였 다. 먼저 유럽 경쟁국으로부터 제조업을 보호하기 위해 관세 장벽을 세 웠다. 세관이 거둬들인 세금은 1890년 연방 세입의 60퍼센트를 차지했 다. 이는 실제 연방정부가 필요로 하는 것보다 훨씬 더 많은 금액이었다. 초과 세입의 상당 부분은 양키덤, 미들랜드, 파웨스트의 남북전쟁 참전 용사와 그들의 과부, 자녀들에게 후한 연금을 지급하는 데 쓰였다. 1890 년대 초가 되자 연금이 연방 지출에서 차지하는 비중은 37퍼센트로 늘 어났는데, 이는 당시 국방 예산의 두 배에 달하는 규모였다. 연금 수급 자격은 북부군 참전 용사에게만 있었기 때문에 예산의 대부분은 레프

트코스트, 파웨스트를 포함한 북부 지역에 집중됐다. 그와 동시에 양키는 디프사우스와 타이드워터 올리가키의 부활을 막기 위한 최후의 시도로 1890년 '강제 법안Force Bill' 도입을 추진했다. 양키 상류층 출신인 헨리 캐빗 로지 상원의원이 발의한 이 법안은 흑인과 백인 빈곤층 유권자를 보호하기 위해 분쟁의 여지가 있는 연방 선거구는 연방정부가 직접 감독하고 필요하면 군사 개입까지 할 수 있도록 하는 내용을 담고 있었다. 양키덤, 파웨스트, 레프트코스트 의원들은 단 세 명을 뺀 전원이 이 법안에 찬성했고, 미들랜드와 애팔래치아 의원 상당수도 이를 지지했다. 그러나 딕시연합은 물론이고, 때로 남부 편에 서기도 했던 뉴네덜란드의 반대 때문에 이 법안은 결국 의회를 통과하지는 못했다.[1]

많은 인구를 보유한 강력한 도시 국가였던 뉴네덜란드는 세기가 바뀔 때까지 두 연합 세력 사이에서 막강한 캐스팅보트 권한을 행사했다. 국제 통상의 도시였던 만큼 보호 관세에 반대했던 이들은 딕시의 목화 농장주들과 손을 잡았다. 이민자가 엄청나게 쏟아져 들어오면서 1880년대 뉴네덜란드에는 북부군 출신 인구 비중이 매우 낮아졌기 때문에 자신들에게 별다른 혜택이 되지 못하는 양키의 연금 정책에도 반대했다. '강제 법안' 추진에 위협을 느낀 '태머니홀Tammany Hall 명목상 자선단체 성격으로 출발했으나 뉴욕 시정을 지배하는 정치 기구화되면서 19세기 후반 정치적으로 무지한 이주민의 투표를 매수 조작하는 등 부패정치의 온상 노릇을 했다' 등 이 도시의 부패한 정치 기구들은 법안을 무산시키기 위해 의회에 압력을 넣었다. 적어도 19세기까지 뉴네덜란드는 북부동맹의 믿음직한 지원군이 전혀 아니었다.[2]

그러나 20세기로 접어들면서 엄청나게 복잡한 대도시가 된 뉴네덜란드는 효율적인 정부의 존재가 절실해졌고, 투자 비용이 큰 공공 인프라의 구축을 위해 양키와 손잡을 필요성을 느끼게 된다. 뉴네덜란드는 과

세와 큰 정부에 가장 거부감이 없는 곳이었다. 사실 뉴욕 시는 그것들 없이는 거의 존재할 수 없는 도시였다. 뉴네덜란드는 인구 구성이 워낙 다양한 나라였기 때문에 디프사우스 흑인들의 처지에 딱히 관심을 갖지 않을 수도 있었다. 하지만 딕시의 백인 개신교 우월주의와 사회적 순응 강요, 강력한 탄압 정책은 그들이 행동에 나서지 않을 수 없도록 만들었다. 뉴네덜란드는 태머니홀의 존재에서 알 수 있듯이 결코 제대로 된 민주주의 사회는 아니었지만 문화적 다양성과 양심의 자유, 표현의 자유를 언제나 중시해왔다. 북미 대륙에서 가장 오랫동안 자유사회를 유지해왔으며 누구나 있는 그대로 받아들였던 뉴네덜란드는 디프사우스의 광기에 맞서 양키덤 편에 설 수밖에 없었다.

뉴네덜란드를 자기편으로 끌어들인 양키의 북부동맹은 지금과 같은 세 개의 국민으로 구성된 연합 세력을 형성했다. 이들은 한 세기가 넘는 동안 정당에 상관없이 자신들이 추구하는 가치를 위해 일관된 목소리를 내왔다. 강력한 중앙 정부, 기업 권력에 대한 감시, 환경자원 보존을 추구하기 위해 "보수적인" 공화당 대통령 시어도어 루스벨트부터 "진보적인" 민주당 대통령 버락 오바마에 이르기까지 가리지 않고 지지했다.

20세기 첫 반세기까지 공화당은 여전히 "북부의 정당"이었으며, 대공황이 올 때까지 정권을 차지하고 있었다. 1897년부터 1932년까지 북부 공화당은 표가 3명의 후보에게 분산되는 바람에 딱 한 번 우드로 윌슨에게 대통령 자리를 내준 기간을 제외하고 줄곧 백악관을 장악했다. 이 기간에 6명의 대통령 중 3명이 양키(윌리엄 매킨리, 윌리엄 태프트, 캘빈 쿨리지)였고, 한 명은 네덜란드 이민자 출신인 뉴네덜란드의 부호(시어도어 루스벨트)였으며, 나머지 두 명은 미들랜드인(미들랜드 오하이오 출신인 워런 하딩과 독일/캐나다계인 퀘이커교도 허버트 후버)이었다. 이들은 자유방임주의였지만 후버를 제외한 모두가 흑인 민권을 지지했고, 쿨리지를 제외한 모두가 연방정부의 권한을 확대하고 기업과 금권 정치를 감시하는 정책을 펼쳤다. 또 감세에 반대하지는 않았지만, 부유층의 편의를 위해 과세 제도를 왜곡시키지 않았다.

시어도어 루스벨트는 대기업 트러스트를 해체하고, 광부를 돕기 위해 파업 사태에 개입했으며, 국립공원 관리청·국립 야생동물 보호소·산림청을 신설했다. 그는 또 육류, 식품, 약품에 대한 연방 규제와 점검을 강화했고, 미 역사상 처음으로 유대인 각료를 임명했다. 매사추세츠 청교도 후손으로 예일대를 졸업한 태프트 대통령은 루스벨트의 안티 트러스트 제도를 더 확대하고 연방 소득세와 상원의원 직선제 도입을 위한 헌법 수정안을 지지했다. 하딩 대통령은 법인세와 부유층의 소득세를 감면하긴 했지만 행정관리예산국과 회계감사원을 신설해 정부를 더 효율적으로 운영하고자 했으며, 현재의 재향군인 관리국도 신설했다. 쿨리지 대통령은 은행과 기업규제 법안을 거부한 것으로 유명하지만, 이는 연방정부의 지나친 비대화를 막으려는 신념에서 비롯된 것이었다. 그는 매사추세츠 주지사였을 때 노동자를 보호하고 임금을 올려주기 위해 애썼다. 또 작업장 안전 대책과 기업 이사회에 노동자 대표를 포함하는 방안을 추진하기도 했다. 쿨리지는 대통령이 되고 난 후 감세 정책을 도입하긴 했지만, 부유층에게 유리하도록 개편하지는 않았다. 후버는 국립공원과 재향군인 의료지원 시스템을 확대했고, 연방정부에 교육부를 설치했으며 법무부 산하에 안티 트러스트 부서를 만들었다. 또 결국 실패로 돌아가긴 했지만, 저소득층 세금 경감과 노인을 위한 보편적 연금복지 방안을 추진했다.[3]

21세기 딕시연합 정치인들의 눈으로 보자면 가장 보수적인 북부 출신 대통령도 큰 정부를 지향하는 진보주의자로 여겨질 것이다. 1950년대 북부동맹이 이끌었던 과거의 공화당 또한 그들에게는 그렇게 보일 것이다. 당시 백악관과 의회 양원을 모두 장악한 공화당은 아이젠하워의 첫 번째 임기 동안 보건교육 후생부를 신설했다. 아이젠하워는 훗날 흑인 민권 보호를 위해 아칸소에 군 병력을 파견하기도 했으며, 고별사에서는 '군수산업체'의 등장으로 민주주의가 위협받을 수 있다고 경고했다.[4]

1988~2008년에 치러진 모든 대통령 선거에서 북부동맹의 세 국민은 한마음으로 훨씬 더 진보적인 후보를 선택했다. 존 매케인 대신 오바마, 조지 W. 부시 대신 존 케리와 앨 고어, 조지 H. W. 부시 대신 마이클 두카키스의 손을 들어줬다(더 자유주의적인 뉴네덜란드는 보수적인 로널드 레이건과 리처드 닉슨을 거부하기 위해 그때는 북부동맹과 다른 선택을 했다). 이들은 모두 1964년 배리 골드워터가 아닌 린든 B. 존슨을 지지했고, 1950년대에는 미들랜더 출신인 애들레이 스티븐슨이 아니라 언제나 인기가 많았던 아이젠하워를 지지했다. 이들이 대통령 후보에 대해 완전한 의견 일치를 보지 못한 때도 있었지만,[5] 전후 시기에 반대편 정당의 후보를 지지한 것은 뉴네덜란드가 1972년 리처드 닉슨이 아닌 조지 맥거번을 뽑았을 때가 유일했다.

이 기간에 북부 출신의 대통령은 공화당의 제럴드 포드와 조지 H. W. 부시, 민주당의 존 F. 케네디와 버락 오바마, 단 네 명뿐이었다.[6] 이들 네 명은 출신 지역의 성향처럼 더 좋은 사회를 만들기 위한 정부 프로그램을 도입하고, 민권 보호를 확대하며, 환경 정책을 강화했다. 공화당 출신은 모두 당내의 온건파였기 때문에 곧 딕시연합과 충돌을 빚었다. 포드는 남녀평등 헌법 수정안을 지지했고, 연방 기금을 지원해 미국 전역에 특수교육 프로그램을 운영하려 했으며, 존 폴 스티븐스를 대법관으로 임명했다. 스티븐스 대법관은 동성애자 인권과 낙태할 권리를 옹호하는 등 자유주의 성향을 지닌 인물이었다. 그런가 하면 부시 대통령은 레이건 정부 때 누적된 재정 적자를 해소하기 위해 부자 증세를 하고 양도소득세 감면을 거부했다. 이 조치로 정치적 인기를 잃게 될 것이란 사실을 알면서도 말이다. 그는 장애인 인권 정책을 확대하고, 대기오염방지법을 연장하고, 교육·연구·아동 복지에 대한 예산 지원을 늘렸다. 존 F. 케네디의 행보도 비슷했다. 그는 자신이 암살된 후인 1964년 통과된 민권 법안을 처음 제안한 사람이었고, 딕시 주지사들이 흑인 학생들의 조지아와 앨라배마 대학 입학을 방해하지 못하도록 연방정부 관계자와 연방군을 파견했다. 또 최저임금을 인상하고, 저렴한 서민층 주거 시설과 정신 건강 서비스에 대한 연방 차원의 지원금을 확대했다. 그는 환경보건국 신설에 초석이 될 중요한 환경 실태 조사를 착수시킨 주역이기도 하다. 오바마 대통령은 그의 임기 첫 2년 동안 의료보험 개혁과 금융산업 규제를 추진하고 온실가스 배출을 줄이기 위해 노력했다. 이는 모두 딕시연합의 강한 반발에 부딪혔다.[7]

민권운동 이후 딕시연합의 보수주의자들이 공화당을 장악하자 북부동맹의 공화당원들(그리고 딕시연합의 흑인들)은 대규모로 당을 이탈했다. 1956년부터 1998년 사이 공화당 후보에게 표를 던진 뉴잉글랜드인은 55퍼센트에서 33퍼센트로 하락했고, 뉴요커(양키와 뉴네덜란드인 둘 다 포함)는 54퍼센트에서 43퍼센트로 하락했다. 양키 중서부 지역에서도 하락세가 시작돼 21세기 들어 초기 10년 동안 더욱 가팔라졌다. 2010년 공화당은 북부동맹의 세 개 국민이 사는 지역에서 단 한 주의 하원도 장악하지 못했고, 상원도 한 주 빼고 모두 패배했다. 주지사 자리는 13석 중 7석을 잃었다. 많은 사람이 정당을 갈아타면서 민주당은 북부의 정당이 됐고, "링컨의 정당"은 딕시 백인의 정당이 됐다.[8]

조지 W. 부시 정권 동안 북부 지역에서 공화당 의원은 거의 전멸했다. 레이건과 부시의 부자 감세에 반대하고 동성애자 인권과 교육 예산 확대를 지지했던 버몬트 상원의원 짐 제퍼즈는 공화당 동료 의원들이 장애 아동 예산을 삭감하자 탈당했다. 로드아일랜드 상원의원인 링컨 체이피는 2006년 선거에서 민주당 후보에게 패배하자 공화당을 떠나 무소속으로 주지사 선거에 출마해서 당선됐다. 2008년 미네소타 상원의원인 노먼 콜먼은 진보적 성향의 코미디언 앨 프랜큰에게 패배했고, 파웨스트 오리건 주 상원의원이자 모르몬교도인 고든 스미스는 레프트코스트 출신의 민주당 후보에게 패배했다. 2009년 북부동맹 전체에서 살아남은 공화당 상원의원은 단 3명뿐이었다. 이중 2명은 미국보수연합American Conservative Union이 보수적인 가치를 얼마나 옹호하느냐에 따라 의원별로 매기는 점수에서 평생 100점 만점에 50점을 넘어본 적이 없는 사람들이었다. 나머지 한 명은 뉴햄프셔의 저드 그레그였는데, 그는 2010년에 재출마하지 않겠다고 선언했다. 공화당은 한때 그들의 산실이었던 곳에서 거의 멸종되어가고 있다.[9]

북부의 의원들은 어느 정당에 속해 있느냐에 상관없이 점점 더 자기 국민의 가치에 부합하는 정책을 지지하게 됐다. 1970년대 후반, 그들 대다수는 딕시가 '일할 권리' 법안(유니언숍 조항을 금지하는 법안)을 도입하지 못하게 하는 쪽에 표를 던졌다. 또 소규모 사업장을 연방정부의 안전 점검 대상에서 제외한 법 조항과 대규모 건설 현장의 노동자 파업을 사실상 금지한 법 조항을 개정해야 한다는 쪽에 투표했다(딕시연합 의원 대다수는 이에 반대했다). 1980년 북부동맹에 여전히 많은 수의 공화당 지지자가 남아 있을 때도 양키·뉴네덜란드 의원들은 단 3명을 제외하고 모두 저소득층에게 현지 기온을 기준으로 난방비를 지원하는 법안에 찬성했다. 워싱턴과 오리건의 레프트코스트 의원들도 전원 이 법안을 지지했다(다만, 기후가 온화한 캘리포니아는 이 법안에 반대했다). 이와 대조적으로 디프사우스는 이 법안에 전원 반대했고 애팔래치아도 거의 반대했다(타이드워터는 추운 겨울 날씨 때문에 정당과 관계없이 북부 편에 섰다).[10]

오바마 대통령의 의료보험 개혁 법안의 운명을 결정지은 2010년 하원 투표는 북부동맹의 응집력을 보여준 사례였다. 양키 의원들은 62 대 21, 뉴네덜란드는 24 대 6, 레프트코스트는 무려 21 대 2로 이 법안에 찬성 표를 던졌다. 이 같은 결과는 세계 금융위기 재발 방지를 위한 금융규제 강화 법안을 놓고 몇 달 후 치러진 투표에서도 고스란히 반복됐다. 양키는 63 대 19, 레프트코스트는 21 대 1로 법안을 지지했으며, 심지어 미국의 금융 수도와도 같은 뉴네덜란드에서마저 26 대 4의 결과가 나왔다. 딕시연합 의원들은 두 법안 모두 정부의 부당한 사적 시장 개입이란 이유로 압도적인 반대표를 던졌다.[11]

의회가 엄격한 정당 노선을 따라 투표할 때조차 북부동맹 혹은 미들랜드에서는 공화당 의원 이탈자가 나왔다. 1999년 혼외정사로 거짓말을 한 빌 클린턴 대통령의 탄핵 여부를 묻는 투표에서 4명의 공화당 하원의원이 탄핵을 반대했다. 2명은 양키였고 2명은 미들랜더인이었는데, 미들랜더 의원 중 한 명은 매사추세츠에서 이주해온 사람이었다. 또 2010년에는 3명의 공화당 의원이 당의 노선과 달리 오바마의 금융개혁법안을 지지했다. 이들 모두 뉴잉글랜드 출신이었다.[12]

요컨대 21세기 초 북부동맹의 민주당과 공화당 의원들은 딕시연합에 있는 같은 당 의원들보다 서로 공통점이 더 많았다. 실제 남부연합은 북부가 소중히 여기는 모든 것과 정확히 대척점에 서 있었다.

28장

권력을 위한 투쟁 II: 레드와 퍼플

일반적인 생각과 달리, 딕시연합은 견고한 연합체가 아니다. 딕시연합의 중심축인 디프사우스와 그레이터 애팔래치아는 미국 혁명과 남북전쟁 당시 서로를 향해 무기를 들고 싸웠을 만큼 역사상 오랜 기간 적대적이었다. 이제는 위세가 쪼그라들긴 했지만 또 다른 멤버인 타이드워터 역시 디프사우스만큼 아파르트헤이트와 권위주의 체제를 옹호하진 않으며, 오늘날에는 점점 더 미들랜드의 영향권 안으로 빨려 들어가고 있다. 딕시연합이 궁극적으로 봉사하고자 하는 대상은 디프사우스 올리가키의 경제적 이익이다. 그러나 이는 딕시 지역에 사는 흑인 수백만 명의 참정권과 배치되며 기사도를 추구하는 타이드워터 엘리트들의 온건한 성향과 국경지대인들의 대중추수적인 성향에도 부합하지 않는다. 딕시연합은 이 모든 불안정한 요소 위에 형성돼 있다.

디프사우스 올리가키는 지난 400여 년 동안 줄곧 일관된 목표를 추구해왔다. 학력 수준이 낮고 순종적인 저임금 노동력을 착취해 대형 농장을 운영하고 주요 자원을 채굴하는 식민지 스타일의 경제사회를 유지해나가는 것이다. 그러기 위해서는 정치적으로 주를 장악해 사실상 일당 체제를 고수하면서 노동자 계급의 형성을 막고 작업장 안전, 의료 서비스, 환경과 관련된 규제는 최대한 없애야 했다. 전쟁에 져서 어쩔 수 없이 노예를 포기해야 했던 디프사우스는 필요한 노동력을 충원하기 위해 카스트와 소작인 제도를 개발했다. 또 노예 출신 흑인과 가난한 백인들이 정치에 참여하지 못하도록 선거세poll taxes와 문맹시험을 도입했다. 연방정부와 흑인이 이 제도도 없애려 하자 그들은 공포심을 조장해 딕시연합 지역의 가난한 백인들을 움직였다. 인종 간 결합이 일어나서 딸들이 겁탈당하고, 양키가 총과 성경을 빼앗아 아이들을 세속적인 인본주의와 환경주의, 공산주의, 동성애에 물들게 할 것이란 공포에 주입된 가난한 백인들은 올리가키의 이익을 위해 싸웠다. 올리가키에 충성하는 정치인들은 선거 유세에서 낙태 불법화, 불법 이주 금지, 정부 지출 축소, 국기 화형 금지 등을 주장했다. 이들은 일단 당선되면 부자 감세를 하고, 올리가키의 농업 사업에 막대한 보조금을 퍼줬다. 또 노동과 환경 규제를 폐지하고, '게스트 노동자' 프로그램을 통해 개발도상국에서 저임금 농장 노동자들을 조달해왔다. 그리고 이런 정책을 기업들에 홍보해 노조가 조직돼 있고 상대적으로 임금이 높은 양키덤, 뉴네덜란드, 미들랜드의 제조업 일자리를 빼앗아왔다. 전략 금융 분석가인 스티븐 커밍스는 딕시연합의 경제 구조에서 노동계급과 중산층이 소작인 역할을 하고 있다는 점을 지적하며 "옛 남부 농장 경제의 하이테크 버전"이라고 비유했다.[1]

올리가키의 가장 큰 고민거리는 그들의 연합 안에 들어와 있는 그레이터 애팔래치아의 존재였다. 애팔래치아는 상대적으로 흑인 인구가 적었기 때문에 흑인들에게 민권을 준다고 해도 경제적이나 성적으로 '위협'을 받을 일이 적었다. 게다가 이들은 적어도 같은 백인끼리는 평등과 자유의 가치를 중요시했고, (잘난 척하지 않는 법을 아는 애팔래치아 토착 엘리트들을 제외한) 모든 귀족을 증오했다. 또 디프사우스 올리가키의 바람과 달리 전통적으로 대중추수주의 성향이 매우 강했다. 유명한 남부 포퓰리스트(인기영합주의자) 정치인의 대부분은 자수성가한 국경지대인들이다. 린든 존슨(텍사스 힐컨트리), 로스 페로(텍사캐나), 샘 레이번(테네시 동부), 랠프 야버러(텍사스 북부 태생, 오스틴), 마이크 허커비(아칸소 주 호프) 등이 이에 해당된다. 젤 밀러(노스 조지아 산맥)도 한동안은 포퓰리스트로 분류됐다. 딕시 지역 출신으로 가장 성공한 진보 정치인으로 꼽히는 빌 클린턴(아칸소 주 호프), 앨 고어(내슈빌 지역의 스콧—아이리시 엘리트 가문 출신), 코델 헐(테네시 동북부 지역의 한 통나무집에서 출생) 역시 모두 애팔래치아 사람이었다. 무엇보다 애팔래치아가 올리가키의 골치를 가장 아프게 만든 점은 남북전쟁 당시 북부 편에서 싸웠던 그들 때문에 "상실된 대의" 프로파간다를 써먹기가 어려워졌다는 점이었다.[2]

하지만 인종주의와 종교, 이 두 요소만으로도 충분했다. 남북전쟁 당시 국경지대인들이 북부군 편에서 싸운 것은 흑인을 위해서가 아니라 연방이 해체되는 것을 막기 위해서였다. 그랬기 때문에 이들은 전쟁이 끝난 후 양키가 흑인을 해방하고 재건 시대에 흑인에게 참정권까지 주자 크게 분노했다(테네시 주지사인 윌리엄 브라운로는 1865년 동료 애팔래치아 연방주의자에게 "국경지대인들이 니그로와 남부 반란자 중 누구를 더 증오하는지 말하기 어렵다"고 했다).[3] 둘째로 국경지대인들과 타이드워터, 디프사우스의 백인 빈곤층은 공통된 종교적 전통을 보유하고 있었다. 사회 개혁을 거부하고, 성서를 앞세워 노예제를 정당화하고, 세속주의와 페미니즘, 환경주의에 반대하며, 신의 뜻을 거스른다는 이유로 현대과학적

발견을 비판하는 내면적 개신교였다. 1877년 이후부터 이런 '사회적 이슈'는 딕시연합의 평범한 시민들을 하나로 뭉치게 해왔다. 이는 토머스 프랭크가 자신의 책『캔자스에서 도대체 무슨 일이 생겼나What's the Matter with Kansas?』에서 묘사한 것과 같은 맥락이다. 그는 그 책에서 자신의 고향인 캔자스의 올리가키들이 사회적 이슈와 '도덕적' 이슈를 어떻게 엮어서 평범한 서민들이 자신을 경제적 파멸로 몰아넣을 자들을 지지하게 하는지 보여준다. 그는 "술수는 언제나 먹혀들고 환상은 통하지 않는 법이 없다"면서 다음과 같이 썼다.

> 낙태 금지에 투표하고, 양도소득세 감면의 혜택을 누리십시오. 우리 조국이 다시 강해질 수 있도록 투표하고, 탈산업화의 혜택을 누리십시오. 정치적으로 옳은 말만 하는 대학교수들을 묵사발로 만드는 쪽에 투표하고, 전력산업 규제 완화를 누리십시오. 정부가 간섭할 수 없도록 투표하고, 미디어부터 육류 가공에 이르기까지 모든 분야에서 대기업의 독점화된 서비스를 누리십시오. 테러리스트에 맞서 당당하게 투표하고, 사회보장제도 민영화를 누리십시오. 엘리트주의를 타파하는 데 투표하고, 그 어느 때보다 부가 독점되는 사회 체제를 누리십시오. 노동자는 무력해지고 경영자는 상상을 초월하는 이득을 챙겨가는 사회를 누리십시오.[4]

프랭크는 미들랜드와 파웨스트에 걸쳐 있는 캔자스 주의 지난 40여 년간의 변화상을 추적해 기록했다. 하지만 여기서 그가 묘사한 전략은 원래 그레이터 애팔래치아가 100여 년 전에 먼저 개발해 톡톡히 재미를 본 것이다.

1877년 이후 처음 몇십 년간 연방정부를 장악한 것은 양키-레프트코스트였다. 이 기간에 딕시연합 의원들은 양키의 관세 제도와 연금 제도 도입(19세기), 흑인 참정권, 로지 상원의원의 '강제 법안'을 반대하는 데 몰표를 던졌다. 민권과 자유선거에 반대하는 딕시의 주장은 노골적인 인종차별이었다. "우리는 결코 열등한 인종에게 정부를 빼앗기지 않을 것이다"라고 애팔래치아 조지아 의원이자 훗날 주지사로 선출되는 앨런 캔들러는 주장했다. "연방정부의 북소리가 투표함에 가까워지고 연방군의 총검이 이 자유 정부에서 다시는 허락되지 않을 정도로 깊숙이 투표함을 에워쌌던 절체절명의 순간에 우리는 흑인 우월주의로부터 우리의 주 정부를 되찾아왔다." 뼛속까지 국경지대인인 켄터키 의원 윌리엄 브레킨리지는 강제 법안이 "영국 의회가 정확히 그 같은 논리로 아일랜드를 위한답시고 통과시켰던 법"과 다를 바 없다고 비유했다. 그들은 가난한 백인과 흑인들에게 참정권을 주지 않는 한 디프사우스와 타이드워터의 권력은 영원히 올리가키의 전유물이 될 수밖에 없다는 사실은 무시했다. 강제 법안을 둘러싼 토론이 진행되는 순간에조차 딕시 정부는 새로운 선거세를 부과하고, 민주적인 참여를 제한하는 조치를 도입했다. 미시시피의 투표율은 1877년 70퍼센트에서 1920년 10퍼센트 아래로 떨어졌다. 역사가 리처드 프랭클린 벤슬은 "딕시의 모든 지역에서 이 같은 현상이 나타났다"면서 "거의 모든 흑인과 대다수의 가난한 백인은 참정권을 박탈당했고 농장주들은 그 지역의 주도권을 장악했다"고 말했다.[5]

그러나 딕시가 미연방의 중앙 정치에 미친 영향력은 미미했다. 20세기 초, 딕시가 백악관을 차지한 것은 시어도어 루스벨트가 '진보당Progressive party'을 만드는 바람에 북부동맹의 표가 분산돼서 우드로 윌슨이 어부지리로 승리한, 그때 단 한 번뿐이었다. 앞서 살펴본 것처럼 윌슨은 제1차 세계대전 동안 반대자를 탄압하는 인종분리 정책을 실시했다. 하지만 그는 버지니아 스탠턴에서 태어난 애팔래치아 남부인이기도 했다. 스콧-아이리시와 스코틀랜드, 북부 잉글랜드의 핏줄이 섞인 국경지대 가문 출신이었다. 전형적인 국경지대인인 그는 인종차별적인 정책을 펼치는 동시에 기업 규제를 반대하는 자에게도 단호히 대처했다. 그는 연방준비제도 Federal Reserve system, 연방거래위원회Federal Trade Commission를 신설하고, 애팔래치아 대다수를 차지하는 영세농을 위한 기술 혁신과 대출 지원 프로그램을 도입했다. 디프사우스 올리가키의 시대는 아직 오지 않았다.

그러나 1960년대, 민주당인 존 F. 케네디와 린든 B. 존슨이 딕시에 저항하는 민권운동가들의 손을 들어주면서 역학 구도는 완전히 뒤바뀌었다. 존슨은 1964년 민권 법안에 서명한 후 "이로써 우리는 앞으로 오랜 기간 남부를 공화당에 넘겨주게 됐다"고 측근에게 말했다. 그의 예상처럼, 딕시연합은 감히 인종 카스트 제도를 배반한 민주당과 애팔래치아 출신 포퓰리스트 대통령을 용서하지 않았다. 1968년 그들이 선택한 대통령 후보는 극단적인 디프사우스 인종차별주의자인 조지 월리스였다. 그는 "이 나라 레드넥Rednecks 교육 수준이 낮고 정치적으로 보수적인 미국의 시골 사람을 조롱하는 표현의 본때를 보여주겠다"고 선언하며 아메리카 독립당을 창당한 뒤 대통령 선거에 출마했다. 그가 미들랜드 메릴랜드 지역에서 선거 유세를 하다가 유명세를 얻고 싶어했던 정신질환자의 총에 맞아 하반신 마비가 되지 않았더라면 딕시는 1972년에도 그를 지지했을지 모른다. 대신 그들은 엘 노르테의 앵글로 소수 집단 출신이지만 딕시의 성향에 맞아떨어졌던 공화당 후보 리처드 닉슨과 로널드 레이건을 선택했다. 그리고 두 대통령은 북부동맹이 장악하고 있던 공화당을 전복시키는 데 성공한다.[6]

1960년대 중반 이후 치러진 거의 모든 대통령 선거에서 딕시연합의 세 국민은 언제나 더 보수적인 쪽을 선택했다. 그들은 오바마 대신 매케인을, 케리 대신 조지 W. 부시를, 두카키스 대신 조지 H. W. 부시를, 먼데일 대신 레이건을, 맥거번 대신 닉슨을 찍었고, 1968년에는 험프리 대신 닉슨과 월리스를 지지했다. 이 공식에서 벗어난 것은 보수적인 양키후보와 그보다 진보적 성향인 딕시 출신의 남부 침례교도 후보 사이에서 선택해야 하는 상황에 직면했을 때가 유일했다. 1976년 애팔래치아와 디프사우스는 양키 미시간 출신의 포드 대신 조지아 침례교도인 카터를 지지했다. 반면 타이드워터는 의견이 갈렸다. 1992년 선거에서도 애팔래치아와 디프사우스는 아칸소 국경지대인인 빌 클린턴을 지지한 반면, 타이드워터는 양키이지만 더 보수적인 조지 H. W. 부시를 지지했다. 애팔래치아는 1996년에도 미들랜드 사람인 밥 돌 대신 클린턴을 선택했다. 그러나 진보적 성향의 국경지대인인 앨 고어와 카터가 각각 아들 부시, 레이건과 맞붙었던 선거에서는 의견이 갈렸다.

딕시연합의 유권자들은 놀라울 만큼 일관되게 극단적 보수주의자를 지지해왔다. 2009년 현재 미국 보수연합이 각 의원의 보수 성향을 점수로 매기는 평가에서 18명의 상원의원이 100점 만점에 90점 이상을 기록하는데, 이들은 모두 파웨스트와 딕시연합 의원들이다. 딕시연합의 백인 의원들은 1960년대에는 민권 법안과 선거법에 결사적으로 반대했고, 1970년대에는 유니언숍 조항 삭제를 추진했다. 1980년대와 1990년대, 2000년대에는 부자 감세와 상속세 폐지를 요구했다. 2003년에는 이라크 침공을 지지하고, 2010년에는 의료개혁 법안과 금융규제 법안, 최저임금 인상 저지에 나섰다.

딕시 의원들은 북부동맹이 기함할 만한 정책과 주장들을 고수해왔다. 1984년 디프사우스 상원의원인 트렌트 롯은 공화당 공약이 '(인종차별주의자이자 남부연합 대통령이었던) 제퍼슨 데이비스와 그를 지지했던 사람들이 신봉했던 것들'로 가득 차 있으므로 훌륭하다고 주장했다. 타이드워터 상원의원인 제시 헬름스는 민권운동 지도자가 "공산당원 및 성도착자들"과 연계된 "마르크시스트—레닌주의자"라는 이유로 마틴 루서 킹 공휴일 제정을 막으려고 애썼다. 디프사우스 출신인 하원 다수당 지도자 톰 딜레이는 2000년 초 "청소년 폭력의 원인은 자식을 데이케어에 맡기는 맞벌이 부모, 진화론을 가르치는 학교, 피임을 하는 직장인 엄마들 때문"이라고 주장했고, 2003년에는 은행원들 앞에서 "전쟁의 위험에 직면했을 때 감세보다 더 중요한 것은 없다"고 말했다. 2008년 미국 경제가 위기에 빠졌을 때 전직 디프사우스 상원이자 스위스 뱅크 부회장인 필 그램은 『워싱턴 타임스』에 이 나라는 "정신적 퇴행mental recession" 상태에 있으며, "미국이 경쟁력을 잃고 쇠퇴하고 있다고 징징거리는 사람들의 나라가 됐다"고 말했다. 디프사우스 텍사스 의원인 조 바턴은 2010년 BP의 기름 유출 사고가 발생한 후 정치권에서 회사 측에 희생자 피해보상 기금을 조성하라고 압박한 것을 공개적으로 사과했다. 그는 기름 유출이 아닌 보상금 요구를 "가장 큰 비극"이라고 표현했다.7

1990년대부터 딕시연합이 연방정부에 미치는 영향력은 엄청나게 커졌다. 1994년 딕시연합이 이끄는 공화당은 40년 만에 처음으로 양원을 석권했다. 공화당은 2006년까지 미 하원에서 다수당을 유지했고, 상원도 여러 해 동안 장악했다. 그리고 2000년 디프사우스 올리가키는 1850년 이후 처음으로 진정한 그들의 대통령을 만나게 된다. 그는 자신들을 실망하게 했던 진보적 성향의 지미 카터 대통령과 달랐다. 조지 W. 부시는 양키 대통령의 아들인 데다 텍사스에서 서쪽으로 멀리 떨어진 지역에서 자랐지만, 누가 뭐래도 텍사스 동부가 길러낸 인물이었다. 그는 그곳에서 정치적 커리어를 시작하고, 신앙을 쌓았으며, 사업을 하고, 정치적 동지를 얻었다. 그가 대통령으로서 국내 정치의 우선 사항으로 추진한 것들은 디프사우스 올리가키의 이해관계와 정확히 일치했다. 부자 감세와 사회보장제도 민영화를 추진하고, 부시 가문과 밀접한 관계이면서 휴스턴에 본사를 둔 엔론에 유리한 쪽으로 에너지 시장 규제를 완화했다. BP의 디프 워터 호라이즌 호 같은 바다 연안 시추선 작업의 환경·안전 규제를 중단하고, 역외 조세피난지를 눈감아줬으며, 온실가스 배출이나 자동차 연료 효율 기준 강화를 무마시켰다. 저소득층 어린이를 위한 의료서비스 혜택을 중단하고, 석유 탐사 작업을 위해 자연보호지역을 개방했다. 기업 경영진을 연방 기관 요직에 임명해 산업 규제 정책을 그들 마음대로 요리할 수 있게 던져주고, 엄청난 규모의 새 외국인 게스트 노동자 프로그램을 시작해 저임금 노동력을 조달했다. 다른 한편으로 부시는 배아줄기 세포 연구와 임신 말기 낙태를 금지하고, 정부 복지 프로그램을 종교 기관으로 이전하려는 등 자신의 기독교 원리주의 성향을 내세워 평범한 딕시 주민들의 호감을 샀다. 그의 임기 마지막 해이자 딕시가 워싱턴 정가를 장악한 지 16년째가 되던 해, 미국의 소득 불평등과 부의 집중도는 대공황과 도금시대조차 뛰어넘어 역대 최고치를 기록했다. 2007년 미국의 재산 상위 10퍼센트는 미국 전체 소득의 절반을 차지했고, 상위 1퍼센트가 차지하는 비중은 1994년 이후 세 배나 늘어났다.[8]

그러나 북부동맹과 딕시연합이 서로 꿈쩍도 안 한 채 양극단에서 마주 보고 있었다면, 역학 구도의 변화는 어떻게 일어날 수 있었던 것일까. 그 해답은 미들랜드, 엘 노르테, 파웨스트, 이 세 개의 '부동층' 국민에게서 찾아야 한다.

두 개의 슈퍼파워 연합 중 누구도 최소 2개 이상의 부동층 국민을 자기편으로 끌어들이지 않고서는 미국 정부를 완전히 장악할 수 없었다. 1877~1933년 북부동맹은 파웨스트와 미들랜드의 지원 덕에 연방을 장악했다. 1980~2008년 딕시의 영향력과 지배력이 증가한 것은 파웨스트와 미들랜드를 자기편으로 끌어들이는 데 성공한 데다 배리 골드워터, 리처드 닉슨, 로널드 레이건 같은 엘 노르테 출신의 보수적인 앵글로를 대통령으로 밀었던 덕분이다. 어느 한쪽도 권력을 완전히 장악하지 못했을 때 다수당이라도 되고 싶다면 이들과의 연합은 필수적이었다. 뉴딜 시대의 딕시와 뉴네덜란드, 미들랜드 연합이 그랬고, 1960년대 북부동맹과 애팔래치아 진보 세력 간의 연합이 그랬다. 버락 오바마의 당선은 엘 노르테와 타이드워터, 북부동맹이 힘을 합친 덕분이었다.

그렇다면, 이 세 부동층 국민을 움직이는 우선순위는 무엇일까?

미들랜드는 가장 자율적인 가치관을 가진 나라다. 남에게 간섭해서 자신들이 옳다고 믿는 것을 강요하는 양키와 독재적이고 광신적인 딕시 양측 모두 오랫동안 경계해왔다. 미들랜드는 양키와 서민 문화를 공유하고, 국경지대인들처럼 정부의 지나친 개입을 불신하며, 뉴네덜란드와 문화적 다원주의란 공통점을 가졌고, 단호하고 공격적인 행동주의를 싫어하는 디프사우스에 공감했다. 정확히 미국사회의 중도인 이들은 어느 한 연합이나 후보, 또는 운동에 대해 명확한 입장을 표한 적이 거의 없었다. 미들랜드가 명확히 어느 한쪽을 지지했던 것은 1930년대 루스벨트, 1980년대 레이건, 2008년 오바마 정도인데 이때는 국가적 긴장도가 심각하게 높아져서 과잉된 분위기에 휩쓸렸기 때문이다. 새천년으로 바뀌면서 주요 격전지로 떠오른 펜실베이니아, 오하이오, 일리노이, 미주리 등이 미들랜드가 완전히 장악한 주는 아니더라도 미들랜드 지역에 걸쳐 있다는 사실은 우연이 아니다. 이 지역 출신인 트루먼과 아이젠하워는 양쪽 연합의 적대감을 누그러뜨릴 수 있는 '중간지대의 후보'였기 때문에 백악관에 입성할 수 있었다.

이와 대조적으로 파웨스트는 원하는 것이 분명했다. 북부동맹의 식민 상태에서 벗어나는 한편 이제껏 그들의 생존 방식을 결정지어온 연방정 부의 보조금을 계속해서 따내는 것. 19세기 후반, 파웨스트 의회는 항상 북부동맹의 뜻에 따라 투표를 해야 했다. 철도, 광산, 목축, 목재 산업을 모두 장악한 뉴욕과 샌프란시스코의 양키에게 의존할 수밖에 없는 신세였기 때문이다. 하지만 뉴딜 시대와 제2차 세계대전, 냉전 시대를 거치면서 이 지역에 대한 연방정부의 투자가 급증하기 시작했다. 공항, 고속도로, 댐, 관개 수로, 물 수송 시설, 실험실, 군사 기지, 대학, 연구 시설, 군수산업 공장 등이 들어서면서 이 지역을 바꾸어버렸다. 파웨스트는 자체 산업과 농업을 육성하고 뉴욕, 클리블랜드, 시카고의 뜻을 대변 하는 것이 아닌 라스베이거스, 피닉스, 덴버의 이익을 대변하는 토착 세력을 상원에 진출시켰다.[9]

그 결과, 1968년부터 이들은 대기업에 대한 연방정부 규제 완화라는 공통의 목표를 가진 딕시연합과 손을 잡게 됐다. 파웨스트는 1880년대에 탄생한 이래 1968년까지 줄곧 북부동맹과 똑같은 후보를 대통령으로 지지했지만, 1968년부터 2004년에는 거꾸로 딕시와 똑같아졌다. 딕시가 남부 출신 후보를 지지하기 위해 보수 성향 후보 대신 진보 성향 후보를 찍었을 때가 유일한 예외였다. 파웨스트 의원들은 감세를 추진하고 의료 서비스와 금융 규제를 반대하며, 환경 규제를 되돌리기 위해 디프사우 스 의원들과 행동을 같이했다. 그러나 둘이 가까워지는 데는 한계가 있었다. 파웨스트인은 강한 자유지상주의Libertarian 성향을 갖고 있었기 때문에 시민의 자유를 억압하거나 반대 의견을 제약하는 것에 찬성하지 않았다. 2008년 선거에서 딕시와 파웨스트 연합 전선에 균열이 생기기 시작했다. 콜로라도, 네바다는 파웨스트 출신이자 딕시의 노선을 따르는 존 매케인이 아니라 북부동맹의 후보인 오바마를 지지했다. 거의 모든 파웨스트 지역에서 공화당 지지 여론이 썰물처럼 빠져 나가 매케인은 '극단적 보수주의' 지역인 몬태나에서조차 아슬아슬한 차이로 겨우 승리를 거뒀다.

하지만 앞으로 미국의 역학 구도는 빠르게 성장하면서 목소리를 높여 가고 있는 엘 노르테 히스패닉의 향방에 따라 크게 달라질 것이다. 20세기 후반까지 다른 국민은 단 한 개의 주 정부도 장악하지 못한 엘 노르테를 무시했다. 그들은 엘 노르테가 파웨스트, 그레이터 애팔래치아, 디프사우스에 흡수돼 멸종의 길로 가고 있다고 생각했다. 파웨스트 안에 고립되고 딕시의 인종 카스트 제도에 소외된 노르테뇨는 조용히 미국 인디언들과 같은 운명을 맞이하게 될 것이라고 여겼다.

하지만 노르테뇨는 뉴멕시코, 남부 텍사스, 남부 애리조나의 정치와 문화적 삶을 다시 지배하기 시작한 데서 더 나아가 남부 캘리포니아까지 깊숙이 침투해 들어가고 있다. 그들은 샌안토니오부터 로스앤젤레스에 이르는 주요 도시의 시 정부를 장악하고 뉴멕시코 주지사, 미연방 의회, 뉴멕시코와 콜로라도 상원에도 자신들의 사람을 진출시켰다. 23장에서 언급했던 것처럼, 이들은 절대적인 인구수뿐 아니라 미국 전체 인구에서 차지하는 비중이 급격히 늘어나 멕시코-미국 전쟁 후 잃어버린 땅을 수복하는 중이라는 말이 나올 정도다. 이미 미국에서 가장 큰 소수민족 집단이 된 히스패닉은 2025년 미국 인구의 4분의 1을 차지하게 될 것으로 추정된다. 2010년 현재 노르테뇨는 이미 로스앤젤레스, 샌안토니오, 엘파소, 뉴멕시코 주의 여러 지역에서 가장 다수를 차지하고 있다. 일각에서는 엘 노르테가 미국에 미치는 영향력과 위상이 높아지면, 멕시코가 쪼개질 경우 멕시코 북부의 주 일부는 미국에 합병되거나 혹은 미국과의 정치적 연계 방안을 모색할 것이라고 내다보고 있다. 엘 노르테의 지지를 얻는 연합 세력은 미국을 지배하는 힘을 갖게 된다.[10]

지난 150년 동안 딕시연합은 노르테뇨의 마음을 얻으려 하지도, 환심을 사려고 하지도 않았다. 디프사우스의 카스트 제도와 애팔래치아의 백인 우월주의는 테하노와 뉴멕시코 히스패닉을 소외시키고 탄압했다. 디프사우스 출신이고 디프사우스 후보에게 투표해온 애리조나와 남부 캘리포니아의 앵글로 식민주의자들은 권력을 잡는 동안 스페인계를 정치적, 사회적으로 통합시키려고 노력하지 않았다. 그 결과, 엘 노르테의 정치 지도자와 사회활동가들은 북부 편으로 돌아섰고 1988년 이후 열린 모든 대통령 선거에서 양키덤을 지지했다. 딕시와 파웨스트 포퓰리스트들이 멕시코 이주민을 위험한 존재라며 비난하는 점을 고려하면 앞으로도 한동안 엘 노르테는 북부동맹의 우군이 될 것으로 보인다.

마지막으로, 다시 과거로 돌아가 한번 생각해보자.

만약 남부연합이 1861년 평화롭게 분리 독립하는 데 성공해서 딕시연합이 애초 탄생하지 않았더라면, 지금 미국 정치와 사회는 어떤 모습이 됐을까. 그리 어려운 상상력을 요구하는 일은 아니다. 미국 북쪽 국경 너머에 실제로 존재하는 모습이기 때문이다.

1867년 탄생한 캐나다는 미국과 약간 다르게 구성된 연방 국가다. 동쪽에는 영어를 사용하는 양키 연해주와 뉴프랑스가 있다. 이곳은 역사가 가장 오래된 캐나다 정착촌이다. 중부 지역의 남부 온타리오와 매니토바에는 미들랜드인이 정착해 평화주의와 다원주의 문화를 뿌리내렸다. 수도인 오타와, 그리고 캐나다에서 가장 중요한 도시인 토론토도 이곳에 있다. 그런가 하면 경도 100도선 너머의 파웨스트는 서스캐처원, 앨버타, 브리티시컬럼비아 내륙지역, 유콘과 노스웨스트 준주Northwest Territories 남부에 자유지상주의 사상과 자원 채굴 경제를 전파했다. 반면 레프트코스트와 맞닿은 브리티시컬럼비아의 태평양 연안지역은 환경 의식이 강하고, 밴쿠버와 빅토리아는 우파 성향의 에너지 업계 큰손이 지배하는 캘거리보다 레프트코스트의 퓨젓사운드와 올림픽 반도에 더 가까이 위치한 까닭에 사회적으로 진보적인 색채를 띠게 됐다.

앵글로 캐나다인은 종종 '미국인이 아니'라는 점 외에는 자신들이 공유하는 문화적 정체성이 없다고 한탄한다. 그들이 그렇게 생각하는 데는 몇 가지 이유가 있다. 캐나다 연방에서 영어권 국민은 모두 4개다. 영국 제도의 식민지였던 뉴펀들랜드 섬영국령이었다가 1948년에야 주민 투표로 정식으로 캐나다 영토가 됐다까지 포함하면 5개가 되지만, 아직도 뉴펀들랜드인은 본토에 가려고 배를 탈 때면 "캐나다에 가는 길"이라고 말한다. 아무튼 이 4개 국민 중 캐나다의 양키, 미들랜드, 레프트코스트는 미국에서와 마찬가지로 서로 잘 화합하면서 국가 의료보험, 총기 규제, 다문화 정책을 옹호해왔다. 반면 이들은 모두 개혁당의 근거지였던 파웨스트와 대립각을 세우고 있다. 개혁당은 세금 감면과 규제 완화를 추진하고, 연방정부의 크기와 업무 범위를 축소하려 애썼다. 또 농업, 자유무역, 석유·가스 개발, 셰일오일 산업 보호를 강조했다개혁당은 2000년에 다른 당과 합당해 보수당이 됐다. 이 글을 쓰는 현시점에 개혁당 출신인 캘거리의 보수당 의원 스티브 하퍼가 총리로서 캐나다를 이끌고 있다-2015년 현재 캐나다의 총리는 다시 자유당 출신의 쥐스

탱 트뤼도가 됐다. 극심한 분열 양상을 보였던 2000년 미국 대선 이후 인터넷상에서는 한 지도가 회자됐다. 이 지도는 북미 대륙이 '캐나다 합중국 United States of Canada'과 '예수의 땅Jesusland' 두 개로 선명히 갈라져 있음을 보여줬다. 한 인터넷 게시판에서 퍼지기 시작한 이 지도는 미국을 블루 주와 레드 주로 표시한 기존 지도에서 한발 더 나아가 북미 대륙 전체가 캐나다를 포함한 진보적인 북부와 보수적인 남부로 나뉘어 있음을 색깔로 표시했다. 한 재치 넘치는 캐나다인은 곧 이 지도에 세 번째 범주인 '앨버타'를 추가했다. 캐나다 역시 파웨스트와 다른 지역 사이에 깊은 분열을 겪고 있음을 드러내기 위해서였다.

13장에서 이미 살펴봤던 것처럼, 캐나다의 나라들은 미국 혁명 후 100여 년이 지나도록 대영제국 귀족의 지배에서 벗어나지 못했기 때문에 자신들의 운명을 스스로 결정짓는 데 한계가 있었다. 이 때문에 양키 정착촌인 연해주에 양키의 문화적 전통과 달리 강력한 시 정부가 들어서지 못하는 등 조금 다른 발전 양상을 띠게 됐다. 하지만 캐나다가 미국과 근본적으로 다른 지점은 따로 있다. 캐나다의 앵글로 국민 4개는 독재적이고 백인 우월주의자인 딕시연합과 싸울 필요가 없는 대신 법과 규제를 잘 따르지 않을 만큼 극단적으로 개방적이고 타인종과 다문화에 활짝 열린 사회주의 성향의 국민과 싸워야 했다는 점이다.

21세기 초 사회학자들이 수행한 비교연구 결과, 뉴프랑스가 북미에서 가장 포스트모던한 사람들인 것으로 나타났다. 악마(29퍼센트)와 지옥(26퍼센트)을 믿는 사람의 비율이 가장 낮았고, "집안의 아버지가 반드시 가장 역할을 해야 하느냐"고 묻는 질문에는 퀘벡 주민의 15퍼센트만 그렇다고 답했다. 이는 파웨스트 캐나다 21퍼센트, 뉴잉글랜드 29퍼센트, 앨라배마·미시시피·테네시의 71퍼센트에 비해 매우 낮은 수치다. 또 다른 학술 연구에 따르면 이들은 동성애와 혼외정사, 성매매, 낙태, 이혼에 대한 거부감이 크지 않고 에이즈 환자, 대가족, 약물중독자, 감정적으로 불안정한 사람을 이웃으로 맞아들이는 일에 대해서도 좀더 관대한 것으로 나타났다. 한 학자는 퀘벡이 진보적인 개인주의 성향이 가장 높고, 전통적인 형태의 권위에 대한 존경심이 가장 낮은 지역이라고 분석했다(브리티시 컬럼비아와 뉴잉글랜드 역시 퀘벡과 유사한 결과를 나타냈지만, 딕시의 주들은 정확히 정반대 결과를 보였다). 뉴프랑스의 핵심 도시인 몬트리올에는 이런 분위기가 잘 녹아 있다. 거대한 보헤미안 지구(플라토 지역)가 있고 '암스테르담의 관용, 파리의 기풍, 샌프란시스코 만의 미식 문화'가 잘 혼합된 이곳은 그리니치빌리지의 옛 모습을 떠올리게 한다. 결국 딕시연합이 미연방을 오른쪽으로 끌고 가려고 안간힘을 쓰고 있다면, 뉴프랑스는 캐나다를 왼쪽으로 움직이고 있는 셈이다.[11]

뉴프랑스를 통해 전해 내려온 샹플랭의 유산은 캐나다가 1960년대 문화 혁명 이후 놀랄 만큼 성공적인 다문화 사회를 건설할 수 있게 한 원동력이 됐다. 캐나다 연방의 공용어는 프랑스어와 영어이지만, "독립적인 사회"로 인식되는 퀘벡에서는 모든 업무를 프랑스어로만 처리하는 것이 허용된다. 이들이 퍼뜨린 다문화주의는 캐나다뿐 아니라 북미 원주민들에게도 영향을 미치고 있다. 많은 원주민이 문화적 정체성과 언어, 관습을 그대로 유지하며 살고 있고, 심지어 그중 일부를 캐나다 사회에 전파하기도 한다. 뉴프랑스의 원주민에 대한 관용적인 태도 덕분에 북부 지역의 많은 원주민 부족은 캐나다의 광대한 토지를 점유하며 주권을 지킬 수 있었다. 그리고 지금은 북미에서 가장 큰 나라를 만들어 독립을 위한 준비에 박차를 가하고 있다.

에필로그

11개 국민 간의 권력 투쟁이 지난 4세기 동안 북미의 역사를 만들어온 것이라면, 앞으로의 모습은 어떻게 될까. 2100년의 정치적 지도는 1900년이나 2000년의 것과 비슷할까? 여전히 세 개의 연방 국가(미국, 캐나다, 멕시코)로 나뉘어 있을까, 아니면 또 다른 형태로 변화해 있을까. 20세기 유럽이 그랬던 것처럼 작은 행정 구역으로 찢어져 서로 대립할 수도 있고 멕시코 몬테레이부터 캐나다 북극 지방에 이르는 여러 주권국가가 유럽연합EU처럼 느슨한 연합을 형성할 수도 있다. 혹은 제리 폴웰의 영적 계승자가 설파하는 성서 교리에 따라 운영되는 단일 국가가 돼 있을지도 모른다. 그것도 아니라면 기술 혁신 덕분에 큰 정부의 도움 없이도 자급자족이 가능해진 농촌이 완전한 자치에 가까운 포스트모더니즘 유토피아를 이루고 있을지도 모른다. 제아무리 현명한 사람이라도 미래의 일은 누구도 장담할 수 없다.

그나마 분명한 사실은 이것뿐이다. 미국, 멕시코, 캐나다가 처한 현실을 놓고 볼 때 2010년 현재의 정치적 분할선이 앞으로도 계속 유지되리라 보는 것은 설득력이 별로 없다는 얘기다.

미국의 글로벌 파워는 나날이 쇠퇴하면서 몰락하는 제국의 전형적인 징후들을 나타내기 시작했다. 1969년 지역적 민족지학을 바탕으로 향후 40년의 미국 정치 흐름을 정확히 예측했던 정치전략가 케빈 필립스는 현재 미국의 모습이 네덜란드 제국이나 대영제국 말기와 매우 유사하다고 지적한다. 미국은 과거의 제국처럼 엄청난 대외무역 적자와 국가 부채에 시달리고 있으며, 군사력 지출은 과잉 현상을 빚고 있다. 국가 생산에서 금융 부문이 차지하는 비중은 지나치게 크고 종교적 극단주의자들의 정치적 개입은 점점 증가하는 추세다. 한때 미국은 혁신 기술 상품과 금융 자본의 주요 수출국이었지만, 지금은 중국에 많은 채무를 지고 있는 데다 연구 개발의 필수 인력인 과학자와 엔지니어도 점점 더 중국 인력에 의존하고 있다. 미국 시민들은 '티파티' 운동 등으로 심각한 지역적 분열을 겪고 있다. 티파티는 선거를 통해 정당하게 선출된 미국 대통령을 조지 3세에, 연방 의회를 영국 의회로 치환해서 18세기 양키와도 같은 정치적 수사를 늘어놓는다. 미국은 대테러 전쟁을 위해 메소포타미아와 중앙아시아에 엄청난 군사력과 비용을 투입했지만 전쟁은 끝날 기미조차 없이 수렁에 빠져들었고, 미국의 정치와 금융 수도는 수천 명의 목숨을 앗아간 2001년 9.11 공격의 충격에서 여전히 벗어나지 못하고 있다. 2000년 대통령 선거 당시 야기된 논란으로 미국 시민들은 선거 시스템에 대해 신뢰를 갖지 못하며, 2008년에는 금융산업이 거의 붕괴할 위기에 처했다. 의회에서는 극단주의 정치인들이 판을 친다. 이렇게 암울한 상황 속에서 미국은 새로운 세기를 맞이했다.

멕시코 연방은 심지어 미국보다 상황이 더 좋지 않다. 지난 몇 년 동안 저명한 외교 정책 전문가들은 멕시코가 '실패한 국가'라고 공공연하게 말해왔다. 마약 카르텔은 주지사, 경찰서장, 국경 수비대를 매수하고 비판적인 판사와 언론인, 공무원을 살해했다. 사태가 계속 악화되자 멕시코 정부는 마약 카르텔을 척결하기 위해 군대를 배치했지만 희망은 보이지 않는다. 마야 원주민은 지금도 치아파스와 남부 지역 곳곳에서 독립 투쟁을 벌이고 있으며, 북부 멕시코인은 세금만 걷어가고 아무 도움도 주지 않는 멕시코 연방에 남아 있는 것이 자신들에게 무슨 이익이 되느냐며 대놓고 반문한다. 정치분석가인 후안 엔리케스의 표현을 빌리자면 "멕시코 정부는 공물과 순종만을 요구하는 고대 아스테카 제국처럼 통치하려 한다"고 할 수 있다. 기후변화로 인한 자연재해, 국제 금융위기, 대형 테러 같은 큰 위기가 닥칠 경우 연방이 해체되고 멕시코의 엘 노르테인은 북쪽으로 썰물처럼 밀려나갈 가능성이 크다.[1]

캐나다는 1995년 뉴프랑스가 대대적으로 독립을 시도하면서 국가적 균열의 위기를 겪었다. 그해 열린 독립 주민 투표에서 퀘벡의 프랑스 주민 60퍼센트가 찬성표를 던졌다. 독립이 아슬아슬하게 부결된 것은 퀘벡의 소수 영국계뿐 아니라 퍼스트 네이션 주민이 9 대 1로 압도적인 반대표를 던졌기 때문이다. 아이러니하게도 연방이 쪼개지는 것을 막은 것은 캐나다 원주민들이었던 셈이다. 그 후로 줄곧 퀘벡 독립은 중요한 의제로 다뤄져왔다. 퀘벡인들은 캐나다에서 분리 독립할 경우 퀘벡 주 북쪽 3분의 2에 달하는 영토를 포기해야 한다는 사실을 잘 알고 있다. 그 땅에 사는 사람들은 프랑스인이 북미 대륙에 오기 전부터 오랫동안 그곳을 점유해온 원주민들이기 때문이다. 캐나다의 다른 국민 또한 1970년대 이후부터 뉴프랑스에 실질적인 양보를 해왔다. 연방정부는 프랑스어와 영어 모두 공용어로 인정했다. 심지어 퀘벡은 공식어로 프랑스어만 허용하는데도 말이다. 양키가 장악한 뉴브런즈윅은 북쪽과 동쪽 외곽이 뉴프랑스에 속해 있다는 점을 고려해 캐나다에서 유일하게 영어와 프랑스어를 주 정부 공용어로 지정했다. 연방 의회 하원은 퀘벡에 '특별 공동체Distinct society'로서의 지위를 인정했고, 뉴프랑스식 다문화주의는 캐나다 어디에서든 중요한 시민 덕목이 됐다. 오늘날 캐나다는 아마 북미의 세 개 연방 중 가장 안정적인 나라일 것이다. 이는 앵글로 4개 국민과 뉴프랑스, 퍼스트 네이션이 서로 타협하며 조화롭게 지내는 덕분이다. 캐나다는 단일한 지배 문화를 가진 행정 구역에 대한 환상을 사실상 거부했다. 이와 같은 시도가 앞으로도 캐나다 연방을 하나의 국가로 유지해 줄 수 있을지는 좀더 지켜봐야 알 수 있겠지만 말이다.

미국이 지금과 같은 연방 체제를 계속 유지하려면 국가 전체의 단합을 위해 각 국민이 서로 타협하면서 캐나다의 전철을 밟아나가야 한다. 그러나 불행하게도 딕시나 북부동맹은 서로에게 양보할 의지가 없다. 양키, 뉴네덜란드, 레프트코스트는 사회안전망과 공립학교 시스템이 갖춰져 있지 않으며 반노동적, 반환경적인 데다 기업 금권정치에 대한 감시가 약한 복음주의 기독교 신정국가를 절대 용납할 수 없을 것이다. 반면 디프사우스는 국민건강보험 시스템과 좋은 시설을 갖춘 노조화·세속화된 공립학교 시스템을 위해 결코 높은 세금을 부담할 생각이 없다. 그들은 성경이 아니라 과학적 탐구를 가르치는 국립대 무상교육, 대중교통 보조금 정책, 고속철도 네트워크, 재생에너지 사업도 원치 않는다. 금융 건전성, 식품 안전, 환경 규제 및 선거자금법 준수를 감시하기 위한 기구를 구축하는 것에는 관심이 없다. '레드'와 '블루' 국민은 제1차 대륙회의의 첫 회담 이후 줄곧 그래왔던 것처럼 연방정부의 정권을 장악하기 위해 싸우기를 반복하면서, '퍼플' 국민을 자기편으로 끌어오게 할 수 있는 일은 뭐든지 다 할 것이다.

또 다른 시나리오는 큰 위기가 닥쳤을 때 연방의 지도자들이 미합중국을 하나로 유지해주는 가장 중요한 매개체인 헌법을 포기하는 것이다. 예를 들면 치명적인 전염병이 돌거나 테러로 여러 도시가 파괴됐을 때 나라 전체가 공포에 휩싸여 시민권 제한, 의회 해산, 사법부 권한 축소 등의 사태가 벌어질 수 있다. 어떤 나라는 이 상황을 크게 반기고, 어떤 나라는 강하게 반대할 것이란 점은 불 보듯 뻔하다. 헌법을 포기하면 비슷한 성향의 국민끼리만 뭉쳐서 연방은 사실상 해체될 것이다. 이때 정치적으로 가장 적법한 행동 주체는 주지사와 주 의회가 될 것이고, 따라서 새로운 정치적 주권은 주州를 기준으로 형성될 것이다. 뉴욕, 뉴저지, 뉴잉글랜드, 오대호 지역, 태평양 연안 서북부 등 북부동맹의 세 국민이 지배하는 주는 한 개 이상의 연합을 만들 가능성이 높다. 사우스캐롤라이나, 조지아, 앨라배마, 미시시피, 루이지애나 등 디프사우스가 지배하는 주들은 또 다른 연합을 형성할 것이다. 산맥과 고원으로 이뤄진 파웨스트의 주들 역시 분명히 자기들끼리 뭉칠 것이다. 내부 분열이 잦은 그레이터 애팔래치아와 여러 민족으로 구성된 텍사스, 캘리포니아, 펜실베이니아, 오하이오, 애리조나는 좀더 복잡한 이합집산을 거칠 것이다. 이렇게 탄생한 연합은 얼마든지 캐나다나 멕시코의 엘 노르테 지역까지 뻗어나갈 수 있다. 만약 이 극단적인 시나리오가 현실이 된다면 북미는 지금보다 훨씬 더 위험하고 불안정하며 가변적인 곳이 될 것이고, 이는 바다 건너 제국주의 세력의 골치 아픈 개입을 끌어들일 수도 있다. 이 이야기가 허무맹랑한 가설로 들릴 수도 있지만, 40년 전 소비에트 연방의 지도자들도 자신들의 국가가 해체될 줄은 꿈에도 예상치 못했다는 사실을 기억해야만 한다.

어쩌면 시간이 좀더 흐르면 지금의 상황이 누구에게도 도움이 되지 않는다는 사실을 깨달은 각 국민이 서로를 해방시켜주기로 합의할지도 모른다. 그렇게 되면 중앙 정부의 기능을 축소하고 주 정부의 권한을 강화하는 헌법 수정안이 통과될 것이다. 미합중국은 존재하겠지만 역할은 국방과 외교, 국제통상 협상에만 제한될 것이다. 즉, 이는 유럽연합이나 1781년 미국 연합 규약이 처음 탄생했던 초창기 무렵으로 돌아가는 것과 비슷하다. 그렇게 되면 모든 주는 각자의 문화적 유산에 따라 행동할 수 있게 된다. 양키 뉴잉글랜드는 유럽의 스칸디나비아인들처럼 서로 긴밀히 협력할 것이다. 텍사스는 미국에 합병될 당시 맺은 조약에 규정된 자신들의 헌법적 권리를 마침내 발휘해서 많게는 5개 주로 찢어질 것이다1845년 텍사스 공화국이 미국에 합병될 당시 통과된 법률은 '연방 헌법의 규정에 따라' 텍사스 공화국을 최대 5개 주로 나누는 것을 허용하고 있다. 그러나 이는 다른 헌법 조항과의 충돌로 사실상 사문화된 상태다. 일리노이도 시카고 남부 지역의 독립에 합의할 것으로 보이며 캘리포니아 역시 남부와 북부, 내륙지역으로 나뉘어 갈라설 것이다. 미합중국의 재편은 국경의 테두리 안에서 진행될 수도 있지만, 캐나다나 멕시코 일부 지역이 이 느슨하고 분권화된 연방에 새로 가입하고 싶어할지도 모른다. 실제 그렇게 된다고 해도 그리 놀랄 일은 아니다. 역사를 돌이켜보면 이보다 훨씬 더 이상한 일도 일어나곤 했다.

어쨌든 한 가지 사실만큼은 확실하다. 미국이 진정 지금처럼 하나의 나라로 존속하길 원한다면, 믿기 어려운 조건 속에서 탄생한 연방의 기본 원칙을 최선을 다해 존중해야 한다. 만약 종교와 정치의 분리를 포기하고 침례교를 샤리아 법처럼 제도화한다면 미국은 존재할 수 없다. 대통령이 정치적 이데올로기가 강한 사람을 법무부나 대법원에 앉히고, 정당 지도자들이 비전을 통해 국민을 설득시키려는 것이 아니라 상대편에 투표하지 못하도록 막아서는 것으로 승리하려고 한다면 더 이상 함께하는 것은 불가능해진다. 각 연합 세력이 대중의 검증을 피하고자 상원과 하원의 규칙을 악용해 중요한 사안의 공개 토론을 막으려 한다면 연방은 제대로 기능할 수 없다. 물론 미국보다 더 부패한 중앙 정부를 가진 주권 민주 국가도 있다. 하지만 그들 대부분은 단일한 민족과 종교, 기본적인 정치적 합의의 토대를 갖춘 나라다. 미국에는 그런 단합 요소가 없으므로 더욱 투명하고 공개적이면서도 효율적으로 작동하는 중앙 정부가 필요하다. 그것이 미국을 하나로 묶어줄 수 있는 몇 안 되는 요소이기 때문이다.

만약 유럽 이주민들이 대서양 연안에 나라를 세우지 않았다면 북미는 지금 어떤 모습을 하고 있을까. 원주민 부족이 16세기와 17세기 전염병으로 초토화되지 않고 그들의 공동체를 계속 발전시킬 수 있었다면 지금 미국은 어떤 사회가 되어 있을까.

우리는 곧 이를 목격할 수 있을 듯하다.

멀리 북쪽에서는 지난 몇 세기 동안 힘든 시기를 겪어온 원주민들이 바로 그들만의 나라를 세우려 하고 있다. 알래스카에서 그린란드에 이르는 북미 대륙의 북쪽 3분의 1에 사는 원주민들은 조상 대대로 전해 내려온 땅에 대한 주권을 요구해왔다. 빽빽한 북방 숲, 북극 툰드라, 나무가 없고 얼음으로 뒤덮인 섬에 사는 원주민들은 한 번도 그들 땅의 권리를 포기하겠다는 조약에 서명한 적이 없으며, 지금도 그곳을 점유한 채 선조들의 옛 문화를 놀라울 만큼 고스란히 유지하고 있다. 캐나다와 그린란드의 원주민들은 광산, 목재, 에너지 회사가 자원개발 사업을 위해 영토를 사용해야 한다면 우선 자신들의 허락을 받아야 한다는 법적인 판결을 끌어냄으로써 영토에 대해 상당한 영향력을 행사할 수 있게 됐다. 1999년 캐나다의 이누이트(그들은 '에스키모'라고 불리는 걸 원치 않는다)는 캐나다 정부로부터 알래스카보다 넓은 '누나부트Nunavut'를 얻어내는 데 성공했다. 또 덴마크 정부로부터 자치권을 인정받은 그린란드의 이누이트는 현재 덴마크에서 완전히 독립하기 위해 총력을 기울이고 있다.

이누, 카스카, 크리, 데네, 그리고 수십 개의 다른 부족으로 이뤄진 북부 원주민들은 알래스카, 유콘, 노스웨스트 준주, 래브라도, 누나부트와 그린란드, 브리티시 컬럼비아 서북부 내륙 지방, 앨버타·서스캐처원·매니토바·온타리오·퀘벡의 북부 지역을 장악하고 있다. 저 멀리 떨어진 곳에 있는 북미의 11번째 국민, 퍼스트 네이션은 지리적으로 규모가 가장 크지만(미국 전체 면적이 조금 더 크다) 인구는 가장 적다(30만 명에 못 미치는 것으로 추정된다).

퍼스트 네이션은 공동체 의식이 매우 강한 사회다. 북쪽 땅은 사적으로 거래되는 것을 막고 무분별한 자원 개발로 후세에게 물려줄 가치가 훼손되는 것을 방지하기 위해 대부분의 소유가 부족 공동 명의로 되어 있다. 그린란드에는 사유재산이 전혀 없다. 모두가 공동 소유의 토지를 책임감 있게 사용해야 한다. 만약 누군가가 땅을 '소유'하려고 한다면, 그것은 바람을 소유하겠다는 말과 다를 바 없이 여겨지기 때문에 어린아이의 철없는 바람처럼 취급받는다. 래브라도, 누나부트, 그린란드, 알래스카에 거주하는 이누이트는 여전히 사냥하고 물고기를 잡고 채집생활을 한다. 그리고 이렇게 모아온 '가족 음식'과 각종 요리 도구는 대개 공용 재산으로 다뤄진다. 만약 사냥꾼이 바다표범을 사냥해오면 그것은 필요로 하는 사람에게 주어진다. 마을에는 누구나 접근할 수 있고 무료로 음식을 꺼내 먹을 수 있는 공용 냉장고가 있다. 음식은 어느 한 사람의 소유가 될 수 없기 때문이다. 부족이 기업활동을 한다면 그 수익금도 모두와 나눠 가진다.[2]

예상했겠지만, 퍼스트 네이션은 환경보호에 대한 인식이 매우 강하다. 1999년 인디언의 구전 역사를 식민지 시대 이전부터 원주민이 이곳에서 국가를 형성해 살았다는 증거로 인정한 캐나다 대법원의 혁명적인 판결 덕분에 원주민들은 강제 조항을 만들어 석유, 가스, 광산, 목재 회사를 규제할 수 있게 됐다. 래브라도에 사는 2000명 규모의 이누 부족은 웨스트버지니아보다 넓은 1750만 에이커에 달하는 조상의 땅을 보호하기 위해 매우 뛰어난 친환경 삼림 관리 계획을 만들었다. 이들은 삼림 생태학 전문가를 고용해 분석한 결과, 야생동물과 수질을 보호하기 위해서는 더 이상 나무를 베면 안 되고 자신들 또한 사냥과 낚시, 덫을 늘리지 말아야 한다는 사실을 깨달았다. 결국 땅의 60퍼센트 면적에 벌목꾼의 접근이 전면 금지됐고, 부족은 나머지 땅에서 지속 가능한 수준에서만 수렵과 채집활동을 하기로 했다. 카스카 부족도 브리티시 컬럼비아와 유콘 북부, 노스웨스트 준주의 야생동물 보호소와 새 국립공원 지역에 비슷한 조치를 취했다. 조치가 취해진 땅은 면적이 5760만 에이커로 옐로스톤의 11배에 달하는 규모다. "이것은 도시의 새로운 도전이다. 퍼스트 네이션은 땅과 역사, 현대 경제와 미래 사이에서 총체적인 균형을 되찾으려 시도하고 있다"고 '캐나다 북부 이니셔티브Canadian Boreal Initiative'의 래리 이네스 국장은 말했다. 이 단체는 '퓨 자선기금Pew Charitable Trusts'의 지원을 받아 캐나다 북부 원주민 부족과 함께 환경보호 운동을 벌이고 있다. "우리가 균형을 되찾을 수 있는 가장 유일한, 최적의 장소는 바로 캐나다이다."[3]

캐나다와 그린란드의 이누이트는 기후변화의 최전선에 놓여 있다. 기온 상승은 이미 그들의 삶에 직접적인 영향을 미치기 시작했다. 바다가 더 이상 얼지 않게 되면서 그린란드의 일루리사트와 다른 북부 지역 원주민 사냥꾼들은 어쩔 수 없이 개썰매를 포기해야 했다(바위투성이 산맥과 수 마일 높이의 빙하 벽 때문에 땅 위에서는 개썰매를 끌 수 없다). 바다 수위가 높아지고 영구 동토층이 녹아내리면서 알래스카 마을은 강제 이주해야 할 상황에 처했고, 북극곰과 사냥감들은 사라지고 있다. 마을에서는 마약과 알코올 중독, 10대 자살 현상이 광범위하게 퍼지고 있다. 기후변화 방지활동을 펼친 공로로 2007년 노벨평화상 후보에 올랐던 이누이트 북극 위원회Inuit Circumpolar Council 의장인 누나부트의 실러 와트 클루티어는 "우리 삶은 매우 큰 변화를 겪고 있다"면서 "우리는 사회가 부서지는 모습을 목격하고 있다"고 말했다.[4]

그린란드인들은 미래를 지켜내기 위해서는 자신들 스스로가 운명의 주인이 되는 수밖에 없다는 결론을 내리게 됐다. 그들은 주민 투표에서 76퍼센트의 찬성을 얻어낸 끝에 2009년 덴마크로부터 독립에 가까운 자치권을 인정받았다. 그린란드인들은 사회복지, 의료서비스, 토지 이용 계획, 형사 법정, 어·수산 자원 관리, 환경 규제, 교육, 교통, 연안 석유 탐사 계획에 이르기까지 대부분의 정책을 스스로 결정한다. "국민이 자기 나라를 직접 운영하는 것은 아주 당연한 일"이라고 그린란드 외교부 장관인 알레카 하몬드는 말했다. "우리는 유럽인들과는 다른 사고와 생김새를 갖고 있다. 우리는 유럽인이 아니다. 덴마크에 나쁜 감정이 있는 것은 아니지만, 다른 인종과 정체성을 가진 국민이 외세의 지배에서 벗어나고 싶은 것은 당연한 일 아닌가." 그녀는 그린란드가 정부 운영과 의료, 사회복지 제도 유지를 위해 덴마크 정부의 보조금에 의존하는 상황에서 당장 완전한 독립이 쉽지 않다는 사실을 알고 있지만, 자신들에게는 비밀 병기가 있다고 믿는다. 그 비밀 병기란 바로 그녀와 같은 '여성'들이다. 그녀는 "그린란드 여성은 육체적으로는 물론이고 정치, 산업, 교육 수준 등 모든 면에서 매우 강하다"면서 이곳은 국회의원도 절반이 여성이라고 덧붙였다. "주교도 여성이고, 시장도 상당수가 여성이고, 꼽자면 끝이 없습니다. 그린란드에서는 성 평등을 쟁취하기 위한 투쟁도 일어난 적이 없습니다. 우리 사회에서 여성은 항상 강력했으니까요. 그린란드는 신도 여성입니다. 18세기 기독교가 그린란드에 처음 전파되면서 '예수는 전능하고 위대하다. 그는 인간처럼 생겼다'는 말을 들었을 때도 우리의 첫 반응은 '그?'였으니까요. 여성은 남성보다 더 똑똑하고 아름답습니다. 삶과 생명을 선물하고, 사회에 문제가 생겼을 때 사회를 지키기 위해 싸우는 것도 여성입니다. 이누이트 언어에는 '그'와 '그녀', 인간과 동물을 구분하는 단어가 존재하지 않아요. 모두가 평등하니까요."[5]

공동체적이고, 친환경적이고, 여성 상위 사회인 퍼스트 네이션의 국민은 북미 대륙은 물론 전 세계 그 어느 나라에서도 찾아볼 수 없는 색다른 접근 방식으로 21세기 지구가 직면한 문제에 도전하고 있다. 그린란드를 포함한 퍼스트 네이션은 포스트모더니즘적인 삶과 전통적인 관습의 조화 가능성을 보여주면서, 자신들의 국가를 세우기 위해 노력하는 중이다.

감사의 말과 추천 도서

이 책은 많은 선행 연구물과 저작물을 바탕으로 쓰인 책이다. 특히 그중 몇몇 작품은 나의 북미 지역 문화 연구에 지대한 영향을 미쳤다. 이 주제를 더 깊고 넓게 파고들기 원하는 독자를 위해 그 책들을 소개한다.

조엘 개로는 『북아메리카의 9개 국민The Nine Nations of North America』이라는 책에서 북미가 여러 국민 간의 경쟁 구도로 이루어져 있다는 개념을 처음으로 발전시켰다. 이 책은 1981년 출간되자마자 당시 중학생이었던 내 손에 들어왔다. 앞서 언급했듯이 개로의 주장은 기존의 역사적 관점과 맞지 않고, 내가 생각하기에는 정확하지 않은 부분도 있다. 하지만 북미 대륙의 실제 분열 양상은 지도에 그려진 정치·행정적 구분선에 따라 형성되지 않았다는 그의 전체적인 요점만큼은 정곡을 찌른다. 그의 책은 약 30년 후 내가 같은 주제를 파고들 수 있게 영감을 불어넣어주었다.

지역주의를 연구한 작품 중 내가 좋아하는 것의 일부는 일반 독자들도 이해하기 쉬운 책들이다. 데이비드 해킷 피셔의 『앨비언의 씨앗Albion's

Seed』(1989)은 영국 식민지 시절 북미에 전파된 네 가지 종류의 '영국 민속 문화'를 분석한다. 그 네 가지는 대략 양키덤, 미들랜드, 타이드워터, 그레이터 애팔래치아에 해당된다. 영국 특정 지역 문화와 북미 지역 문화 사이의 연관성을 증명한 그의 연구는 다른 학자들에게 커다란 놀라움을 안겨줬다. 그가 남긴 가장 큰 업적은 미국이 매우 다른 여러 지역 문화로 나뉘어 있다는 사실을 밝히고 각각의 중요한 문화적 특징 및 기원을 입증해낸 것이라고 생각한다. 피셔의 좀더 최근작인『샹플랭의 꿈 Champlain's Dream』(2008)은 이와 같은 작업을 뉴프랑스로 확대한 것이다. 그런가 하면 러셀 쇼토는 그의 역작인『세계의 중심인 섬Island at the Center of the World』(2004)을 통해 뉴욕의 역사에 네덜란드 식민 기간을 생생하게 되살려놓았다. 그는 네덜란드 초기 문화가 이후 빅애플(뉴욕의 별칭)에 두고두고 큰 영향을 미쳤다고 주장했는데, 나는 그의 주장에 크게 동의한다. 케빈 필립스의 1969년 작『부상하는 공화당 다수The Emerging Republican Majority』는 지역 문화들 사이의 중요한 차이점을 밝혀내고 이를 통해 향후 40년간의 미국 정치 흐름을 예언했다. 그의 이후 작품인『형제들의 전쟁The Cousin's war』(1999)과『미국의 신정 정치American Theocracy』(2006)는 앵글로 아메리칸들끼리의 관계와 퇴조하는 미국의 권력을 각각 연구한 것인데 모두 지역적 차이를 바탕으로 분석했다. 마이클 린드는 『메이드 인 텍사스Made in Texas』(2004)에서 딕시연합에 포섭되어가는 미국 정치를 신랄하게 비판했다. 린드의 고향인 디프사우스와 애팔래치아의 충돌, 20세기 후반과 21세기 초에 나타난 두드러진 정치적 변화 등을 다룬 책이다.

좀더 전문적인 학술 논문 중에도 뛰어난 작품이 있다. 윌버 젤린스키의 「미국의 문화지리학The Cultural Geography of the United States」(1973)은 지역 문화 분포를 지도로 그리고 분석하는 데 유용한 개념을 발전시켰다. 레이먼드 가스틸의 「미국의 문화 지역들Cultural Regions of the United States」(1975)은 다양한 주제와 사회 지표를 비교·분석해 지역별 차이점을 더욱 구체화했다. 도널드 W. 메이니그가 쓴 「제국적 텍사스: 문화지리학에 대한 해석적 에세이Imperial Texas: An Interpretive Essay in Cultural Geography」(1969)도 여러 문화가 충돌하는 텍사스를 연구하면서 비슷한 접근법을 사용했다. 프레더릭 머크의 「서부 개척 운동의 역사History of the Westward Movement」(1978)와 헨리 글라시에의 「미국 동부의 물질문화Pattern in the Material Folk Culture of the Eastern United States」(1968)는 이주 정착 흐름을 추적하는 데 매우 소중한 자료다.

특정 국가의 중요한 측면을 조명한 작품도 있다. 미국의 상류계층을 연구한 학자인 E. 딕비 발트첼은 그의 혼이 담긴 1979년 연구 「보스턴 청교도와 필라델피아 퀘이커Puritan Boston and Quaker Philadelphia」에서 지적 자본을 가진 양키덤과 미들랜드의 상류층 가문 문화를 비교 분석했다. 데이비드 J. 웨버의 「북미의 스페인 국경지대Spanish Frontier in North America」(1992)와 「멕시코 국경지대, 1821-1846: 멕시코가 지배하는 미국 서남부The Mexican Frontier, 1821-1846: The American South west Under Mexico」(1982)는 엘 노르테의 스페인 문화를 이해하는 데 중요한 배경지식을 제공한다. 리스 아이작의 「버지니아의 변신 1740-1790The Transformation of Virginia 1740-1790」(1982)은 타이드워터 젠트리의 세계를 매우 세부적으로 묘사한다. 네덜란드 시대의 뉴네덜란드가 궁금하다면 올리버 A. 링크의 1986년 연구인 「허드슨의 네덜란드: 네덜란드 뉴욕의 경제적, 사회적 역사Holland on the Hudson: An Economic and Social History of Dutch New York」를 추천한다. 디프사우스와 그들이 모델로 삼았던 바베이도스 사회는 리처드 S. 던의 1972년 연구인 「설탕과 노예: 영국 서인도 제도 농장주 계급의 부상, 1624-1713Sugar and Slaves: The Rise of the Planter Class in the English West Indies, 1624-1713」과 1971년 『사우스캐롤라이나 역사 잡지South Carolina Historical Magazine』 4월 호에 실린 「영국의 설탕 섬과 사우스캐롤라이나의 탄생English Sugar Islands and the Founding of South Carolina」에 자세히 다뤄져 있다. 20세기 초 디프사우스 문화를 오싹할 만큼 자세히 연구한 학술 자료는 1941년 시카고대 연구팀이 펴낸 「디프사우스: 사례와 계층의 사회인류학적 연구Deep South: A Social Anthropological Study of Case and Class」가 있다. 동부에서 중서부로 정착촌이 퍼져가는 과정과 그 의미를 알고 싶다면, 리처드 파워의 「옥수수 벨트 지역 문화: 서북부의 양키와 고지대 남부인의 흔적Planting Corn Belt Culture: The Impress of The Upland Southerner and Yankee in the Old Northwest」(1953), 폴 클레프너Paul Kleppner의 「문화적 교류: 중서부 정치의 사회적 분석, 1850-1900The Cross of Culture: A Social Analysis of Midwestern Politics, 1850-1900」(1970), 니콜 에치슨의 「미드웨스트의 출현: 고지대 남부인과 서북부 영토의 정치적 문화, 1787-1861The Emerging Midwest: Upland Southerners and the Political Culture of the Old Northwest, 1787-1861」(1996)을 보면 된다. 파웨스트와 레프트코스트가 궁금한 사람에게는 마크 레이스너의 「캐딜락 사막Cadillac Desert」(1986), 데이비드 앨런 존슨의 「파웨스트의 탄생: 캘리포니아, 오리건, 네바다, 1840-1890Founding the Far West: California, Oregon, and Nevada, 1840-1890」(1992), 그리고 케빈 스타의 「미국과 캘리포니아 드림, 1850-1915Americans and the California Dream, 1850-1915」(1973)이 도움을 줄 것이다. 이렇게 좋은 연구물을 남겨준 작가들, 그리고 그 책의 각주에 표기된 모든 작품의 작가들에게도 감사를 표한다.

개인적으로 나의 가장 큰 감사는 내 아내 세라 스킬린 우드워드에게

표하고 싶다. 그녀는 임신한 몸으로 대학원을 다니면서 내 작업의 부담까지 나누어 졌다. 덕분에 이 책과 내 첫아이는 마치 운명처럼 함께 이 세상에 나오게 됐다. 세라는 내가 그녀를 보살펴야 했던 순간에조차 오히려 내 원고 작업을 도와주면서 적극적인 지원을 아끼지 않았다. 내 사랑, 정말 고마워. 당신의 도움과 희생이 없었다면 이 책은 아마 영원히 끝내지 못했을 거야. 그리고 집필 작업의 원동력이 되어준 우리 아들 헨리. 그가 편집에 대해 해주는 조언은 가끔 해석하기 어려울 때도 있지만, 언제나 내게 기쁨과 영감의 원천이 되어주었다.

내 친구이자 언론계 동료인 새뮤얼 로웬버그는 베를린, 제네바, 아프리카의 구호 캠프를 오가느라 바쁜 와중에도 시간을 쪼개 내 원고를 읽고 꼭 필요한 순간에 소중한 조언을 아끼지 않았다. 너무 고마워 샘. 나는 너에게 또다시 신세를 지게 되었구나. 나의 에이전트인 질 그린버그는 뛰어난 대리인 역할뿐 아니라 중요한 순간에는 업무 영역을 벗어난 일까지 발 벗고 나서서 헌신적으로 도와주었다. 나보다 더 훌륭한 에이전트를 가진 작가는 아마 찾기 힘들 것이다. 바이킹 출판사의 편집자 릭 코트에게도 감사를 표한다. 그는 이 책뿐 아니라 『랍스터 코스트The Lobster Coast』에도 좋은 조언과 지원을 아끼지 않았다. 워싱턴 DC에서 책 표지 디자인을 맡아준 바이킹의 디자이너 폴 버클리와 올리버 먼데이, 그리고 속지 디자인을 맡아준 프란체스카 비랭거, 지도를 그리고 꼼꼼히 수정해준 메인 주 포틀랜드의 숀 윌킨슨, 그리고 표지 편집자였던 캐시 덱스터에게도 감사를 표한다.

무엇보다 이 책을 읽으면서 나와 함께 여행해준 독자 여러분에게 무척 감사드린다. 이 여행이 즐거웠다면 친구들에게도 추천해주면 좋겠다.

서문

1. 미리엄 혼, *"How the West Was Really Won,"* U.S News &World Report, 21 May 1990, p. 56; 새뮤얼 L. 헌팅턴, *Who Are We? The Challenges to America's National Identity,* New York: Simon&Schuster, 2004, pp. 67–70; 제임스 앨런 스미스, *The Idea Brokers: Thank Tanks and the Rise of the New Policy Elite,* New York: Free Press, 1991, pp. 179–181; 버락 오바마, *"Remarks on Iowa Caucus Night,"* Des Moines, IA, 3 January 2008

2. 짐 웨브, *Born Fighting,* New York: Broadway Books, 2004, pp. 13, 255; 앤절라 브리팅햄과 C. 퍼트리샤 드 라 크루즈, Ancestry: 2000, Washington, D.C.: U.S. Census Bureau, 2004, p. 8

3. 마이클 애덤스, *Fire and Ice: The United States, Canada, and the Myth of Converging Values,* Toronto: Penguin Canada, 2003, pp. 81–83

4. 오스카 J. 마르티네스, *Troublesome Border,* Tucson: University of Arizona Press, 1988, pp. 107–108.

5. 하야 엘 나세르, "U.S. Hispanic Population to Triple by 2050" *USA Today,* 12 February 2008; 세바스티안 로텔라, "Eyewitness: Carlos Fuentes," *Los*

Angeles Times, 28 September 1994

6. 한스 쿠라스, *A Word Geography of the Eastern United States,* Ann Arbor, MI: University of Michigan Press, 1949, p. 91; 헨리 글라시에, *Pattern in the Material Folk Culture of the Eastern United States,* Philadelphia: University of Pennsylvania Press, 1968, p. 39; 레이몬드 D. 가스틸, *Cultural Regions of the United States,* Seattle: University of Washington Press, 1975, pp. 11, 49, 83, 107, 139; 윌버 젤린스키, "An Approach to the Religious Geography of the United States," *Annals of the Association of American Geographers,* Vol. 51, No. 2, 1961, p. 193; 캐빈 필립스, *The Emerging Republican Majority,* New Rochelle, NY: Arlington House, 1969, pp. 47, 209, 299; 프레더릭 잭슨 터너, *The United States: 1830-1850,* New York: Holt, Rinehart&Winston, 1935(appended map); 프랭크 뉴포트, "State of the States: Importance of Religion" (press release), Gallup Inc., 28 January 2009, http://www.gallup.com/poll/114022/State-States-Importance-Religion.aspx 참조; U.S. Census Bureau, "Table 228: Educational Attainment by State: 1990 to 2007" in *Statistical Abstract of the United States 2010,* http://www.census.gov/compendia/statab/2010/tables/10s0228.pdf 참조

7. *U.S. Census Bureau, Profile of General Demographic Characteristics:2000, Geographic Area: New York, N.Y.,* Table DP-1, p. 2, http://censtats.census.gov/data/NY/1603651000.pdf 참조

8. 윌버 젤린스키, *The Cultural Geography of the United States,* Englewood Cliff, NJ: Prentice-Hall, 1973, pp. 13-14

9. 빌 비숍, *The Big Sort,* New York: Houghton Mifflin Harcourt, 2008, pp. 9-10, 45

10. 도널드 W. 메이닉, *Imperial Texas: An Interpretive Essay in Cultural Geography,* Austin: University of Texas Press, 1969, pp. 110-124; 젤린스키 (1973), pp. 114-115

11. 서지 슈네멘, "The New French President's Roots Are Worth Remembering," *New York Times*, 15 May 2007

1장

1. 존 H. 번스, "The Present Status of the Spanish-Americans of New Mexico," *Social Forces*, December 1949, pp. 133-138

2. 찰스 C. 만, *1491: New Revelations of the Americans Before Columbus*, New York: Knopf, 2005, pp. 102-103

3. 앨런 테일러, *American Colonies: The Settling of North America*, New York: Penguin, 2001, p. 53-54; 만, pp. 102-103

4. 만(2005), pp. 140-141; 테일러(2001), p. 57

5. 토마스 캄파넬라, *A Discourse Touching the Spanish Monarchy[1598]*, London: 윌리엄 프린, 1659, Pp. 9, 223

6. 데이비드 J. 웨버, *The Mexican Frontier, 1821-1846*, Albuquerque: University of New Mexico Press, 1982, p. 232; 데이비드 J. 웨버, *The Spanish Frontier in North America*, New Haven, CT: Yale University Press, 1992, p. 322

7. 테일러(2001), pp. 460-461, 웨버(1992), pp. 306-308; 웨버(1982), pp. 45-46

8. 테일러(2001), p. 61

9. 제임스 D. 콘울프와 조지아나 콘울프, *Architecture and Town Planning in Colonial North America, Vol. 1*, Baltimore: Johns Hopkins University, 2002, pp. 122, 140; 로버트 E. 라이트, "Spanish Missions", *in Handbook of Texas Online* at http://www.tshaonline.org/handbook/online/articles/SS/its2.html.

10. 웨버(1992), p. 306; 장 프랑수아 갈로 드 라페루즈(1786), 제임스 J. 롤스의 "The California Mission as Symbol and Myth,"에 인용됨. *California History*, Fall 1992, p. 344

11. 러셀 K. 스코로넥, "Sifting the Evidence: Perceptions of Life at the

Ohlone(Costanoan) Missions of Alta California," *Ethnohistory*, Fall 1998, pp. 697–699

12. 웨버(1982), pp. 123–124, 279

13. 웨버(1992), pp. 15, 324

14. 클락 S. 크놀턴, "Patron–Peon Pattern among the Spanish Americans of New Mexico," *Social Forces*, October 1962, pp. 12–17; 가스틸(1975), p. 249

15. 필립스(1969), pp. 282–283; 앤드루 겸블, *Steal This Vote: Dirty Elections and the Rotten History of Democracy in America*, New York: Nation Books, 2005, pp. 17–22

16. 웨버(1982), pp. 243, 284; 마르티네스(1988), pp. 107–111

17. 테일러(2001), pp. 82, 458–460; 폴 호건, *Great River: The Rio Grande in North American History*, Vol. I, New York: Holt, Rinehart&Winston, 1954, pp. 225–226; 웨버(1982), pp. 92, 123

18. 웨버(1992), pp. 326–328; 마누엘 G. 곤살레스, *Mexicanos: A History of Mexicans in the United States*, Bloomington: Indiana University Press, 1999, p. 53; Martinez(1988), p. 107

19. 에드워드 라로크 팅커, "The Horsemen of the Americans", *Hispanic American Historical Review*, May 1962, p. 191; 오디 B. 포크, "Ranching in Spanish Texas," *Hispanic American Historical Review*, May 1965, pp. 257, 166; C. 앨런 존스, *Texas Roots: Agricultrual and Rural Life Before the Civil War*, College Station: Texas A&M University, 2005, pp. 12–16; 피터 타모니, "The Ten–Gallon or Texas Hat," *Western Folklore*, April 1965, pp. 116–117

20. 휴버트 하우 밴크로프트, *The Works of Hubert Howe Bancroft*, Vol. 19, San Francisco: The History Company, 1886, p.162; C. 웨인 헨셀카와 D. E. 킬고어, "The Nueces Valley: The Cradle of the Western Livestock Industry," *Rangelands*, October 1987, p. 196

2장

1. 새뮤얼 엘리엇 모리슨, *Samuel de Champlain: Father of New France*, Boston: Little, Brown&Co., 1972, p. 41

2. 데이비드 해킷 피셔, *Champlain's Dream*, New York: Simon&Schuster, 2008, pp. 21, 37–45, 134

3. 위의 책, pp. 118, 134, 342, 528–529

4. 새뮤얼 드 샹플랭, *Voyages of Samuel de Champlain*, 1604–1618, Vol. 4, New York: Scribner&Sons, 1907, pp. 54–55; 헬레나 카츠, "Where New France Was Forged," *The Golbe&Mail*(Toronto), 26 July 2004

5. 피셔(2008), pp. 210–217

6. 모리슨(1972), pp. 94–95; 피셔(2008), pp. 212–219. 그 10대들은 샤를 드 비앙쿠르(훗날 아카디아의 총독 겸 부제독이 됨), 샤를 라 투르(훗날 아카디아의 총독), 그리고 로베르 뒤 퐁–그라브(세인트 존 밸리에서 가장 큰 모피 무역상이 됨)였다.

7. 피셔(2008), pp. 380, 401, 457; 코르넬리우스 J. 재난, "Problems of Assimilation in New France, 1603–1645," *French Historical Studies*, Spring 1966, p. 275

8. 시그먼 다이아몬드, "An Experiment in 'Feudalism': French Canada in the Seventennth Century," *William and Mary Quarterly*, January 1961, pp. 5–13

9. 1671년 퀘벡으로 이주해온 내 8대손 할머니는 비슷한 시기에 이주해온 또 다른 정착민과 결혼해 최소 4명의 자식을 낳았다.

10. 피터 N. 묵크, "Reluctant Exiles: Emigrants from France in Canada before 1760," *William and Mary Quarterly*, July 1989, pp. 471, 477–484, 488; 스타니슬라스 A. 로르티에 아주토르 리바, *L'Orgine et le parler de Canadiens-francais*, Paris: Honore Cahmpion, 1903, p. 11; 피셔(2008), pp. 472–488

11. 묵크(1989), pp. 497; 존 랠스턴 솔, *A Fair Country: Telling Truths About Canada*, Toronto: Penguin Canada, 2008, pp. 9, 11; 다이아몬드(1961), pp.

25, 30

12. 다이아몬드(1961), p. 30; 솔(2008), pp. 10–11; 알라리크 F. 포크너와 그레첸 F. 포크너, "Acadian Settlement 1604–1674," in 리차드 W. 주드 외, *Maine: The Pine Tree State from Prehistory to the Present*, Orno: University of Maine Press, 1994, p. 93; 오언 스탠우드, "Unlikely Imperialist: The Baron of Saint–Castin and the Transformation of the Northeastern Borderlands," *French Colonial History*, Vol. 5, 2004, pp. 48–49

13. 다이아몬드(1961), pp. 21–23

14. 위의 책, pp. 22–23, 28–29, 로버트 포스터, "France in America," *French Historical Studies*, Spring 2000, pp. 242–243

15. 묵크(1989), p. 464

3장

1. 테일러(2001), pp. 129–131; 존 스미스 "A True Relation(1608)" in 라이언 가디너 타일러, *Narratives of Early Virginia*, New York: Scribner&Sons, 1907, pp. 136–137; 케리 카슨 외, "New World, Real World: Improvising English Culture in Seventeenth–Century Virginia," *Journal of Southern History*, February 2008, p. 40

2. 카슨 외, pp. 40, 68; 잭 P. 그린, *Pursuits of Happiness: The Social Development of Early Modern British olonies and the Formation of American Culture*, Chapel Hill: University of North Carolina Press, 1988, p. 9

3. 카슨 외, p. 69

4. 테일러(2001), pp. 125–136

5. 그린(1988), p. 12

6. 오스카와 메리 F. 핸들링, "Origins of the Southern Labor System," *William and Mary Quarterly*, April 1950, p. 202; 버나드 베일린, *Voyagers to the West: A passage in the Peopling of America on the Eve of the Revolution*, New York: Knopf, 1986, pp. 345–348; 데이비드 해킷 피셔, *Albion's Seed:*

Four British Folkways in America, New York: Oxford University Press, 1989, pp. 401−402

7. 그린(1988), p. 84; Handlin&Handlin, pp. 202−204; 제임스 H. 브루어, "Negro Property Owners in Seventeenth−Century Virginia," *William and Mary Quarterly,* October 1955, pp. 576, 578

8. 테일러(2001), pp. 136−137; 로버트 D. 미첼, "American Origins and Regional Institutions: The Seventeenth Century Chesapeake," *Annals of the Association of American Geographers,* Vol. 73, No. 3, 1983, pp. 411−412

9. 워런 M. 빌링스, *Sir William Berkeley and the Forging of Colonial Virginia,* Baton Rouge: Louisians State University Press, 2004, pp. 97−109; 캐빈 필립스, *The Cousins' Wars: Religion, Politics and the Triumph of Anglo-America,* New York: Basic Books, 1999, pp. 58−59

10. 빌링스(2004), p. 107; 더글러스 사우설 프리먼, *Robert E. Lee: A Biography,* New York: Charles Cribner, 1934, p. 160; 피셔(1989), pp. 212−219; 데이비드 해킷 피셔, "Albion and the Critics: Further Evidence and Reflection," *William and Mary Quarterly,* April 1991, p. 287; 윌러드 스턴 랜달, *George Washington: A Life,* New York: Holt, 1998, pp. 9−13

11. 윌리스 노테스틴, *The English People on the Eve of Colonization,* New York: Harper & Row, 1954, pp. 45−60; 존 톨런드, *The Oceana and other works of James Harrington, with an account of his life,* London: T. Becket&T. Cadell, 1737, p. 100

12. 마틴 H. 퀏, "Immigrant Origins of the Virginia Gentry: A Study of Cultural Transmission and Innovation," *William and Mary Quarterly,* October 1988, pp. 646−648

13. 대니얼 J. 부어스틴, *The Americans: The Colonial Experience,* New York: Vintage, 1958, pp. 106−107

14. 카슨 외, p. 84

15. 피셔(1989), pp. 220−224

16. 위의 책, pp. 398-405; 리스 아이작, *The Transformation of Virginia,* New York: W. W. Norton, 1982, pp. 134-135

17. 데이비드 해킷 피셔, *Liberty and Freedom,* New York: Oxford University Press, 2005, pp. 5-9

18. 아이작(1982), pp. 35-39, 66; 콘월프 부부(2002), Vol. 2, pp. 578-588, 725; 피셔(1989), p. 412

19. 피셔(1989), p. 388; 그린(1988), pp. 82-84

4장

1. 부어스틴(1958), pp. 1-9; 그린(1988), p. 19; 윌리엄 D. 윌리엄슨, *The History of the State of Maine,* Vol.1, Hallowell, ME:Glazier, Masters&Co., 1839, pp. 380-381; 피셔(1989), p. 55; 앨리스 모스 얼, *The Sabbath in Puritan New England,* New York: Charlse Scribner&Sons, 1902, pp. 246-247

2. 그린(1988), pp. 20-21

3. 알렉시스 드 토크빌, *Democracy in America[1835], Vol.1,* New York: Knopf, 1945, pp. 32-33

4. 토머스 제퍼슨 워튼배이커, *The Puritan Oligarchy,* New York: Charles Scribener's Sons, 1947, pp. 44-47; 피셔(1989), p. 38n

5. 피셔(1989), pp. 130-131

6. 테일러(2001), pp. 195, 202

7. 에머슨 W. 배이커, *The Devil of Great Island: Witchcraft and Conflict in Early New England,* New York: Palgrave MacMillan, 2007, pp. 134-139

8. 리처드 박스터, *Life and Times,* London: M. Sylvester, 1696, p. 51; D. E. 케네디, *The English Revolution, 1642-1649,* New York: St. Martin's Press, 2000, p. 75(quoting John Wildman)

5장

1. 로버트 C. 리치, *The Duke's Province: A Study of New York Politics and*

Society, 1664-1691, Chapel Hill: University of North Carolina Press, 1977, pp. 26-29; H. L. 멩켄, *The American Language,* New York: Alfred Knopf, 1921, p. 348

2. "Relation of 1647" in 루번 골드 스웨이츠 외, *The Jesuit Relations and Allied Documents,* Vol. 31, Cleveland: Burrows Brothers, 1898, p. 99

3. R. R. 파머 & 조엘 콜튼, *A History of the Modern World to 1815,* New York: Alfred Knopf, 1983, pp. 159-163; 엘스 M. 제이컵, *In Pursuit of Pepper and Tea: The Story of the Dutch East India Company,* Amsterdam: Netherlands Maritime Museum, 1991, pp. 11-18

4. 러셀 쇼토, *Island at the Center of the World,* New York: Doubleday, 2004, pp. 94-100; 제임스 H. 툴리 외, *A Letter Concerning Toleration[1689],* Indianapolis, IN: Hackett Publishing, 1983, p. 1

5. 요에프 드 코닝, "Governors Island: Lifeblood of American Liberty," paper given at the AANS/NNS Conference, Albany, NY, 9 June 2006, pp. 3-4, 8-10; 쇼토, (2004) pp. 94-96; 윌리엄 브래드포드, "History of Plymouth Plantation[1648]" in 윌리엄 T. 데이비스 외, *Bradford's History of Plymouth Plantation 1606-1646,* New York: Charles Scribner's & Sons, 1920, p. 46

6. 올리버 A. 링크, *Holland on the Hudson: An Economic and Social History of Dutch New York,* Ithaca, NY: Cornell University Press, 1986, p. 156

7. 위의 책, pp. 98-115; 테일러(2001), p. 255

8. 링크(1986), pp. 233-235; 코닝(2006), pp. 12-14; 토마스 J. 아치디컨, *New York City, 1664-1710: Conquest and Change,* Ithaca, NY: Cornell University Press, 1979, p. 45

9. 링크(1986), p. 227; p. 169; 로렌스 M. 하웁트만 & 로널드 G. 냅, "Dutch-Aboriginal interaction in New Netherland and Formosa: An historical geography of empire," *Proceedings of the American Philosophical Society,* April 1977, pp. 166-175; 쇼토(2004), p. 124

10. 리치(1977), pp. 150-151; 윌리엄 S. 펠레트로우, *Genealogical and Family*

History of New York, Vol.1, New York: Lewis Publishing Co., 1907, pp. 147-153; 커일러 레이놀즈, *Genealogical and Family History of Southern New York*, Vol.3, New York: Lewis Publishing Co., 1914, p. 1371; 라이언 가디너 타일러, *Encycolpedia of Virginia Biography*, Vol.4, New York: Lewis Historical, 1915, p. 5

11. 링크(1986), pp. 160-164, 169; 아치디컨(1979), p. 34

12. 테일러(2001), pp. 259-60

13. 쇼토(2004), pp. 293-296; 리치(1977), pp. 31-33; 테일러(2001), p. 260

6장

1. 조지프 더들리 대법관, 존 고램 팰프리, *History of New England*, Vol. 3, Boston: Little, Brown&Co, 1882, pp. 514-531에서 인용

2. 팰프리의 부대에서 인용, pp. 517n, 521-522; 데이비드 S. 러브조이, *The Glorious Revolution in America,* New York: Harper&Row, 1972, pp. 180-181, 189-193; "Declaration of the Gentleman, Merchants, and Inhabitants of Boston and the Country adjacent, 18 April 1689," in 나다니엘 바이필드, *An Account of the Late Revolution, in New England,* London: Richard Chitwell, 1689, pp. 12-24

3. *"Declaration," in* 바이필드, pp. 11-12

4. 러브조이(1972), p. 182; 인크리스 매더, "Narrative of the Miseries of New England, By Reason of an Arbitrary Government Erected There"(December 1688), *(in) Collections of the Massachusetts Historical Society,* 4th series, Vol. 9, Boston: Massachusetts Historical Society, 181, p. 194

5. 바이필드(1689), p. 24

6. 팰프리(1882), pp. 576-83; 러브조이(1972), 240; 데이비드 라이언, *The Sailing Navy List,* London: Conway, 1993, p. 13

7. "Depositions of Charles Lodowyck, New York: 25 July 1689," in J. W. 포트슈, *Calendar of State Papers, Colonial Series, American and West Indies:*

1689–1692, London: His Majesty's Stationery Office, 1901, p. 108

8. "Letter from member of the Dutch Church in New York to the Classis of Amsterdam," 21 October 1698, in *Collections of the New York Historical Society for the Year 1868*, New York: Trow-Smith, 1873, p. 399; 아드리 안 하우, "The Bayard Treason Trial: Dramatizing Anglo-Dutch Politics in Early Eighteenth-Century New York City," *William and Mary Quarterly*, Third Series, 47:1(January 1990), p. 63

9. "Declarations of the freeholders of Suffolk, Long Island," in 포트슈, p. 35; "Lt. Governor Nicholson to the Lords of Trade, New York, 15 May 1689," in 포트슈, p. 38; 스티븐 손더스 웨브, *Lord Churchill's Coup: The Anglo-American Empire and the Glorious Revolution of 1688 Reconsidered*, Syracuse, NY: Syracuse University Press, 1998, pp. 199–200

10. "Address of the Militia of New York to the King and Queen, June 1689," in 포트슈, p. 76; "Letter from members of the Dutch Church...," pp. 399–400; "Deposition of Lt. Henry Cuyler, New York: 10 June 1689," in 포트슈, p. 65

11. "Stephen van Corlnad to Governor Andros, New York: 9 July 1689," in 포트슈, pp. 80–81; 데이비드 W. 보히스, "The 'Fervent Zeal' of Jacob Leisler," *William and Mary Quarterly*, Vol. 51, No. 3, 1994, p. 471

12. "Minutes of the Council of Maryland, 24 March 1689," in 포트슈, p.18; "*Minutes of the Council of Virginia*, 26 April 1689," in 포트슈, p. 32; 토머스 콘딧 밀러 & 후 맥스웰, *West Virginia and Its People*, Vol. 3, New York: Lewis Historical Publishing Co., 1913, p. 843; "Nicolas Spenceer to William Blatwayt, Jamestown, Va.: 27 April 1689," in 포트슈, p. 32; "Niclolas Spencer to Lord of Board and Plantations Jamestown, Va.: 29 April 1689," in 포트슈, p. 33

13. 러브조이(1972), pp. 266–267; "Declaration of the reasons and motives for appearing in arms on behalf of the protestant subjects of Maryland, 25

July 1689," in 포트슈, pp. 108-109; 마이클 그레이엄, "Popish Plot: Protestant Fears in Early Colonial Maryland, 1676-1689," *Catholic Historical Review*, Vol. 75, No. 2, April 1993, p. 197-199, 203; 비버리 매카니어, "Mariland's Grevances Wiy the Have taken Op Arms," *Journal of Southern History*, Vol. 8, No. 3, August 1942, pp. 405-407

14. 러브조이(1972), pp. 256-257; 하우(1990), p. 64; 테일러(2001), pp. 284-285

15. "The case of Massachusetts colony considered in a letter to a friend at Boston, 18 May 1689," in 포트슈, p. 40; 테일러(2001), pp. 283-284

7장

1. 리차드 S. 던, *Sugar and Slaves: The Rise of the Planter Class in the English West Indies 1624-1713*, Chapel Hill: University of North Carolina Press, 1972, p. 77; Taylor (2001), pp. 215-216; 데이비드 로버트슨, *Denmark Vesey*, New York: Alfred Knopf, 1999, p. 15

2. 던(1972), pp. 69, 72

3. Ibid., pp. 73; 리차드 S. 던, "English Sugar Island and the Founding of South Carolina," *South Carolina Historical Magazine*, Vol. 101, No. 2 (April 1971), pp. 145-146

4. 로버트슨(1999), p. 14; 그린(1988), p. 147; 로버트 올웰, *Masters, Slaves and Subjects: The Culture of power in the South Carolina Low Country, 1740-1790*, Ithaca, NY: Cornell University Press, 1998, pp. 34-35, 37

5. 올웰(1998), pp. 79, 81; 던(2000), p. 153

6. 피셔(2005), pp. 70-71

7. 모리 D. 맥기니스, *The Politics of Taste in Antebellum Charleston*, Chapel Hill: University of North Carolina Press, 2005, p. 324; 테일러(2001), p. 226; 쿠라스(1949), p. 5

8. M. 유진 서만스, "The Legal Status of the Slave in South Carolina, 1670-1740," *Journal of Southern History*, Vol. 28, No. 4, November 1962, pp.

465-467; "An Act for the Better Ordering and Governing of Negroes and Slaves" [1712 reenactment of the 1698 law] in 데이비드 J. 매코드, *The Statutes at Large of South Carolina*, Vol. 7, Columbia, SC: A. B. 존스턴, 1840, pp. 352-365

9. 노예 제도에 대한 훌륭한 논의를 살펴보기 위해서는 아이라 베를린을 참조할 것, "Time, Space, and the Evolution of Afro-American Society on British Mainland North America," *American Historical Review*, Vol. 85, No. 1, February 1980, pp. 44-78

10. 그린(1998), pp. 191-192; Berlin (1980), pp. 68-69, 72, 74

11. 그린(1998), pp. 191-192; Berlin (1980), pp. 56, 66; 로버트슨(1999), p. 18

12. 앨리슨 데이비스 외, *Deep South: A Social Anthropological Study of Caste and Class*, Chicago: University of Chicago Press, 1941, pp. 15-44

13. 위의 책, pp. 244-250; 마르타 엘리자베스 호스, *Sex, Love, Race: Crossing Boundaries in North America History*, New York: New York University Press, 1999, p. 119; 캐린 E. 노이만, Sexual Crime: A Reference Book, Santa Barbara, CA: ABC-Clio, 2010, p. 6; 조지아 퀸시 quoted in 올웰(1998), p. 50

14. 올웰(1998) p. 21-25

15. 그린(1988), p. 142; 베티 스미스, *Slavery in Colonial Georgia*, 1730-1775, Athens: University of Georgia Press, 1984, p. 5; 테일러(2001), pp. 241-242

16. 테일러(2001), pp. 243-244; 앨런 갤리, "Jonathan Bryan's Plantation Empire: Law, Politics and the Formation of a Ruling Class in Colonial Georgia," *William and Mary Quarterly*, Vol. 45, No. 2, April 1988, pp. 253-279

8장

1. 카라 가르디나 페스타나, "The Quaker Executions as Myth and History," *Journal of American History*, Vol. 80, No. 2, September 1993, pp. 441, 460-461; 테일러(2001), pp. 264-265; 데오빌로 에번스, *The History of*

Modern Enthusiasm, from the Reformation to the Present Times, London: W. Owen, 1757, p. 84; 부어스틴(1958), pp. 35-39

2. E. 딕비 발트첼, *Puritan Boston and Quaker Philadelphia*, New York: Free press, 1979, pp. 94-106

3. 새뮤얼 피프스, journal entry of 30 August 1664; "Sir William Penn" and "William Penn," in Hugh Chisholm, *Encyclopedia Britannica*, 11th edition, Vol.21, New York: Encylopaedia Britannica Co., 1911, pp. 99-104; 리차드 S. 던, "An Odd Couple: John Winthrop and William Penn," *Prceedings of the Massachusetts Historical Society*, 3rd Series Vol. 99, 1987, pp. 7-8

4. 던(1987), p. 3

5. 위의 책, pp. 3-4; 피셔(1989), pp. 453-455, 461; Kornwolf and Kornwolf, Vol. 2, pp. 1175-1177

6. 테일러(2001), p. 267; 던(1987), pp. 10-12; 존 알렉산더 디킨슨과 브라이언 J. 영, *A Short History of Quebec*, Montreal: McGill-Queen's University Press, 2003, pp. 65-66

7. 월터 앨런 니틀, *Early Eighteenth Century Palatine Emigration*, Philadelphia: Dorrance&Co., 1936, pp. 1-81; 던(1987), p. 16; 찰스 R. 할러, *Across the Atlantic and Beyond: The Migration of German and Swiss Immigrants to America*, Westminster, MD: Heritage Books, 1993, p. 200; 오스카 쿤, *The German and Swiss Settlements of Colonial Pennsylvania*, New York: Abingdon Press, 1914, p. 57

8. 피셔(1989), p. 432; 리처드 H. 슈라이어크, "British Versus German Traditions in Colonial Agricultrue," *Mississipi Valley Historical Review*, Vol. 26, No. 1, June 1939, pp. 46-49

9. 슈라이어크, pp. 49-50; 피셔(1989), pp. 601-602; *"The German Protest Against Slavery", 1688, The Penn Monthly*, February 1875, p. 117

10. 발트첼(1979), p. 127-132; 부어스틴(1958), p. 68; 존 패닝 왓슨, *Annals of*

Philadelphia and Pennsylvania, in the Olden Time, Vol. 1, Philadelphia: Elijah Thomas, 1857, p. 106

11. R. J. 디킨슨, *Ulster Emigration to Colonial America, 1718-1775*, Belfast, U.K.: Ulster Historical Foundation, 1976, p. 225; 제임스 레이번, *The Scotch-Irish: A Social History*, Chapel Hill: University of North Carolina Press, 1962, pp. 175, 180, 192

12. 부어스틴(1958), pp. 51-53

13. 위의 책, pp. 54-66; 테일러(2001), p. 430

9장

1. "State of the Commonwealth of Scotland" *in* 윌리엄 K. 보이드, *Calendar of State Papers, Scotland, 1547-1603: Vol. 5, 1574-1581*, Edinburgh: H. M. General Register House, 1907, p. 564; 피셔(1989), p. 628; 조나단 스위프트, *Proposal for Universal Use of Irish Manufacture*, Dublin: E. Waters, 1720

2. 필립스(1999), p. 179

3. 찰스 놀즈 볼튼, *Scotch Irish Pioneers in Ulster and America*, Boston: Bacon&Brown, 1910, pp. 44-45

4. "Abstract of the receipts on the hereditary and additional duties [in Ireland]," in 리처드 아서 로버츠, *Calendar of Home Papers, 1773-1775*, London: Her Majesty's Stationery Office, 1899, p. 513-514; 베일린(1986), pp. 36-42

5. 패트릭 그리핀, *The People with No Name*, Princeton, NJ: Princeton University Press, 2001, pp. 102-105

6. 위의 책, pp. 593-596; 워렌 R. 호프스트라, "The Virginia Backcountry in the Eighteenth Century," *Virginia Magazine of History and Biography*, Vol. 101, No. 4, October 1993, pp. 490, 493-494; 피셔(1989), pp. 740-741

7. 그래디 맥휘니, *Cracker Culture: Celtic Ways in the Old South*, Tuscaloosa: University of Alabama Press, 1988, pp. 52-57; 찰스 우드메이슨, *The*

Carolina Backcountry on the Eve of the Revolution[1768], Chapel Hill: University of North Carolina press, 1953, p. 52

8. 호프스트라(1993), p. 499; 피셔(1989), pp. 765-771; 그리핀(2001), p. 112

9. 피셔(1989), pp. 749-757, 772-774; 레이번(1962), pp. 261-269

10. 베일린(1986), pp. 13-29

11. 조안나 브룩스, "Held Captive by the Irish: Quaker Captivity Narratives in Frontier Pennylvania," *New Hibernia Review*, Autumn 2004, p. 32; 라첼 N. 클레인, "Ordering the Backcountry: the South Carolina Regulation," *William and Mary Quarterly*, Vol. 38, No. 4, October 1981, pp. 668-672

12. 브룩 힌들, "March of the Paxton Boys," *William and Mary Quarterly*, Third Series, Vol. 3, No. 4, October 1946, pp. 461-486

13. 위의 책; 메릴 젠슨, *The Founding of a Nation: A History of the American Revolution*, New York: Oxford University Press, 1968, p. 27

14. 찰스 데스먼드 두트라이작, "Local Identity and Authority in a Dispute Hinterland: The Pennsylvania-Maryland Border in the 1730s," *Pennsylvania Magazine of History and Biography*, Vol. 115, No. 1, January 1991, pp. 35-61; 테일러(2001), p. 434; 클레인(1981), pp. 671-680

15. 클레인(1981), pp. 671-679; 로버트 F. 세이어, *American Lives: An Anthology of Autobiography Writing*, Madison: University of Wisconsin, 1994, p. 171

16. 월터 B. 에드거, *South Carolina: A History*, Columbia: University of South Carolina Press, 1998, pp. 212-216; 클레인(1981), p. 680

17. 로버트 D. W. 코너, *History of North Carolina*, Vol.1, Chicago: Lewis Pubblishing Co., 1919, pp. 302-320

18. 조지 D. 울프, *The Fair Play Settlers of the West Branch Valley, 1769-1784*, Harrisburg, PA: BiblioBazzar, 1969, pp. 27-28, 46-48, 88

19. 베일린(1986), pp. 21-22, 536-541

10장

1. 린다 콜리, *Britons: Forging the Nation, 1707-1737*, New Haven, CT: Yale University Press, 1994, p. 167; 피셔(1989), pp. 823–824

2. 테일러(2001), pp. 438–442; 피셔(1989), pp. 824–826; 마셜 딜런시 헤이우드, "The Story of Queen's College or Liberty Hall in the Province of North Carolina," *North Carolina Booklet*, Vol. 11, No. 1, July 1911, p. 171; 필립스 (1999), pp. 86–88, 93; 조세프 C. 모턴, *The American Revolution,* Westport, CT: Greenwood Press, 2003, p. 31

3. 그럼에도 불구하고, 매사추세츠에는 그를 기리기 위해 그의 이름을 딴 마을과 대학이 있다.

4. 버나드 놀런버그, "General Amherst and Germ Warfare," *Mississippi Valley Historical Review*, Vol. 41, No. 3, December 1954, pp. 489–494; 테일러 (2001), pp. 433–437

5. 필립스(1999), pp. 171–173; 에드먼드 S. 모건, "The Puritan Ethic and the American Revolution," *William and Mary Quarterly*, Vol. 24, No. 1, January 1967, pp. 3–43; 피셔(1989), p. 827; 데이비드 해킷 피셔에 인용된 레비 프레스턴 대위, *Paul Revere's Ride*, New York: Oxford University Press, 1995, pp. 163–164

6. 존 M. 머린, *Liverty, Equality, Power: A History of the American People,* Belmont, CA: Thompson Learning, 2009, pp. 148–149

7. 마크 엥걸, "The Origins of the Revolution in Virginia: A Reinterpretation," *William and Mary Quarterly*, Vol. 37, No. 3, July 1980, pp. 401–428; 사드 W. 테이트, "The Coming of the Revolution in Virginia: Britain's Challenge to Virginia's Ruling Class, 1763–1776," *William and Mary Quarterly*, Third Series, Vol. 19, No. 3, July 1962, pp. 324–343

8. A. 로저 에커크, "Whig Authority and Public Order in Backcountry North Carolina, 1776–1783," in 레이널드 호프만, *An Uncivil War: The Southern Backcountry During the American Revolution*, Charlottesville: University

Press of Virginia, 1985, pp. 99−103

9. 필립스(1999), pp. 211−219; 발트첼(1979), p. 181

10. 에드워드 컨트리맨, "Consolidating Power in Revolutionary America: The Case of New York, 1775−1783," *Journal of Interdisciplinary History*, Vol. 6, No. 4, Spirng 1976, pp. 650−670

11. 로버트 A 올웰, "Domestic Enemies': Slavery and Political Independence in South Carolina, May 1775−March 1776," *Journal of Southern History*, Vol. 55, No. 1, Feb. 1989, pp. 21−22, 27−28

12. 위의 책, pp. 29−30

13. 카렌 노스럽 바질레이, "Fifty Gentlemen Total Strangers: A Portrait of the First Continental Congress," doctoral dissertation, The College of William and Mary, January 2009, pp. 17−20

14. 부어스틴이 인용한 존 애덤스(1958), p. 404

15. 존 E. 페링, *A. Leap in the Dark: The Struggle to Create the American Republic*, New York: Oxford University Press, 2003, p. 116

16. "Letter of Noble Wimberly Jones, Archibald Bulloch, and John Houstoun to the President of the First Continental Congress, Savannah, Ga: 6 April 1775," in 앨런 캔들러, *Revolutionary Records of the State of Georgia*, Vol. 1, Atlanta: 프랭클린 터너, 1908

17. 조지 윌슨, *Portrait Gallery of the Chamber of Commerce of the State of New York*, New York: Chamber of Commerce, 1890, pp. 30−32; 바질레이(2009), pp. 182−183; 칼 로터스 베커, *The History of Political Parties in the province of New York, 1670-1776*, Madison: University of Wisconsin, 1907, pp. 143−146

18. 바질레이(2009), pp. 291−295; "Plan of Union," in 워싱턴 C. 포드, *Journals of the Continental Congress, 1774-1789*, Vol. 1, Washington, D.C.: Government Printing Office, 1904, pp. 49−51; 베커, p. 143, n. 149

19. 올웰(1989)이 인용한 헨리 로렌스, p. 29

11장

1. 데이비드 해킷 피셔, *Paul Revere's Ride*, New York: Oxford University Press, 1995, p. 151-154; 맥스 M. 민츠, *The Generals of Saratoga*, new Haven, CT: Yale University Press, 1990, pp. 82-84; 조세프 엘리스, *American Creation: Triumphs and Tragedies at the Founding of the Republic*, New York: Knopf, 2007, pp. 32-34

2. 로버트 맥클루어 캘훈, *The Loyalists in Revolutionary America, 1760-1781*, New York: Harcourt Brace, 1973, pp. 371-372; 오스카 바르크, *New York City During the War for Independence*, Port Washington, NY: Ira J. Friedman Inc., 1931, pp. 41-44; 주디스 L. 밴 버스커크, *Generous Enemies: Patriots and Loyalists in Revolutionary New York*, Philadelphia: University of Pennsylvania Press, 2002, p. 16

3. 바트 맥도웰, *The Revolutionary War: America's Fight for Freedom*, Washington, D.C.: National Geographic Society, 1977. pp. 58-60; 캘훈, pp. 373-377; 컨트리맨(1976), p. 657; 크리스토퍼 무어, *The Loyalists: Revolution, Exile, Settlement*, Toronto: Macmillan of Canada, 1984, pp. 93-101; 밴 버스커크가 인용한 에발트 쇼커크 목사, p. 21; 바르크, pp. 78, 192-195; 캘훈, pp. 362-363; 에드윈 G. 버로우스와 마이크 월리스, *Gotham: A History of New York City to 1898*, New York: Oxford University Press, 2000, p. 194

4. 캘훈(1973), pp. 356-358; 피어스 매커시, "British Strategy in the War of American Independence," in 데이비드 L. 제이컵슨, *Essays on the American Revolution*, New York: Holt, Rinehart and Winston, 1970, pp. 174-6.

5. 무어(1984), pp. 107-109; 버스커크(2002), pp. 179, 193

6. 캘훈(1973), pp. 360, 382-390

7. 위의 책, pp. 390-395; 맥도웰(1977), pp. 66-81

8. 앤 M. 우스터하우트, "Controlling the Opposition in Pennsylvania during the American Revolution," *Pennsylvania Magazine of History and*

Biography, Vol. 105, No. 1, January 1981, pp. 4–5, 16–17, 30

9. 올웰(1989), pp. 30–32, 38

10. 위의 책, pp. 37–48

11. 주블리 quoted in 고든 S. 우드, *The Creation of the American Republic, 1776-1787*, Chapel Hill: University of North Carolina Press, 1969, p.95; 올웰(1989), p.36; W. W. 애벗, "Lowcountry, Backcountry: A View of Georgia in the American Revolution," in 호프만(1985), pp. 326–328

12. 스페인은 7년 (혹은 "프랑스와 인디언") 전쟁이 끝나고 맺어진 1763년 파리조약에 따라 영국에 플로리다를 양도했다.

13. 캘훈(1973), p. 474

14. 라이번(1962), p. 305

15. 리처드 R. 비맨, "The Political Response to Social Conflict in the Southern Backcountry" in 호프만(1985), p. 231; 에커크 in 호프만(1985), p. 99–100, 103–111; 크로우 in 호프만, pp. 162, 168–169; 피셔(2005), pp. 82–84

16. 올웰(1989), pp. 32, 37; 영국 소령 조지 행어 quoted in 로버트 M. 위어, "The Violent Spirit: the Reestablishment of Order and the Continuity of Leadership in Post–Revolutionary South Carolina," in 호프만(1985), p. 74; 헨리 리가 그린 장군에게, 4 June 1781, in 리처드 K. 쇼먼, *The Papers of General Nathanael Greene*, Vol.8, Chapel Hill: University of North Carolina Press, 2005, pp. 300–311

17. 위어 in 호프만(1985), pp. 71–78; 캘훈, pp. 491–495

18. 위어 in 호프만(1985), pp. 76–77

19. 올웰(1989), pp. 36, 40–41

20. 그레이 B. 내시, *The Unknown American Revolution: The Unruly Birth of Democracy and the Struggle to Create America*, New York: Penguin, 2006, pp. 335–339

12장

1. 잭 P. 그린, "The Background of the Articles of Confederation," *Publius*, Vol. 12, No. 4, Autumn 1982, pp. 32, 35-36

2. 잭 래커브, "The Legacy of the Articles of Confederation," *Publius*, Vol. 12, No. 4, Autumn 1982, pp. 45-54; 그린(1982), pp. 37-40, 42

3. 캘빈 C. 질슨, "Political Culture and the Pattern of Congressional Politics Under the Articles of Confederation," *Publius*, Vol. 18, No. 1, Winter 1988, pp. 8-10; H. 제임스 헨더슨, "Factional relationships between the Continental Congress and State Legislature; a new slant on the politics of the American Revolution," *Proceedings of the Oklahoma Academy of Sciences for 1966* [Vol. 47], Oklahoma Academy of Sciences, 1967, pp. 326-327

4. 질슨, pp. 11-12, 17

5. 폴 웬트워스, "Minutes respecting politics Parties in America and Sketches of the leading Persons in each Province[1778]" *in* B. F. 스티븐스, *Facsimiles of Manuscripts in European Archives* London: Malby&Sons, 1889; "London, January 6," South-Carolina Weekly Gazette, 10 April 1784, p. 2; 조지프 데이비스, *Sectionalism in American Politics*에 인용된 밴크로프트, *1774-1787*, Madison: University of Wisconsin Press, 1977, p. 67

6. J. R. 폴, "Historians and the Problem of Early American Democracy" in 제이컵슨(1970), pp. 236-237

7. 메릴 젠슨, *"Democracy and the American Revolution"* in 제이컵슨, pp. 219-225

8. 젠슨 in 제이컵슨, pp. 218, 226-227; 하워드 진, *A People's History of the United States*에 인용, New York: HarperCollins, 1999, pp. 70, 75, 81, 83, 85, 88-89; J. R. 폴, "Historians and the Problem of Early American Democracy" in 제이컵슨(1970), p. 238; 필립스(1999), p. 324

9. 알렉산더 해밀턴, "Federalist No. 8"과 "Federalis No. 15", in 클린턴 로시

터, *The Federalist Papers*, New York: Penguine, 1961, pp. 66-71, 107; 리처드 B. 모리스에 인용된 Washington, "The Confederation Period and the American Historian," *William and Mary Quarterly*, 3rd Series, Vol. 13, No. 2, April 1956, p. 139

10. 존 P. 로시, "The Founding Fathers: A Reform Caucus in Action," in 제이컵슨(1970), pp. 267-271; 캘빈 질슨과 손턴 앤더슨, "Voting Bloc Analysis in the Constitutional Convention: Implications for an Interpretation of the Connecticut Compromise," *Western Political Quarterly*, Vol. 31, No. 4, December 1978, pp. 537-547

11. 쇼토(1983), pp. 304-305, 315-316

12. 오린 그랜트 리비, "The Geographical Distribution of the Vote of the Thirteen States on the Federal Constitution, 1787-8," *Bulletin of the University of Wisconsin*, Vol. 1, No. 1, June 1984, pp. 1-116

13. 로시 in 제이컵슨(1970), p. 267-275; 질슨과 앤더슨(1978), pp. 542-545

13장

1. 존 바틀릿 브레브너, *The Neutral Yankees of Nova Scotia*, New York: Russell&Russell, 1970, pp. 24-29, 54-57, 312-319; 앤 고먼 콘던, *The Envy of the American State: The Loyalist Dream for New Brunswil*, Frederiction, NB: New Ireland Press, 1984, p. 78; 워싱턴 천시 포드, *Journals of the Continental Congress 1774-1789*, Vol. 3, Washington D.C.: Government Printing Office, 1905, p. 315; 필립스(1999), pp. 141-145

2. 잭 P. 그린, *"The Cultural Dimensions of Political Transfers,"* Early American Studies, Spring 2008, pp. 12-15

3. 저스틴 H. 스미스, *Our Struggle for the Fourteenth Colony: Canada and the American Revolution*, Vol. 1, New York: G. P. Putnam's Sons, 1907, p. 474

4. "Thomas Dundas to the Earl Cornwallis, Saint John, N.B., 28 December 1786," in 찰스 로스, *Correspondence of Charles, first Marquis Cornwallis,*

Vol. 1, London: 존 머리, 1859, p. 279; 콘던(1984), pp. 85-89

5. 콘던(1984), pp. 85-89, 190-192; 스티븐 킴버, *Loyalists and Layabouts: The Rapid Rise and Faster Fall of Shelburne, Nova Scotia*, Scarborough, Ont.: Doubleday Canada, 2008, pp. 3, 10, 291-295, 301

6. 앨런 테일러, "The Late Layalists: Northern Reflctions of the Early American Republic," *Journal of the Early Republic*, Vol. 27, Spring 2007, p. 23

7. 위의 책, pp. 3-31

8. 위의 책

14장

1. 테리 보턴, *Taming Democracy: "The People," The Founder, and the Troubled Ending of the American Revolution*, New York: Oxford University Press, 2007, pp. 178-179

2. 위의 책, pp. 181-183

3. 위의 책, pp. 76-77, 83-87

4. 위의 책, pp. 83-87

5. 새뮤얼 콜 윌리엄스가 프랭클린에서 본 내용. *History of the Lost State of Franklin*, Johnson City, TN: Watauga Press, 1933; 존 C. 피츠패트릭, *Journals of the Continental Congress, Vol. 28*, Washington, D.C.: Government Printing Office, 1933, pp. 384-385

6. 보턴, pp. 197-215

7. 위의 책, pp. 224-226

8. 윌리엄 호그랜드, *The Whiskey Rebellion*, New York: Scribner, 2006, pp. 172-176, 181-183, 205-208; 보턴(2007), pp. 234-241

9. 제임스 M. 배너 주니어, *To the Hartford Convention: The Federalists and the Origins of Party Politics in Massachusetts, 1789-1815*, New York: Alfred A. Knopf, 1970, pp. 89-92

10. 데이비드 맥컬러프, *John Adams*, New York: Simon&Schuster, 2001, pp.

504–505; Courier of New Hampshire, 22 August 1797

11. 맥컬러프, pp. 505–506; 바네사 비슬리, *Who Belongs in America?*, College Station, TX: Texas A&M University Press, 2006, pp. 45–46, 53; H. 제퍼슨 파웰, *"The Principles of '98:* An Essay in Historical Retrieval," *Virginia Low Review*, Vol. 80, No. 3, April 1994, p. 704
12. 제임스 P. 마틴, "When Repression Is Democratic and Constitutional: The Federalist Theory of Representation in the Sedition Act of 1789," *University of Chicago Law Review*, Vol. 66, No. 1, Winter 1999, pp. 146–148; *The Patriotick Proceedings of the Legislature of Massachusetts*, Boston: Joshua Cushing, 1809, p. 116
13. 비슬리(2006), p. 47; 캐빈 R. 구츠먼, "A Troublesome Legacy: James Madison and 'The Principles of '98,'" Journal of the Early Republic, Vol. 15, No. 4, Winter 1995, pp. 580–581; 비르테 플리거, "Miserable Germans' and Fries's Rebellion," *Early American Studies*, Fall 2004, pp. 343–361
14. 맥컬러프(2001), p. 521; 피셔(1989), p. 843
15. 맥컬러프(2001), pp. 521–525
16. 도널드 W. 메이닉, "Continental America, 1800–1915: The View of a Historical Geographer," *The History Teacher*, Vol. 22, No. 2, February 1989, p. 192; 에드먼드 퀸시, *Life of Josiah Quincy*, Boston: Ticknor&Fields, p. 91; 배너(1970), p. 100.
17. 배너(1970), pp. 13–14, 34–35, 37; *Patriotick Proceedings*, p. 90; Alision LaCroix, "A Singular and Awkward War: The Transatlantic Context of the Hartford Convention," *American Nineteenth Century History*, Vol. 6, No. 1, March 2005, p. 10
18. 배너(1970), pp. 41–42; J. S. 마르텔, "A Side Light on Federalist Strategy During the War of 1812," *American Historical Review*, Vo. 43, No. 3, April 1938, pp. 555–556; 새뮤얼 엘리엇 모리슨, *The Life and Letters of Harrison Gray Otis*, Vol. 2, Boston: Houghton Mifflin, 1913, pp. 5–8; "Federal

Project of Secession from the Union," *The Democrat[Boston]*, 1 February 1809, p. 3

19. 뉴잉글랜드의 6번째 주인 메인은 1820년까지 매사추세츠로부터 다시 독립을 되찾지 못했다; 새뮤얼 엘리엇 모리슨, "Our Most Unpopular War," *Proceedings of the Massachusetts Historical Society*, Third Series, Vol. 80(1968), pp. 39-43

20. 도널드 R. 히키, *The War of 1812: A Forgotten Conflict*, Urbana: University of Illinois Press, p. 256; 마르텔(1938), pp. 559-564; 메이닉(1989), p. 199

21. 모리슨(1968), pp. 47-52; "The Crisis," *Columbian Centinel* [Boston], 17 December 1814, p. 1

22. 모리슨(1968), pp. 52-53; "Report and the Resolutions of the Hartford Convention," *Public Documents Containing the Proceedings of the Hartford Convention*, Boston: Massachusetts Senate, 1815

15장

1. 프레더릭 머크, *History of the Westward Movement*, New York: Knopf, 1978, pp. 112-114; 하워드 앨런 브리지맨, *Neew England in the Life of the World*, Boston: Pilgrim Press, 1920, pp. 30, 34-35

2. 브리지맨, pp. 49, 51, 64-66; 로이스 킴벌 매슈스, *The Expansion of New England*, Boston: Houghton Mifflin, 1909, p. 180

3. "Marietta College," in 제임스 J. 번스, *The Educational History of Ohio*, Columbus: Historical Publishing Co., 1905, p. 370; 앨버트 E. E. 더닝, *The Congregationalists in America*, New York: J. A. Hill, 1894, pp. 368-377

4. 매슈스(1909), pp. 207, 231; 엘리스 B. 어셔, "The Puritan Influence in Wisconsin," *Proceedings of the State Historical Society of Wisconsin* [for 1898], Madison, WI, 1899, pp. 119, 122; *Portrait and Biographical Record of Sheboygan County, Wisconsin*, Chicago: Excelsior, 1894, pp. 125-184; 브리지맨(1920), p. 112

5. 필립스(1969), pp. 331-332

6. M. W. 몽고메리 목사, "The Work Among the Scandinavians," *Home Missionary*, March 1886, p. 400

7. 폴 클레프너, *The Third Electoral System*, 1853-1892, Chapel Hill: University of North Carolina Press, 1979, p. 48; 존 H. 펜턴, *Midwest Politics*, New York: Holt, Rinehart&Winston, 1966, p. 77; 폴 클레프너, *The Cross of Culture: A Social Analysis of Midwestern Politics, 1850-1900*, New York: Free Press, 1970, pp. 76-78

8. 이에 대한 고전적 연구는 클레프너(1979)를 참고. 필립스(1969); 펜턴; 클레프너 (1970) 또한 참고.

9. 스튜어트 H. 홀브룩, *The Yankee Exodus*, Seattle: University of Washington Press, 1950, pp. 68-72

10. 머크(1978), p. 119

11. 캐빈 필립스, *American Theocracy*, New York: Viking, 2006, pp. 110-111; D. 마이클 퀸, *Early Mormonism and the Magic World View*, Salt Lake City: Signature Books, 1998, pp. 64-128

12. 필립스(2006), p. 109

16장

1. 앨버트 베른하르트 파우스트, *The German Element in America*, Vol. 1, Boston: Houghton-Mifflin, 1901, p. 421-422; 로베르트 스위렝가, "The Settlement of the Old Northwest: Ethnic Pluralism in a Featureless Plain," *Journal of the Early Republic*, Vol. 9, No. 1, Spring 1989, pp. 82-85

2. *Federal Gazette* [Philadelphia], 5 March 1789, p. 2; 클레프너(1979), pp. 57-59

3. 스위렝가, pp. 89-90, 93; 파우스트, Vol. 1, pp. 447-448, 461; 리처드 시슨, *The American Midwest: An Interpretive Encyclopedia*, Bloomington: Indiana University Press, 2007, p.741

4. 파우스트, Vol. 1, pp. 90-104; 존 A. 호굿, *The Tragedy of German America*, New York: G. P. Putnam&Sons, 1950, p. 219

5. 토머스 D. 햄, *The Quakers in America*, New York: Columbia University Press, 2003, pp. 38-39, 50

6. 리처드 필스버리, "The Urban Street Pattern as a Culture Indicator: Pennsylvania, 1682-1815," *Annals of the Association of American Geographers*, Vol. 60, No. 3, September 1970, p. 437; 파우스트, Vol.2, pp. 28-30

7. 크리스타 오도넬, *The Heimat Abroad: The Boundaries of Germanness*, Ann Arbor: University of Michigan Press, 2005, pp. 144-145; 호굿(1950), p. 41

8. 클레프너(1979), pp. 180-187; 필립스(1999), p. 436

9. 필립스(1999), pp. 434-436

17장

1. 로버트 E. 채덕, *Ohio Before 1815*, New York: Columbia University, 1908, p. 240; p. 173; 데이비드 워커 하우, *What Hath God Wrought?: The Transformation of America, 1815-1848:* New York: Oxford University Press, 2007, p. 239; 리처드 파워, *Planting Corn Belt Culture: The Impress of the Upland Southerner and Yankee in the Old Northwest*, Indianapolis: Indiana Historical Society, 1953, p. 41

2. *Narrative of Richard Lee Mason in the Pioneer West*, 1819, New York: C. F. 허트맨, 1915, p. 35; 프레더릭 로우 옴스테드, *The Cotton Kingdom*, Vol. 2, New York: Mason Brothers, 1862, p. 309; 니콜 에치슨, *The Emerging Midwest: Upland Southerners and the Political Culture of the Old Northwest, 1787-1861*, Bloomington: Indiana University Press, 1996, p. 5; 하우(2007), p. 137

3. 머크(1978), pp. 125-126; 앨런 컬리코프, *Agrarian Origins of American Capitalism*, Charlottesville: University Press of Virginia, 1992, p. 218

4. *Journal of the Senate of Illinois,* Springfield: Illinois Journal, 1869, p. 373; 에치슨(1996), pp. 6, 12; 하우(2007), p. 139

5. 파워(1953), pp. 35-36

6. 위의 책, pp. 115-119

7. 위의 책, pp. 112-115

8. 위의 책, pp. 97-124

9. 프랭크 L. 클레멘트, "Middle Western Copperheadism and the Genesis of the Granger Movement," *Mississippi Valley Historical Review,* Vol. 38, No. 4, March 1952, p. 682; 에치슨(1996), p. 7

10. 에치슨(1996), pp. 36, 44

11. 필립스(1969), p. 293; 클레멘트 밸런다이햄, *Speeches, Arguments, Addresses, and Letters,* New York: J. Walter, 1864, pp. 101, 104; 클레프너(1979), pp. 235-236; 머크(1978), p. 120-122, 408-409

12. C. C. 로이스, *Map of the Territorial Limits of the Cherokee Nation of Indians [and] Cessions,* Washington D.C.: Smithsonian Institution, 1884; 제프 비거스, *The United States of Appalachia,* Emeryville, CA: Shoemaker&Hoard, 2006, pp. 34-35

13. 비거스, pp. 29-44; 패트릭 민저스, "Are You Kituwah's Son? Cherokee Nationalism and the Civil War," 미국 종교학회American Academy of Religion 연례회의에서 발표된 보고서, Philadelphia: November 1995; 하우 (2007), pp. 343-346

14. 앤드루 잭슨, *Fifth Annual Address to Congress,* 3 December 1833

15. 머크(1978), p. 121; 피셔(1989), pp. 849-850; 마가렛 바야드 스미스, *The First Forty Years of Washington Society,* New York: Scribner, 1906, pp. 295-296; 에드워드 L. 에어즈, 루이스 L. 굴드, 데이비드 M. 오신스키, 진 R. 소더런 드, *American Passage: A History of the United States,* Boston: Wadsworth Cengage, 2009, pp. 282-283

16. 하우(2007), pp. 344-357, 414-416

17. 엘리엇 J. 곤, "Gouge and Bite, Pull Hair and Scratch: The Social Significance of Fighting in the Southern Backcountry," *American Historical Review*, Vol. 90, No. 1, February 1985, pp. 18–43

18. 필립스(2006), pp. 108–113

18장

1. 머크(1978), pp. 205–207

2. 하우(2007), pp. 127–129; 프랭크 L. 오슬리, "The Pattern of Migration and Settlement on the Southern Frontier," *Journal of Southern History*, Vol. 11, No. 2, March 1945, pp. 147–176; 머크(1978), p. 199

3. 하우(2007), p. 130

4. 프랜시스 버틀러 심킨스, "The South," in 메릴 젠슨. *Regionalism in America*, Madison : University of Wisconsin Press, 1951, pp. 150–151; 로버트 E. 셰일럽, "Race, Class, Slavery and the Antebellum Sothern Mind,"에 인용된 미주리 디프사우스인 윌리엄 P. 냅턴, *Journal of Southern History*, Vol. 37, No. 4, Nov. 1971, pp. 565–566; 피터 콜친, "In Defense of Servitude," *American Historical Review*, Vol. 85, No. 4, October 1980, p. 815; 윌리엄 피터필드 트렌트, *Cambridge History of American Literature*, Vol. 17, Cambridge, UK: Cambridge University Press, 1907–1921, p. 389; 알렉산더 H. 스티븐스, "Cornerstone Address, March 21, 1861," in 프랭크 무어, *The Rebellion Record,* Vol.1, New York: G. P. Putnam, 1862, pp. 44–46

5. 프레드 A. 로스, *Slavery Ordained of God,* Philadelphia: J. B. Lippincott, 1857, pp. 5, 29–30

6. "The Message, the Constitution, and the Times", *DeBow's Review*, Vol. 30, Issue 2, February 1861, pp. 162, 164; "What Secession Means," *Liberator,* 11 July 1862, p. 1

7. 윌리엄 W. 프리링, *The Road to Disunion,* Vol. 2: *Secessionists Triumphant, 1854-1861,* New York: Oxford University Press, 2007, pp. 149–151; 토머

스 N. 잉거솔, "Free Blacks in a Slave Society: New Orleans, 1718–1812," *William and Mary Quarterly*, 3rd Series, Vol. 48, No. 2, April 1991, pp. 173–200

8. 루이스 윌리엄 뉴턴, "Americanization of Louisiana," doctoral thesis, University of Chicago, 1929, pp. 122, 163, 170–173

9. 필립스(1999), pp. 341–349

10. 로버트 E. 메이, *The Southern Dream of a Caribbean Empire: 1854-1861*, Baton Rouge: Louisiana State University Press, 1973, pp. 15–65

11. 위의 책, pp. 27–33, 60–62, 70–71, 75, 168–196; 프리링(2007), pp. 153–155

12. 메이, pp. 78–133

13. 위의 책

14. 위의 책, pp. 149–154

19장

1. 웨버(1982), pp. 20–32

2. 위의 책, pp. 34–44, 47, 63, 124–125, 157, 188–189

3. 위의 책, pp. 158–162

4. 위의 책; 하우(2007), pp. 658–9; 머크(1978), p. 267

5. 웨버(1982), pp. 162–172; T. R. 페렌바흐, *Lone Star: A History of Texas and the Texans*, New York: Da Capo Press, 2000, pp. 163–164

6. 웨버(1982), pp. 170–177, 184

7. 위의 책, pp. 255–272, 266; 하우(2007), p. 661

8. 웨버(1982), pp. 247–254; 하우(2007), pp. 661–667; 머크(1978), p. 275; 조단 (1969), pp. 88–103

9. 웨버(1992), p. 339

10. 후안 네포무세노 세긴, *Personal Memoirs of John N. Seguin,* San Antonio, TX: Ledger Book and Job Office, 1858, pp. 29–32; 레오바르도 F. 에스트라다, "Chicanos in the United States: A History of Exploitation and

Resistance," *Daedalus*, Vol.1 10, No. 2, pp. 105–109; 마르티네즈(1988), pp. 88–91; D. W. 메이닉, *Imperial Texas: An Interpretive Essay in Cultural Geography*, Austin: University of Texas Press, 1969, pp. 44

11. 테리 G. Jordan, "Population Origins in Texas, 1850," *Geographical Review*, Vol. 59, No. 1, January 1969, pp. 83–103

12. 프레데릭 머크, "Dissent in the Mexican War," in 새뮤얼 엘리엇 모리슨, *Dissent in Three American Wars*, Cambridge, MA: Harvard University Press, 1970, pp. 35–44, 49

13. 루이즈 A. 마요, *President James K. Polk: The Dark Horse President*, New York: Nova Science Publishers, 2006, pp. 110–133; 머크(1978)

14. 데이, p. 15; 머크(1970), pp. 51–52

15. 마르티네즈(1988), p. 108–109

20장

1. 태평양 연안 지역 최초의 "미국인" 정착촌인 오리건 주 아스토리아는 뉴 네덜란드 출신인 존 제이컵 아스터가 세웠다. 그러나 그곳을 직접 운영한 사람들은 그가 고용한 스코틀랜드인과 프랑스인이었다. 그리고 건설된 지 2년만인 1813년 훗날 허드슨 베이 컴퍼니에 합병되는 한 영국 회사에게 팔렸다. 아스터의 정착촌은 문화적으로 이 지역에 거의 영향을 끼치지 못했다.

2. W. H. 그레이, *History of Oregon, 1792-1849*, Portland, OR: Harris & Holman, 1870, p. 19; 새뮤얼 엘리엇 모리슨, *The Maritime History of Massachusetts*, Boston: Houghton Mifflin, 1921, pp. 52–53

3. 라이먼 비처, *A Plea for the West*, Cincinnati: Truman and Smith, 1835, pp. 30, 37, 48–61; 케빈 스타, *American and the California Dream, 1850-1915*, New York: Oxford University Press, 1973, p. 93

4. 그레이(1870), pp. 312–318; 홀브룩(1950), pp. 226–227; 브리지먼(1920), pp. 208–215

5. 데이비드 앨런 존슨, *Founding the Far West: California, Oregon, and*

Neveda, 1840-1890, Berkely: University of California Press(1950), 1992, pp. 56-57

6. D. A. 존슨, pp. 64, 139-149, 162-163; 홀브룩(1950), pp. 227-230

7. 홀브룩(1950), pp. 235, 237, 252-253; 필립스(1969), p. 418; *Japanese Immigration: An Exposition of Its Real Status,* Seattle: Japanese Association of the Pacific Northwest, 1907, pp. 11, 46; 알렉산더 레트레이, *Vancouver Island and British Columbia,* London: Smith, Elder&Co.: 1863, pp. 9, 16, 159, 171-173; 머크(1978), pp. 327, 417

8. 스타(1973), pp. 26-27; D. A. 존슨(1992), pp. 20-22; 제랄드 포스터, *American Houses,* Boston: Houghton Mifflin, 2004, pp. 212-215

9. D. A. 존슨(1992), pp. 20-22

10. "Missionary Correspondence: California, August 1st, 1849," *The Home Missionary*, Vol. 22, No. 7, November 1849, pp. 163-168; 말콤 J. 로보, *Days of Gold: The California Gold Rush and the American Nation,* Berkeley: University of California Press, 1997, p. 156; 케빈 스타와 리처드 J. 오시, *Rooted in Barbarous Soil: People, Culture, and Community in Gold Rush California,* Berkely: University of California Press, 2000, pp. 25, 50

11. "Mission to California," The Home Missionary, Vol. 21, No. 9, January 1849, pp. 193-196

12. 스타(1973), p. 86

13. 브리지먼(1920), pp. 180-195; 스타(1973), p. 87; 홀브룩(1950), pp. 151-156

14. 스타(1973), p. 87; D. A. 존슨(1992), pp. 35-36; S. R. 록웰, "Sabbath in New England and California," *San Francisco Bulletin*, 1 September 1860, p. 1

15. 스타, pp. 93-94; D. A. 존슨, pp. 104-108. 캘리포니아의 첫 번째 주지사인 피터 하드먼 버넷은 내슈빌의 가난한 가정에서 태어났다. 그의 뒤를 이은 존 맥두걸은 애팔래치아 지역인 오하이오 주 로스 카운티 출신의 참전용사였다.

21장

1. 이디스 애벗, *Historical Aspects fo the Immigration Problem: Select Documents*, Chicago: University of Chicago Press, 1926, p. 330

2. *American Slavery as It Is*, New York: American Anti-Slavery Society, 1839, pp. 16, 97, 169-170

3. http://atlas.lib.niu.edu/WWebsite/Election_1860/을 참조; 피셔(1989), p. 857

4. 프리링(2007), pp. 27-30; 존 헨리 해먼드, *Two Letters on Slavery in the United States*, Columbia, SC: Allen, McCarter&Co., 1845, p. 10

5. 프리링(2007), pp. 30-32; 해먼드(1845), p. 15

6. London Times, 28 May 1851, p. 10

7. 위의 책

8. 필립스(1999), p. 372; 마크 인걸, "Rethinking the Secession of the Lower South: The Clash of Two Groups," *Civil War History*, Vol. 50, No. 3, 2004, pp. 261-290; 던바 롤랜드, *Encyclopedia of Mississippi History*, Vol. 1, Madison, WI: 셀윈 A. 브랜트, 1907, pp. 216-217

9. 윌리엄 C. 라이트, *The Secession Movement in the Middle Atlantic States*, Rutherford, NJ: Fairleigh Dickinson University Press, 1973, pp. 210-212

10. 필립스(1999), pp. 424-427; 버로우와 월러스(2000), pp. 560-562

11. 라이트(1973), pp. 176-178; "Mayor Wood's Recommendation on the Secession of New York City," 6 January 1861; "The Position of New York," *New York Herald*, 3 April 1861, p.1

12. 라이트(1973), pp. 191, 203-205

13. 필립스(1999), pp. 435-436; 라이트(1973), pp. 34-46

14. 라이트(1973), pp. 40, 161-162

15. 프리링(2007), pp. 35-38

16. 영국 내전 기간에 의회파는 당시로선 이례적으로 짧게 자른 머리 스타일을 고수하고 다녀서 "원두당"이라고 불렸다.

17. 로버트 B. 보너, "Roundheaded Cavaliers? The Context and Limits of a

Confederate Racial Project," *Civil War History*, Vol. 58, No. 1, 2002, pp. 34–35, 42, 44–45, 49, "A Contest for the Supremacy of Race, as between the Saxon Puritan of the North and the Norman of the South," *Southern Literary Messenger*, Vol. 33, July 1861, pp. 23–24; J. 퀴트먼 무어, "Southern Civilization, or the Norman in America," *DeBow's Review*, Vol. 32, January 1862, pp. 11–13; 잔 C. 도슨, "The Puritan and the Cavalier: The South's Perceptions of Contrasting Traditions," *Journal of Southern History*, Vol. 64, No. 4, November 1978, pp. 600, 609–612

18. 에치슨(1996), pp. 109–110

19. 위의 책, pp. 110–111, 115–117

20. 인걸(2004), pp. 262, 285–286; 프리링(2007), pp. 501–506; 리처드 넬슨 커런트, *Lincoln's Loyalists: Union Soldiers from the Confederacy*, Boston: Northeastern University Press, 1992, pp. 1–8

21. 커런트, pp. 14–20, 29–60; 에치슨(1996), pp. 137–129

22. 프리링(2007), pp. 527–541

23. 에릭 포너, *Reconstruction: America's Unfinished Revolution, 1863-1877*, New York: Harper&Row, 1988, pp. 354–355; 피셔(1989), pp. 862–863

24. 피셔(1989), p. 863

22장

1. 존 필립 레이드가 인용한 월터 그리피스, "Punishing the Elephant: Malfeasance and Organized Criminality on the Overland Trail," *Montana: The Magazine of Western History*, Vol. 47, No. 1, Spring 1997, p. 8

2. D. A. 존슨(1992), pp. 72–76

3. 위의 책, pp. 223–225

4. 위의 책, pp. 313–331

5. 마크 레이스너, *Cadillac Desert: The American West and Its Disappearing Water*, New York: Viking, 1987, p. 37; 제임스 B. 헤지스, "The Colonization

Work of the Northern Pacific Railroad," *Mississippi Valley Historical Review*, Vol. 13, No. 3, December 1926, p. 313

6. 헤지스(1926), pp. 311-312, 329,331, 337; 레이스너, pp. 37-39

7. 레이스너(1987), pp. 35-43

8. 위의 책, pp. 46-48

9. 위의 책, pp. 105-110; 버나드 데보토, "The West Against Itself," *Harper's Magazine*, January 1947, pp. 2-3; 데보토(1934), p. 364

10. 존 건서, *Inside USA*, New York: Harper, 1947, p. 152

11. 톰 켄워시, "Mining Industry Labors to Drown Montana Water Quality Initiative, "*Washington Post*, 30 October 1996, p. A3; 건서, pp. 166-174; 칼 B. 글래스콕, *The War of the Copper Kings*, New York: Bobbs-Merrill Co., 1935

12. 모리스 E. 건지, "The Future of the Mountain States," *Harper's Magazine*, October 1945, pp. 329-336

13. 아미 브리지스, "Managing the Periphery in the Gilded Age: Writing Constitutions for the Western States," *Studies in American Political Development*, Vol. 22, Spring 2008, pp. 48-56; 필립스(1969), pp. 399-402

14. 마이클 린드, "The New Continental Divide," *The Atlantic*, January 2003, pp. 87-88; 토머스 버, "Senators Form New Western Caucus," *Salt Lake Tribune*, 24 June 2009; *CQ Transcripts*, 24 June 2009; 톰 켄워시, "Self-Reliant' Westerners Love Federal Handouts," *Salt Lake Tribune*, 4 July 2009

23장

1. 필립스(1999), pp. 588-589; 피터 D. 샐린스, *Assimilation, American Style*, New York: Basic Books, 1997, pp. 22-30; 헌팅턴(2004), pp. 45, 57

2. 하워드 오덤과 해리 에스틸 무어, *American Regionalism*, New York: Henry Holt, 1938, p. 438; 샐린스, p. 148; U.S. Bureau of the Census, "Nativity of

the Population, for Regions, Divisions and States: 1850 to 1990," Internet Release: 9 March 1999

3. 네이선 글레이저와 대니얼 패트릭 모니한, *Beyond the Melting Pot*, Cambridge, MA: MIT Press and Harvard University Press, 1964, pp. 138–139, 185, 217–219; 레너드 디너스테인과 데이비드 M. 레이머스, *Ethnic Americans: A History of Immigration and Assimilation*, New York: Dodd, Mead&Co., 1997, pp. 41–45

4. 샐린스(1997), p. 69

5. 마리스 A. 비노브스키스, *Education, Soceity, and Economic Opportunity*, New Haven, CT: Yale University Press, 1995, pp. 109–110; 존 듀이, *Shools of Tomorrow*, New York: E. P. Dutton, 1915, pp. 313–316; 샐린스(1997), pp. 64–66

6. 호러스 만, *Annual Reports of the Secretary of the Board of Education of Massachusetts for the Years 1845-1848*, Boston: Lee and Shepard, 1891, pp. 36–37; H. H. 위튼, "Education of Immigratns," in 윈스럽 탤버트, *Americanization*, 2nd ed., New York: H. W. Wilson Company, 1920, pp. 207–208

7. 샐린스(1997), pp. 46–48; 헌팅턴(2004), pp. 129–135; 스티븐 메이어, "Adapting the Immigrant to the Line: Americanization in the Ford Factory, 1914–1921," *Journal of Social History*, Vol.14, No. 1(Autumn 1980), pp. 67–82

8. 헌팅턴(2004), pp. 11–20, 30–42

9. 위의 책, pp. 221–225; 퓨 히스패닉 센터, *Mexican Immigrants in the United States, 2008* [fact sheet], 15 April 2009

10. 후안 엔리케즈, *The United States of America*, New York: Crown, 2002, pp. 171–191; Associated Press, "Professor Predicts Hispanic Homeland," 31 January 2000

24장

1. 데이비드 M. 찰머스, *Hooded Americans: The History of the Ku Klux Klan*, Durham, NC: Duke University Press, 1987, p. 16

2. 클리포드 J. 클라크, "The Bible Belt Thesis: An Empirical Test of the Hypothesis of Clergy Overrepresentation," *Journal for the Scientific Study of Religion*, Vol.29, No. 2, June 1990, pp. 213–216; 마틴 E. 마티, *Righteous Empire: The Protestant Experience in America*, New York: Dial Press, 1970, pp. 178–206; 필립스(2006), pp. 142–148; 찰스 레이건 윌슨, *Baptized in Blood: The Religion of the Lost Cause*, 1865–1920, Athens, GA: University of Georgia Press, 1980, pp. 64–65, 71

3. 윌슨, pp. 41–43

4. 찰머스, pp. 16–21

5. 데이비스(1941), p. 392–400; 웨브(2004), pp. 238–252

6. 마티(1970), pp. 178–206

7. 제임스 C. 클로터, "The Black South and White Appalachia," *Journal of American History*, Vol. 66, No. 4, March 1980, pp. 832–849

8. K. 오스틴 커, "Organizing for Reform: The Anti-Saloon League and Innovation in Politics," *American Quarterly*, Vol. 32, No. 1, 1980, pp. 37–53; 루스 B. A. 보딘, 프랜시스 윌라드: *A Biography*, Chapel Hill: University of North Carolina Press, 1986, pp. 14–27; 해롤드 언더우드 폴크너, *The Quest for Social Justice: 1898-1914*, New York: Macmillan, 1931, pp. 222–227

9. 폴크너, pp. 178–184; 허버트 J. 도허티 주니어, "Alexander J. McKelway: Preacher to Progressive," *Journal of Southern History*, Vol. 24, No. 2(May 1958), pp. 177–190

10. 피셔(2004), p. 451; 앨마 루츠, *Susan B. Anthony: Rebel, Crusader, Hummanitarian*, Washington, D.C., Zenger Publications, 1976, pp. 21–40; 엘리자베스 그리피스, *In Her Own Right: The Life of Elizabeth Cady*

Stanton, New York: Oxford University Press; 1985, pp. 4–7; 227–228; 안드
레아 무어 커, *Lucy Stone: Speaking Out for Equality,* New Brunswick, NJ:
Rutgers University Press, 1992, pp. 20–28; 네이트 레빈, *캐리 채프먼 캐트: A
Life of Leadership,* Seattle: Book Surge, 2006

11. 로스 웨츠테온, *Republic of Dreams,* New York: Simon&Schuster, 2002, pp.
1–14

12. 노아 펠드먼, *Divided by God: America's Church-State Problem and What
We Should Do About It,* New York: Farrar, Straus and Giroux, 2005, pp.
52, 115–117, 127–132, 138

13. 마티(1970), pp. 215–226

14. R. 핼리버튼 주니어, "Reasons for Anti-Evolutionism Succeeding in the
South," *Proceedings of the Oklahoma Academy of Sciences,* Vol. 46(1965),
pp. 155–158

15. 펠드먼(2005), pp. 146–149, 필립스(2006), pp. 113–119

25장

1. 딕시연합에서 일어난 짐 크로우 저항운동은 간디의 비폭력 투쟁 방식을 고수했
다. 그러나 북부 지역에서 자행된 보이지 않는 인종차별이 불러온 좌절감은 오히
려 디트로이트에서 무장봉기를 야기했고, 특히 마틴 루터 킹 목사가 암살된 후
많은 도시에서 폭동이 잇달았다.

2. 제이슨 소콜, *There Goes My Everything: White Southerners in the Age of
Civil Rights, 1945-1975,* New York: Knopf, 2006, pp. 97, 100–103, 293; 국
립공원 관리청의 마틴 루터 킹 주니어 국가 유적지 웹사이트에서 발췌한 짐 크로
우 사례. http://www.nps.gov/malu/forteachers/jin_crow_laws.htm

3. 소콜, pp. 58–59, 86–88, 104, 116–123, 163–171, 196–197, 213, 243

4. 위의 책, pp. 204–205; 클라우드 시튼, "Civil Rights Act: How South
Responds," *New York Times,* 12 July 1964, p. E7; 코너 밴 우드워드, *The
Strange Career of Jim Crow, New York:* Oxford University Press, 2002,

pp. 175-176; 니키타 A. 포스턴, "Storm Thurmond's Black Family," *Ebony*, March 2004, pp. 162-164; 릭 펄스타인, *Nixonland, New York: Scribner*, 2008, p. 131; 찰스 조이너, "The flag controversy and the causes of the Civil War- A statement by historians," *Callaloo*, Vol .24, No. 1, 2001, pp. 196-198

5. 존 C. 제프리즈와 제임스 E. 라이언, "A Political History fo the Establishment Clause," *Michigan Law Review*, Vol. 100, No. 2, November 2001, pp. 282-283, 328-338; 필립스(2006), p. 215; 대니얼 K. 윌리엄스, "Jerry Falwell's Sunbelt Politics: The Regional Origins of the Moral Majority," *Journal of Policy History*, Vol. 22, No. 2, 2010, pp. 129-140; 로버트 D. 우드버리와 크리스찬 S. 스미스, "Fundamentalists et al.: Conservative Protestants in America," *Annual Review of Sociology*, Vol. 24, 1998, pp. 31, 44, 47

6. 톰 헤이든, *The Port Huron Statement*, New York: Thunder's Mouth Press, 2005, pp. 44-180; 톰 헤이든과 딕 플랙스, "The Port Huron Statement at 40," *The Nation*, 5 August 2002

7. 존 로버트 하워드, "The Flowering of the Hiippie Movement," *Annals of the American Academy of Political and Social Science*, Vol.395, May 1971, pp. 17-20; 모리스 이서먼과 마이클 케이진, *America Divided: The Civil War of the 1960s*, New York: Oxford University Press, 2000, pp. 168-172

8. 캘빈 트릴린, "U.S. Journal: Crystal City, Texas," *New Yorker*, 17 April 1971, pp. 102-107; 캘빈 트릴린, "Us. Journal: San Antonio," *New Yorker*, 2 May 1977, pp. 92-100; 조엘 개로, *The Nine Nations of North America*, Boston: Houghton Mifflin, 1981, pp. 240-244; 매트 S. 메이어, *The Chicanos: A History of Mexican Americans*, New York: Hill&Wang, 1972, pp. 249-250

9. 존 딕슨과 브라이언 영, *A Short History of Quebec*. Montreal: McGill-Queen's University Press, 2003, pp. 305-360; 개로(1981), pp. 371-384

10. D. T. 쿠즈미아크, "The American Environmental Movement," *Geographical Journal*, Vol. 157, No. 3, November 1991, pp. 265-278; 커트 메인, *Aldo*

Leopold: His Life and Work, Madison: University of Wisconsin Press, pp. 1-20

11. http://politics.nytimes.com/congress/votes/111/house/1/477

12. 전미주의회의원연맹 웹사이트에 올라온 정보에 따른 2010년 중순 현재 동성결혼 법 요약. http://www.latimes.com/news/local/la-2008election-california-results,0,3304898.htmlstory; 전미주의회의원연맹, "Same Sex Marriage, Civil Unions and Domestic Parterships," April 2010, Web document accessed 2 July 2010 via http://www.ncsl.org/IssuesResearch/HumanServices/SameSexMarriage/tabid/16430/Defai;t.aspx; 수잔 페이지, "Roe v.Wade: The Divided States of America," *USA Today,* 17 April 2006

13. 마이클 린드, "The Southern Coup," *New Republic,* 19 June 1995; 마이클 린 드, "The Economic Civil War," Salon.com, 19 December 2008

26장

1. 프랭크 프리에델, "Dissent in the Spanish-American War and the Philippine Insurrection," in 새뮤얼 엘리엇 모리슨, *Dissent in Three American Wars,* Cambridge: Harvard University Press, 1970, pp. 67-68, 76-93; E. 버클리 톰프킨스, *Anti-Imperialism in the United States: The Great Debate, 1890-1920,* Philadelphia: University of Pennsylvania Press, 1970, pp. 2-3, 115-116, 124-133, 144-147; 로버트 L. 베이스너, *Twelve Against Empire: The Anti-Imperialists, 1898-1900,* New York: McGraw-Hill, 1968, pp. 107-108, 160; 콜린 우다드, "The War Over Plunder: Who Owns Art Stolen in War?," *MHQ: The Quarterly Journal of Military History,* Summer 2010, pp. 48-51

2. 베이스너, p. 160; 톰프킨스, pp. 107-113

3. 앤서니 고헌, "Woodrow Wilson and the Rise of Militant Interventionism in the South," *Journal of Southern History,* Vol. 65, No. 4, November 1999, pp. 789-808; 헨리 블루멘탈, "Woodrow Iilson and the Race Question,"

Journal of Negro History, Vol. 48, No. 1, January 1963, pp. 5–7

4. 짐 웨브(2004), pp. 48, 192, 254, 255

5. 마이클 린드, "Civil War by Other Means," *Foreign Affairs*, Vol. 78, No. 5, September 1999, pp. 126–127

6. 존 피터, 호스트 그릴, 로버트 J. 젠킨스, "The Nazis and the American South in the 1930s: A Mirror Image?" *Journal of Southern History*, Vol. 58, No. 4, November 1922, pp. 667–694; 조지 L. 그래스머크, *Sectional Biases in Congress on Foreign Policy*, Baltimore: Johns Hopkins University Press, 1951, pp. 36–41, 122–127; 고헌(1999), p. 772; 칼 N. 데글러, "Thesis, Antithesis, Synthesis: The south, The North, and the Nation," *Journal of Southern History*, Vol. 53, No. 1, February 1987, p.1 7; 린드(1999), p. 128

7. 그래스머크, pp. 36–41, 122–127

8. 짐 웨브(2004), p. 300; 피셔(1989), p. 877

9. 데보토(1947), pp. 6–7; 프레드 M. 셀리, *Political Geography of the United States*, New York: Guilford Press, 1996, pp. 219–222

10. 매트 S. 마이어와 펠리치아노 리베라, *The Chicanos: A History of Mexican Americans*, New York: Hill&Wang, 1972, pp. 202–221

11. 랜달 베넷 우즈, "Dixie's Dove: J. William Fulbright, the Vietnam War, and the American South," *Journal of Southern History*, Vol. 60, No. 3, August 1994, pp. 533–552; A. J. 바우어, "Ralph Yarborough's Ghost," *Texas Observer*, 21 September 2007; 필립스(1969), p. 259; 린드(1999), p. 131; 로이 리드, "F.B.I. Investigating Killing of 2 Negroes in Jackson," *New York Times*, 16 May 1970

12. 클라크 아카티프, "The March on the Pentagon," *Annals of the Association of American Geographers*, Vol. 61, No. 1, March 1974, pp. 29–30; 미첼 K. 홀, "The Vietnam Era Antiwar Movement," *OAH Magazine of History*, Vol. 18, No. 5, October 2004, pp. 13–17; 로버트 E. 레스터, *A Guide to the Microfilm Edition of the President's Commission on Campus Unrest*,

Bethesda, MD: Congressional Information Service, 2003, pp. v–vi, 10–24

13. 아카티프, pp. 29–30; http://afsc.org/story/people-park-berkely

14. 캄보디아 군사작전 중단 결의 투표: http://www.govtrack.us/congress/vote. xpd?vote=h1970–294]; 에르네스토 차베즈, "Mi raza primero!" *Nationalism, Identity, and Insurgency in the Chicano Movement in Los Angeles, 1966-1978*, Los Angeles: University of California Press, 2002, pp. 64–71

15. 샌디 마이셀과 마크 D. 브루어, *Parties and Elections in America*, Lanham, MD: Rowman&Littlefield, 2008, p. 426

16. 마이클 린드, *Made in Texas: George W. Bush and the Southern Takeover of American Politics*, New York: Basic Books, 2003, pp. 147–148

17. 존 B. 주디스, "The War Resisters," *The American Prospect*, 6 October 2002; Congressional vote(H Conf 63 and 2002 Iraq War Resolution) as per http://www.govtrack.us/congress/vote.xpd?vote=h2002–455

18. 린드(1999), pp. 133, 142

27장

1. 리처드 프랭클린 벤슬, *Sectionalism and American Political Development, 1880-1980*, Madison: University of Wisconsin Press, 1984, pp. 63–67

2. 위의 책, p. 119

3. 로버트 소벨, "Coolidge and American Business," [online document] at http://web.archive.org/web/20060308075125/http://www.jfklibrary.org/ coolidge_sobel.html

4. 앨런 그린블랫, "The Changing U.S. Electorate," *CQ Researcher*, 30 May 2008, p. 469

5. 1960년과 1976년, 양키덤은 다른 북부동맹 국가들과 달리 (아일랜드 가톨릭교도인) 리처드 닉슨 대신 존 F. 케네디를 지지할지, 제럴드 포드 대신 (디프사우스 침례교도인) 지미 카터를 뽑을 것인지를 놓고 의견이 나뉘었다. 1968년에도 뉴 네덜란드는 휴버트 험프리와 닉슨 중 험프리를 지지했지만, 양키덤과 레프트코스트는

의견이 갈라졌다. 1948년 선거는 미국 내 많은 지역에서 치열한 경합이 이뤄진 선거였는데, 북부동맹의 세 국가 모두 해리 트루먼과 존 듀이 사이에서 의견이 분열됐다.

6. 오바마는 "북미의 국가들"이 아닌 하와이에서 태어나고 인도네시아에서 성장했다. 하지만 그는 대통령 선거에 출마하기 전까지 성인으로서의 삶 대부분을 북부동맹 지역에서 보냈다. 그는 컬럼비아와 하버드 로스쿨에 다녔고, 뉴욕 시에 살았다. 후에 시카고로 이주한 그는 (확실한 양키 성향인) 시카고 대학에서 교수가 됐고, 그곳에서 가정을 꾸렸으며 정치인으로서의 커리어를 시작했다.

7. 벤슬(1984), pp. 300-301

8. 제럴드 G. 러스크, *A Statistical History of the American Electorate*, Washington, D.C.: CQ Press, 2001, pp. 230-231, 305, 315; http://en.wikipedia.org/wiki/Political_party_strength_in_U.S._states

9. 제시카 리브스, "James Jeffords," *Time*, 24 May 2001

10. 벤슬(1984), pp. 296-297, 300-301

11. http://politics.nytimes.com/congress/votes/111/house/1/887,http://politics.nytimes.com/congress/votes/111/house/2/413

12. http://www.washingtonpost.com/wp-srv/politics/special/clinton/housevote/all.htm과 http://politics.nytimes.com/congress/votes/111/senate/2/206을 검토한 후 계산한 것이다.

28장

1. 스티븐 D. 커밍스, *The Dixification of America: The American Odyssey into the Conservative Economic Trap*, Westport, CT: Praeger, 1998, p. 193

2. 더그 먼로, "Losing Hope," *Atlanta Magazine*, September 2003, p. 259; 리처드 B. 드레이크, *A History of Appalachia*, Lexington: University of Kentucky Press, 2001, pp. 158-161

3. 포너(1988), pp. 178-187

4. 토머스 프랭크, *What's the Matter with Kansas?*, New York: Henry Holt, 2004,

p. 7

5. 벤슬(1984), pp. 74-82

6. 로버트 댈렉, *Lyndon B. Johnson: Portrait of a President*, New York: Oxford University Press, 2004, p. 170; http://www.pbs.org/wgbh/amex/ wallace/sfeature/quotes.html; 아서 브레머, *An Assassin's Diary*, New York: Pocket Books, 1973

7. 피터 애플봄, *Dixie Rising,* New York: New York Times Books, 1996, p. 121; 토드 J. 길먼, "McCain Campaign Co-chairman Phil Gramm Says America in 'Mental Recession,'" *Dallas Morning News*, 11 July 2008; 밥 다트, "Helms: True Believer to Some, Senator 'No' to Others," Cox News Service, 21 August 2001

8. 린드(2003), pp. 1-8, 92-108, 118; 이매뉴얼 사에즈, "Striking It Richer: The Evolution of Top Incomes in the United States," unpublished manuscript, 17 July 2010

9. 개로(1981), pp. 301-327

10. 존 M. 브로더, "L.A. Elects Hispanic Mayor for First Time in Over 100 Years," *New York Times*, 18 May 2005; 헌팅턴(2004), pp. 242-246; 엔리케즈 (2000), pp. 183-189

11. 마이클 애덤스(2003), pp. 79-85; 에드워드 그랩과 제임스 커티스, *Regions Apart: The Four Societies of Canada and the United States,* Toronto: Oxford University Press, 2004, pp. 146, 212

옮긴이의 말

저자가 이 책을 쓴 것은 6년 전인 2011년이다. 아마 이 책을 다 읽은 독자라면 지금쯤 다음과 같은 궁금증을 품을지도 모르겠다. 이민자들이 세운 나라인 미국은 단 한 번도 '하나의 미국'이었던 적이 없으며, 미국의 역사는 태생적으로 서로 다른 문화적 특성을 가진 11개 국민들의 대립과 갈등이라는 저자의 분석틀은 과연 2016년 미국 대선에서도 여전히 유효했을까.

우리보다 앞서 이 책을 접한 미국의 독자들 역시 같은 질문을 던졌던 모양이다. 저자인 콜린 우다드는 지난 1월 포틀랜드의 지역 신문인 『프레스헤럴드』에 "독자들의 요청이 많아 2016년 대선 결과를 분석해보고자 한다"는 글을 기고했다.▪

질문에 대한 그의 결론부터 소개하자면 답은 '이번에도 유효했다'이다.

▪ http://www.pressherald.com/2017/01/06/the-american-nations-in-the-2016-presidential-election/

11개 국민들은 과거와 비슷한 패턴으로 자신들의 성향에 따라 후보를 선택했다. 정부의 선의를 믿고 '공공선'을 중시하는 양키덤과 레프트코스트는 누굴 지지했을까? 민주당 후보인 힐러리 클린턴이었다. 대농장주의 고향이자, 올리가키에 충성해줄 정치인을 찾는 디프사우스는 누구에게 표를 던졌을까? 부자 감세를 약속한 공화당 후보 도널드 트럼프였다.

문화적 다양성과 표현의 자유를 중시하는 뉴네덜란드는 클린턴의 손을 들어줬고, 정부 개입에 강한 반발심을 갖고 있으며 양키덤을 증오하는 그레이터 애팔래치아는 트럼프를 지지했다. 딕시연합과 북부동맹 사이에서 오랫동안 캐스팅 보트 역할을 해왔던 미들랜드와 파웨스트는 당락에 크게 영향을 미치지 않을 정도의 근소한 차이로 각각 클린턴과 트럼프에게 승리를 안겨줬다. 딕시연합의 인종 카스트 제도에 오랫동안 차별받아온 엘 노르테는 클린턴에게 표를 던졌다.

다만, 저자는 이번 대선에서 2008년이나 2012년과 달리 매우 유의미한 변화가 관찰됐다고 말한다. 북부동맹의 주축 세력인 양키덤 내에서 눈에 띄는 이탈 현상이 일어난 것이다. 앞선 두 번의 대선 당시 양키덤 지역에서 버락 오바마는 공화당 후보를 16~19퍼센트 포인트 따돌리며 압승을 거뒀다. 반면 이번 대선에서 클린턴과 트럼프의 격차는 8퍼센트 포인트로 줄어들었다. 가난한 백인이 많이 사는 시골지역의 카운티일수록 이탈 현상은 더 심해졌다.

왜 이런 현상이 벌어졌을까. '작은 정부, 감세, 자유'의 기치를 내걸어온 기존의 공화당 후보와 달리 '유럽식 인종적 민족주의자European-style ethno-nationalist' 특성을 가진 트럼프는 강력한 정부 개입과 법적 처벌 강화, 인프라 투자 확대 등을 약속했다. 우다드는 "어떤 측면에서 보면 트럼프는 리처드 닉슨 이래 가장 공동체 집단주의적communitarian 성향을 가진 공화당 후보"라고 말한다. 이 때문에 자유주의 대 공동체주의였던 딕시연합과 북부동맹의 대결 구도가 흐트러지면서 이탈 현상이 일어났다는 것이다.

치열한 패권 다툼을 벌이고 있는 딕시연합과 북부동맹은 과거에도 그랬고, 앞으로도 결코 서로에게 양보할 의지가 없어 보인다. 그리고 다른 국민들은 이 두 세력을 중심으로 각자의 이해관계에 따라 이합집산을 반복할 것이다.

이 책을 다 읽고 나면 미국이란 나라가 탄생해서 지금까지 존속해온 것이 사실상 '기적'에 가까웠다는 생각이 들 정도다. 형편없는 정부를 가졌거나, 오랫동안 내부적으로 반목해온 나라는 많다. 하지만 그 나라들 대부분은 단일 민족이거나 최소한의 종교, 정치적 합의의 공통점 위에 세워진 곳들이다. 저자는 미국의 경우 태생부터 그런 단합 요소가 없었던 만큼 더욱 투명하고 공개적이면서 효율적인 정부가 필요하다고 말한다. 그렇게 놓고 볼 때 트럼프의 미국은 저자가 가장 우려했던 상황이 현실이 된 게 아닌가 싶다.

그러나 미국에 이들을 하나로 묶어줄 구심점이 아예 존재하지 않는 것은 아니다. 그들에게는 '헌법'이 있다. 톰 행크스가 주연을 맡았던 영화 「스파이 브릿지」에 이런 대사가 나온다. "나의 조상은 아일랜드 이민자이고, 당신은 독일 이민자의 후손이다. (아무 공통점 없는 우리를) 하나로 묶어주는 게 뭐라고 생각하나? 바로 헌법이다. 우리는 같은 헌법 아래 모였기에 같은 미국인인 것이다."

한두 세기 후 미국이 어떤 모습일지는 아무도 알 수 없다. 저자가 상상한 최악의 시나리오대로 미연방이 여러 개로 쪼개질 수도 있다. 그러나 헌법의 가치를 존중하는 사람들이 존재하는 한 미국은 북부연맹과 딕시연합, 블루 주와 레드 주, 민주당과 공화당으로 갈려 싸우면서도 함께 공존해나갈 수 있을 것이다. 과거에도 그래왔듯이 앞으로도.

찾아보기

ㅇ

ㅋ

분열하는 제국

—

1판 1쇄 2017년 7월 5일
1판 9쇄 2024년 11월 22일

지은이 콜린 우다드
옮긴이 정유진
펴낸이 강성민
편집장 이은혜
기획 노만수
마케팅 정민호 박치우 한민아 이민경 박진희 정유선 황승현
브랜딩 함유지 함근아 박민재 김희숙 이송이 박다솔 조다현 배진성
제작 강신은 김동욱 이순호
독자모니터링 황치영

펴낸곳 (주)글항아리
출판등록 2009년 1월 19일 제406-2009-000002호

주소 10881 경기도 파주시 심학산로 10 3층
전자우편 bookpot@hanmail.net
전화번호 031-955-2689(마케팅) 031-941-5158(편집부)
팩스 031-941-5163

ISBN 978-89-6735-432-9 03940

geulhangari.com